法商丛书
资本市场

新三板
挂牌操作指引与实务解析
（第二版）

主　编　申林平
副主编　李　祎
盛麟婷

法律出版社 LAW PRESS·CHINA

第二版序

在过去的一年中，新三板市场获得跨越式发展。2014 年，新三板新增挂牌公司 1216 家（笔者所在北京大成律师事务所推荐挂牌新三板的企业数量为 71 家，名列全国律师事务所前茅）。至 2014 年年末，挂牌企业总数 1572 家，总股本 658.35 亿股，总市值 4591.42 亿元。2014 年，新三板挂牌公司成交量 22.82 亿股，同比放大 10.27 倍；成交额 130.36 亿元，同比放大 15.02 倍。2014 年新三板共计实施定向发行 327 次，占 2007 年以来发行次数总量的 74%，为 2007～2013 年发行次数总量的 2.92 倍；2014 年定向发行涉及资金总额 129.99 亿元，为 2007～2013 年募资总额的 3.95 倍。可见，无论是在挂牌数量，还是在市场成交、估值、融资能力等方面，新三板市场都有大幅提升。

快速发展的新三板，壮大的不止规模，还有各种与市值有关的"新玩法"。海源达（831329）成为新三板率先采取"限价减持"的公司。除了限价减持外，新三板还有其他尝试和模仿，如方兰德（830952）的回购。以泰谷生物（430523）为例的增持行为也在新三板上演。另外，新三板公司对回购、高送转、股权激励等市值管理手段也有涉猎。典型案例如麟龙股份（430515）的 10 转 20 派 1.08 元，联讯证券（830899）的"千人激励计划"等；快速发展的新三板，服务的不仅是制造业企业和信息技术企业，金融企业在新三板中也不容小觑，以券商为首的金融企业也在新三板中展露出独特的创新之势，典型如湘财证券（430399）和联讯证券（830899）等。而且，2014 年 8 月大智慧收购湘财证券也开创了券商以新三板为跳板实现上市的先河；快速发展的新三板，引来了各路资金的踊跃参与。除了券商定向资管计划、基金专户理财、私募基金纷纷布局新三板外，网贷平台（P2P）也高调宣告登录新三板；快速发展的新三板，在某种程度上优于主板。经过两轮募集之后，实现了 100 亿元净资产规模的九鼎投资（430719）。相关人士如此表示：通过定增实现了整个九鼎投资从无到有，从小到大的变化；快速发展的新三板，市销率超过中小板。从 2014 年 8 月做市交易启动以来，新三板做市转让部分市销率稳步抬升，12 月为 3.06 倍，首次超过中小板 2.85 倍；快速发展的新三板，券商喊出估值超过创业板。2015 年 2 月 10 日，华鑫证券发布一份名为《备战新三板，开辟新热土》的投资策略报告，其中明确指出，未来新三板实行分层后，其 A 层（竞价交易层）公司的平均估值要较创业板高 50% 以上。由此可见新三板目前的火爆程度。

新三板耀眼的成绩离不开政策的支持。2014 年 3 月，证监会发布《优先股试点管理办法》，提出新三板可以发行优先股；2014 年 5 月，国务院提出要发展过多层次股票市场,加快完善全国中小企业股份转让系统,建立小额、便捷、灵活、多元的投融资机制;2014年8月,股转系统做市转让方式正式实施,大幅提升新三板的流动性;2014年10月,证监会积极研究在创业板建立单独层次、支持尚未盈利的互联网和高新技术企业在新三板挂牌一年后到创业板上市;2014年11月,证监会提出,针对各方反应的投资者门槛过高问题将由全国股份转让系统公司进行深入研究;2014年12月,全国中小企业股份转让系统相关负责人表示,“预计明年年中前后竞价交易系统上线,市场分层方案明年第三季度征求意见”;2014年12月,为更好地服务中小微企业,证监会发布《证券经营机构参与新三板相关业务有关问题的通知》;新三板耀眼的成绩也离不开企业及各中介机构的共同努力。在新三板挂牌业务及相关的股票交易业务、定向发行等融资业务,在挂牌企业后续的公司治理及并购重组业务中,主办券商、律师事务所、会计师事务所等中介机构工作量很大,对企业的成功挂牌及持续发展起着至关重要的作用。

各种支持性的政策持续为新三板的发展带来实质性利好,加上主办券商、律师事务所等中介机构的专业服务为企业挂牌新三板保驾护航,预计新三板市场仍将是贯穿2015年全年的资本市场亮点。2015年2月13日,新三板指数已经发布,首批指数为全国中小企业股份转让系统成份指数(指数简称:三板成指,指数代码:899001)、全国中小企业股份转让系统做市成份指数(指数简称:三板做市,指数代码:899002)。在不久的将来,竞价交易、市场分层、放宽投资者准入等值得我们的期待。

得益于各位读者的青睐及业界的认可,本书自2014年7月出版以来,销量甚好。结合过去一年企业挂牌新三板出现的问题,同时,面对新三板发展的迅猛趋势,此次修订的重点是:第一,在新三板挂牌业务主要法律问题部分,新增了集体土地使用、竞业禁止、对赌及相关特殊条款、上市公司现身新三板及新三板涉及的VIE相关问题五节内容及大量案例,一方面对挂牌业务中的传统问题进行理论及案例充实,另一方面对挂牌业务中的新型问题进行梳理;第二,新增新三板挂牌相关业务指引一章,分两节对新三板股票转让及新三板定向发行进行介绍,辅之以案例,为拟挂牌企业提供全方位指引;第三,在重点法律问题实务解析部分,新增一倍多的案例,对截至2015年2月28日在新三板挂牌的近两千家企业中出现的重点法律问题进行实务解析;第四,对2014年至今新增或修订的法律法规、规范性文件及全国中小企业股份转让公司发布的业务规则、服务指南等进行梳理,为拟挂牌企业提供最新的、完整的法律及规则体系。

虽然新三板发展迅猛,但我国的新三板资本市场发展时间还不长,各种配套制度还在不断地探索与完善中,因此本书也有不尽完善之处,恳请各位读者不吝批评指正。

申林平

序

转眼间,笔者取得律师执业证已近二十年,从事证券法律服务业务已十多年,也见证了多年来中国证券法律服务市场的风风雨雨。基于丰富的证券法律服务经验,有了较为深刻的从业感受,特别是在 2011 年度,我和团队律师取得了年度上会 5 家企业全部成功过会的业绩(也是在这一年度,我所在的北京大成律师事务所,亦取得了年度上会 10 家企业全部成功过会的业绩),对于企业改制上市过程中遇到的纷繁复杂的问题,积累了独到的经验和解决方案。

然而,2012 年 10 月至 2014 年 1 月国内 IPO 暂停,这在中国证券史上从未有过。在此期间,“新三板”市场出现了“扩容”的历史发展机遇,由此,国内投行、证券律师及会计师开始转而重点关注“新三板”这一业务领域。业界所称的“新三板”,是全国中小企业股份转让系统的俗称,是我国建设多层次资本市场的重大成果。

“新三板”的产生与演变大致涵盖了我国场外股份交易从“两网”到“三板”再到“新三板”的历程。“两网”即 1990 年成立的“STAQ 法人股流通市潮”以及 1993 年成立的“NET 法人股市潮”,成立的初衷是为解决法人股流通问题,但在 1998 年金融危机发生后,由于种种原因被关闭。为解决主板退市公司的股份转让和“两网”的历史遗留问题,2001 年 6 月,中国证券业协会指定申银万国等 6 家证券公司代办原“两网”系统挂牌公司的股份转让业务,由此确立了我国由证券代办股份转让业务的场外交易制度,代办股份转让系统也于 2001 年 7 月正式开通。但由于市场缺乏流动性,三板市场仅出现短暂繁荣,接下来三板市场面临着重新定位以真正激发市场活力的问题。2006 年国务院发布通知明确规定“启动中关村科技园区未上市高新技术企业进入证券公司代办股份转让系统进行股份转让试点工作”。此后,先后有 100 多家中关村园区高新企业挂牌,为与原来的三板市场区分,中关村科技园区非上市股份有限公司股份报价转让系统被称为“新三板”。2012 年,经国务院批准,决定首批扩大试点新增上海张江高新技术产业开发区、武汉东湖新技术产业开发区和天津滨海高新区。“等米下锅”的投行等中介机构终于在 2013 年等到了期待已久的利好消息,2013 年年底,全国股转系统公司公布了 14 项相关配套措施,制定了股转系统扩容至全国的相关细则,至此,“新三板”扩容至所有符合新三板条件的企业。2014 年 1 月 24 日,全国中小企业股份转让系统(“新三板”)大扩容,来自全国的 285 家公司首批集体挂牌,首批全国企业集体挂牌后,全国股份转让系统挂牌企业家数达到 621 家。扩容后的“新三板”市场,不再处于边缘化的尴尬境地,得到了市场参与者的热烈追捧,而一跃成为中国资本市场新的焦点和亮点。

"新三板"可以更好地为创新型、创业型、成长型中小微企业服务,是广大中小微企业进入资本市场的学习和适应期。以2014年1月24日登陆"新三板"的首批挂牌的285家企业为例,股本500万元到1000万元的企业占23%,1000万元到2000万元的企业占24%,2000万元到5000万元的企业占34%,而5000万元以上的企业仅占19%。这充分说明了"新三板"是一个对中小微企业非常适合的一个资本市场板块。同时,"新三板"的挂牌条件相对宽松,在准入方面不设财务门槛,挂牌公司不受股东200人限制,不限于高新技术企业,存续满两年、业务明确的企业就能够进入全国股转系统挂牌。"新三板"已经步入快速发展的新阶段,能够为挂牌企业提供高效便捷的市场服务,能进一步发挥市场在资源配置中的决定性作用,激发市场主体活力,支持民营实体经济发展。"新三板"市场拥有众多机构投资者,包括产业资本和股权投资基金等机构,为挂牌企业与产业资本和战略投资者对接提供了平台,能够为企业提供更好的直接融资功能。以2014年1月24日挂牌的企业为例,有超过80家企业前期已经获得了机构投资者的直接融资,还有11家企业在挂牌的同时进行了定向融资。近期,"新三板"还出现了挂牌企业现代农装定向增发的案例,此次增发中"现代农装"定向发行了4000万股,募集资金达到3.24亿元。除了股权融资之外,由于企业股份可以进行流转并得到了相对公允的市场定价,企业可以将股份进行抵质押融资。企业到"新三板"进行挂牌之后,在银行授信方面,也将获得更高的评级和信誉,不但为企业提供直接融资的便利,也为企业提供间接融资方面的便利。

"新三板"业务的核心在于公司的股份制改造,股份制改造质量的好坏,直接关系到在"新三板"挂牌是否顺利,也关系到能否为转板到创业板和中小板打下良好的基础。毕竟,在一定程度上讲,股份制改造的工作是无法推倒重来的。所以,有意向到"新三板"挂牌的企业,应当充分重视股份制改造这一核心问题,在选择中介机构时,也要重点关注其是否具有助于企业顺利完成股份制改造的专业能力。基于多年积累的证券法律服务的工作经验,我们期待与读者能有一个充分的交流机会,由此我们编写了《新三板:挂牌操作指引与实务解析》。

本书共分为三部分:挂牌实务、案例分析、重要规章。其中第一部分将股份制改造作为编著的重点;第二部分对截至2014年2月15日在全国中小企业股份转让系统(新三板)挂牌的600余家企业中出现的典型法律问题(由于不设财务门槛,法律问题成为挂牌是否成功的关键)做了案例分析;第三部分收录了与挂牌业务紧密相关的主要规范性文件全文,关联性不大的都只保留在目录中。

"新三板"在中国资本市场出现的时间还不长,各种相关制度都还在规范与完善中,因此本书也可能会有不尽完善之处,恳请读者不吝批评指正。

申林平

于北京

前 言

2013 年 1 月 12 日，中国证券监督管理委员会副主席姚刚先生在第 17 届中国资本市场论坛上发表名为“中国资本市场：变革与成长”的主题演讲。姚主席特别提到：“党的十八大报告明确提出，要加快发展多层次资本市场，从战略高度服务实体经济的广度指明了方向。我们要加快发展多层次的股票市场建设，我国目前的股票市场还是以交易所市场为核心的市场体系，随着经济社会的发展，这种单一市场体系已经不能满足投融资双方的需求，当前特别是要加快发展有别于交易所市场的场外市场，积极推动全国性场外交易市场建设和扩大市场的覆盖范围，大幅度降低企业进入场外市场的挂牌条件，使众多中小企业可以在这个市场中得到股权流转和定向融资的服务，同时在更下一层的层次上，还需要稳步规范发展私募性质的区域性股权转让市场，在特定投资者范围内提供股权转向服务。为防止风险向社会公众扩散，对于参与场外市场的投资者，要制定严格的制度。”

多层次资本市场是指在资本市场上，不同的投资者与融资者都有不同的规模大小与主体特征，存在对资本市场金融服务的不同需求。投资者与融资者对投融资金融服务的多样化需求决定了资本市场应该是一个多层次的市场体系。

一、全国中小企业股份转让系统简介

全国中小企业股份转让系统（以下简称全国股份转让系统）是经国务院批准设立的第一家公司制证券交易场所，也是继上海证券交易所、深圳证券交易所之后第三家全国性证券交易场所。全国中小企业股份转让系统有限责任公司为其运营机构，于 2012 年 9 月 20 日在国家工商总局注册，2013 年 1 月 16 日正式揭牌运营，注册资本 30 亿元，注册地在北京。

全国股份转让系统定位于非上市股份公司股票公开转让和发行融资的市场平台，为公司提供股票交易、发行融资、并购重组等相关服务，为市场参与人提供信息、技术和培训服务。

全国股份转让系统与交易所市场在法律地位上无区别，主要区别在于服务对象、交易制度和投资者适当管理制度三方面。服务对象方面，全国股份转让系统主要为创新型、创业型和成长型中小微企业提供资本市场服务,而交易所市场主要服务于成熟企业。交易制度方面,全国股份转让系统设计了优化的协议转让、做市转让及竞价转让等灵活多样的方式,交易所市场主要提供竞价转让和大宗交易协议转让等标准化的方式;投资者准入方面,全国股份转让系统实行比交易所市场更为严格的投资者适当性管理制度。

全国股份转让系统与区域性股权市场也有区别。全国股份转让系统是国务院批设、被纳入中国证监会监管的全国性证券市场,是公开市场,挂牌公司准入和持续监管纳入中国证监会非上市公众公司监管范围,股东人数可超200人;在交易制度选择上没有障碍,可以连续、标准化交易。区域性股权市场是多层次资本市场的组成部分,属于非公开市场,不属于证券市场,由省级地方政府设立和管理,受国发〔2011〕38号文和国办发〔2012〕37号文的约束,其挂牌公司股东人数不能超过200人(“非公开”),股份不能拆细交易(“非标准”),交易频率须严格执行T+5(“非连续”)。

二、全国中小企业股份转让系统有限责任公司的经营范围

全国中小企业股份转让系统有限责任公司的经营范围为:组织安排非上市股份公司股份的公开转让;为非上市股份公司融资、并购等相关业务提供服务;为市场参与人提供信息、技术和培训服务;中国证监会批准的其他业务。

三、全国中小企业股份转让系统的发展历史

2006年1月,根据国务院的决定,中关村科技园区非上市股份公司进入证券公司代办股份转让系统进行股份转让试点。

2010年4月,中国证监会成立国家高新技术产业开发区非上市公司股份转让试点暨场外市场建设筹备工作领导小组及其工作机构,姚刚副主席任领导小组组长。

2001年6月,经中国证监会批准,中国证券业协会主办设立了代办股份转让系统,以解决原STAQ、NET系统挂牌公司股份流通问题。

2002年8月,退市公司纳入代办股份转让系统。

2006年1月,经国务院批准,在证券公司代办股份转让系统基础上,正式启动中关村科技园区非上市股份有限公司股份报价转让系统,进行股份报价转让试点。

2010年4月,中国证监会成立国家高新技术产业开发区非上市公司股份转让试点暨场外市场建设筹备工作领导小组及其工作机构,姚刚副主席任领导小组组长。

2011年2月,国务院副总理王岐山主持会议,研究证券场外市场建设有关问题。会议要求逐步探索建立全国统一的证券场外市场。

2011年3月,国务院发布《中华人民共和国国民经济和社会发展第十二个五年规划纲要》,提出“扩大代办股份转让系统试点,加快发展场外交易市场”。

2012年3月,中国证监会全国场外市场筹备组成立;同年5月,筹备组工作团队组建完成。

2012 年 7 月，国务院同意扩大非上市股份公司股份转让试点，在中关村园区基础上，新增上海张江、武汉东湖、天津滨海高新区进入试点范围；同意设立全国中小企业股份转让系统，组建运营管理机构。

2012 年 9 月 7 日，扩大非上市股份公司股份转让试点合作备忘录签署暨首批企业挂牌仪式在京举行。

2012 年 9 月 20 日，全国中小企业股份转让系统有限责任公司在国家工商总局完成登记注册。

2013 年 1 月 16 日，举行全国中小企业股份转让系统揭牌仪式。

2013 年 5 月 28 日，全国中小企业股份转让系统首批企业进行挂牌。

2013 年 12 月 13 日，国务院发布《关于全国中小企业股份转让系统有关问题的决定》，标志着“新三板”正式扩容至全国。

2013 年 12 月 27 日，证监会先后发布了《关于修改〈非上市公众公司监督管理办法〉的决定》、《股东人数超过 200 人的未上市股份有限公司申请行政许可有关问题的审核指引》等七项配套规则。

2013 年 12 月 30 日，为贯彻落实国务院《关于全国中小企业股份转让系统有关问题的决定》，全国中小企业股份转让系统根据修订后的《非上市公众公司监督管理办法》配套修订、制定、发布了 14 项业务制度。其中，制定 8 项业务制度，修订 6 项业务制度。

2014 年 5 月 19 日，全国中小企业股份转让系统证券交易和登记结算系统正式上线，支持挂牌公司股票的协议转让、两网及退市公司股票的集合竞价转让等功能。

2014 年 6 月 5 日，《全国中小企业股份转让系统做市商做市业务管理规定（试行）》发布实施，该管理规定与前期已发布实施的《全国中小企业股份转让系统股票转让细则（试行）》一起构成了全国股份转让系统挂牌公司股票做市转让业务的基本制度框架。

2014 年 8 月 25 日，全国中小企业股份转让系统（以下简称全国股份转让系统）做市转让方式正式实施。

2015 年 2 月 13 日，全国股转公司和中证指数公司联合发布公告，公布全国股份转让系统首批两只指数编制方案。根据方案，首批指数为全国中小企业股份转让系统成份指数（指数简称：三板成指，指数代码：899001）、全国中小企业股份转让系统做市成份指数（指数简称：三板做市，指数代码：899002），定于 2015 年 3 月 18 日正式发布指数行情。

2015 年 2 月 15 日，全国股转公司发布公告，数据汇总业务相关技术系统完成通关测试，公募基金、券商资管可正式投资新三板。

四、新三板挂牌企业特征

1. 具有自主知识产权；

2. 知识产权已经转化为产品，实现了产业化；

3. 公司已经形成一定的经营模式和盈利模式；

4. 公司处于创业前期的快速发展阶段，迫切需要资金以扩大生产规模，也需要引入战略投资者以完善公司治理。

新三板与创业板、主板比较表

项目	新三板	创业板	主板
主体资格	非上市股份公司	依法设立且合法存续的股份有限公司	依法设立且合法存续的股份有限公司
经营年限	存续满2年	持续经营时间在3年以上	持续经营时间在3年以上
盈利要求	具有持续经营能力	最近两年连续盈利，最近两年净利润累计不少于1000万元；或者最近一年盈利，最近一年营业收入不少于5000万元。净利润以扣除非经常性损益前后孰低者为计算依据	最近3个会计年度净利润均为正数且累计超过3000万元，净利润以扣除非经常性损益前后孰低者为计算依据；最近3个会计年度经营活动产生的现金流量净额累计超过人民币5000万元，或者最近3个会计年度营业收入累计超过人民币3亿元
资产要求	无限制	最近一期末净资产不少于2000万元，且不存在未弥补亏损	最近一期末无形资产（扣除土地使用权、水面养殖权和采矿权等后）占净资产的比例不高于20%；最近一期末不存在未弥补亏损
股本要求	无限制	发行后股本总额不少于3000万元	发行前股本总额不少于人民币3000万元
主营业务	业务明确	应当主要经营一种业务，且最近两年内没有发生重大变化	最近3年内没有发生重大变化
实际控制人	无限制	最近2年内未发生变更	最近3年内未发生变更
董事及管理层	无限制	最近2年内没有发生重大变化	最近3年内未发生重大变化
成长性及创新能力		无限制	无限制
投资人	具备相应风险识别和承担能力的特定投资者	原则上有两年投资经验的投资者	无限制
信息披露之定期报告	年报和半年报	年报、半年报和季报	年报、半年报和季报
备案或审核	备案制	审核制向注册制过渡	审核制向注册制过渡

在本书所列的新三板业务法律问题中，笔者保留部分2014年《公司法》修订前证券实务中存在的法律问题（主要是注册资本制度相关问题）的原因是，考虑到基于法不溯及既往的法律原则，新修订的《公司法》中的规定只能适用于2014年3月1日以后注册的公司。对于2014年3月1日前注册的公司，尤其是本次修法涉及变化较大的注册资本制度下的相关法律问题，仍应当适用法律事实产生当时的法律规定。判断某一法律行为是否合法的依据，显然应当是这一事实产生的时点上的相应法律规定，因此即使是2014年3月1日以后依法整体变更为股份公司的发行人，仍然需要考察其依据旧法是否符合依法设立并合法存续的法律规定，而待新《公司法》实施后设立的发行人满足存续满两年的条件，则要到2016年3月。在此之前，发行人是否符合2006年修订的《公司法》注册资本制度下的各项规定，在实务中仍然需要作为重点法律问题予以重视。

目　录

第一篇　挂牌实务指引

第二篇　重点法律问题实务解析

第三篇 法律、法规、规范性文件

案例索引

第一篇

挂牌实务指引

第一章 新三板挂牌的基本条件

《全国中小企业股份转让系统业务规则(试行)》第2.1条规定:"股份有限公司申请股票在全国股份转让系统挂牌……应当符合下列条件:

(一)依法设立且存续满两年。有限责任公司按原账面净资产值折股整体变更为股份有限公司,存续时间可以从有限责任公司成立之日起计算;

(二)业务明确,具有持续经营能力;

(三)公司治理机制健全,合法规范经营;

(四)股权明晰,股票发行和转让行为合法合规;

(五)主办券商推荐并持续督导;

(六)全国股份转让系统公司要求的其他条件。"

与主板或创业板的发行条件相比,新三板的挂牌条件放低了很多,最显著之处在于新三板并不要求挂牌公司盈利,其他方面也较主板或创业板宽松,体现出定位于服务中小企业、创业期企业的特点,有很强的制度针对性。

第一节 依法设立且存续满两年

一、依法设立,是指公司依据《公司法》等法律、法规及规章的规定向公司登记机关申请登记,并已取得《企业法人营业执照》

(一)公司设立的主体、程序合法、合规

1. 国有企业需提供相应的国有资产监督管理机构或国务院、地方政府授权的其他部门、机构关于国有股权设置的批复文件。

2. 外商投资企业须提供商务主管部门出具的设立批复文件。

3.《公司法》修改(2006年1月1日)前设立的股份公司,须取得国务院授权部门

或者省级人民政府的批准文件。

实践中上新三板的企业多为高新技术企业,很多企业存在国有创业引导基金前期投资的情况,所以要特别关注国有创投公司投资公司时是否履行相关法律程序。一是投资时,是否经有权部门履行了决策程序,是否需要国有资产监督管理部门批准;二是增资扩股时,是否同比例增资,如未同比例增资,是否履行评估备案手续;三是退出时是否履行了评估备案,是否在产权交易所进行了交易。合伙企业、个人独资企业因为在法律上其普通合伙人(或出资人)承担无限连带责任,因此,合伙企业和个人独资企业不可以直接改制为有限公司或者股份公司。

【案例1.1.1】 国有独资公司未取得国有股权设置批复文件(胜达科技430626)

解决方案:补办国有股权设置批复文件。

山东省高新技术创业投资公司于2010年12月向胜达科技增资2430万元,成为胜达科技的股东,由于山东省高新技术创业投资公司项目经办人员对国有股权管理等法律法规的认识不全面及工作疏忽,该公司于2010年年末投资胜达科技后,主要关注公司的持续成长能力,一直没能按国有股权管理的要求取得国有股权设置批复文件,2013年7月胜达科技启动新三板挂牌申请工作后,山东高新投按国有股权管理的要求办理了国有股权设置批复,并于2013年12月24日取得了《山东省国资委关于潍坊胜达科技股份有限公司国有股权管理有关事宜的批复》(鲁国资产权字〔2013〕94号)。

发行人律师认为,山东高新投取得了《山东省国资委关于潍坊胜达科技股份有限公司国有股权管理有关事宜的批复》,符合《全国中小企业股份转让系统挂牌申请文件内容与格式指引(试行)》中关于存在国有股权的拟挂牌企业需要国有资产管理部门出具国有股权设置批复文件的要求。

(二)公司股东的出资合法、合规,出资方式及比例应符合《公司法》相关规定

1.以实物、知识产权、土地使用权等非货币财产出资的,应当评估作价,核实财产,明确权属,财产权转移手续办理完毕。实践中上新三板的企业多为高新技术企业,很多企业创立时存在股东以无形资产评估出资的情况,特别需要关注以下方面:

(1)无形资产是否属于职务发明:如属于职务发明,则涉及出资不实问题,需要用现金替换无形资产出资。如果属于股东在公司任职的时候形成的,无论是否以专利技术或者非专利技术出资,股东都有可能涉嫌利用公司提供的物质或者其他条件完成该

等职务成果(职务发明),该等专利技术或者非专利技术应当属于职务成果(职务发明),应当归属于公司。中介机构尽职调查过程中发现职务成果或者职务发明已经评估、验资并过户至公司的,此种情况下,一般的做法是通过减资程序规范,财务上将已经减掉的无形资产做专项处理,并使通过减资的无形资产继续沉淀在公司,无偿赠送给公司继续使用,但是此种情况下,该等无形资产研发费用不能计提。需要注意的是:实践中有些地方工商登记部门允许企业通过现金替换无形资产出资处理无形资产出资不规范问题。但是大部分工商登记部门基于法律上没有相关规定的原因,拒绝公司通过现金置换无形资产出资的方案,但是减资是公司法允许的方案,工商登记部门比较容易接受,但是不能进行专项减资,即专项减掉无形资产,但是会计师可以在减资的验资报告中专项说明公司本次减资的标的是无形资产。

(2)无形资产出资是否与主营业务相关:实践中,有些企业创始股东购买与公司主营业务无关的无形资产通过评估出资至公司,但是主营业务从未使用过该无形资产,则该等行为涉嫌出资不实,需要通过现金替换无形资产出资。

(3)无形资产出资未过户至企业:实践中,有些企业股东以无形资产出资至公司,但是并未办理过户手续,该等情形一般可根据中介机构的意见在股改前整改规范即可。

2. 以国有资产出资的,应遵守有关国有资产评估的规定。

【案例1.1.2】　国有股东出资,未出具正式评估报告(爱科赛　832062)

解决方案:披露内部评估程序。

深圳市招商局科技投资有限公司系招商局蛇口工业区有限公司控股的公司,招商局蛇口工业区有限公司系招商局集团控股子公司,招商局集团系中央直属企业,因此深圳市招商局科技投资有限公司此次投资系国有资产投资,根据《企业国有资产评估管理暂行办法》的规定,非上市公司国有股东股权比例变动的,应当由其产权持有单位委托具有相应资质的资产评估机构进行评估。并规定,若企业应当进行资产评估而未进行评估的,相应的国有资产监督管理机构有权通报批评并责令改正,必要时可依法向人民法院提起诉讼,确认其相应的经济行为无效。

2005年12月31日,爱科赛有限净资产82.37万元,按照深圳市招商局科技投资有限公司与爱科赛有限协商,双方确定企业综合评估总价430万元。深圳市招商局科技投资有限公司以60万元投资爱科赛有限,其中17.65万元用于取得爱科赛有限15%的股权,余下42.35万元用于增加爱科赛有限的资本公积金,由深圳市招商局科技投资有限公司及爱科赛有限原股东按出资比例共享。按照双方确定的评估总价,增资价格公允。

深圳市招商局科技投资有限公司此次增资未经第三方评估机构评估,国有资产监督管理机构未对该次增资未予评估事宜作出通报批评及责令改正,亦未向人民法院提起诉讼确认该次增资无效。根据《民法通则》的规定,向人民法院请求保护民事权利的诉讼时效期间为二年,自该次增资至今已超过两年的诉讼时效期间。

招商局蛇口工业有限公司在其《总经理办公(扩大)会议纪要》(2005 年第 5 次)中记载:“对于累计投资额在 1000 万元人民币及以下的单个创投项目,同意由科技集团行使投资和退出决策权。”根据招商局工业区有限公司出具的说明:“我司曾于 2005 年于《总经理办公(扩大)会议纪要》(2005 年第 5 次)中通过决议授权科技投资公司行使投资和退出决策权,授权范围为‘对于累计投资额在 1000 万元人民币及以下的单个创投项目,同意由科技集团行使投资和退出决策权’。该文件中所指‘科技集团’即为科技投资公司,由于我司投资设立的多家公司中包括科技投资公司及招商局科技集团有限公司,前者系国内注册的公司,后者系香港注册的公司,鉴于两者均从事投资类业务,且实行的是一套工作机构、两个公司名称的体制。因此在我司内部各类文件中用‘科技集团’代指‘科技投资公司’及‘招商局科技集团有限公司’。科技投资公司对深圳市爱科赛科技股份有限公司投资行为,由招商局科技集团有限公司的投资办公室会议审议通过并出具会议纪要。该会议参会人员与科技投资公司决策人员重合,会议决策流程与科技投资公司决策流程一致。故我司对科技投资公司按此会议纪要对深圳市爱科赛科技股份有限公司进行投资的合法有效性予以确认。”因此,发行人律师理解,深圳市招商局科技投资有限公司本次投资行为已得到上级机关授权。

2010 年 7 月 1 日,招商局集团有限公司出具招产权字〔2010〕421 号批复:招商局蛇口工业区有限公司的下属公司深圳市招商局科技投资有限公司将所持爱科赛有限 15% 的股权在国务院国资委选择的中央企业国有产权交易试点机构公开挂牌转让。由此,深圳市招商局科技投资有限公司将其所持爱科赛有限股权全部转让时履行了评估程序,进行了公开挂牌转让。2010 年 10 月 26 日,深圳联合产权交易所出具《产权交易鉴证书》(鉴证书编号:GZ20101026001)确认:爱科赛有限股权于 2010 年 8 月 10 日在上海联合产权交易所进行公开挂牌。

综上,发行人律师认为,本次国有股东增资,投资主体得到了上级授权,投资虽未出具正式评估报告,但履行了内部评估程序,增资价格公允,未造成国有资产流失。本次股权转让及增资的程序性瑕疵不会对爱科赛本次股票公开转让构成重大实质性障碍。

3. 公司注册资本缴足,不存在出资不实情形。实践中,有些公司在创业初期存在找中介公司进行代验资的情形,也有一些从事特殊行业的公司,因相关法律规定注册资本达到一定的标准才可以从事某些行业或者可以参与某些项目的招投标而找中介公司进行代验资的情形。该等情形涉嫌虚假出资,大部分企业在财务上处理该等问题时,验资进来的现金很快转给中介公司提供的关联公司,而拟挂牌公司在财务报表上以应收账款长期挂账处理。该等情况的解决方案，一般是公司股东找到相关代验资的中介，由股东将曾经代验资的款项归还给该中介，并要求中介机构将公司目前挂的应收账款收回。如果拟挂牌公司已经将代验资进来的注册资本通过虚构合同的方式支付出去，或者做坏账消掉，则构成虚假出资，该等情形，中介机构需要慎重处理，为了解决问题，规范公司历史上存在的法律瑕疵，在公司不会损害社会及他人利益的情况下，公司应当根据中介机构给出的意见进行补足，具体应当依据审计师给出的意见做财务处理。

【案例1.1.3】 股东借款出资，验资后归还（天悦实业 831281）

解决方案：如实披露；实际控制人出具承诺。

1994 年有限公司设立时，法人股东天瑞集团的出资额为 400 万元，上述款项实际由郭寒潮向上海华源伊龙实业发展公司（以下简称上海华源）借款出资，在完成天悦有限的验资后即归还给上海华源，并在账面上显示为天瑞集团其他应收款 400 万元。

为纠正公司设立时的出资不规范情形，2011 年 2 月，天悦有限召开股东会，审议通过将天悦有限注册资本减少至 100 万元，对这部分实质未到位的出资进行处理，相应地冲销账面挂账的天瑞集团其他应收款 400 万元。

对于以上情况，申报律师核查了 1994 年天悦有限设立时的验资报告、天瑞集团签署的《关于上海天悦实业发展有限责任公司股权问题的协议》以及实际控制人郭寒潮、王玲玲的书面说明。根据财政部、国家档案局颁布实施的《会计档案管理办法》，原始凭证的保持期限为 15 年，公司设立至今历时已久，经营场所亦发生变更，设立时的相关会计凭证保存已不完整，公司实际控制人对以上情况出具书面说明，确认公司设立出资时短暂借用了上海华源的流动资金，完成验资后即已归还。

经申报律师核查，1994 年至今，天悦有限及其他股东并未因前述出资瑕疵而提出任何权利主张；1994 年至今，天悦有限债权人未因前述出资瑕疵向天悦有限及其股东提出任何权利主张；1994 年至今，天悦有限未进行过利润分配，不存在因出资瑕疵导致的利润分配争议；上海华源已于 2004 年 7 月 20 日完成工商注销，其存续期间未发生向天悦有限及其股东主张权益之情形；1994 年至今，天悦有限及其股东未因前述出资瑕疵受到过任何行政处罚，且自上述不规范情形纠正之日起已逾两年，不存在被相关主管机关行政处罚之风险。

2014 年 7 月 15 日，公司实际控制人王玲玲、郭寒潮出具承诺："公司未发生因出资不规范情形导致的诉讼、仲裁或行政处罚；因出资不规范导致的天悦股份之任何损失，由公司实际控制人全部承担。"

> 综上,申报律师认为,天悦有限设立时,股东出资系向上海华源借款,在完成天悦有限的验资后即归还给上海华源,构成出资不实瑕疵,不符合其时有效的《公司法》规定。但前述出资不实之不规范情形已通过2011年5月12日对天悦有限减资予以纠正,并已经工商主管机关核准完成工商登记变更手续。鉴于公司设立时出资不规范情形已通过合法有效的减资程序得以纠正,未发生损害公司、公司其他股东及公司债权人之情形,亦未发生因此导致的任何行政处罚,未来亦不存在因此被行政处罚之风险。而且,公司实际控制人已出具承诺对因出资不规范之情形造成的公司损失承担责任,因此,天悦有限设立时出资不规范情形不构成公司本次挂牌之重大障碍。

另外,其他有关历史上出资不规范的情形还包括:

1. 历史上增资存在代验资问题或者涉嫌抽逃出资情形。对于拟挂牌企业历史上存在代验资的问题,应当由相关股东按照出资比例补足,不应当再继续采用挂账方式处理。

2. 对于大股东出资后将注册资本挪作私用的,涉嫌抽逃出资,应当尽快归还,并适当计息。

【案例1.1.4】 反馈要求对是否符合"公司依法设立"发表明确意见(昌盛股份 430503)

> 反馈意见:请公司补充披露控股股东蚌埠市双环电子集团有限公司(以下简称双环集团)历史沿革的详细情况,包括各个历史时期的企业性质和改制情况。请主办券商和律师核查在公司的初始设立、股权转让和整体变更设立股份公司的过程中,是否涉及国有资产出资,是否需要履行相应的国资审批备案程序。如有,请补充披露,并对是否符合"公司依法设立"发表明确意见。
>
> 双环集团各个历史时期的企业性质与公司历史沿革的对应关系如下:
>
> 1. 双环集团的主要历史沿革
>
> (1)双环集团于成立于1966年,原名为蚌埠市无线电六厂,1996年更名为蚌埠市双环电阻器总厂,企业性质是集体所有制企业,注册资本为410.53万元。
>
> (2)1997年9月,双环集团依法定程序改制为股份合作制企业,注册资本为521.68万元。后经历史股权变化,至2007年7月,注册资本变更为1528.08万元。注册资本中有集体股、量化股(集体股的一部分之收益权量化给职工)。
>
> (3)2008年5月,双环集团的集体股、量化股转让给公司职工,其依法定程序改制为有限责任公司,成为全部由自然人出资的公司制企业。

2. 昌盛电子的主要历史沿革

(1)1990 年 7 月公司设立。公司注册资本为 70 万美元,其中蚌埠市无线电六厂出资 49 万元(持股 70%)、中国台湾天元贸易有限公司出资 21 万元(持股 30%)。成立时公司为中外合资经营企业。

(2)2009 年 4 月,公司外方股东将其所持公司股权全部转让给中方股东,公司变更为内资企业,成为双环集团的全资子公司。

(3)2013 年 8 月,双环集团将所持公司 5% 股权转让给顺达电子,公司成为双环集团持股 95%、顺达电子持股 5% 的有限责任公司。

3. 公司历史沿革中涉及的国有资产或集体资产事宜

对照双环集团与昌盛电子的历史沿革可知,公司的初始设立、股权转让和整体变更设立股份公司的过程中,不涉及国有资产出资,但公司 1990 年 4 月设立时涉及集体企业出资。

经核查,公司于 1990 年 4 月设立时经历的审批备案程序如下:

(1)主管部门同意。昌盛电子初始设立时,当时的中方股东蚌埠市无线电六厂为集体企业,由蚌埠市电子工业公司管理。1990 年 5 月 31 日,蚌埠市电子工业公司向蚌埠市外经贸委报送《关于呈请无线电厂热敏电阻器合资项目的合同、章程报告》(电工改字〔90〕第 54 号),呈请蚌埠市外经贸委审批同意蚌埠市无线电六厂与台湾天元贸易公司合资生产经营热敏电阻器项目,合资企业拟定名称为"安徽昌盛电子有限公司"。

(2)计划部门对于合资经营项目的批准。1990 年 4 月 23 日,蚌埠市计划委员会作出《关于无线电六厂与台商合资经营热敏电阻项目可行性研究报告的批复》(计引字〔1990〕78 号),同意无线电六厂与台湾天元贸易公司合资生产热敏电阻器项目;同意二者共同举办合资经营企业,合营期限 10 年;注册资本双方出资 70 万美元,其中无线电六厂占 70%,天元公司 30%。

(3)外资管理部门同意。1990 年 6 月 8 日,蚌埠市对外经济贸易委员会作出《关于"安徽昌盛电子有限公司"合同、章程的批复》(外经贸经字〔1990〕第 9 号),同意无线电六厂与天元公司合资成立"安徽昌盛电子有限公司",合营公司投资总额为 80 万美元,注册资本为 70 万美元;批准合营公司的合同、章程及其他附件同生效。

(4)获得省级政府批准。1990 年 7 月 6 日,安徽省人民政府颁发《中华人民共和国中外合资经营企业批准证书》(外经贸皖府资字〔1990〕26 号),批准昌盛电子成为中外合资经营企业。

综上,本所律师认为,昌盛电子的设立,业经有权机关同意和审批,符合当时的法律法规的规定,系依法设立。

二、存续两年是指存续两个完整的会计年度

根据《中华人民共和国会计法》(1999 年修订)的规定,会计年度自公历 1 月 1 日起至 12 月 31 日止。因此两个完整的会计年度实际上指的是两个完整的年度。

三、有限责任公司按原账面净资产值折股整体变更为股份有限公司的,存续时间可以从有限责任公司成立之日起计算

整体改制不应改变历史成本计价原则,不应根据资产评估结果进行账务调整,应该以改制基准日经审计的净资产额为依据折合为股份有限公司股本。申报财务报表近一期截止日不得早于改制基准日。

公司在改制的同时进行增资操作,或者以经评估的净资产值进行评估调整作为股改的出资额的,公司连续经营时间将终结,视同新设立股份公司,重新计算经营期。国有有限责任公司改制时,依据相关国有资产管理法规的规定进行了调账的,持续经营时间从调账后重新计算。

【案例1.1.5】 以评估后增值额进行改制(晨宇电气　831957)

解决方案:持续经营时间从股份公司设立起计算。

根据《全国中小企业股份转让系统股票挂牌条件适用基本标准指引(试行)》"一、依法设立且存续满两年"中规定"(三)有限责任公司按原账面净资产值折股整体变更为股份有限公司的,存续时间可以从有限责任公司成立之日起计算",指引未禁止有限责任公司以评估调账的方式改制设立为股份有限公司。申报律师认为非国有有限公司出于改制为股份公司目的所进行的评估调账不违反相应的法律、法规,只是导致其经营业绩无法连续计算。因此,公司改制时以评估值入资设立股份公司,其经营业绩不能连续计算,而应自晨宇电气成立之日,即自 2010 年 6 月 24 日起算。公司以评估值改制设立后,已按照财政部《关于股份有限公司有关会计问题解答》(财会字〔1998〕16 号)规定:"四、企业改组为股份有限公司,在改组时按评估确认的价值调整了固定资产的账面价值的,在计提折旧时,应按固定资产原账面原价计提,还是按评估确认的固定资产原价计提?——答:企业改组为股份有限公司,在改组时按评估确认的价值调整了固定资产的账面价值的,在计提固定资产折旧时,应按以下规定分别情况处理:(一)企业改组为股份有限公司时,如果评估增值部分已按规定折成股份的,在计提固定资产折旧时,应当按照评估后的固定资产原价计提折旧。(二)企业改组为股份有限公司时,如果按规定评估增值部分不折成股份的,在计提固定资产折旧时,可以按照固定资产原账面原价计提,也可以按照评估确

> 认的固定资产原价计提”中的(一)计提折旧。
>
> 因此,申报律师认为,根据上述规定,公司以评估值改制设立为股份有限公司不违反法律、法规的规定,只是导致其业绩不能自三星电器设立时连续计算,而应自晨宇电气成立之日,即自2010年6月24日起算。

应当注意的是,有限责任公司业绩连续计算的前提是该公司的运行必须是规范的,如存在财产边界不清晰、治理结构混乱的,业绩从规范后的时点开始连续计算。另外,公司进行存续分立的,存续主体的业绩可从原设立时计算。

【案例1.1.6】 存续分立不影响存续主体业绩计算(广东羚光　830810)

> 羚光股份的前身为羚光有限,设立于2001年8月6日,并于2012年12月整体变更为股份有限公司。2013年12月24日,羚光股份进行存续分立,即羚光股份在其主体继续存续的情况下,划分出部分资产、权益派生设立一家新公司。因此,本次分立过程中及本次分立后,羚光股份均合法、有效存续,羚光股份的设立日期起始于2001年8月6日。
>
> 根据肇庆市工商行政管理局于2014年1月2日出具的《证明》,羚光股份于2013年12月24日在该局办理公司变更登记,本次分立后,羚光股份存续,注册资本减为2800万元,羚光建设的注册资本为1300万元。
>
> 经核查,申报律师认为,羚光股份在本次分立过程中及本次分立后均合法、有效存续,自2001年8月6日设立以来已持续经营两年以上,其主体资格未因本次分立而受到影响,符合《全国中小企业股份转让系统挂牌条件适用基本标准指引(试行)》所规定的“存续满两年”的挂牌条件。

反馈意见中关于本节的常见问题如下:

1. 请中介机构就公司历史上历次增资及置换出资的详细情况,做进一步核查并就公司历史出资是否合法合规、先进置换出资程序是否完备并符合法律、法规要求发表明确意见。

2. 股东历史上用于出资的无形资产虽已摊销完毕,但若存在出资不实情形,相关摊销金额影响累计未分配利润,进而影响改制时点净资产的真实性和充实性,请中介机构对该无形资产出资是否存在出资不实的情况发表意见。

3. 要求披露公司股东用来出资的无形资产在公司产品、技术或服务中使用情况,说明其在公司生产经营中发挥的作用。

4. 请说明公司整体变更时,自然人股东是否缴纳未分配利润转增股本的个人所得税,如未缴纳,请股东承诺如被追缴将由其个人承担相关责任。请中介机构发表明确意见。

■第二节　业务明确,具有持续经营能力

一、业务明确

业务明确,是指公司能够明确、具体地阐述其经营的业务、产品或服务、用途及其商业模式等信息。

因为新三板并未对拟挂牌企业提出利润要求,但是如果拟挂牌企业持续处于亏损状态,其挂牌的意义不大,一般中介机构也不会鼓励此类企业到新三板挂牌转让。如果企业为了申请政府补贴或者银行授信贷款或者存在侥幸心理去融资,是完全没有必要的,企业不但要付出一定的成本,而且随着新三板规模的扩大,投资人投资成熟,只有优质的企业才会受到投资人青睐。

【案例1.2.1】 单一客户对经营成果有重大影响(信诺达　430239)

解决方案:

1. 合理解释原因,并如实披露。

2. 作重大事项提示。

信诺达2012年度营业收入较前一年度提升幅度较大,主要原因在于单一客户镇江艾科半导体有限公司的交易(销售收入10,935,923.09元)。信诺达在其《公开转让说明书》中作出如下重大事项提示:

1. 营业收入波动风险

公司2011年、2012年营业收入分别为1,109,866.41元、13,742,126.70元,2012年收入大幅增加的主要原因为与镇江艾科半导体有限公司的业务合同(销售收入10,935,923.09元)占公司全年收入比例较高,达79.58%,致使公司当期营业收入出现波动。公司目前的客户数量较少,且未与销售客户签订长期合作协议,若公司与镇江艾科半导体有限公司终止合作关系,公司又无其他大额销售合同弥补未来销售额下滑,公司未来的收入及盈利水平将可能受到较大影响。

2. 主要客户情况

2011年、2012年公司对前五名客户的销售金额占比主营业务收入分别为100%和93.62%。2011年,公司全部3家客户为中国电子科技集团公司第54研究所、中国人民解放军某部队科研所和重庆金美通信有限责任公司;2012年,前五位大客户为

镇江艾科半导体有限公司、山东航天电子技术研究所、北京市科学技术研究院、中国电子科技集团公司第39研究所和中国航天科技集团公司第九所。报告期内，公司的主要客户销售金额占营业收入比例较高，主要原因在于现阶段公司市场拓展有限，主要客户大都计入上述样本统计。随着公司市场开拓力度的不断加大，上述问题将得到改善。

申请挂牌公司应遵循重要性原则披露与其业务相关的关键资源要素，包括：

（1）产品或服务所使用的主要技术。

（2）主要无形资产的取得方式和时间、实际使用情况、使用期限或保护期、最近一期期末账面价值。

（3）取得的业务许可资格或资质情况。

（4）特许经营权（如有）的取得、期限、费用标准。

（5）主要生产设备等重要固定资产使用情况、成新率或尚可使用年限。

（6）员工情况，包括人数、结构等。其中核心技术（业务）人员应披露姓名、年龄、主要业务经历及职务、现任职务与任期及持有申请挂牌公司的股份情况。核心技术（业务）团队在近两年内发生重大变动的，应披露变动情况和原因。

（7）其他体现所属行业或业态特征的资源要素。

【案例1.2.2】　在建项目无相应资质（科慧科技　831045）

解决方案：补办资质。有权机关出具不构成重大违法说明；控股股东及实质控制人出具承诺。

经中介机构核查，公司的在建工程存在只取得建设用地规划许可证，未取得建设工程规划许可证、施工许可证即开工建设的情况。此情况出现的原因是，公司自动焊接专机及焊接机器人建设项目所在的郑州高新区电子电器产业园的整体规划、道路命名未确定，城市配套设施未到位，导致园区内包括公司在内的企业均未取得建设工程规划及施工许可手续；根据郑州高新区管理委员会和电子电器产业园管理办公室的意见，为推进电子电器产业园的开发建设，园区内企业应在规定时间内开工建设，按照公司与郑州市国土资源局签订的《国有建设用地使用权出让合同》，公司最迟应于2012年12月23日开工，否则须承担违约责任。因此，公司实行边建边补办手续的方式，公司于2013年7月1日补办了《建设工程规划许可证》，于2013年10月16日补办了建设工程开工报告，并于2013年12月经郑州市工程质量监督站高新区分站竣工验收。

2014年6月，经公司申请，郑州高新区管委会出具证明，确认"郑州科慧科技股份有限公司向我单位呈报的《关于公司年产2000台套自动焊接专机及焊接机器人建设项目生产厂房建设中相关事项进行确认的申请》说明情况属实，为支持企业建设年产2000台套自动焊接专机及焊接机器人项目，管委会将不对企业该事项进行处罚。"

实际控制人陈志宏、王成为此出具承诺："因郑州科慧科技股份有限公司年产2000台套自动焊接专机及焊接机器人建设项目建设未及时办理《建设工程规划许可证》和建设工程开工手续导致公司受到行政处罚等经济损失的，由控股股东、实际控制人陈志宏、王成承担全部损失。"

中介机构认为，公司在合法取得的国有土地内进行施工，且已补办《建设工程规划许可证》和建设工程开工报告，建设工程已取得相关部门的竣工验收，建设工程规划及建设工程开工建设的情况已得到相关行政主管部门的认可，郑州高新区管委会出具了不对该事项进行处罚的证明，因此，公司在建项目在未取得建设工程规划许可证和施工许可证的情况下开工建设的行为，不构成重大违法行为；公司已经办理竣工验收手续，在建工程产权清晰，不存在目前可预见的权属争议，且实际控制人陈志宏、王成已作出承诺，因此，对公司本次申请挂牌不会构成实质上的法律障碍。

二、公司可同时经营一种或多种业务

每种业务应具有相应的关键资源要素，该要素组成应具有投入、处理和产出能力，能够与商业合同、收入或成本费用等相匹配。

1. 公司业务如需主管部门审批，应取得相应的资质、许可或特许经营权等。

2. 公司业务须遵守法律、行政法规和规章的规定，符合国家产业政策以及环保、质量、安全等要求。

新三板对挂牌公司主营业务的要求为可以同时经营一种业务或多种业务，有明确的业务即可，也就是说，没有明确的业务的各种"平台公司"是不符合新三板挂牌要求的。相比之下，沪市主板IPO要求主营业务不超过三种，创业板要求只能有一种主营业务，新三板对企业主营业务的不同要求体现了与IPO不同的市场定位，新三板的宗旨是促进民间投资和中小企业发展，有效服务实体经济。全国股转系统公司总经理谢庚在接受媒体采访时表示，新三板要服务中国经济转型，应培育那些符合产业发展方向的创新创业型成长企业挂牌，满足企业发展的需求，打造和这些企业需求相匹配的服务体系、制度体系和自律监管体系，打造契合实体经济需求的市场板块。[①]

① 《谢庚谈新三板：打造契合实体经济需求的"新市场"》，载《中国证券报》2013年12月16日。

【案例1.2.3】　出售子公司予股东，交易款项未支付完毕（盛世光明430267）

解决方案：

1. 如实披露。

2. 作重大风险提示。

2012年4月26日，盛世光明召开股东会，将公司持有的微山公司的出资额分别转让给孙伟力、李红新、孙良浩各300万元、100万元、100万元。上述交易构成关联交易。上述关联交易的原因：公司启动全国股份转让系统挂牌事宜后，相关中介机构经过调查后认为，微山公司主营业务与公司主营业务显著不同，且微山公司财务基础薄弱，因此，建议公司将持有的微山公司股权转让出去。

上述关联交易的定价依据为：微山公司尚未形成稳定的经营和盈利能力，根据微山信衡有限责任会计师事务所出具的〔2012〕微信会师鉴字第41号《审计报告》，截至2012年4月，微山公司经审计的净资产为人民币451.11万元。由于公司本次剥离微山公司股权距离前次收购微山公司股权仅相隔5个月，为不损害盛世光明的利益，因此本次转让价格按注册资本确定，定价合理。

上述关联交易的决策程序：上述关联交易在有限公司阶段发生，已通过了股东会决议。

上述关联交易的价款支付：截至目前，孙伟力、孙良浩共欠公司股权转让款347.67万元。该欠款是因股权转让引起的真实债权债务，是在公司正常运营过程中发生的，属于合法、真实的关联交易。而占用公司资金行为属于控股股东或关联方违反公司法的规定非法使用公司资金的情形，因此，该欠款行为不属于对公司的占用。该欠款未支付不会对本次挂牌造成障碍，主要原因为：

第一，根据工商资料，公司将股权转回给孙伟力和孙良浩时，虽然签订了股权转让协议，但股权转让协议并未约定股权转让款的支付时间。为此，2012年10月9日，在各中介机构的要求下，孙伟力、孙良浩向公司作出了还款承诺，承诺在2013年10月9日之前将上述欠款清偿完毕。

第二，为保证上述债权实现，孙伟力、孙良浩将持有的微山公司股权全部质押给盛世光明，2012年12月14日，孙伟力、孙良浩与公司签订了质押合同，并于2012年12月28日在山东微山工商行政管理局办理了质押登记手续。

第三，公司已在本说明书中就此事项作出重大风险提示，以保护投资者的利益。

上述关联交易对公司财务状况影响：公司剥离微山股权尚有347.67万元款项未收回，已收回的款项中，孙伟力以现金偿还72万元，以其对公司的债权抵偿80.33万元，使公司在2012年度长期股权投资减少500万元，其他应收款增加347.67万元，货币资金增加72万元，其他应付款中应付孙伟力的款项减少80.33万元。

上述关联交易对公司经营成果的影响:公司 2011 年度、2012 年度均未将微山公司纳入合并财务报表范围,且上述剥离微山公司和收购微山公司价款相同,未产生投资收益,因此上述事项对公司经营成果无影响。

三、持续经营能力

持续经营能力,是指公司基于报告期内的生产经营状况,在可预见的将来,有能力按照既定目标持续经营下去。

1. 公司业务在报告期内应有持续的营运记录,不应仅存在偶发性交易或事项。营运记录包括现金流量、营业收入、交易客户、研发费用支出等。

2. 公司应按照《企业会计准则》的规定编制并披露报告期内的财务报表,公司不存在《中国注册会计师审计准则第 1324 号——持续经营》中列举的影响其持续经营能力的相关事项,并由具有证券期货相关业务资格的会计师事务所出具标准无保留意见的审计报告。

财务报表被出具带强调事项段的无保留审计意见的,应全文披露审计报告正文以及董事会、监事会和注册会计师对强调事项的详细说明,并披露董事会和监事会对审计报告涉及事项的处理情况,说明该事项对公司的影响是否重大、影响是否已经消除、违反公允性的事项是否已予纠正。

3. 公司不存在依据原《公司法》第 181 条规定解散的情形,或法院依法受理重整、和解或者破产申请。

4. 另外,申请挂牌公司应在《公开转让说明书》中披露以下相关内容:

(1)申请挂牌公司应披露是否存在与控股股东、实际控制人及其控制的其他企业从事相同、相似业务的情况。对存在相同、相似业务的,应对是否存在同业竞争作出合理解释。申请挂牌公司应披露控股股东、实际控制人为避免同业竞争采取的措施及作出的承诺。

(2)申请挂牌公司应披露最近两年内是否存在资金被控股股东、实际控制人及其控制的其他企业占用,或者为控股股东、实际控制人及其控制的其他企业提供担保,以及为防止股东及其关联方占用或者转移公司资金、资产及其他资源的行为发生所采取的具体安排。

(3)申请挂牌公司应根据《公司法》和《企业会计准则》的相关规定披露关联方、关联关系、关联交易,并说明相应的决策权限、决策程序、定价机制、交易的合规性和公允性、减少和规范关联交易的具体安排等。申请挂牌公司应披露最近两年股利分配政策、实际股利分配情况以及公开转让后的股利分配政策。

【案例1.2.4】 公司分配现金股利，但分配后未分配利润为负（科汇电自830912）

解决措施：披露理由；各股东按照持股比例退回超额分配的利润。

1. 公司2013年分配现金股利2118.97万元，利润分配方案及履行的法律程序如下：

2013年6月18日，中瑞岳华会计师事务所出具中瑞岳华鲁审字〔2013〕第274号《审计报告》，公司2012年度的净利润为14,599,280.90元，在提取10%的盈余公积金即1,459,928.09元后，截至2012年12月31日，公司的未分配利润为43,126,599.26元。2013年6月24日，公司召开股东会，同意公司2012年度的利润分配方案以中瑞岳华会计师事务所经审计的未分配利润为基础，分配现金红利，每10股派送现金红利6.6元（含税）。以公司当时的注册资本3210.56万元为基准，共派送现金2118.97万元。本次利润分配完成后，公司剩余的未分配利润为2193.69万元。

2. 公司2013年利润分配后，未分配利润为负数的原因

2013年8月，公司提出在全国中小企业股份转让系统挂牌并公开转让的计划，并聘请大华作为股份公司整体变更和本次挂牌的审计机构。大华项目组对公司历史上的资产负债情况进行了详细梳理与规范，并提出对公司2011年度、2012年度会计报表进行追溯调整的要求。2013年8月20日、9月5日，公司分别召开董事会、股东会，同意对其他应收款、应收账款、存货等科目，对账龄长、预计无法收回其他应收款、应收账款，以及无法与收货单位核实或者收货单位已无法确认的存货中的发出商品的等科目进行追溯调整，并对期初未分配利润金额进行相应的调减。2013年12月15日，大华出具大华审字〔2013〕003652号《审计报告》，截至2012年12月31日，母公司资产负债表未分配利润为1561.79万元，较中瑞岳华会计师事务所审计金额大幅下降，由此造成本次利润分配后，公司未分配利润金额为-557.18万元。

3. 公司对未分配利润为负数的补救措施

2014年4月26日，公司召开2014年第一次临时股东大会，审议通过了《关于公司股东退回超额分配利润的议案》，各股东按照持股比例退回超额分配的利润共计557.18万元。截至补充法律意见书出具之日，公司已全额收到科汇投资应退还的现金股利并进行账务处理；除科汇投资以外的其他股东分配的利润由于尚未支付完毕，公司已对该等股东应退回的利润进行了账务处理，公司该次超额分配利润的影响已消除。

综上所述，公司于2013年进行利润分配时以中瑞岳华会计师事务所经审计的2012年年末净利润为基础，按照《公司章程》、《公司法》的规定，先提取10%的法定公积金，再按照股东实缴的出资比例对所余税后利润进行分配，并履行了必要的法律程序，公司后因大华审计调整造成2013年分配的利润超过了未分配利润金额，与《公司

法》和《公司章程》中有关利润分配的规定不符。鉴于公司及股东对该次利润分配不存在故意超额分配的主观意图,未对公司造成严重后果,且公司股东已全额退回超额分配的利润或进行相应的财务处理,超额利润分配的影响已消除,申报律师认为该次超额利润分配行为未对公司本次挂牌造成实质性的障碍。

【案例1.2.5】 反馈意见要求对公司的“持续经营能力”发表意见(汇通控股 831204)

反馈意见:2012年度、2013年度和2014年1~3月公司净资产收益率分别为1.15%、3.17%、3.14%,公司净资产收益率水平相对较低。同时,2012年年末、2013年年末和2014年3月末,公司资产负债率分别为79.25%、81.87%和79.56%;公司流动比率分别为0.67%、0.61%和0.64%;公司速动比率分别为0.49%、0.41%和0.45%,公司面临一定的偿债压力和财务成本压力。请主办券商、律师及会计师针对《挂牌条件适用基本标准指引(试行)》中对持续经营能力的要求逐项发表意见。

回复:

经核查,并对照《全国中小企业股份转让系统股票挂牌条件适用基本标准指引(试行)》(以下简称《标准指引》),就公司的持续经营能力,申报律师认为:

(一)根据《审计报告》的报表以及附注中记载的公司2012年度、2013年度出情况,并经本所律师核查,公司业务在报告期内具有持续的营运记录,不是仅存在偶发性交易或事项。

(二)公司不存在《中国注册会计师审计准则第1324号——持续经营》中列举的影响其持续经营能力的相关事项,具体如下:

1.公司在财务方面不存在可能导致对持续经营假设产生重大疑虑的如下事项或情况:(1)无法偿还到期债务;(2)无法偿还即将到期且难以展期的借款;(3)无法继续履行重大借款合同中的有关条款;(4)存在大额的逾期未缴税金;(5)累计经营性亏损数额巨大;(6)过度依赖短期借款筹资;(7)无法获得供应商的正常商业信用;(8)难以获得开发必要新产品或进行必要投资所需资金;(9)资不抵债;(10)营运资金出现负数;(11)经营活动产生的现金流量净额为负数;(12)大股东长期占用巨额资金;(13)重要子公司无法持续经营且未进行处理;(14)存在大量长期未作处理的不良资产;(15)存在因对外巨额担保等或有事项引发的或有负债。

2.公司在经营方面不存在可能导致对持续经营假设产生重大疑虑的如下事项或情况:(1)关键管理人员离职且无人替代;(2)主导产品不符合国家产业政策;(3)失去主要市场、特许权或主要供应商;(4)人力资源或重要原材料短缺。

3. 公司在其他方面不存在的可能导致对持续经营假设产生重大疑虑的事项或情况主要包括:(1)严重违反有关法律法规或政策;(2)异常原因导致停工、停产;(3)有关法律法规或政策的变化可能造成重大不利影响;(4)经营期限即将到期且无意继续经营;(5)投资者未履行协议、合同、章程规定的义务,并有可能造成重大不利影响;(6)因自然灾害、战争等不可抗力因素遭受严重损失。

同时,公司已经具有证券期货相关业务资格的瑞华会计师事务所审计并出具标准无保留意见的《审计报告》(瑞华审字〔2014〕34010023号)。

(三)公司不存在《公司法》第180条规定的如下解散情形:(1)公司章程规定的营业期限届满或者公司章程规定的其他解散事由出现;(2)股东会或者股东大会决议解散;(3)因公司合并或者分立需要解散;(4)依法被吊销营业执照、责令关闭或者被撤销;(5)人民法院依照本法第182条的规定予以解散。经核查,公司不存在人民法院依法受理公司重整、和解或者破产申请的情形。

(四)综上,申报律师认为,汇通股份符合《标准指引》中对持续经营能力的要求,具有持续经营能力。

反馈意见中关于本节的常见问题如下:

1. 请公司披露需要委托外包或外协的生产、经营环节,详细披露外包企业名称、外包或委托加工工序的名称、在公司最终产品中的作用、报告期内与公司的交易金额、定价依据及公司各类产品成本构成中外包生产部分所占的比重;上述外包企业是否存在关联关系;部分业务外包对公司经营的影响、对公司独立性的影响,以及公司对外包项目涉及责任风险的管理措施。

2. 公司对外包/外协厂商是否存在依赖性。

3. 请公司说明核心技术人员在公司任职是否违反前任公司的竞业禁止约定。请主办券商及律师核查并发表意见。

4. 请公司说明公司使用的技术是否为核心技术人员/实际控制人在任何企业任职时的职务发明,该专利技术与公司业务的联系,是否存在任何纠纷或潜在纠纷,是否对公司持续经营构成重大不利影响。

5. 请披露公司所有租赁房产的取得、使用权及权属情况,是否存在因权属不清而导致的搬迁风险及应对措施;租赁房屋的租金价格、定价依据及公允性、报告期内各期租金金额、即将到期租赁合同的续签情况、与出租方是否存在关联关系。

■第三节　公司治理机制健全,合法合规经营

一、公司治理机制健全

公司治理机制健全,是指公司按规定建立股东大会、董事会、监事会和高级管理层(以下简称“三会一层”)组成的公司治理架构,制定相应的公司治理制度,并能证明有效运行,保护股东权益。

1. 公司依法建立“三会一层”,并按照《公司法》、《非上市公众公司监督管理办法》及《非上市公众公司监管指引第 3 号——章程必备条款》等规定建立公司治理制度。

2. 公司“三会一层”应按照公司治理制度进行规范运作。在报告期内的有限公司阶段应遵守《公司法》的相关规定。

3. 公司董事会应对报告期内公司治理机制执行情况进行讨论、评估。

公司应重视三会治理制度,经营活动也应当严格按照公司章程等公司制度执行,提早适应挂牌后的信息披露要求。实践中拟上新三板的企业公司治理普遍相对较弱,部分企业尚未建立董事会,或者董事会成员主要为家族成员,建议在股改的时候规范公司的“三会一层”,虽然新三板并无要求挂牌企业必须聘请独立董事,但是企业存在家族成员控制董事会情形的,也应适当引进公司管理层或者外部董事,建立健全的公司治理环境。

全国股份转让系统对挂牌转让的企业信息披露要求券商进行终身督导,但是因为大部分新三板挂牌企业董事会秘书由主管业务经营的高管兼任,而公司又没有配备较为熟悉资本市场的证券事务代表,甚至大部分新三板企业并没有设置这个岗位。所以除了公司老板和财务负责人、董事会秘书了解一定的新三板概况外,对于信息披露、制度建设并不是非常熟悉,甚至很多公司老板都没仔细看过律师为公司起草的三会议事规则、信息披露制度等文件。因此,熟悉规则的人才会利用规则,不熟悉规则的企业即便上了新三板也是形在神不在。

【案例1.3.1】　反馈意见要求说明公司治理机制是否健全(春泉节能430715)

> 反馈意见:公司高级管理人员高兆坤与监事会主席李若薇系夫妻。请公司说明公司治理机制是否健全,请主办券商及律师发表明确意见。

2013年11月7日,春泉有限以经审计的净资产折股,整体变更为股份公司。股份公司成立后,制定了较为完备的《公司章程》,依法设立了股东大会、董事会、监事会,建立健全了公司治理机制。此外,公司还通过制定《股东大会议事规则》、《董事会议事规则》、《监事会议事规则》、《关联交易决策与控制制度》、《重大经营与投资决策管理制度(含对外担保)》等内部治理规则,进一步强化了公司相关治理制度的可操作性。至此,公司依据《公司法》和《公司章程》的相关规定,建立健全了股东大会、董事会、监事会等公司治理机构及相关治理制度。

根据《公司章程》的相关规定,总经理主持公司的生产经营管理工作并对董事会负责,高兆坤作为公司的营销副总系在总经理领导下协助总经理工作,具体负责公司营销部门工作,对公司发展战略及经营管理的影响力有限;李若薇虽然系监事会主席,但除召集和主持监事会会议外,其监督职权与其他监事是一致的;除李若薇外,公司其他监事也能对高兆坤进行有效监督。所以,依照公司现有制度,高兆坤与李若薇系夫妻对公司的治理机制没有重大影响。

另经申报律师核查,股份公司成立后,公司能够按照《公司法》、《公司章程》及相关治理制度规范运行。截至2014年4月15日,公司召开股东大会1次、董事会1次、监事会1次,三会的召开均符合《公司法》以及《公司章程》的规定和要求,决议内容没有违反《公司法》、《公司章程》及三会议事规则等规定,也没有损害股东、债权人及第三人合法利益,会议程序合法、会议决议和会议记录规范完整。

申报律师认为,公司已制定了较为完备的《公司章程》,依法设立了股东大会、董事会和监事会,建立健全了公司治理机制;公司现有治理机制能够显著地提高公司治理水平、提高决策科学性、保护公司及股东利益,有效地识别和控制经营中的重大风险,便于接受投资者及社会公众的监督,推动公司经营效率的提高和经营目标的实现,符合公司发展的要求。

二、合法合规经营

合法合规经营,是指公司及其控股股东、实际控制人、董事、监事、高级管理人员须依法开展经营活动,经营行为合法、合规,不存在重大违法违规行为。

1. 公司的重大违法违规行为,是指公司最近24个月内因违反国家法律、行政法规、规章的规定,受到刑事处罚或适用重大违法违规情形的行政处罚:

(1)行政处罚,是指经济管理部门对涉及公司经营活动的违法违规行为给予的行政处罚。

(2)重大违法违规情形,是指凡被行政处罚的实施机关给予没收违法所得、没收非法财物以上行政处罚的行为,都属于重大违法违规情形,但处罚机关依法认定不属于的除外；被行政处罚的实施机关给予罚款的行为，除主办券商和律师能依法合理说明或处罚机关认定该行为不属于重大违法违规行为的外，都视为重大违法违规情形。

《行政处罚法》及相关法律中没有界定什么是重大违法违规行为，重大违法违规也不是一个法律概念，实践中律师需要自行判断该行为是否属于重大违法违规行为，但是律师一般都比较谨慎，需要企业到相关行政机关开具受到的行政处罚不属于重大违法违规的证明文件。行政机关在处理企业上市、上新三板等事项时也比较谨慎，开具的文件也趋向规范化、格式化。

例如，企业因发票丢失、财务不规范等原因被税务部门处罚几百元或者几千元，或者上万元，如何判断其是否属于重大处罚呢？在相关行政法规中有一个情节严重的加重处罚，一般在行政处罚中适用情节严重、造成严重后果的，一般即便是行政处罚机关出具不属于重大违法违规行为的证明，律师也要慎重作出判断。

【案例1.3.2】 公司丢失发票违法行为（中冀联合　831994）

2013年9月26日，深圳市国家税务局西乡税务分局作出深国税宝西罚处（简）〔2013〕12047号《税务行政处罚决定书（简易）》，认定公司存在丢失已开具发票的违法行为，并对公司处以300元罚款。公司已缴纳前述罚款。

《发票管理办法》第36条规定："跨规定的使用区域携带、邮寄、运输空白发票，以及携带、邮寄或者运输空白发票出入境的，由税务机关责令改正，可以处1万元以下的罚款；情节严重的，处1万元以上3万元以下的罚款；有违法所得的予以没收。丢失发票或者擅自损毁发票的，依照前款规定处罚。"因为深圳市国家深圳市宝安区地方税务局对公司的罚款金额在1万元以下，没有按照情节严重的标准对公司进行处罚，因此，公司上述丢失发票的行为不属于重大违法违规行为。

对于相关行政处罚中，处罚金额不大，如低于10万元，未出现情节严重的事项，明确为一般行政处罚，或者适用简易程序的，或者行政处罚并非针对公司主营业务做出的行政处罚，律师一般均可以自行作出判断。实践中相关行政处罚机关亦会根据相关法律法规开具属于一般行政处罚，或者适用简易程序处罚，或者情节轻微的处罚的证明，该等情况下，律师基本上可以判断其是否属于重大行政处罚行为。

【案例1.3.3】 公司因工作失误漏缴税款受处罚（东亚装饰　430376）

东亚装饰《公开转让说明书》披露，2013年3月1日青岛市地方税务局稽查局向公司发出的《税务行政处罚决定书》（青地税稽罚〔2013〕20号），公司因2010年漏缴印花税3070.80元,2011年漏缴印花税3863.40元,共计6934.20元,被税务机构处以未缴税款一倍的罚款。关于上述因漏缴税款而受到处罚的行为,公司主观上并非重大故意,涉及税款金额较小,且事后公司积极补缴,依据《中华人民共和国税收征收管理法》、《青岛市税务行政处罚裁量权实施办法(试行)》和《青岛市税务行政处罚裁量基准》等相关法律法规的规定,公司因工作失误少申报缴纳印花税6934.20元的行为不属于重大违法违规行为。青岛市地方税务局市北分局出具了《纳税证明》:"未发现该公司有适用重大违法违规情形的行政处罚的记录。"

(3)公司最近24个月内不存在涉嫌犯罪被司法机关立案侦查,尚未有明确结论意见的情形。凡是被处以罚款以上的处罚,均需要处罚机关出具不属于重大违法违规行为的证明。中介机构在尽职调查中应着重关注企业有无税务处罚、工商、环保处罚记录。同时,企业的董监高应当在中国人民银行征信系统中信用记录良好,不存在失信行为。

【案例1.3.4】 税收滞纳金不带有处罚性质(恒瑞能源 830807)

恒瑞能源2012年度的罚没损失为因2011年度增值税税款逾期缴纳而产生的滞纳金,2012年11月14日前恒瑞能源已将该滞纳金缴纳完毕。根据《国家税务总局关于偷税税款加收滞纳金问题的批复》(国税函〔1998〕291号)第1条规定:"根据《中华人民共和国税收征收管理法》及其实施细则的规定,滞纳金不是处罚,而是纳税人或者扣缴义务人因占用国家税金而应缴纳的一种补偿。"该规定界定了滞纳金不带有处罚性质,而认定其是一种补偿性质。同时,肥西县国家税务局及肥西县地方税务局桃花分局已出具《证明》,证明恒瑞能源自2012年以来,依法纳税,未发现因违反有关税收的法律、法规或任何税收事宜被政府有关部门处罚的情形。因此,上述缴纳税收滞纳金的情形不属于重大违法违规行为。

2. 控股股东、实际控制人合法合规,最近24个月内不存在涉及以下情形的重大违法违规行为:

(1)控股股东、实际控制人受刑事处罚;

(2)受到与公司规范经营相关的行政处罚,且情节严重;情节严重的界定参照前述规定;

(3)涉嫌犯罪被司法机关立案侦查,尚未有明确结论意见。

挂牌企业的实际控制人、董事、监事、高管人员是否设立过其他公司或者在其他公司担任该公司法定代表人而该公司可能因为未年检被吊销营业执照的情形也在本条的核查范围内。

3. 现任董事、监事和高级管理人员应具备和遵守《公司法》规定的任职资格和义务,不应存在最近24个月内受到中国证监会行政处罚或者被采取证券市场禁入措施的情形。

如董监高被列入工商部门企业诚信系统的黑名单,且在报告期的,不能在拟挂牌企业担任董监高及法定代表人。

第一,《公司法》的规定。原《公司法》第147条第1款第4项规定,担任因违法被吊销营业执照的公司的法定代表人,并负有个人责任的,自该公司、企业被吊销营业执照之日起未逾3年的,不得担任公司的董事、监事、高级管理人员;该条第2款规定公司违反前款规定选举、委派董事、监事或者聘任高级管理人员的,该选举、委派或者聘任无效。

第二,国家工商行政管理总局《关于企业法定代表人是否负有个人责任问题的答复》(工商企字〔2002〕第123号)。企业年度检验是工商行政管理机关依法按年度对企业进行检查,确认企业持有继续经营资格的法定制度,企业应依法接受年度检验,逾期不接受年度检验是一种违法行为。企业逾期不接受年度检验,被工商行政管理机关依法吊销营业执照,该企业的法定代表人作为代表企业行使职权的负责人,未履行法定的职责,应负有个人责任,但年检期间法定代表人无法正常履行职权的除外。

根据《企业法定代表人登记管理规定》第4条的规定,因违法被吊销营业执照的企业的法定代表人,并对该企业违法行为负有个人责任,自该企业被吊销营业执照之日起未逾3年的,不得担任法定代表人。该类人员仍然在其他企业中担任法定代表人的,相关企业应按规定办理法定代表人变更登记。相关企业不按规定办理变更登记的,工商行政管理机关一经发现或经举报核实,应责令相关企业限期办理法定代表人变更登记,对逾期不办理变更登记的,工商行政管理机关应依照《企业法定代表人登记管理规定》第12条的规定处理。

【案例1.3.5】 董事任职资格(博涛股份 832013)

反馈问题:根据工商局公开信息,公司董事长、总经理肖迪曾担任已经被吊销营业执照的沈阳博涛数字艺术科技有限公司法定代表人,请主办券商和律师核查沈阳博涛被吊销执照对肖迪担任公司董事及总经理的资格是否有影响并发表意见。

经股份公司确认并经中介机构核查,沈阳博涛数字艺术科技有限公司成立于2009年9月10日,注册资本100万元,设立时股份公司和肖迪分别持有沈阳博涛数字艺术科技有限公司90%和10%的股份,法定代表人由执行董事肖迪担任,肖迪同时兼任经理。2010年10月15日,沈阳博涛数字艺术科技有限公司作出股东会决议,将法定代表人、执行董事和经理变更为徐迎春,同时将股份公司和肖迪持有的沈阳博涛数字艺术科技有限公司全部股份转让给徐迎春。同日,股份公司和肖迪分别与徐迎春签订了股权转让协议。对于本次变更，沈阳博涛数字艺术科技有限公司已经完成了工商变更手续。2011 年 10 月 27 日，沈阳市工商行政管理局吊销了沈阳博涛数字艺术科技有限公司的营业执照，原因是未按规定接受年度检验。根据《沈阳市工商行政管理局行政处罚决定书》(沈工商蒲处字〔2011〕22 号)，包括沈阳博涛数字艺术科技有限公司在内的 141 家公司未按规定完成 2010 年度企业年度检验，根据该处罚决定书，上述公司应当于 2011 年 6 月 30 日前向登记主管机关报送年检材料。经检查，肖迪于 2010 年 10 月 15 起即不再担任沈阳博涛数字艺术科技有限公司董事、经理和法定代表人，并且退出了该公司，因此，沈阳博涛数字艺术科技有限公司未及时上报年检材料时肖迪已经不再是该公司的董事、经理或法定代表人，其对该公司未完成年检手续而被工商机关吊销营业执照不负有任何责任。因此，中介机构认为，沈阳博涛数字艺术科技有限公司被吊销执照对肖迪担任股份公司董事及总经理的资格不存在任何影响。

三、公司报告期内不应存在股东包括控股股东、实际控制人及其关联方占用公司资金、资产或其他资源的情形

公司报告期内如果存在股东包括控股股东、实际控制人及其关联方占用公司资金、资产或其他资源的情形，应在申请挂牌前予以归还或规范。

常见的关联方有：

1. 公司的控股股东，以及其控制的其他企业。

2. 持股 5% 以上股东，以及其控制的其他企业。

3. 公司的董事、监事及高级管理人员(包括总经理、副总经理、财务负责人等)，以及其控制的其他企业。

4. 持股 20% 以上的被投资单位。

报告期内公司控股股东占用公司资金、资产等情形的，应当及时清理、归还，并加扣利息，利息可以参照同期银行贷款利息。并建议控股股东出具《规范控股股东占用公司资金的承诺函》予以规范。

【案例 1.3.6】　关联方占用公司资金(高健实业　832042)

解决方案：归还关联方占用的资金；实际控制人或控股股东作出承诺；制定防范关联方占用资金的制度并严格执行。

报告期内，公司的资金存在被股东占用的情况，但截至报告期末，公司股东已经全部归还了所占用的公司资金。为防止公司控股股东、实际控制人及其控制的其他

企业占用公司资金、资产及其他资源,公司制定了《公司章程》、《关联交易管理制度》、《对外担保管理办法》等制度,为规范公司的关联交易,实际控制人华健于2014年10月23日出具了《规范减少关联交易承诺函》,明确申明和承诺:"本人及本人所控制的公司将尽可能避免、减少与深圳市高健实业股份有限公司之间的关联交易,对于不可避免的关联交易将严格遵守《公司法》、中国证监会的有关规定以及该公司《公司章程》和《关联交易管理制度》的有关规定,遵照一般市场交易规则依法进行,不损害深圳市高健实业股份有限公司的利益。如违反承诺导致该公司遭受损失的,本人将承担赔偿责任。"

四、公司应设有独立财务部门进行独立的财务会计核算,相关会计政策能如实反映企业财务状况、经营成果和现金流量

【案例1.3.7】 使用员工个人账户收取货款(美兰股份　430236)

解决方案:

1. 个人账户注销;

2. 披露内部控制制度,不存在报告期内多计少计收入的情形。

美兰股份在其《公开转让说明书》中披露:报告期内,公司的收款方式包括:现金收款、个人卡收款、银行对公账户转账收款和承兑汇票收款。现金收款主要针对一些零散终端客户和一些上门提货的个体经营户,公司现金销售严格按照现金内控制度及相关财务制度的要求进行,制定了完整的销售审批、现金收款、收据开具、发货、现金缴存银行、每日记账、联合对账等一系列内控措施,严格做好财务凭证的确认、入账和财务核算工作,确保财务凭证的真实性、有效性、完整性和准确性,防范公司现金销售活动中财务风险的发生,确保现金安全和真实客观地反映企业的经营成果。个人卡收款主要是方便报告期内受银行营业时间和办理网点等方面的局限的企业和个体经营户付款。

报告期内美兰股份及其子公司并未将个人银行卡上收取的货款全部转入公司基本户和一般户,存在直接用于公司费用开支或借支给个人的情形,但相关的审批手续完善,支付得到有效控制,不存在未经批准擅自支用的情况;同时用于借出的款项于会计报表日前已归还,不存在公司资产流失及被他人长期占用的情形。为进一步规范收付款管理,公司已于2013年4月24日,将个人卡注销,不再使用个人卡收取货款,所有货款全部打入公司基本户和一般户。因此,报告期内公司存在使用个人账户收取货款的不规范情形,但使用员工个人账户收取的货款已经如实在公司财务中反映,不存在未计入收入或多计收入的情形。

【案例1.3.8】 公司报告期内开具不真实的巨额承兑汇票(云南路桥830796)

> 解决方案:如实披露;出具承诺。
>
> 根据公司的银行承兑汇票情况,报告期内公司存在不规范票据融资情形,公司开具了无真实交易背景的银行承兑汇票。公司开具无真实交易背景的银行承兑汇票的目的系为满足自身融资及缓解流动资金压力需要,用于公司生产经营周转,未用于其他用途。
>
> 2014年4月21日,公司针对该事项出具了《关于规范票据管理的承诺函》规定:“公司承诺按期解付到期的银行承兑汇票,并将不再开具无真实交易背景的融资性银行承兑汇票。公司保证以后将严格按照《中华人民共和国票据法》等有关法律、法规要求开具所有票据,规范票据管理,杜绝发生任何违反票据管理相关法律、法规的票据行为。”此外,2014年4月21日,公司控股股东第四路桥针对该事项出具了《关于规范公司票据使用的承诺函》规定:“本公司不再发生与云南路桥进行不规范票据的融资行为;如云南路桥因上述不规范使用票据行为而受到任何处罚,或因该等行为而被任何第三方追究任何形式的法律责任,以及造成有关损失均由我集团承担相应责任;本公司自愿承担云南路桥因该等行为而导致、遭受、承担的任何损失、损害、索赔、成本和费用,并使云南路桥免受损害。”
>
> 申报律师认为,公司不规范使用票据的行为虽不符合《票据法》等相关规定,但公司的上述融资行为是为了满足生产经营需要、降低融资成本,所融资之款项均用于生产经营活动,不具有任何欺诈或非法占有目的。公司已承诺将严格按照《票据法》的有关规定执行,不再发生类似的行为,公司控股股东第四路桥已承诺对可能因票据融资受处罚对公司造成的损失进行赔偿。因此,上述票据融资行为不会对公司利益造成不利影响,不会导致公司不符合“合法规范经营”的挂牌条件,对本次挂牌不构成实质性障碍。

反馈意见中关于本节的常见问题如下:

1. 请公司说明并披露公司、实际控制人及股东等相关方与投资方是否存在除“对赌”(投资价格调整机制)外诸如优先权、反稀释、拖带权、认沽权等特殊条款或利益安排及该等条款对公司控制权、权益的影响;补充说明并披露是否因前述特殊条款或安排产生争议及其对公司治理及正常运营的影响;前述特殊条款或安排的执行情况。

2. 请公司说明并披露已明确终止《投资补充协议》中“由公司承担业绩承诺、对赌、回购义务的约定”的书面约定效力及履行情况。

3. 请公司说明并披露报告期内,控股股东、实际控制人控制的企业的主要业务、收入、前五大客户情况。请中介机构进一步核查公司的同业竞争情况，并就公司是否存在同业竞争情况发表明确意见。

4. 请中介机构对公司采取的解决同业竞争的措施是否合法、有效、切实可行发表明确意见。

5. 公司营业外支出中是否存在罚款支出。请中介机构就公司是否符合合法规范经营的挂牌条件发表法律意见。

6. 公司生产经营、污染物排放等是否符合国家和所在地的环保法律法规、公司是否已经取得所有必需的环保方面的许可资质或批准文件。

7. 公司是否具备营业业务所需的全部资质，相关资质在报告期内是否需要经过年审及通过年审情况。《公开转让说明书》中关于业务许可和资质中列举的部分许可、资质有效期已过或有效期即将届至的，需披露续展情况，以及相关许可及资质的续展是否影响公司的合法规范经营、持续经营。

8. 请公司披露申报、公积金缴纳情况。

■第四节　股权明晰，股票发行和转让行为合法合规

一、股权明晰

股权明晰，是指公司的股权结构清晰，权属分明，真实确定，合法合规，股东特别是控股股东、实际控制人及其关联股东或实际支配的股东持有公司的股份不存在权属争议或潜在纠纷。

1. 公司的股东不存在国家法律、法规、规章及规范性文件规定不适宜担任股东的情形：

(1)公务员、事业单位人员在兴办企业及在企业禁止任职规定。根据《公务员法》的规定，公务员不得从事或者参与营利性活动，在企业或者其他营利性组织中兼任职务。公务员因工作需要在机关外兼职，应当经有关机关批准，并不得领取兼职报酬。公务员辞去公职或者退休的，原系领导成员的公务员在离职 3 年内，其他公务员在离职两年内，不得到与原工作业务直接相关的企业或者其他营利性组织任职，不得从事与原工作业务直接相关的营利性活动。

【案例1.4.1】 公司股东出资、任职资格符合《公务员法》(东岩股份 430286)

> (反馈重点问题第4条)证券业协会在审核中注意到,公司披露股东秦丹红从2003年至今先后担任有限公司监事、股份公司董事。同时秦丹红自2003年至2012年任上海市青浦区市容环境卫生管理所会计,2012年至今任上海市青浦区城市网格化管理受理监督中心会计。要求公司补充披露秦丹红是否为公职人员,她向公司出资、在公司任职是否违反《公务员法》等相关法律法规和上海市青浦区市容环境卫生管理所、上海市青浦区城市网格化管理受理监督中心的规定。请主板券商、律师对以上事项进行核查。
>
> 中介机构经核查后回复:
>
> 根据上海市青浦区市容环境卫生管理所出具的证明函,该所为事业单位,秦丹红自2003年3月至2012年10月期间任该所会计,在该所任职期间不属于《公务员法》等相关法律法规规定的公务员或公职人员,其向东岩股份出资并担任其监事职务未违反《公务员法》等相关法律法规的相关规定以及该所的相关规定。该所对于秦丹红的上述出资及监事任职行为无异议。
>
> 根据上海市青浦区城市网格化管理受理监督中心出具的证明函,该中心为事业单位。秦丹红自2012年10月至今任该中心会计,在该中心任职期间不属于《公务员法》等相关法律法规规定的公务员或公职人员,其向东岩股份出资并担任其监事职务未违反《公务员法》等相关法律法规的相关规定以及该所的相关规定。该中心对秦丹红的上述出资及监事、董事任职行为无异议。

(2)未成年人可否成为公司股东问题。根据《国家工商行政管理总局关于未成年人能否成为公司股东问题的答复》(工商企字〔2007〕131号):《公司法》对未成年人能否成为公司股东没有作出限制性规定。因此,未成年人可以成为公司股东,其股东权利可以由法定代理人代为行使。

【案例1.4.2】 未成年人依法继承股权,由法定代理人代为行使股东权利(快易名商　831423)

> 根据上海市闵行区公证处于2010年12月7日出具的《公证书》,施艳、沈洋于2010年12月7日就共同继承公司原股东沈海持有的快易名商股权签订《财产分割协议书》,其中施艳继承30%股权,沈洋(未成年人)继承10%股权,在沈洋成年前由其母亲施艳履行监护职责。达润投资于2010年10月14日召开股东会会议,决议同意依据公证由施艳、沈洋继承已故原股东沈海所持有公司40%的股权,其中施艳继

承30%股权,沈洋继承10%股权。根据《国家工商行政管理总局关于未成年人能否成为公司股东问题的答复》(工商企字〔2007〕131号)(以下简称《答复》):"《公司法》对未成年人能否成为公司股东没有作出限制性规定。因此,未成年人可以成为公司股东,其股东权利可以由法定代理人代为行使。"故而,沈洋作为未成年人,其作为快易名商股东不存在法律障碍。

根据当时有效的《公司法》(2005年修订)第76条规定:"自然人股东死亡后,其合法继承人可以继承股东资格;但是,公司章程另有规定的除外。"由于快易名商当时有效的章程未对自然人通过继承方式取得股权作出限制性规定。故而,沈洋作为未成年人通过继承方式取得股权未违反公司当时有效章程的规定。

综上,沈洋继承公司股权合法有效,不存在任何争议或潜在纠纷。

经查,公司股东施艳与沈洋系母女关系,系沈洋法定代理人。《民法通则》第12条规定:"十周岁以上的未成年人是限制民事行为能力人,可以进行与他的年龄、智力相适应的民事活动;其他民事活动由他的法定代理人代理,或者征得他的法定代理人的同意。不满十周岁的未成年人是无民事行为能力人,由他的法定代理人代理民事活动"及《答复》,沈洋作为未成年人享有的股东权利由其法定代理人施艳代为行使,合法有效。

经申报律师核查,沈洋于2014年4月向公司货币增资70.2万元。根据公司提供的银行进账单及股东施艳出具的《声明确认函》,沈洋本次出资的资金70.2万元全部来源于其母亲施艳赠与,并经股东施艳确认对于沈洋使用该等资金取得公司股权对应的股东权利义务全部由沈洋享有及承担。申报律师核查后认为,沈洋向公司增资70.2万元货币资金来源于其母亲施艳赠与,资金来源真实合法,并经股东施艳确认该等增资取得的公司股权不存在任何股权代持情形,其作为法定监护人代为行使相应股东权利合法有效。

2. 申请挂牌前存在国有股权转让的情形,应遵守国资管理规定。

【案例1.4.3】 国有股权转让未进行评估(长天思源　830842)

解决方案:取得国有资产监督管理部门的说明。

2002年国有股东佛山分析仪器厂按原出资额20万元转让其持有的有限公司5%的股权没有进行评估,转让程序存在瑕疵,但根据有限公司的资料及《广东长天思源环保科技有限公司2002年审计报告》显示,2002年有限公司仍处于亏损状态,所有者权益合计3,718,152.21元,低于注册资本400万元,佛山分析仪器厂转让亏损状态的有限公司股权已经足额回收其原出资额20万元。本次股权转让价格经转让双方约定并经有限公司股东会决议通过,转让价值高于佛山分析仪器厂持有有限公司股权对应的净资产价值。另外,本次股权转让价格及结果已经佛山市公盈投资控股有限公司、佛山市人民政府国有资产监督管理委员会确认为符合其当时实际经营状况需要,转让过程及结果不存在纠纷或争议,符合当时的相关规定。

因此,中介机构认为,本次股权转让的程序虽存在瑕疵,但已经得到有效纠正,不存在损害国有资产利益的情形。

3. 申请挂牌前外商投资企业的股权转让应遵守商务部门的规定。

股权不明晰比较常见的情形有股权代持、历史上存在职工持股会、集体企业改制程序缺失、历次股权转让中可能存在的诉讼等。

股权代持的核查首先要从公司股东入手,向股东说明相关法律法规的规定,明确股权代持对公司上新三板挂牌转让的法律障碍,说明信息披露的重要性,阐述虚假信息披露被处罚的风险,说明诚信在资本市场的重要性。作者将在下文中专门介绍关于股权代持问题的核查与解决方法。

【案例1.4.4】 盈余公积转增股本(威林科技 430241)

解决方案:披露程序合规;确认不存在权属纠纷。

2003年6月4日,有限公司股东会通过决议,同意增加注册资本300万元,其中王渝斌增资91.605万元(货币增资86.925万元、公积金转增出资4.68万元)、刘忠江增资59.605万元(货币增资47.025万元、公积金转增出资2.58万元)、苏伯平增资59.605万元(货币增资47.025万元、公积金转增出资2.58万元)、丁岩峰增资59.605万元(货币增资47.025万元、公积金转增出资2.58万元)、刘少明增资59.605万元(货币增资47.025万元、公积金转增出资2.58万元)、新股东王长清货币出资9.975万元,并通过了公司章程修正案。2003年7月8日,武汉市工商局出具了企业变更通知书,对上述变更予以确认。

2003年6月23日,湖北大华有限责任会计师事务所出具了鄂华会事验字〔2003〕A第121号《验资报告》,对本次增资进行了审验。转增后,盈余公积为1,113,776.95元,所留存的该项公积金不少于转增前公司注册资本的25%,符合1993年《公司法》第179条的规定。

有限公司本次以盈余公积转增股本未按照股东持股比例转增,其中王渝斌转增比例高于其持股比例,则其他股东的转增比例低于其持股比例。经主办券商及律师核查,本次决定以盈余公积转增股本的股东会决议是经全体股东一致同意表决通过,全体股东均在决议上签名确认。主办券商及律师认为,经有限公司全体股东一致同意,有限公司不按照股东的持股比例以盈余公积转增股本是股东意思自治的体现,本次以盈余公积转增股本过程及结果合法有效,不存在法律纠纷及风险。

二、股票发行和转让合同法规

股票发行和转让合法合规,是指公司的股票发行和转让依法履行必要内部决议、外部审批(如有)程序,股票转让须符合限售的规定

1. 公司股票发行和转让行为合法合规,不存在下列情形:

(1)最近36个月内未经法定机关核准,擅自公开或者变相公开发行过证券;

(2)违法行为虽然发生在36个月前,目前仍处于持续状态,但《非上市公众公司监督管理办法》实施前形成的股东超200人的股份有限公司经中国证监会确认的除外。

2. 公司股票限售安排应符合《公司法》和《全国中小企业股份转让系统业务规则(试行)》的有关规定。

三、在区域股权市场及其他交易市场进行权益转让的公司,申请股票在全国股份转让系统挂牌前的发行和转让等行为应合法合规

【案例1.4.5】 在天交所挂牌交易的公司申请到新三板挂牌(卫东实业832043)

(1)2014年7月,公司的股份在天交所挂牌交易

2013年6月5日,公司召2013年第二次临时股东大会,审议同意公司股份在天交所登记托管和挂牌交易。

2013年6月20日,龙岩市企业上市小组领导办公室出具《关于福建卫东实业股份有限公司股权在天津股权交易所挂牌交易的备案函》,同意公司在天交所挂牌。

2013年7月5日,经天津股权交易所审核,天津市金融办备案,公司正式在天津股权交易所挂牌,股权简称为卫东实业,代码为835006。

(2)挂牌期间股权结构(股本)演变

公司在天交所挂牌至本法律意见书出具之日,公司股权结构(股本)演变如下:

I. 2013年7月5日,邱桢文将其持有的公司73万股股票以每股1.58元的价格转让给陈娴。

II. 2013 年 9 月 11 日，陈娴将其持有的公司 73 万股股票以每股 1.74 元的价格转让给邱桢文。

(3)公司从天津股权交易所摘牌

2014 年 5 月 28 日，公司 2013 年度股东大会审议通过了《关于授权董事会全权办理有关公司向天津股权交易所提交摘牌退市申请相关事宜的议案》，根据上述股东大会决议对董事会的授权，2014 年 10 月 15 日，公司召开第二届董事会第五次会议通过《关于公司拟向天津股权交易所提交摘牌退市申请并解除股权托管的议案》，于 2014 年 10 月 21 日向天交所申请摘牌退市并解除股权托管，并于同日在天交所信息披露网站上发布摘牌公告。2014 年 10 月 27 日，公司自天交所摘牌退市。

2014 年 8 月 25 日，天交所出具《证明》，证明公司于 2013 年 7 月 5 日在天交所开始交易，截至 2014 年 8 月 25 日，通过天交所交易系统发生交易共计 2 次，平均交易价格为 1.66 元，最后一次交易时间为 2013 年 9 月 11 日，股权交易真实有效，股权结构清晰。公司在挂牌期间不存在股东人数累计超过 200 人的情形。2014 年 8 月 25 日至公司自天交所摘牌退市之日，公司因筹备向全国中小企业股份转让系统申请挂牌事宜一直处于停牌状态，故该期间公司未发生股权交易行为。

综上所述，公司在天交所挂牌期间没有增发股份，不存在将任何权益拆分为均等份额公开发行的情形；挂牌期间的股份相互转让系以协议转让的方式进行交易，没有采取集中竞价、做市商等集中交易方式进行交易；挂牌期间两次股权转让时间，即 2013 年 7 月 5 日及 9 月 11 日，间隔超过 5 个交易日；天津股权交易所挂牌期间，公司股东人数不超过 28 人，不存在权益持有人累计超过 200 人的情形。公司在天津股权交易所挂牌期间股东人数及债券发行合法合规，没有违反《国务院关于清理整顿各类交易场所切实防范金融风险的决定》(国发〔2011〕38 号，以下简称国发〔2011〕38 号文)中关于“除依法设立的证券交易所或国务院批准的从事金融产品交易的交易场所外，任何交易场所均不得将任何权益拆分为均等份额公开发行，不得采取集中竞价、做市商等集中交易方式进行交易；不得将权益按照标准化交易单位持续挂牌交易，投资者买入后卖出或卖出后买入同一交易品种的时间间隔不少于 5 个交易日、权益持有人累计不得超过 200 人”的相关规定。

四、公司的控股子公司或纳入合并报表的其他企业的发行和转让行为需符合《全国中小企业股份转让系统股票挂牌条件适用基本标准指引(试行)》的规定

【案例1.4.6】 反馈要求对是否符合“股权明晰、股份发行转让合法合规”发表明确意见(中兴通 430035)

反馈意见:公司股权结构是否符合“股权明晰、股份发行转让合法合规”的挂牌条件。

根据中兴通软件的陈述并经查验相关工商登记资料、自然人居民身份证,中兴通软件的法人股东是根据中国法律合法成立并有效存续的独立法人,中兴通软件的合伙企业股东是根据中国法律合法成立并有效存续的有限合伙企业,中兴通软件的自然人股东均为中国公民,中兴通软件的股东均具有中国法律、法规和规范性文件规定的担任股份有限公司股东的资格。

根据中兴通软件的陈述并经查验中兴通软件的工商登记资料、相关验资报告、中兴通软件股东缴纳出资的相关凭证、基本情况调查表及股东承诺函,中兴通软件的股东均已按照相关规定足额缴纳了出资,其持有的中兴通软件的股份不存在代持或质押,控股股东、实际控制人持有中兴通软件的股份不存在权属争议或潜在纠纷,并且,中兴通软件自变更为股份有限公司后至本补充发生过股权变动,亦未发行股份。

根据中兴通软件的陈述,中兴通软件的合伙企业股东信轶兴的有限合伙人董树永于2013年7月31日被中兴通生物辞退须办理退伙,但因其拒绝签署相关文件至今尚未完成工商变更登记。信轶兴已于2014年6月19日召开合伙人会议,通过对董树永的除名决议,并通过快递方式已向其发出书面通知,董树永已于2014年11月27日回复邮件,表示接到该除名通知。根据现行有效的《合伙企业法》第49条的规定,“对合伙人的除名决议应当书面通知被除名人。被除名人接到除名通知之日,除名生效,被除名人退伙。被除名人对除名决议有异议的,可以自接到除名通知之日起三十日内,向人民法院起诉”。截至本补充法律意见书出具日,董树永尚未提起诉讼,但原合伙人董树永存在就退伙事宜与信轶兴进行诉讼的可能性。同时,因董树永退伙尚未办理完成,信轶兴后续的多次份额转让尚未办理工商变更登记。但鉴于:①根据信轶兴的工商登记资料显示,董树永对信轶兴的出资额为2万元,出资比例仅为0.667%,而信轶兴只持有中兴通软件10%的股份;②信轶兴普通合伙人已出具承诺,在解决董树永退伙问题后立即办理信轶兴后续份额转让的工商变更登记;③除董树永以外,信轶兴的历次份额转让均签署了转让协议并支付了合理对价,信轶兴的上述情况对本次挂牌不构成实质障碍。

综上，申报律师认为中兴通软件的股权结构符合"股权明晰、股份发行转让合法合规"的挂牌条件。

反馈意见中关于本节的常见问题如下：

1. 公司历次股权转让是否合法、合规，是否存在潜在纠纷；

2. 公司股份是否存在代持及潜在纠纷等情况。

第五节　主办券商推荐并持续督导

公司须经主办券商推荐，双方签署了《推荐挂牌并持续督导协议》。

主办券商应完成尽职调查和内核程序，对公司是否符合挂牌条件发表独立意见，并出具推荐报告。

主办券商制度是全国股份转让系统的基本制度安排之一。主办券商制度是全国股份转让系统按照市场化和责权利一致的原则，建立的对主办券商业务及日常管理的一系列制度安排。

这一制度的特点是，公司挂牌基本由主办券商决定。主办券商承担尽职调查和内核职责，了解公司各方面情况，全国股份转让系统通过检查主办券商工作底稿看券商是否按规定履行了尽职调查和内核职责，以此促进公司披露信息的真实性；主办券商在推荐公司挂牌后，要在公司挂牌期间对其履行持续督导职责，督促挂牌公司诚实守信，规范履行信息披露义务，完善公司治理。

主办券商为挂牌公司提供定向融资、做市交易、并购重组以及保荐上市等各种服务并获得相应收益，从而使挂牌企业的质量与发展同主办券商的信誉和利益息息相关。通过这一系列的制度设计，使主办券商的责、权、利更为统一，建立起券商选择企业的市场化激励约束机制，有效防范券商的短期行为，也使券商有动力去履行各项职责，去主动选择有发展潜力和具备高成长性的企业。

按照"放松管制、强化监管"的原则，全国股份转让系统取消了对主办券商业务资格的事前审批，强化过程监管和行为监管。实行持续培训、主动披露和事后检查相结合的市场化自律管理方式。要求主办券商报送并披露相关执业情况等信息，实现社会监督与市场约束；对主办券商风控与合规管理、业务隔离提出要求；明确主办券商尽职调查、持续督导、落实投资者适当性管理制度、异常交易处理等义务的要求；开展现场检查与非现场检查，记录券商执业情况及执业质量，及时发现券商违规行为；强化对主办券商执业过程中不规范、不尽责以及违规行为的监管与处分，督促主办券商勤勉尽责。

第二章　新三板挂牌业务主要法律问题

新三板的法律服务主要表现为，接受企业委托后，由具有专业知识和经验的律师、律师助理组成团队，为企业量身定做工作方案和挂牌计划，协助企业完成改制并设立股份企业，协助企业申请进入代办股份转让系统，协助企业配股融资工作和企业挂牌成功后的后续工作。

主要法律服务可以分成三个阶段：

一、第一阶段：改制重组、设立股份公司

协助公司及推荐券商制订改制重组方案，确定股份公司的主营业务、资产范围等。在此项工作中，根据公司实际情况尽量避免同业竞争及关联交易是关键，要使之符合相关要求，同时不致影响公司的整体利益。具体工作内容如下：

1. 方案一经确定，律师将展开尽职调查。调查方式包括：全面、大量收集各方相关资料、实地考察、与相关人员谈话及向有关部门调查核实等。

2. 指导企业相关人员，规范企业行为，初步建立现代企业制度的框架，为股份公司的设立铺路。

3. 协助企业编制并签署发起人协议、股份公司章程等一系列相关法律文件。

4. 在完成调查核实工作后，律师将依据改制方案及实际情况，就股份公司的设立编制《法律意见书》，该文件内容涉及股份公司的资产、业务、人员、财务、机构等，是设立申报材料中必备的法律文件之一。

5. 协助企业及中介机构准备申报材料，并就相关问题提供专业的法律意见。

6. 参与股份公司创立大会工作。

7. 企业及中介机构要求的其他工作。

二、第二阶段：辅导公司进入新三板

股份公司设立后，律师将协助完善企业制度，强化企业管理机制，严格依照股份公司的要求规范企业行为。具体工作内容如下：

1. 参加或列席公司相关会议，协助公司高管人员的工作，协助企业起草经营过程

中的法律文书。

2. 收集股份公司相关资料，依法进行全面的尽职调查，编制股份公司进入新三板市场的《法律意见书》。

3. 参与起草《股份报价转让说明书》，就其是否存在法律风险作出公正的判断，并就其中相关问题提出专项法律意见。

4. 依法出具主管部门要求的其他相关法律文件。

5. 与各中介机构共同协助企业编制发行申报材料，尽可能使之完美，力争早日通过审查。

6. 完成企业或中介机构的其他工作。

三、第三阶段：挂牌后定向融资及持续的信息披露（后期服务）

1. 解答公司股份报价转让的实质条件和申报程序等方面的法律问题；

2. 起草、审查或者修改公司章程和各种专项协议，对存在问题的相关条款、内容提出法律建议或者处置措施；

3. 对土地使用权、房屋、知识产权、税务、债权债务确认等事项进行规范并提出法律建议或者处置措施；

4. 对关联交易、同业竞争事项进行规范并提出法律建议或者处置措施；

5. 对资产重组、收购兼并事项进行规范并提出法律建议或者处置措施；

6. 对公司及其下属子公司进行尽职调查和规范工作；

7. 审查推荐挂牌备案文件等法律文件；

8. 审核公司提供的申请文件及相关材料，依据法律和法规的要求提出法律建议或者处置措施；

9. 审核全部申请文件和相关材料的真实性、合法性之后，出具法律意见书；

10. 协助解决和处理证券主管部门对本次发行提出的相关要求与问题。

新三板目前审核的重点在拟挂牌企业是否如实、详尽地进行披露，瑕疵披露是可以接受的，尚未有因为存在重大法律问题被劝退的情况，实践中中介机构主要根据《全国中小企业股份转让系统股票挂牌条件适用基本标准指引（试行）》关注以下法律问题。

第一节　企业改制

一、什么是企业改制

企业改制是指有限责任公司整体变更为股份有限公司。因为新三板挂牌公司必须是股东可以自由转让股权的公司,根据《公司法》的规定,只有股份有限责任公司具备此种特点,因此,申请挂牌企业必须在向全国股份转让系统公司申报材料前将企业的组织形式变更为股份有限公司。目前,企业改制为股份有限公司实际上只有发起设立一种途径。发起设立又可以分为新设成立和有限公司整体变更两种方式。

新设成立是指按照《公司法》的规定设立股份有限公司,应当有 2 人以上 200 人以下为发起人,共同出资设立一个新的股份公司;有限责任公司整体变更是指有限公司符合《公司法》关于设立股份有限公司的条件要求时,由有限公司的股东作为发起人,以有限公司经审计(注:需要聘请具有证券从业资格的审计机构对企业进行财务审计)的净资产等额折股,将有限公司变更为股份有限公司。设立股份公司后,有限公司不复存在,原有限公司的所有资产、债权债务等全部由股份公司承继。其具体条件如下:发起人在 2 人以上;发起人认缴的股本达到法定资本最低限额(2014 年 3 月以后整体变更的不适用);公司筹办事项符合法律规定;发起人制定公司章程;有公司名称,建立符合股份有限公司要求的组织机构;有固定的生产经营场所和必要的生产经营条件等。

有限责任公司整体变更为股份有限公司,虽然公司性质不同,但在法律主体上是同一法人主体法人资格的自然延续,不是主体变更,因此,在债权债务方面属于法定承继,不需要公告并取得债权人同意,而在工商登记方面也只是公司类型的变更登记,而非设立登记。

二、企业改制的程序

中介机构参与到企业整体变更为股份有限公司的活动中,必须明确一系列的工作程序,企业改制的程序包括两个部分:

(一)尽职调查、发现问题、解决问题

通过尽职调查厘清企业存在的问题,并提出切实可行的解决方案,在股份公司设立之前予以解决。(注:这个阶段需要企业与中介机构协调,中介机构要对企业进行全面而详细的尽职调查,对存在的种种问题提出可行的解决方案,由企业来具体实施。)这个阶段的工作是股份公司设立的基础,也是企业改制最重要的部分。

对于企业改制项目,主要是对有限公司成立以来的历史沿革的合法性、企业业务状况和发展前景进行全面的了解,具体包括以下几个方面:

1. 股本形成过程的合法性

从有限公司设立开始,需要关注设立时的出资方式(系以现金、实物资产、无形资产等),除以现金出资外,对实物资产出资的需要进行审计、评估等相关手续;无形资产出资的需要履行相关手续,如技术认定、评估,以土地出资的需要经过土地评估机构的评估,并需要经国土管理部门的确认(现阶段拟挂牌公司已不允许以商标、商誉等

无形资产出资）。

【案例2.1.1】 股东实物出资属实，但未履行评估程序（川东磁电831433）

解决方案：如实披露；控股股东、实际控制人出具承诺。

公司前身山西三和盛商贸有限公司成立于1996年4月22日，主要业务为贸易。公司设立时的实物出资为石棉瓦38万元、钢筋12.10万元，出资的物资主要用于销售，与公司经营相关。销售方提供了正式销售发票。但由于当时发票开具不正规，发票未注明数量，只有金额。上述出资均为新购物资，购入日期分别为1996年2月29日、3月1日，新购物资于1996年3月1日投入公司。1996年4月2日，山西博友会计师事务所出具了晋博验字（1996）第75号《验资报告》，验证截至1996年3月1日，上述出资的所有资产已全部到位。上述实物资产入账时间为正式建账日期1996年6月。公司从1996年至1998年陆续销售该批物资，其中：1996年销售1.94万元、1997年销售14.82万元、1998年销售34.00万元。股东出资的物资均为新购物资，价值不存在减值或增值的情形，故未履行评估手续。

申报律师核查了公司实物出资的原始发票及公司账簿、报表、记账凭证，均有相关股东实物出资的记录。根据当时有效的《公司法》第24条第1款的规定，公司实物比例（100%）符合要求，虽未履行评估手续，但有限公司在办理工商登记时，山西省工商行政管理局未提出异议。

2014年6月10日，控股股东、实际控制人朱锦萍出具《关于有限公司设立及第一次增资情况的说明》，确认公司设立时三位股东以价值50万元的石棉瓦、钢筋等实物出资。2014年6月10日，控股股东、实际控制人朱锦萍出具《声明与承诺》：公司设立及历次增资均已实际足额履行相应出资义务，如因设立及历次增资存在瑕疵或问题造成损失，本人将承担全部责任。

申报律师核查后认为，公司实物出资属实、无权属瑕疵，实物出资比例符合当时《公司法》的规定，不存在损害公司利益的情形。公司实物出资程序不符合当时《公司法》的规定，存在程序上的瑕疵，但从实际情况看，对公司财务不产生影响，符合公司设立的实质条件。而且，公司前述情形采取的规范措施有效，有限公司设立时股东所出资实物未评估的历史问题不会对本次公司股票挂牌并公开转让造成实质性障碍。

在有限公司持续经营过程中，经常会有增资扩股、股权转让等情形的发生。改制时要注意每一次股权变动行为是否合法，股权变动时的法律文件（董事会和股东会决议、验资报告、工商变更登记等）是否齐备。

【案例2.1.2】 增资相关记账凭证与股东会决议、验资报告不一致,且原因无法查明(川东磁电 831433)

> 解决方案:控股股东、实际控制人用现金补足。
>
> 1997年10月,公司增资50万元,此次增资相关的记账凭证与股东会决议、《验资报告书》记载不一致,且未履行评估程序。经本所律师核查,公司当时的法定代表人朱树升已故去,财务人员早已离职,本次增资的具体内容、出现记账凭证与股东会决议和《验资报告书》记载不一致的原因,已无法查清。
>
> 经核查公司记账凭证、股东会决议和《验资报告书》,由于对记载不一致的原因无法查清,无法核实本次股东出资增资的真实性、合法合规性、出资实物估值的公允性。
>
> 为弥补本次增资缺陷,保证本次股东增资的真实性、合法合规性,2014年6月12日,控股股东、实际控制人朱锦萍将与本次增资等值的人民币50万元现金存入公司账户。
>
> 经核查,2014年6月12日,控股股东、实际控制人朱锦萍将与本次增资等值的人民币50万元现金存入公司账户,该笔资金已计入资本公积,进入公司净资产。
>
> 申报律师核查后认为,公司采取此项措施后,可以充分弥补此次增资中存在的缺陷,本次补充增资资金确实到位,资本充足,合法有效。

2.资产形成过程的合法性

有限公司持续经营过程中,主要的经营性资产的形成过程。

3.经营状况

(1)经营业绩的真实性。

(2)关联交易情况。

(3)财务制度状况。

(4)财务数据的真实性。

(5)特定行业经营的合法性。如医药行业,是否具备药品生产许可证书、药品批准文号等;房地产行业是否具备房地产开发资质;工程建筑企业是否具备工程建筑资质;通信设备制造企业是否具备入网许可证;等等。

(6)公司研究开发能力和核心技术情况。

(7)业务发展前景。

(二)股份公司的设立

整体变更与新设股份公司的程序基本相同,整体变更并以发起设立的方式设立股份公司的主要程序如下:

1. 在中介机构的配合下，与企业达成一致意见，对有限责任公司原全体股东以发起人的名义设立股份有限公司的方案进行确定，确定设立方式、发起人数量、股权比例、注册资本和股本规模、业务范围。在实际操作过程中，应当以有限责任公司股东会决议的形式进行确定。

2. 对拟出资资产进行资产评估或审计；有限责任公司如有知识产权、固定资产或者其他资产需要评估，则需要聘请有相当资质的资产评估机构来进行评估。如前文所述，审计是需要聘请有证券从业资格的会计师事务所的。关于资产评估要注意：第一是资产评估的合规性。企业及资产评估机构应当按照国家资产评估管理部门和资产评估行业协会关于资产评估的规定进行资产评估，并按规定的资产评估报告格式准备资产评估资料。第二是资产评估报告的有效期。资产评估报告一般自评估基准日起一年内有效，超过一年有效期的，原资产评估报告无效，须重新进行评估。第三是企业聘请的资产评估机构不能与审计机构为同一家中介机构。

【案例2.1.3】　股改的资产评估机构无证券期货业务评估资格（格林绿化430741）

解决方案：聘请有证券期货业务评估资格的中介机构出具评估复核报告。

2012年10月29日，重庆华信资产评估房地产土地估价有限公司接受公司的委托，以2012年9月30日为评估基准日，出具重华信评报（2012）39号《资产评估报告》。该次评估主要采用成本法进行评估，确认格林有限截至2012年9月30日股东全部权益价值评估结果为2714.46万元。重庆华信资产评估房地产土地估价有限公司无证券期货业务评估资格。上述资产评估数据仅作为公司整体变更时工商登记价值参考依据，公司并未根据评估结果进行任何账务调整。

2013年10月25日，具有证券从业资格的评估机构开元资产评估有限公司对重庆格林绿化设计建设有限公司整体变更为股份有限公司之公司净资产在2012年9月30日的市场价值进行了追溯评估，出具开元评报字〔2013〕128号评估报告，报告显示："截至评估基准日2012年9月30日，被评估单位经审计确认的资产总额账面值为7004.09万元，负债总额为4434.81万元，账面净资产为2569.28万元。经采用资产基础法（成本法）进行评估，符合《公司法》规定的全部出资资产评估值为7185.88万元，总负债的评估值为4434.81万元，符合《公司法》规定的出资条件的净资产评估值为2751.07万元（人民币贰仟柒佰伍拾壹万零柒佰元整）。"

2012年11月12日，重庆华信会计师事务所有限公司出具重华信会验（2012）1377号《验资报告》，经审验确认格林有限全体股东已将格林有限截至2012年9月30日经审计的账面净资产25,692,794.45元折合为股份公司股本2000万股，每股面值人民币1元，共计股本2000万元，其余净资产5,692,794.45元作为股本溢价计入股份公司的资本公积。

经核查,申报律师认为,虽然公司在整体变更为股份公司时未聘请具有证券期货业务资格的审计机构、评估机构,但在本次向全国中小企业股份转让系统申请挂牌过程中,公司已聘请天健会计事务所(特殊普通合伙)作为审计机构,聘请开元资产评估有限公司出具评估复核报告,相关报告结论与原整体变更时的数据无重大差异。申报律师认为,有限公司整体变更时以净资产折股,格林有限折合为股份有限公司的股本不高于经评估的净资产,符合《公司法》规定,发起人股东的出资合法、合规。

3. 签订发起人协议书,明确各自在公司设立过程中的权利和义务。

【案例2.1.4】 股份公司发起人未签发起人协议(易同科技　430258)

解决方案:全体发起人出具《关于公司整体变更的声明》,确认整体变更的完整性、连续性。

股份公司发起人当时未签订发起人协议,2013 年 3 月 10 日,全体发起人出具了《关于公司整体变更的声明》,声明“有限公司的所有资产业务债权债务及其他一切权益、权利和义务,自有限公司变更登记为股份公司之日起由公司承继。有限公司自 2009 年 1 月 1 日至股份公司完成变更登记之日的经营损益由各发起人按照其持股比例承担或享有。发起人之间没有发生有关公司整体变更事项的争议,发起人认可公司整体变更的有效性,未来不就公司整体变更相关事项发生争议”。

4. 发起人制定公司章程。

5. 由全体发起人指定的代表或者共同委托的代理人向公司登记机关申请名称预先核准,一般是由有限责任公司代为办理。

6. 法律、行政法规或者国务院决定规定设立公司必须报经批准,或者公司经营范围中属于法律、行政法规或者国务院决定规定在登记前须经批准的项目的,以公司登记机关核准的公司名称报送批准,履行有关报批手续。

7. 发起人按公司章程的规定缴纳出资,并依法办理以非货币性财产出资的财产权的转移手续。

8. 出资款缴足后,发起人应当自出资款缴足之日起 30 日内主持召开公司创立大会,创立大会审议发起人关于公司筹办情况的报告,通过公司章程,选举董事会成员,选举监事会成员,对公司的设立费用进行审核,并对董事会进行授权,授权其办理股份公司设立的相关事宜。

董事会应于创立大会结束后 30 日内,向公司登记机关报送公司登记申请书,创立大会的会议记录,公司章程,验资证明,法定代表人、董事、监事的任职文件及其身份证明,发起人的法人资格证明或者自然人身份证明,公司住所证明,向工商行政主管部门申请设立登记。

三、关于股改的方案设计

(一)股本的设计

根据原《公司法》第99条的规定,有限责任公司依法经批准变更为股份有限公司时,折合的股份总额应当等于公司净资产额。即有限责任公司在审计基准日经有证券从业资格的会计师事务所审计的净资产值为变更后的股份公司的股本,由于在一个时点上,有限公司的净资产不会为整数,一般是取整数折为股本,零数以两种方式解决:一种方式是进行分配,将零数分配给股东,继续挂在账面作为对股东的负债;另一种方式是将零数计入资本公积金。

在此需要注意的是,如果公司有较多的参股企业,则合并报表和母公司报表的净资产数量可能出现不一致的情况,当出现这种情况时,实践中一般以母公司报表的净资产数为折股依据(没有明确规定,或者说以两者中低的数为折股依据)。

关于公司还处于亏损阶段是否可以改制在新三板挂牌转让:

根据原《公司法》第96条的规定,"有限责任公司变更为股份有限公司时,折合的实收股本总额不得高于公司净资产额"。

实践中,公司股改时一般都是以公司净资产进行折股,需要注意的是公司股改时,股东出资已经全部缴纳,即注册资本和实收资本是一致的。因此,公司经审计师审计后的净资产不能低于公司的实收资本,换一种说法就是公司可以亏损,但是不能亏损到审计后的净资产低于实收资本(注册资本),如果审计后的净资产低于实收资本,那只有一种方式就是进行减资,将实收资本减少到低于公司的净资产,当然此种情况减少的注册资本实际是亏损的部分。此种情况可以解决公司股改的问题,但是带来了另外一个问题,公司是否具有持续盈利能力,如果企业是因为过去亏损造成的,但是报告期持续盈利,能够解释清楚的,此问题不会给公司挂牌造成实质性障碍。

【案例2.1.5】 亏损企业挂牌新三板(众合医药　430598)

根据众合医药的公开转让说明书,报告期内,公司未实现盈利。

自2012年以来,公司专注于新药研发,2012年未取得营业收入,2012年净利润为-1215.77万元。

2013年1~9月,公司实现营业收入321.47万元,其中技术转让收入311.32万元,公司业务整体毛利率为91.52%。由于公司同期管理费用1083.35万元,其中研发费用921.29万元,公司同期净利润为-695.42万元。

受公司所处发展阶段、行业特点及竞争格局的影响,公司近一年一期持续亏损。

公司所处的行业为医药制造业,具体为单克隆抗体药物的研发、生产和销售。行业特点为:(1)我国单抗行业仍处于初创期;(2)国产单抗的市场份额正在逐步提升;(3)单抗行业技术门槛高;(4)单抗行业是耗资行业,研发投入高。国内单克隆抗体药物的市场竞争结构为:(1)主要竞争主体为大型医药公司和海归创业公司;(2)最终的竞争将会是团队与资本的综合竞争。

公司近一年一期持续亏损的具体原因为:(1)近一年一期累计研发投入较高,达到2142.12万元;(2)实现收入较低,只有321.47万元。

公司近一年一期持续亏损的合理性为:公司目前处于新药研发阶段,积累了六个在研品种,并搭建了四大技术平台,为公司的持续发展奠定了基础,公司收入仍以技术转让为主,尚未取得药品销售收入,而研发投入较大,因此出现一年一期持续亏损,符合新药研发企业处于研发阶段的特征。

关于公司应当如何按照净资产折股,除了原《公司法》第96条的规定,相关法规并没有对净资产折股比例作出规定,一般情况下,折股比例不能低于1:1,即1元净资产折1股。但是大多数情况下,谨慎的财务处理企业会留一部分净资产进入资本公积,即一般情况下都是按照1元以上的净资产折1股的方式折股的。

(二)资产状况

《公司法》规定,发起人可以用货币出资,也可以用实物、知识产权、土地使用权作价出资。对作为出资的实物、知识产权或者土地使用权,必须进行评估作价,核实财产,并折合为股份。发起人以其他非现金资产出资的,公司应取得其权属证明或完整的所有权。

无形资产出资涉及土地使用权、商标商誉、工业产权和非专利技术三个方面。

1. 土地使用权

企业经营性资产相关的土地有四种处置方式:

(1)企业向国土部门缴纳土地出让金,取得土地使用权,从目前挂牌企业的情况来看,出让土地仍然是企业用地的首选方式,使用划拨土地对企业资产完整性的影响需要中介结构结合企业具体经营情况进行谨慎判断;

(2)企业向国土部门租赁使用;

(3)企业的控股股东向国土部门缴纳土地出让金,取得土地使用权后,将土地租赁给企业使用(我们建议尽量不采用租用方式,避免利润调节的嫌疑);

(4)上述三种方式的组合。

公司原则上应取得完整的土地使用权。如以租赁方式从主发起人或控股股东合法取得土地使用权的，应明确租赁期限及付费方式，以及到期后公司的优先选择权。

【案例2.1.6】 土地取得方式与证载信息不一致（成科机电　430257）

解决方案：合理解释出现差异的原因，并如实披露。

公司序号1～3所涉土地使用权的证载土地使用类型为“作价入股”，实质均为公司通过“转让”、“购买”获得。其原因是在公司办理前述土地权属变更登记过程中引用了原权属人海泰集团取得该宗地的方式，而实质上，前述序号1所涉及土地使用权系公司向海泰集团支付土地转让金合法取得；序号2～3所涉及土地使用权系购买地上建筑物所分摊获得。

序号1所涉及土地使用权的取得情况为：2005年1月，成科机电与海泰集团签订《国有土地使用权转让合同》，海泰集团将位于天津滨海高新技术产业开发区华苑产业区（环外部分）55号地块，宗地编号：园2004－002，面积11,253.0平方米的土地使用权转让给成科机电。该宗工业用地的土地使用权转让期限为50年，土地使用权转让金2,531,925元人民币。截至2005年8月，成科机电已全额支付了2,531,925元土地转让金，即该宗地系成科机电通过支付土地转让金方式合法取得。

序号2～3所涉及土地使用权的取得情况为：成科自动化2012年购置位于天津滨海高新区华苑产业区（环外）海泰发展五道16号B－4号楼－1－201、202的办公室所分摊的土地使用权。

经调查，公司律师认为：海泰集团大宗土地来源系作价入股取得后，成科机电根据与海泰集团签订的《国有土地使用权出让合同》依法有偿取得天津滨海高新技术产业开发区天津华苑产业区海泰发展一路6号的土地使用权并缴纳了土地使用权转让款，成科机电取得土地使用权合法有效；海泰集团未以土地使用权作价入股成科机电，成科机电土地使用权登记信息与实际情况不符，原因在于引用海泰集团的大宗土地登记类型而登记为作价入股，因而不构成对成科机电的潜在的法律风险。

【案例2.1.7】 经营性企业持有划拨土地使用权证（东南电器　831932）

解决方案：合理解释原因；实际控制人出具承诺。

公司办理土地使用权证时，丽华三村其他房屋权利人持有的土地使用权证均为划拨土地，该状况由历史原因造成，是历史遗留问题，土地管理部门不能单独为丽华三村某一处或几处房屋所属的土地使用权办理出让手续，该状况一直延续至今。该情况虽不符合当时已生效的《城市房地产管理法》（自1995年1月1日起施行）、《土地管理法》（1998年和2004年两次修订）的规定，但根据常州市国土资源局于2014年6月19日出具的《土地证明》：“公司自2012年1月1日以来能够遵守国家及地方土地管理方面的法律、行政法规及其他规范性文件的规定，截至该证明出具之日，公司没有违反土地管理相关法律、行政法规及其他规范性文件的行为，也没有因土地问题受到过任何投诉或处罚，亦不存在因本证明出具日前的事宜而可能被土地管理部门处罚的相关情形。”因此，公司持有上述划拨土地使用权证的行为不构成重大违法违规。

上述土地所建房屋均为住宅，公司现用于职工宿舍，上述房屋和划拨土地使用权与公司生产经营没有重大关联关系，因此不会对公司持续经营产生重大不利影响。为防止上述房屋土地使用权可能招致的处罚，公司实际控制人周祖贻、丁菊芬已承诺：“若相关部门要求公司交付丽华三村房屋所属土地使用权出让金，本人全额负担土地使用权出让金；若公司因丽华三村房屋所属土地使用权问题被有关部门处罚，本人全额负担公司因此遭受的损失。”

综上，2006 年公司取得划拨土地使用权证，是历史原因造成，土地管理部门已出具报告期内公司无违法违规的证明，根据《基本标准指引》第 3 条第 2 项的规定，不构成重大违法违规行为，不会对公司本次挂牌构成法律障碍，公司符合“合法规范经营”的挂牌条件。

2. 商标商誉

按照中国证监会的要求，设立股份公司时，与股份公司经营性业务相关的商标必须进入股份公司。若企业改制时，该商标在控股股东处，控股股东应将该商标以及商誉无偿转让给有限公司，不得将商标、商誉作价入股（原则上随资产走，之所以强调无偿，主要是有限公司的经营业绩中已经包含了该等无形资产的贡献，而且离开了有限公司的现有资产和管理层的努力，该等无形资产就无法体现价值，因此单独作价有损害未来公众股东利益的嫌疑）。

3. 工业产权和非专利技术

与商标商誉的处理不同，工业产权、非专利技术可以在合理的价格范围内转让给有限公司。

四、整体改制中需要注意的几个重要问题

（一）前置审批问题

前置审批是指根据我国相关法律、法规的规定，应当在办理工商变更前先由相关主管部门进行审批的事项。目前关于前置审批事项的规定，除《国务院对确需保留的行政审批项目设定行政许可的决定》（国务院令第 142 号）的规定外，各地工商行政管理部门还会公布本市的《前置审批目录》。

由于整体改制的实质是新设股份有限公司，所以工商行政管理部门一般会参照新设股份有限公司要求企业进行相关事项的前置审批。例如，涉及国有资产的，在工商变更之前应当报国有资产监督管理部门审批；涉及外商投资的应当在工商变更登记之前报原公司审批机关审批。

当然，各地对前置审批事项也会有不同的操作惯例。例如，关于《公共场所卫生许可证》的申请，上海市浦东新区工商行政管理部门要求进行前置审批，而南京市建邺区工商行政管理部门则不要求前置审批。再如项目环评报告，在项目内容、规模、地址、产能不发生变化的情况下，部分地区的环保部门会省去重新环评的过程，只需企业出具相关情况说明，经环保部门确认即可承认原环评报告有效。

所以，企业在进行整体改制前应当先跟主管工商管理部门沟通，根据当地工商管理部门公布的《前置审批目录》，结合企业具体情况确定需要前置审批的事项。

（二）资质继承问题

企业资质是指企业在从事某种行业经营中，应具有的资格以及与此资格相适应的质量等级标准。企业资质衡量的标准包括企业的人员素质、技术及管理水平、工程设备、资金及效益情况、承包经营能力和建设业绩等。

企业在整体改制过程中，原企业所拥有的资质是否可以当然继承，不同的资质有不同的规定。例如，ISO9001 质量管理体系认证，根据 GB/T 19001 －2008《质量管理体系认证要求》及认证机构的相关要求，企业申请资质认证的前提要求是公司成立 3 个月以上，因此，只要工商变更后营业执照上记载的公司成立时间未发生变更，就无须重新申请认证。再如，环保工程专业承包资质，根据《建筑业企业资质管理规定》第 20 条第 3 款规定："企业改制的，改制后不再符合资质标准的，应按其实际达到的资质标准及本规定申请重新核定；资质条件不发生变化的，按本规定第十八条办理"。即企业整体改制后应当申请资质证书变更，不符合资质标准的将无法继承原公司相关资质。

同时，我们注意到，法律规定和实践操作之间存在一定的差异。例如，高新技术企业资质的认定，根据《高新技术企业认定管理办法》第 14 条的规定："高新技术企业经营业务、生产技术活动等发生重大变化（如并购、重组、转业等）的，应在十五日内向认定管理机构报告；变化后不符合本办法规定条件的，应自当年起终止其高新技术企业资格；需要申请高新技术企业认定的，按本办法第十一条的规定办理"。即企业股改后应当重新申请高新技术企业资质的认定。但是在实践操作中，有的地方相关主管部门不需要公司重新申请资质认定，而是在 3 年有效期满时，申请复审即可。

因此，我们建议企业在整体改制前应当结合企业已有的资质询问有关主管部门，落实企业相关资质继承情况。

(三)国有资产问题

企业涉及国有资产的,在办理名称预核准之后,工商变更之前应当向国有资产监督管理机构报批,对国有资产作价及相应持股情况进行审批。通常情况下,国有资产监督管理部门会要求企业进行财产清查、资产评估,在清查基础上对财产所有权进行甄别和确认,从而确定国有资产产权,有时,国有资产监督管理机构还会要求公司律师就国有股权设置出具法律意见书,目的是避免国有资产受到损害。

国企改制程序中存在的瑕疵,不建议进行补充评估等方法弥补,可以通过以下方式解决:

1. 查改制当时是否遵循了相关特殊规定或文件;

2. 国资部门重新出具确认文件,如有重大程序性瑕疵需要取得省级国资部门的确认。

(四)缴纳所得税问题

1.《关于企业资产评估增值有关所得税处理问题的通知》(财税字〔1997〕77 号)文件第 4 条规定:"企业进行股份制改造发生的资产评估增值,应相应调整账户,所发生的固定资产评估增值可以计提折旧,但在计算应纳税所得额时不得扣除。"其精神就是固定资产评估增值部分应缴纳所得税;《关于企业资产评估增值有关所得税处理问题的补充通知》(财税字〔1998〕50 号)文件第 2 条规定:"资产评估增值的资产范围应包括企业固定资产、流动资产等在内的所有资产。"其精神是资产评估净增值部分,不仅仅指固定资产增值部分,还应包括流动资产增值部分都应缴纳所得税。但这两部文件均已被废止。

2.《国家税务总局关于非货币性资产评估增值暂不征收个人所得税的批复》(国税函〔2005〕319 号)规定,"考虑到个人所得税的特点和目前个人所得税征收管理的实际情况,对个人将非货币性资产进行评估后投资于企业,其评估增值取得的所得在投资取得企业股权时,暂不征收个人所得税。在投资收回、转让或清算股权时如有所得,再按规定征收个人所得税,其'财产原值'为资产评估前的价值"。其精神是个人就非货币性资产增值部分应当缴纳个人所得税。但是,该文件已被《国家税务总局关于公布全文失效废止、部分条款失效废止的税收规范性文件目录的公告》(国家税务总局公告 2011 年第 2 号)废止。

3. 根据《财政部、国家税务总局关于中国华润总公司资产评估增值有关企业所得税和印花税政策的通知》(财税〔2003〕214 号)、《财政部、国家税务总局关于中国邮政集团公司重组改制过程中资产评估增值有关企业所得税政策问题的通知》(财税〔2009〕24 号)、《财政部、国家税务总局关于中国冶金科工集团公司重组改制上市资产评估增值有关企业所得税政策问题的通知》(财税〔2009〕47 号)的规定,在企业重组改制上市过程中国有资产发生的资产评估增值部分应缴纳的企业所得税不征收入库，直接转计国有资本金。经过评估的国有资产，可按评估后的资产价值折旧或摊销，并在企业所得税税前扣除。

■第二节　非货币资产出资问题

公司的出资问题一直是公司主体资格审核方面的一个重点问题。2014 年 3 月以前设立的公司，应当满足当时《公司法》对于公司资本充实性的要求，涉及实物出资和知识产权出资时应当注意履行评估程序和权属转移手续的完备性。

一、关于以实物出资

在这里要特别指出：股东以实物折价入股的，其出资应当是能用于该企业生产经营必需的物品，包括交通工具、办公用房、办公用品、生产经营设备、原材料及产品等，以经营性资产出资，应同时将与该业务密切关联等商标、特许经营权出资折股。与该企业无关联关系的实物不能作为出资。另外用于出资的实物不得设定担保，设定担保的实物资产属于权利受限的实物，不具备出资的条件。实物资产出资必须进行评估作价，还需要到有权机关办理产权过户手续。

对企业已经实际使用的出资或者能获得其相关收益的，但缺少必要的出资手续的情况，则只需补办手续即可。如果公司未实际使用，亦未获取相关收益，那这相当于股东未及时缴纳出资。因此企业除了补办手续外，还应考察此类瑕疵出资的比重。

对于股东出资的非货币资产未进行评估的情况，则需要中介机构事后核查非货币资产在当时的价值，若有不足，则应补足。若不足金额占比较大，恐怕还得在补足后规范运行一段时间。在这个问题上主要存在非货币资产评估比较困难的情况，证明其评估的合理性也较难；还有就是非货币资产经常存在作价过高的情况，从而引出出资不到位的问题。

【案例 2.2.1】　无发票，资产未入账（蓝天环保　430263）

> 解决方案：
> 1. 资产评估；
> 2. 向股东购买。
> 2008 年 9 月，公司在与金隅嘉业房地产公司洽谈供暖运营项目期间，了解到金隅集团下属的北京金海燕物业管理有限公司拟处置部分锅炉资产，因对方无法提供

> 发票,故公司总经理潘忠以个人名义出资购买并投入公司使用。由于公司当时会计核算欠规范,对此次由潘忠购入并投入公司使用的锅炉设备未作任何账务处理。
>
> 2012年9月,公司在筹备股票在全国中小企业股份转让系统挂牌事宜过程中,相关中介机构对公司固定资产进行盘点时发现了该账与实际不符的问题。经讨论协商,决定聘请专业评估机构进行评估后由公司向潘忠购买该批资产。根据2012年10月15日公司第一届董事会第四次会议和2012年10月31日公司2012年第四次临时股东大会通过的决议,同意向股东潘忠购买锅炉等相关设备,交易价格以评估值为准。根据北京正和国际资产评估有限公司2012年12月7日出具的正和国际评报字〔2012〕第379号《资产评估报告》,上述锅炉设备的评估价值为139.36万元。
>
> 公司与股东潘忠的上述设备买卖已按照《公司章程》等内部制度履行了必要的决策程序;交易价格依据评估价值确定,价格公允,不存在损害公司及其他股东利益的情况。

二、关于以无形资产出资

我国1994年7月1日开始实施的《公司法》对无形资产出资有以下要求:第一,对用作出资的工业产权、非专利技术等无形资产必须进行评估作价;第二,无形资产出资的金额不得超过有限责任公司注册资本的20%,国家对采用高新技术成果有特别规定的除外;第三,用作出资的无形资产应当依法办理财产权转移手续;第四,必须经法定验资机构验资并出具证明。

2006年1月1日开始实施的《公司法》对无形资产出资比例放宽了限制,仅要求货币出资金额不得低于有限责任公司注册资本的30%,即无形资产出资比例可达到有限责任公司注册资本的70%,而对于进行评估、办理财产权转移手续、经法定验资机构验资等其他要求则予以沿用。

另就无形资产出资比例问题,2006年5月被废止的《关于以高新技术成果出资入股若干问题的规定》(国科发政字〔1997〕326号,自1997年7月4日起施行)和《〈关于以高新技术成果出资入股若干问题的规定〉实施办法》(1998年5月7日科学技术部、国家工商局国科发政字〔1998〕171号发布)曾规定"以高新技术成果出资入股,作价总金额可以超过公司注册资本的百分之二十,但不得超过百分之三十五";而1999年国务院办公厅批转的《关于促进科技成果转化若干规定》也规定"以高新技术成果向有限责任公司或非公司制企业出资入股的,高新技术成果的作价金额可达到公司或企业注册资本的35%,另有约定的除外。"

根据上述规定,以无形资产出资的要求可以归纳为:

(一)用作出资的无形资产应权属清晰,不存在权利限制

如果属于商标、专利、著作权等知识产权,应考虑知识产权的剩余保护年限,根据相关法律规定,发明专利的保护期限是20年,实用新型专利、外观设计专利、商标则分别是10年;著作权是作者终身及死后50年。如果作为核心技术的发明专利在出资时剩余保护年限过短,企业设立后不能继续使用,必然会给企业的持续经营能力造成影响。如果用作出资的无形资产属于非专利技术,则不存在保护年限的问题,但是无论出资技术是否为专利,均应关注职务发明问题,确保用作出资的无形资产不存在权利瑕疵,即股东必须对其出资的无形资产拥有所有权或使用权,如果作为出资的无形资产其性质是职务作品、合作作品、专利技术,或是其他非独占的知识产权时,出资股东必须获得相应的授权或许可。

需要注意的是,劳务、信用、自然人姓名、商誉、特许经营权不能被用来作价出资。另著作权由于其同时具有财产权和人身权的双重属性,而且《著作权法》规定著作权中的人身权不可转让。因此我们建议慎用著作权出资。

【案例2.2.2】 *以人力资源、管理资源出资(联动设计　430266)*

解决方案:工商管理部门书面确认以人力资源和管理资源出资符合地方管理规定;以货币出资置换。

公司设立时,股东黄万良、朱桂兰、任德才、黄玉娇以人力资源出资340万元。2001年2月19日武汉东湖开发区管理委员会颁布的《武汉东湖开发区管委会关于支持武汉光电子信息产业基地(武汉·中国光谷)建设若干政策实施细则的通知》(武新管综〔2001〕10号)第7条规定:“股东以人力资源入股的,经全体股东约定,可以占注册资本的35%(含35%)以内”,因此公司以人力资源出资事项符合该法规规定。

公司设立时,武汉留创园以管理资源出资10万元。根据2000年4月12日武汉市人民政府《关于加快高新技术创业服务中心建设与发展步伐的通知》(武政办〔2000〕63号)第7条之规定:“鼓励创业中心通过投资、提供优质服务等方式持有在孵企业的一定股权。”武汉创业园为武汉东湖新技术开发区管委会依据武新管人〔2002〕16号《关于成立武汉留学生创业园管理中心的决定》设立的创业管理中心,因此其以管理资源出资符合《关于加快高新技术创业服务中心建设与发展步伐的通知》的规定。

为规范公司历史出资中存在的人力资源出资、管理资源出资等事项,公司于2012年10月向武汉市工商行政管理局东湖新技术开发区分局提交了情况说明。2012年10月20日,武汉市工商行政管理局东湖新技术开发区分局作出《关于指定

> 武汉中天奇会计师事务所有限公司对武汉联动设计工程有限公司实收资本进行验资的函》,指定中天奇对有限公司实收资本进行验资。中天奇于2012年10月22日出具《关于武汉联动设计工程有限公司截至2012年10月19日止历次出资验资复核报告》(武奇会专审字〔2012〕第001号),验证:2003年7月8日股东第一次出资中,管理资源出资10万元、人力资源出资340万元,共计350万元,是依照武汉东湖开发区管理委员会文件武新管综〔2001〕10号文件出资;2004年7月5日股东第二次出资中实物出资382万元,由于时间久远,无法获取相关原始资料证明出资实物所有权已转移至公司。为规范上述情况,公司股东以货币出资对人力资源出资、管理资源出资、实物出资进行了置换。

(二)用以出资的无形资产价值不存在高估或者对公司无价值等情形

根据法律规定,无形资产必须符合可以用货币估价和可以依法转让的要求,股东不得以知名度、自然人姓名、商誉、思想等作价出资。而用作出资的无形资产应能对公司经营起到重要作用并能产生一定收益,该无形资产必须经评估后对公司具有价值且评估价值公允,一旦用作出资的无形资产出资后公司从未使用或者估值过高,则可能构成出资不实。

【案例2.2.3】 追溯评估致无形资产价值不够,用现金补足(万泉河430434)

> 2007年12月,万泉河第二次增资时,王亮以无形资产(中国旅游人才网、中国医疗人才网)作价630万元增资,经过了北京中盛联盟资产评估有限公司评估,并于2007年10月15日取得了其出具的相关《资产评估报告书》。经王亮、公司说明及本所核查网站申请注册文件,中国旅游人才网、中国医疗人才网均由王亮本人自行注册且实际拥有。其后,王亮与万泉河签订了《过户申请协议》,并将中国旅游人才网(tourjob.net)、中国医疗人才网(doctorjob.com.cn)过户给万泉河。
>
> 万泉河的主营业务为以细分行业互联网职业信息服务平台为依托,为客户提供专业化的细分行业互联网职业信息服务及增值服务。中国人才旅游网(tourjob.net)、中国人才医疗网(doctorjob.com.cn)作为公司旅游、医疗职业信息服务领域的专业化网站,是公司资产与业务来源的重要组成部分,与公司具有紧密的关联性。
>
> 因北京中盛联盟资产评估有限公司出具的《资产评估报告书》以收益法评估中国旅游人才网站以及中国医疗人才网站价值后,并未区分包括域名在内的各种资源要素对公司业务的贡献程度,未在此基础上进一步评估域名价值。深圳市德正信资

产评估有限公司对公司2007年12月增资事宜所涉及的中国医疗人才网(doctorjob.com.cn)和中国旅游人才网(tourjob.com.cn)两项网络域名资产于评估基准日(2007年9月30日)的市场价值进行了追溯评估,并由其于2011年11月15日出具《追溯性评估报告》,确定万泉河申报的中国医疗人才网(doctorjob.com.cn)和中国旅游人才网(tourjob.net)两项网络域名资产于评估基准日(2007年9月30日)的市场价值为468万元人民币。《追溯性评估报告》以网站价值为基础,确定域名作为公司业务的重要资源要素之一的价值,从而导致两次评估结果差异较大。此次评估在持续经营的前提下,对公司上述两项网络域名资产采用收益法进行估值,预测期按照无限年期进行测算,符合资产评估准则。两次评估的差额180.00万元部分由王亮向公司投入货币资金作为补偿。

综上,申报律师认为:王亮用于出资的无形资产(中国医疗人才网、中国旅游人才网)在出资时经过了相关评估。其后,根据该等无形资产对公司业务的贡献程度进行了追溯性评估,评估值高于初始评估,王亮用货币资金补足,符合资产评估准则。

(三)无形资产出资程序符合法律法规的规定

根据法律规定,无形资产出资一般需经过评估、所有权转移以及验资等程序。无形资产价值评估应由依法设立的第三方资产评估机构进行,并且评估一般首选采用收益额、收益期限和折现率等指标的“收益法”。而所有权转移即无形资产出资应办理财产权转移手续,将财产权属由股东变更为公司。至于验资要求则是货币出资、实物出资、无形资产出资等各种出资形式均需履行的必备程序,股东缴纳出资后,必须经依法设立的验资机构验资并出具证明。

如果无形资产出资缺乏上述程序要求中的任何一项,或者评估/验资的中介机构不具备相应的资质,均属于出资瑕疵,将对公司在新三板挂牌造成障碍。

(四)无形资产出资额占公司注册资本的比例不得超出法律法规规定的限额

由于我国法律法规对于无形资产出资比例有过不同的规定,因此必须结合出资当时的法律法规予以规范。前文已经述及,1994年实施的《公司法》规定无形资产出资不得超过公司注册资本的20%,而2006年实施的《公司法》则将无形资产占注册资本的比例提高到70%。但是实践中,在新三板挂牌的很多高新技术企业,尤其是2006年以前成立的企业,无形资产的出资比例远远高于20%,很多企业是以国家科技部和工商总局颁发的文件中规定35%的上限来注资的,更有很多地方政府为了鼓励当地高新技术企业的发展,以地方性法规或规章的形式大大放宽了以高新技术成果投资时的出资比例,如北京市 2000 年 12 月 8 日第十一届人民代表大会常务委员会第二十三次会议通过的《中关村科技园区条例》(注:已于 2010 年被废止)第 11 条就规定“以高新技术成果作价出资占企业注册资本的比例,可以由出资各方协商约定”,2001 年 2 月 13 日北京市人民政府第 32 次常务会议又通过了《中关村科技园区企业登记注册管理办法》(注:已被废止),该办法第 13 条规定“以高新技术成果出资所占注册资本(金)和股权的比例不做限制,由出资人在企业章程中约定。企业注册资本(金)中以高新技术成果应当经法定评估机构评估”,第 14 条规定“出资人以高新技术成果出资的,应当出具高新技术成果说明书。该项高新技术成果应当由企业的全体出资人一致确认,并应该在章程中写明。经全体出资人确认的高新技术成果可以作为注册资本(金)登记注册”。

【案例 2.2.4】 技术出资超比例且未评估(风格信息 430216)

解决方案:披露地方性法规、规章、规范性文件;追溯评估。

2004 年 8 月 6 日,公司股东会同意股东惠新标以高新技术成果——嵌入式数字电视 ASI 码流监视设备作价 70 万元出资,占注册资本的 35%。2004 年 8 月 11 日,上海市张江高科技园区领导小组办公室出具《关于批准嵌入式数字电视 ASI 码流监测设备项目评估合格的函》(沪张江园区办项评字〔2004〕012 号)认定为上海市高科技园区高新技术成果转化项目,所有者为惠新标。2004 年 8 月 11 日,上海申洲会计师事务所有限公司出具《验资报告》验证,截至 2004 年 8 月 10 日,有限公司以高新技术成果——嵌入式数字电视 ASI 码流监视设备出资的 70 万元已完成转移手续。

公司设立时有效的《公司法》(1999 年修正)第 24 条第 2 款规定,“以工业产权、非专利技术作价出资的金额不得超过有限责任公司注册资本的百分之二十,国家对采用高新技术成果有特别规定的除外”。上海市工商行政管理局于 2001 年出台的《关于鼓励软件产业和集成电路产业发展促进高新技术成果转化的若干实施意见》(沪工商注〔2001〕第 97 号)第 2 条规定:“科技型企业、软件和集成电路的生产企业可以高新技术成果和人力资本、智力成果等无形资产作价投资入股。1. 以高新技术成果作价投资入股可占注册资本的 35%,全体股东另有约定的,可从其约定;2. 无形资产可经法定评估机构评估,也可经全体股东协商认可并出具协议书同意承担相应连带责任,或经高新技术成果转化办公室鉴证后由验资机构出具验资报告。”《上海市工商行政管理局关于印发〈关于张江高科技园区内内资企业设立登记的实施细则〉的通知》(沪工商注〔2001〕第 334 号)同样就高新技术成果作价出资可占到注册资本的 35% 进行明确规定。

2012年11月9日，上海众华资产评估有限公司出具《惠新标个人所拥有的部分资产追溯性评估报告》（沪众评报字〔2012〕第357号），确认“嵌入式数字电视ASI码流监视设备于评估基准日2004年8月11日的市场价值为71.6059万元。”

2012年11月15日，股份公司召开2012年第三次临时股东大会通过《关于上海风格信息技术股份有限公司设立时以高新技术成果、人力资源出资的议案》，确认有限公司设立时股东出资真实到位，不存在虚假出资、出资不实等情况，有限公司或股份公司的出资或股权不存在纠纷或潜在纠纷。

综上，上海市工商行政管理局为鼓励软件企业发展设置了宽松的企业出资和注册登记政策。有限公司设立时以高新技术成果出资的比例和程序虽不符合当时《公司法》的相关规定，但符合国务院关于印发《鼓励软件产业和集成电路产业发展的若干政策》的通知（国发〔2000〕18号）的精神和上海市工商行政管理局2001年出台的《关于鼓励软件产业和集成电路产业发展促进高新技术成果转化的若干实施意见》（沪工商注〔2001〕第97号）的规定，同时也符合现行《公司法》关于无形资产出资比例的要求。另外，上述高新技术成果出资经上海众华资产评估有限公司追溯评估，其价值并未被高估，并已全部转移至公司。因此，该部分出资真实到位，不存在虚假出资、出资不实等情况。

根据《公司法》的规定，以知识产权出资的，应当依法办理其财产权的转移手续，即到法定机构办理知识产权的权利转移手续，即“过户登记”。如果没有“过户登记”，知识产权在法律上仍然没有发生转移，出资人仍然没有完成出资。因此，以专利权作为出资的，当事人在签订书面出资协议后，并向国务院专利行政部门办理变更登记手续，由国务院专利行政部门予以公告。关于非专利技术类型的无形资产权利如何转移和变更目前在认定上比较困难，在实践中不容易把握。

根据《公司法》的规定，就知识产权的出资必须进行评估作价，核实财产，不得高估或者低估作价。因此，知识产权出资必须进行评估，评估应该聘请具有相应资质的资产评估机构进行。在实践中存在无形资产评估作价过高的问题，导致出资不到位，如果的确存在这个问题，则用现金补足，不会对企业申请挂牌造成实质性的障碍。

【案例2.2.5】　以非专利技术出资形式进行股权激励（铜牛信息　430243）

铜牛针织集团及高鸿波等九方用于出资的无形资产为出资各方共同拥有的非专利技术“易纺制衣ERP系统技术”，受出资人委托，北京新京联成资产评估有限公司对该项无形资产进行评估，并出具了新京评报字〔2005〕第B0096号评估报告书，确认该项非专利技术的评估值为78万元。

根据《科学技术进步法》、《促进科技成果转化法》、《国务院办公厅转发科技部等部门关于促进科技成果转化的若干规定》及《北京科委关于促进科技成果转化若干规定的实施办法》等法律法规,并经铜牛集团公司第三届第七次董事会批准,铜牛集团董事会于2005年9月通过了《北京铜牛针织集团有限责任公司关于易纺制衣ERP系统非专利技术激励方案》,铜牛集团为了"依靠公司现有人才的同时吸纳其他软件开发人员,将易纺制衣ERP系统形成的非专利技术模块化、市场化、产业化,并通过市场化运作服务于其他服装生产型企业",决定对易纺制衣ERP系统形成的非专利技术进行市场评估,按照各参与人员的贡献大小给予分割,并一同出资成立北京铜牛信息科技有限公司。

经北京新京联成评估有限公司对易纺制衣ERP系统形成的非专利技术进行评估后,其价值为人民币78万元整,铜牛集团将评估值的16.67%(即13万元)以股权形式激励给付军,10.90%(即8.5万元)以股权形式激励给高鸿波,8.96%(即7万元)以股权形式激励给王泉,6.41%(即5万元)以股权形式激励给刘毅,6.41%(即5万元)以股权形式激励给黄飞,3.85%(即3万元)以股权形式激励给皮纪梅,3.85%(即3万元)以股权形式激励给李舜尧,1.92%(即1.5万元)以股权形式激励给张永刚。2005年9月14日铜牛集团、高鸿波等签署了"非专利技术分割协议书",明确了各出资方对该非专利技术拥有的权益比例。

依据该分割协议书,全体出资人于2005年9月21日签署了"高新技术成果说明书及确认书",一致同意将该高新技术成果作价78万元投入有限公司中。其中,铜牛针织集团以该高新技术成果出资32万元,占注册资本的32%;付军以该高新技术成果出资13万元,占注册资本的13%;高鸿波以该高新技术成果出资8.5万元,占注册资本的8.5%;王泉以该高新技术成果出资7万元,占注册资本的7%;刘毅以该高新技术成果出资5万元,占注册资本的5%;黄飞以该高新技术成果出资5万元,占注册资本的5%;皮纪梅以该高新技术成果出资3万元,占注册资本的3%;李舜尧以该高新技术成果出资3万元,占注册资本的3%;张永刚以该高新技术成果出资1.5万元,占注册资本的1.5%。

根据《中关村科技园区企业登记注册管理办法》(自2001年3月2日起施行)第13条规定,"以高新技术成果出自设立公司和股份合作企业的,对其高新技术成果出资所占注册资本(金)和股权的比例不做限制,由出资人在企业章程中约定。企业注册资本(金)中以高新技术成果出资的,对高新技术成果应当经法定评估机构评估"。第14条规定,"出资人以高新技术成果出资,应当出具高新技术成果说明书;该项高新技术成果应当由企业的全体出资人一致确认,并应当在章程中写明。经全体出资人确认的高新技术成果可以作为注册资本(金)登记注册"。

铜牛信息系中关村科技园区内企业,设立时按照相关规定向北京市工商局提交了《高新技术成果说明书》、《资产评估报告书》等文件,并由出资人对该项高新技术成果出资所占注册资本和股权的比例进行了明确的约定，其注册资本中非专利占比达78%是符合当时相关规定的，也进行了北京市工商局核准登记。

在上述这类情况中，用于出资的知识产权的形成过程及权属确认问题也是应当被关注的。铜牛信息注册时的主要无形资产“易纺制衣ERP系统”技术与挂牌企业的母公司铜牛集团的主营业务有着紧密的联系，铜牛信息设立时的自然人股东也都曾在铜牛集团或其控制的子公司任职，因此“易纺制衣ERP系统”技术的形成有可能属于职务成果，其权属应当归单位所有，如果直接确认权属为个人所有并用于出资可能较为不妥，因此铜牛信息的做法是由母公司董事会决定将知识产权权属按贡献大小分割给个人，再全部出资注入挂牌企业，并且履行了相应的国有资产备案手续，在挂牌前获得了上级国资主管单位的确认，在整个无形资产出资的过程中符合法律、法规的要求。

三、解决拟挂牌新三板企业无形资产出资问题的方法

结合以上挂牌新三板对企业无形资产出资的要求以及实践中容易遇到的相关问题，笔者就解决拟挂牌新三板企业无形资产出资问题的方法粗略总结如下，以期提供借鉴。

（一）针对无形资产的产权归属或权利瑕疵问题

如果企业在设立时用以出资的无形资产该股东并没有权利处分，但在企业设立以后，该股东拿到了其所有权或使用权，那么，只要在企业申请挂牌前，将该无形资产的权利转移给企业，且由有关验资机构出具补充验资报告，就不会对企业申请上新三板挂牌交易造成实质性影响；如果无形资产产权转移存在重大障碍的，应以等额货币补足出资。

若涉及职务发明问题，一般的解决思路是确认出资人拥有该项知识产权的完整权属，如果是公司用无形资产出资，就要应当确认该项无形资产属于职务发明；如果是自然人股东以无形资产出资，就要应当确认该项无形资产不属于职务发明。如果实在无法确认该无形资产的权属，最好由出资股东以等值货币进行出资置换或者以先减资再增资的方式处理，虽是两种方式，但程序上一般都会将该无形资产继续沉淀在公司内，并获得工商行政主管部门对于公司股东出资行为不构成重大违法行为的事后确认。

【案例2.2.6】 涉及职务成果的无形资产出资瑕疵(全日创 430247)

解决方案:先减资再现金增资。

2011年11月,公司股东付宏实、李喜钢、李皎峰以其拥有的知识产权——非专利技术"热电厂水处理控制系统"对公司进行增资,并以该非专利技术截至评估基准日(2011年11月15日)的评估价值500万元作为出资金额。

此次股东用作增资的非专利技术存在可能被认定为职务成果的问题。由于投入该项非专利技术的股东付宏实为公司董事长兼总经理,股东李喜钢为公司董事,李皎峰为公司董事、副总经理,该项技术与公司主营业务具有较大相关性,因此存在该项技术被认定为上述股东在公司任职期间的职务成果、其权属属于公司造成出资不实的风险。因此,为彻底规范公司的历史出资,维护其他股东的利益,上述股东决定以现金形式对该无形资产出资进行置换补正,在法律程序上采用了先减资后增资的形式,具体程序如下:

1. 2012年6月8日,有限公司召开股东会,决议将公司注册资本由900万元减少至400万元,共减资500万元,减资部分均为股东的知识产权出资部分,其中减少付宏实知识产权出资336.93万元,减少李喜钢知识产权出资128.07万元,减少李皎峰知识产权出资35万元。同时,股东会决议同意前述涉及减资的股东以等额的货币增加注册资本500万元,其中付宏实以货币增资336.93万元,李喜钢以货币增资128.07万元,李皎峰以货币增资35万元。股东会决议同意修改后的公司章程。

2. 2012年6月8日,北京百特会计师事务所就前述减资及增资事宜出具了"京百特验字(2012)R00418号"《验资报告》,经审验,截至2012年6月8日,有限公司已收到付宏实、李喜钢、李皎峰缴纳的新增注册资本500万元,其中股东付宏实以货币出资人民币336.93万元,李喜钢以货币出资人民币128.07万元,李皎峰以货币出资人民币35万元。

3. 2012年6月13日,有限公司就此次减资事宜在《北京晨报》上进行了公告。

4. 2012年6月13日,北京市工商行政管理局就有限公司上述变更事宜换发了《企业法人营业执照》。根据该营业执照,有限公司的注册资本为900万元,实收资本为900万元。

根据2013年6月该非专利技术的相关出资人出具的《确认函》,减资完成后,非专利技术的所有权人付宏实、李喜钢和李皎峰均同意将无形资产无偿转让给公司,并由公司享有无形资产的所有权。

(二)针对无形资产价值评估问题

如果评估出资的无形资产出资后,公司从来没有使用过该无形资产,也即出资资产对公司没有价值或不适用于公司经营,应由出资股东将账面余额用等值货币或其他资产回购，对不实摊销的部分再以等值货币或其他资产补足。

如果出资资产确实在有效使用或对公司经营非常必要，但没有达到预期的收益价值，站在出资的时点上，很难说就是出资不实，这种情况，应先将无形资产全部做减值处理，再由原出资股东将减值补足，计入资本公积，将不实摊销的部分再以等值货币或其他资产补足。

一般来说，在处理无形资产价值高估问题时，应作出相应说明，表示出资技术未能发挥原来估计的作用，作价偏高，经重新评估，股东协商调低作价或者由原股东补足作价偏高的部分，同时应在相关的董事会、股东会或交易文本中统一口径，以解释为价值评估或客观情况发生变化等方面的问题而非出资不实。由出资股东以货币形式予以补足的，为避免日后出现纠纷，无责任的其他股东还要同时出具书面承诺书，表示不再追究出资瑕疵或出资不实的股东的责任。

总体来说，对于无形资产价值问题的弥补措施，主要包括置换和补足，如果是无形资产的评估值远超过资产的真实值，或者专利被覆盖，也可以采取全额计提减值准备的方式，使净资产保持持续真实。

（三）出资程序瑕疵问题

法律规定用作出资的无形资产必须由专业机构进行评估，也即不能由股东随意认定。如果没有评估报告，应由中介机构就是否存在出资不实出具意见。在不存在恶意行为、未造成出资不实，或是通过评估复核等手段予以验证，或是价值已摊销完毕并转化为经营成果、对未来没有影响、不存在潜在风险的情况下，一般不会构成挂牌障碍。

对于验资报告存在瑕疵的情形，应由会计师进行复核，说明出资真实足额、有效、完整；由券商和律师出具专业意见，说明出资的真实性、合法性和充实性。从北京市的实际做法来看，企业出资可以没有验资报告，但是有其他相应的要求：如果是货币出资，需要全部银行入账单或审计报告以确认公司收到出资；如果是非货币性出资，则需要评估报告和审计报告，而其实审计报告也会对企业的实收资本情况进行审验。那么在这种情况下，股东出资的真实性和充实性也是可以验证的。

无论是否经过验资程序，用以出资的无形资产必须及时办理财产转移手续。如果没有办理无形资产的财产转移手续，排除虚假出资情况，实际上属于股东出资不实。如以非专利技术出资的，出资股东应以法定方式向企业交付该技术并保证企业在使用该技术上不存在技术障碍。

由于新三板对中介机构资质没有明确要求，所以比较鲜见中介机构没有相应资质的情况，而从事上市业务的验资机构和评估机构必须具有证券从业资格。如果验资机构不具备相应资质，则需要审计机构对其出具的报告进行复核。

(四)针对无形资产出资比例过高的问题

法律之所以要对无形资产的出资比例作规定,主要是为了避免企业财产如全部属于无形资产带来的价值不确定性和变现困难,有助于维持企业的债务清偿能力,而自2014年3月1日开始施行的新《公司法》已经取消了对企业无形资产比例的限制。企业无形资产出资比例过高的情况一般出现在新《公司法》实施以前,多属历史遗留问题。

如果遇到企业在设立当时或是增资过程中用无形资产出资的比例过高,应当说明该无形资产出资属于《公司法》规定的无形资产出资的特殊情况,可以依法适用中关村园区或地方政府的规定,该无形资产是高新技术成果,并与拟挂牌企业的主营业务的紧密联系,如上述北京市的相关规定。实际上,新三板挂牌企业中属于这类情况的案例很多见,如曾经无形资产出资比例高达80%的圣博润和达到60%的双杰电气。虽然这些地方规定不符合当时《公司法》的规定,但如果属于中关村科技园区的企业,或有地方政府的规定等明确的法律依据,并不会构成出资不实,也就无须股东再用现金进行弥补,对挂牌新三板而言并不会构成实质性障碍。

另外,根据国家科学技术委员会和国家工商行政管理局于1997年7月联合颁布的《关于以高新技术成果出资入股若干问题的规定》(注:已于2006年被废止)的规定,出资入股的高新技术成果作价金额超过公司注册资本20%的,须报省级以上科技管理部门认定。但是,实际上出资比例超标的很多企业根本没有取得相关认定,这就导致企业在挂牌新三板时需要重新对出资进行处理。

如果以其他非高新技术成果的无形资产出资,由于无形资产每年需要摊销,如果申报期无形资产余额比例已经低于20%,则要说明该出资不实的情况对企业的资本无影响,不影响后续股东的利益,而且该无形资产对企业的发展贡献巨大,这样,这种历史问题一般不会成为挂牌障碍。但是,如果历史遗留问题对发行构成持续性影响,还是应以等额货币置换超标无形资产为佳。

当然,本文上述情形并不能穷尽企业在新三板挂牌时无形资产出资方面面临的问题,而且相关问题可能同时出现和多样化,实际中要复杂得多,规范和补救总是带有掩盖瑕疵之嫌。因此,作为拟在新三板挂牌的企业,应尽早借助专业机构的力量,对无形资产出资进行合法化和规范化,使企业在设立之初就处于规范运营的轨道上,为新三板挂牌奠定良好的基础。

【案例2.2.7】 无形资产出资瑕疵,作减资处理(奥尔斯 430248)

奥尔斯有限公司系由自然人李朱峰、赵振丰共同出资设立的有限责任公司,注册资本为50万元,成立于2003年12月19日。

2003年12月15日，北京驰创会计师事务所有限责任公司出具了京创会字〔2003〕第2－Y3311号《开业验资报告书》，经审验，截至2003年12月15日，有限公司注册资本50.0万元已全部到位，其中李朱峰以货币资金出资6.4万元，以非专利技术“智能微电流传感器”出资25.6万元，出资额占公司注册资本64%；赵振丰以货币资金出资3.6万元，以非专利技术“智能微电流传感器”出资14.4万元，出资额占公司注册资本36%。

根据《中关村科技园区企业登记注册管理办法》（北京市人民政府令70号）第13条第1款的规定“以高新技术成果出资设立公司和股份合作企业的，对其高新技术成果出资所占注册资本（金）和股权的比例不作限制，由出资人在企业章程中约定”，上述股东出资符合北京市的相关规定。第13条第2款的规定“企业注册资本（金）中以高新技术成果出资的，对高新技术成果应当经法定评估机构评估”，公司设立时的无形资产非专利技术未进行评估作价，属于存在出资瑕疵。

2009年12月，李朱峰、刘巧玲、侯少丹以其三人共同所有的非专利技术——“虚拟仪器技术教学与实验系统软件技术”出资98万元，其中李朱峰以非专利技术出资78万元，刘巧玲以非专利技术出资10万元，侯少丹以非专利技术出资10万元，此非专利技术业经北京东方燕都资产评估有限责任公司出具的东方燕都报评报字〔2009〕第036号《〈虚拟仪器技术教学与实验系统软件技术〉非专利技术资产评估报告书》评估。

2012年5月，经有限公司股东会决议一致通过，李朱峰减少知识产权出资138万元，有限公司注册资本由当时的1000万元减少至862万元。有限公司于2012年5月15日在《法制晚报》上刊登了减资公告，申报会计师对减资情况进行了审验。中介机构认为，该部分无形资产出资已经在2012年7月进行了减资处理，出资瑕疵影响已经消除。

第三节　股权代持问题

股权代持又称委托持股、隐名投资或假名出资，是指实际出资人与他人约定，以他人名义代实际出资人履行股东权利义务的一种股权或股份处置方式。实践中，许多企业股东为规避外资管理规定、关联交易、竞业禁止的限制，或使股份公司发起人数量符合法律规定、员工股权激励等原因相继安排股权代持。虽然我国《公司法》并未明文否定股权代持的行为效力，而仅规定公司股东的名称（姓名）、出资额或其变更在未经登记的情况下不得对抗第三人，我国司法实践中承认股权代持协议的法律效力。《最高人民法院关于适用〈中华人民共和国公司法〉若干问题的规定（三）》第25条第1款规定:有限责任公司的实际出资人与名义出资人订立合同,约定由实际出资人出资并享有投资权益,以名义出资人为名义股东,实际出资人与名义股东对该合同效力发生争议的,如无《合同法》第52条规定的情形,人民法院应当认定该合同有效。但在资本市场中,因股权代持行为很可能引发潜在的法律纠纷,致使拟挂牌企业的发行人股权结构不稳定、股权情况不清晰,因信息披露不足并导致公众无法了解控股股东以及实际控制人的真实情况,进而对拟挂牌企业的经营及诚信状况产生疑虑,并最终影响对拟挂牌企业的信心,与证券市场所倡导的"公开、公平、公正"要求不符,因此该行为在资本市场中被明令禁止。

为解决代持股的问题,通常的做法是先确认实际出资人与股权代持人之间的委托代持关系,然后将该委托关系解除,即解除实际出资人与股权代持人签订的《委托持股协议》,随后由股权代持人通过股权转让或股权赠与的方式将股权归至实际出资人名下,并体现到股东名册、公司章程及工商备案文件中,从而彻底解决股权代持问题。

在此需要提醒的是,在采用股权转让的方式清理股权代持的问题时,股权转让的价格十分关键。股权转让方应确保股权转让价的公允性、真实性,并应关注股权转让所涉及的税务问题。因此,若企业有挂牌的预期,则不要作股权代持的安排。如果出于股权激励等原因必须进行股权代持安排,则事先务必要与当事人各方签订明确的书面协议并应在申报材料之前解决股权代持的问题。

解决企业股权代持问题,应根据代持形成的不同成因制订相应的解决方案:

1. 因实际出资人属于不适宜担任股东形成的代持。自然人不适宜担任股东的情况主要是指国家法律、法规、规章及规范性文件规定不适宜担任股东的情形,对于这种情况,建议该不适宜的实际出资人将股权转让给适格的股东;法人不适宜担任股东的情况有可能是企业股东为规避外资管理规定、关联交易、竞业禁止的限制,这种情形下既可以将股权转让给适格的其他股东,也可以在原股东层面寻求变更。

【案例2.3.1】 24名自然人股东代国有实业持股(江西广蓝　831139)

解决方案:24名自然人及国有实业确认股权代持及还原中不存在纠纷;工商部门证明。

国兴齿轮箱拨叉成立于1999年4月,其设立时在兴国县工商局备案登记的名义股东共计25名,包括国兴实业及李年春等24名自然人股东。该24名自然人股东系全部为国兴实业代持国兴齿轮箱拨叉的股权。根据当时有效的《公司法》第20条规定:"有限责任公司由二个以上五十个以下股东共同出资设立。"因此,为满足当时《公司法》的规定,同时因李年春等24名员工当时均为国兴齿轮箱拨叉的员工,因此国兴集团让该24名自然人代持了国兴齿轮箱拨叉30%的股权。

2003年1月,国兴齿轮箱拨叉在进行增资的同时,通过直接将原24个代持人名下的股权归还给国兴实业的方式进行了还原，并由工商管理部门核准办理了相关股权变更登记手续。对此，国兴集团于2014年1月22日出具了《关于对江西国兴集团兴国齿轮箱拨叉有限公司有关问题的确认函》，确认：国兴齿轮箱拨叉设立时，其24名自然人股东均为替国兴实业代持股权，因此在本次增资时，24名股东将代国兴集团持有的股权进行了还原。李年春、钟修锋等24名自然人股东于2014年4月15日出具《关于代江西国兴实业集团有限公司持有江西国兴集团兴国齿轮箱拨叉有限公司股权的确认函》，确认：本次增资时，将国兴齿轮箱拨叉股东还原为国兴集团属真实、有效；李年春等24名自然人股东与国兴集团之间就股权代持与还原之间不存在任何纠纷或潜在纠纷。2014年5月22日，兴国县工商局出具了《证明》：证明江西省广蓝传动科技股份有限公司于1999年4月1日设立登记，截至2014年5月22日，未发现该公司有违反工商法律、法规的行为。

综上，申报律师认为，国兴齿轮箱拨叉设立时的股权代持是为符合当时有效的《公司法》关于股东人数的要求而为，代持行为是真实的。截至2003年，相关代持问题已得到解决，虽然在还原过程中未履行召开股东会或相关股东签署法律文件的程序，存在不完善之处，但工商行政管理局已对该次股权还原进行了核准和变更登记，处理结果真实、合法、有效。相关当事人均确认就股权代持与还原不存在任何纠纷或潜在纠纷。当地工商行政管理局也出具了证明文件。国兴拨叉还原其设立时的股权代持行为不会对其本次挂牌造成实质性障碍。

2. 因实际股东人数超出法定限制形成的代持。股份公司发起人数超过200人的情况在实务中十分常见，尤其是一些曾经具有国有性质的企业中由于历史原因遗留下来的股权问题，导致一些企业不得不采取代持的方法规避关于股份公司发起人不得超过200人的规定。

对于已经经过整体折股变更的股份公司，在《非上市公众公司监督管理办法》出台之前，主要的解决方法是确认实际出资人后对股权进行集中，由实际控制人以公允价格收集小股东手中持有的股权，现根据《非上市公众公司监督管理办法》的规定，股东超过200人的非上市公众公司应先向中国证监会登记，再申请在新三板挂牌。

而对于尚未完成整体折股变更的有限公司，整体变更时仍然要遵守要求发起人不超过200人的要求。为了解决股东人数过多（以职工股较多）的问题而专门设立若干投资性质的公司，以法人股东的身份代替自然人持股，尤其是自然人股东人数超过法定200人，这样规避法律的做法是不可行的，包括信托的方式、代理的方式，不管是直接持股还是间接持股，只要股东超过200人都不符合《公司法》的要求。

对于发起超过200人的公司整体折股时，鼓励将被代持股的股东“浮出”水面。正常的减少股东人数的办法是股权转让，但要注意股权转让的合法、合规，如转让是否出于真实的意思表示、股权的转让价格是否公平合理、转让协议是否有效、价款支付是否及时等。不能存在强制清理小股东的情况，侵犯小股东的权益，造成恶劣的社会影响。存在工会和持股会的，应实现工会和持股会的百分之百退出，转让价格合理并获得持股职工的百分之百同意，并取得相关有权部门的确认批文。委托持股的方式主要通过股权转让（且这种股权转让主要在自然人之间进行），实现实际股东人数少于200人，关注点仍在于转让价格的合理性，以及转让行为的真实性方面。

以设立有限责任公司或股份公司代替职工持股的方式，必须保证进入公司的职工人数不能超过法律法规和证监会规定的数目。同时，也不允许出现委托持股、信托持股的情况。计算股东人数要进行累计计算，将股份公司的直接股东和股份公司法人股东的股东计算在内，历史曾经出现过的例如某些商业银行的股东人数超过200人的，属于特例，不具有普遍性。

【案例2.3.2】 反馈意见要求说明公司历史上的代职工持股的问题（中棉种业 832019）

> 反馈意见：关于公司历史上的代职工持股的问题，请主办券商、律师补充核查股权代持和变动情况，对代持的形成和解除、股权转让的真实合法性、是否存在股权争议纠纷或潜在的争议纠纷发表明确意见。
>
> 2006年11月公司设立时，中棉所职工股东的股份分别由刘金海、刘建功以及安阳益民投资有限公司的相关自然人股东代为持有；2011年12月，安阳益民投资有限公司、黄殿成、李根源、王坤波等4名股东与吴文、王连枝等17名自然人签订股权转让协议，将其持有的合计50%公司股份转让给吴文、王连枝等17名自然人；该次转让完成后，中棉所职工股东的股份分别由许红霞、王明社、朱巧玲、张学平、李风弟、方花芹、王路、王连枝、郭香墨、殷保明、刘建功、刘金海等12名自然人代为持有。在2013年12月股权转让之前，许红霞等12名自然人分别代406名自然人持有公司股份合计1320.40万股。
>
> 2013年12月，许红霞、王明社、朱巧玲、张学军将股权转让给宁波恒沃，李风弟、方花芹将股权转让给北京龙磐。
>
> 申报律师核查了许红霞与170名被代持人、王明社与28名被代持人、朱巧玲与48名被代持人、张学军与98名被代持人、李风弟与3名被代持人、方花芹与3名被代持人分别签署的《关于中棉种业科技股份有限公司股权代持事宜的确认函》，并取得相关代持人及被代持人的身份证明文件。
>
> 根据上述《确认函》，代持人与被代持人均对其股权代持及转让事项进行了确认，确认“委托方（被代持人）全体同意受托方（代持人）将代持的股份转让给宁波恒沃，2013年12月受托方代表委托方与宁波恒沃签署了股权转让协议，并在河南省产

权交易中心做了产权交易鉴证，转让完成后各委托方均收到了与各自实际持股数量相对应的股权转让款，公司根据产权交易凭证到工商行政管理部门完成了相应变更与备案手续”；“委托方与受托方在此确认，在上述股权代持与股权转让过程中，不存在任何纠纷或潜在的法律风险”。

344名被代持人中，共有36名被代持人因已去世或无法联系到本人等原因没有签署《确认函》且未提供身份证明文件，该36名自然人对应的被代持股份数量合计为40.80万股，占公司总股本的0.58%；有10名自然人已签署《确认函》但尚未提供身份证明文件，该10名自然人对应的被代持股份数量合计为9.20万股，占公司总股本的0.13%。就上述事项，公司控股股东科贸出具《承诺函》，承诺：中棉种业自然人股东的股权代持解除事项不存在权属纠纷或潜在风险，今后如因中棉种业自然人股东的股权代持解除事项导致任何权属纠纷或潜在风险，本公司自愿承担民事赔偿责任。

2013年12月，刘金海、刘建功、王路、王连枝、郭香墨、殷保明将其持有的部分股份或全部股份分别转让给56名自然人。

申报律师核查了王路与14名被代持人、王连枝与18名被代持人、郭香墨与7名被代持人、殷保明与1名被代持人、刘建功与6名被代持人、刘金海与10名被代持人分别签署的《关于中棉种业科技股份有限公司股权代持事宜的确认函》，并取得相关代持人及被代持人的身份证明文件。根据《确认函》，代持人与被代持人均对其股权代持及解除事项进行了确认，确认“委托方（被代持人）与受托方（代持人）在河南省产权交易中心签署股权转让协议，受托方将其持有的公司股份转让给委托方，转让的数量与委托方实际持股数量一致，转让完成后，公司根据产权交易凭证到工商行政管理部门完成了相应变更与备案手续”；“委托方与受托方在此确认，在上述股权代持与还原实际股东的过程中，不存在任何纠纷或潜在的法律风险”。

同时，申报律师取得并核查了北京龙磐、宁波恒沃的营业执照、合伙协议及相关声明承诺文件，核查后确认北京龙磐、宁波恒沃除直接持有公司股权外，与公司不存在其他关联关系。中棉所就个人委托持股及股权转让事项出具以下说明：“截至2014年5月30日，以下人员（指中棉所相关人员）在中棉种业持有的股份均为个人实际持有，不存在任何形式的代持情形。”申报律师取得并核查了公司所有现有股东的相关声明及身份证明文件，所有股东均声明其持有的“股份目前不存在被质押、冻结或设定其他第三人权益的情况，不存在信托持股、委托持股、工会持股、职工持股会持股等代他人持有股份的情况，亦未涉及任何争议或纠纷”。经核查，公司现有股东78名，其中自然人股东73名，所有股东均不存在股份代持的情形，公司股东人数未超过200人，符合法律、法规的规定。

综上，申报律师认为，公司股权代持的解除及股权转让程序符合法律规定，不存在股权争议纠纷或潜在的争议纠纷。

3. 因股权激励性质的约定分配形成的代持。在企业初创期,创始人或实际控制人为激励创业团队,常有口头或书面与创业团队或高管约定给予股权的情况,但是并未进行工商变更登记,或者干脆约定由实际控制人代持这部分激励股权。这种情况形成的代持仍然需要在挂牌前还原,具体做法可以由代持股东直接将相应股权转让给受激励的个人,也可以将代持部分的股权转让给由受激励对象组成的持股平台。

需要注意的是,挂牌前期还原股权的对价为零或价格如果明显低于公允价格的,按照《企业会计准则第 11 号——股权支付》的规定,将形成股份支付,相关成本应一次性计入当期费用,有可能会对企业当期利润产生较大的影响。

■第四节　同业竞争和关联交易问题

一、同业竞争

同业竞争是指企业所从事的业务与其控股股东、实际控制人及其所控制的企业所从事的业务相同或近似,双方构成或可能构成直接或间接的竞争关系。在这里要注意区分企业的主要业务与控股股东或实际控制人从事业务是否相同、相似。如有充分依据说明与竞争方从事的业务有不同的客户对象、不同的市场区域等,存在明显细分市场差别,而且该市场细分是客观的、切实可行的,没有利益冲突的情形,按照实质重于形式的原则,则不会产生实质性同业竞争。

企业不能存在同业竞争情况,企业在改制过程中就应当将其予以消除,一般情况下,在股份公司设立之前进行规范十分必要。存在同业竞争情况的企业只有在同业竞争问题彻底解决后方可以向香港联交所申报材料。

另外还存在同业不竞争的情况,所谓同业不竞争,是指企业与其控股股东、实际控制人及其所控制的企业所从事的业务相同或近似,但由于销售区域不同,销售对象不同等多种原因而不发生业务竞争及利益冲突的状况,如电力、超市、物流等具有区域性状况的企业。

解决同业竞争有如下解决方式:

1. 企业收购竞争方拥有的竞争性业务;

2. 竞争方将竞争性业务作为出资投入企业,获得企业的股份;

3. 企业对竞争方进行吸收合并;

4. 企业将竞争性的业务转让给竞争方;

5. 竞争方将竞争性的业务转让给无关联的第三方;

6. 企业放弃与竞争方存在同业竞争的业务;

7. 控股股东及实际控制人今后不再进行同业竞争的有法律约束力的书面承诺。

【案例2.4.1】 解决同业竞争问题的措施之一（数聚软件　430435）

解决方案：竞争方停止与公司存在同业竞争的业务；股东承诺尽快注销竞争方。

数聚软件披露，公司与关联方上海数聚信息技术有限公司（以下简称数聚信息）存在同业竞争，为消除同业竞争，数聚信息自2013年7月1日起逐步将数聚信息的业务、资产、人员等转移/转让至挂牌公司，且数聚信息已停止新的业务合同（为了衔接业务转移，与挂牌公司发生的关联采购、销售除外）。

同时数聚信息股东书面承诺于2014年6月30日前完成数聚信息的注销程序，并且不再从事与挂牌公司相同或相似的业务（2013年7月1日之前已签署未汇款的业务除外，由数聚信息继续履行至完毕）。

挂牌公司为正常开展原数聚信息经营的业务，取得了相关产品/服务的代理资质及相关软件著作权。

中介机构发表意见认为，由于数据信息尚有部分应收款项未回收，不具备立即注销的条件，但数聚信息已提供明确的注销时间和进度安排，注销程序不存在法律障碍。公司上述解决同业竞争的措施能够有效、充分地避免数聚信息与挂牌公司之间存在的同业竞争。

【案例2.4.2】 解决同业竞争问题的措施之二（苏变电气　832068）

解决方案：变更竞争方的经营范围，公司放弃与竞争方存在同业竞争的业务；实际控制人出具承诺。

由于江苏苏变实际控制人系屠昌益，与苏变电气存在受同一实际控制人控制的关联关系，且江苏苏变既往的经营范围及实际经营业务都含有电力变压器的生产、销售，与苏变电气存在同业竞争风险，为规避该风险，江苏苏变于2014年7月18日将经营范围进行了变更，将涉及与苏变电气业务范围相同、相似的业务范围进行了剔除。并且江苏苏变实际控制人屠昌益于2014年10月16日出具《避免同业竞争的承诺函》，承诺"（1）目前没有在中国境内外以任何方式（包括但不限于独资经营、通过合资经营或拥有另一公司或企业的股份及其他权益等）直接或间接从事或参与任何与苏变电气股份有限公司在商业上可能对其构成竞争的业务或活动。（2）保证将来也不在中国境内外以任何方式（包括但不限于独资经营、通过合资经营或拥有另一公司或企业的股份及其他权益等）直接或间接从事或参与任何与苏变电气股份有限公司在商业上可能对其构成竞争的业务或活动。（3）若公司今后从事新的业务领域，则本人及本人控制的其他公司或组织将不在中国境内外以控股方式或参股但拥有实质控制权的方式从事与公司新的业务领域有竞争的业务或活动，包括在中国境内外投资、收购、兼并与公司今后从事的新业务有直接竞争的公司或者其他经济组织。(4)如本人从任何地方获得的商业机会与苏变电气股份有限公司经营的业务有竞争或可能形成竞争，则本人将立即通知苏变电气股份有限公司，并将该商业机会让与苏变电气股份有限公司。(5)本承诺为有效之承诺，若违反上述承诺，本人将对由此给公司造成的损失作出全面、及时和足额的赔偿。"

截至补充法律意见书出具日，江苏苏变已停止对外销售业务，江苏苏变待收回对外销售产生的应收账款且清偿债务人的相关款项后，且江苏苏变作为苏变电气股份公司发起人股东满1年后，江苏苏变将办理注销。

基于上述情况，发行人律师认为，苏变电气与江苏苏变存在受同一实际控制人控制的关联关系，但补充法律意见书出具日后不存在同业竞争关系。

二、关联交易

企业申请挂牌的前提条件之一是发行人应完整披露关联方关系并按重要性原则恰当披露关联交易。关联交易价格公允，不存在通过关联交易操纵利润的情形。

根据《公司法》的规定，关联关系，是指公司控股股东、实际控制人、董事、监事、高级管理人员与其直接或者间接控制的企业之间的关系，以及可能导致公司利益转移的其他关系。但是，国家控股的企业之间不仅因为同受国家控股而具有关联关系。

所谓关联交易，是指关联方之间的转移资源、劳务或义务的行为，而不论是否收到价款。关联交易的类型主要包括：(1)购销商品；(2)购买或销售商品以外的其他资产；(3)提供或接受劳务；(4)提供资金（贷款或股权投资）；(5)担保；(6)租赁；(7)代理；(8)研究与开发项目的转移；(9)许可协议；(10)代表企业或由企业代表另一方进行债务结算；(11)关键管理人员薪酬。

(一)关于关联方的界定

1.《公司法》第216条规定："……（四）关联关系，是指公司控股股东、实际控制人、董事、监事、高级管理人员与其直接或者间接控制的企业之间的关系，以及可能导致公司利益转移的其他关系。但是，国家控股的企业之间不仅因为同受国家控股而具有关联关系。"

2.《企业会计准则第36号——关联方披露》第3条规定："一方控制，共同控制另一方或对另一方施加重大影响，以及两方或两方以上同受一方控制，共同控制或重大影响的，构成关联方。控制，是指有权决定一个企业的财务和经营政策，并能据以从该企业的经营活动中获取利益。共同控制，是指按照合同约定对某项经济活动所共有的控制,仅在与该项经济活动相关的重要财务和经营决策需要分享控制权的投资方一致同意时存在。重大影响,是指对一个企业的财务和经营政策有参与决策的权力,但并不能够控制或者与其他方共同控制这些政策的制定。”与旧准则相比,关联方范围扩大了。旧准则规定,在企业财务和经营决策中,如果一方有能力直接或间接控制、共同控制另一方或对另一方施加重大影响,本准则将其视为关联方;如果两方或多方同受一方控制,本准则也将其视为关联方。

第4条规定:“下列各方构成企业的关联方:(一)该企业的母公司。(二)该企业的子公司。(三)与该企业受同一母公司控制的其他企业。(四)对该企业实施共同控制的投资方。(五)对该企业施加重大影响的投资方。(六)该企业的合营企业。(七)该企业的联营企业。(八)该企业的主要投资者个人及与其关系密切的家庭成员。主要投资者个人,是指能够控制,共同控制一个企业或者对一个企业施加重大影响的个人投资者。(九)该企业或其母公司的关键管理人员及与其关系密切的家庭成员。关键管理人员,是指有权力并负责计划,指挥和控制企业活动的人员。与主要投资者个人或关键管理人员关系密切的家庭成员,是指在处理与企业的交易时可能影响该个人或受该个人影响的家庭成员。(十)该企业主要投资者个人,关键管理人员或与其关系密切的家庭成员控制,共同控制或施加重大影响的其他企业。”

第5条规定:“仅与企业存在下列关系的各方,不构成企业的关联方。(一)与该企业发生日常往来的资金提供者,公用事业部门,政府部门和机构。(二)与该企业发生大量交易而存在经济依存关系的单个客户,供应商,特许商,经销商或代理商。(三)与该企业共同控制合营企业的合营者。”

第6条规定:“仅仅同受国家控制而不存在其他关联方关系的企业,不构成关联方。”

(二)如何解决关联交易问题

与消除同业竞争不同,企业的关联交易行为并非禁止,而是要进行规范。

关联交易的处理主要可以通过调整关联企业和签署关联事务协议两种方式来进行。关联企业的常见的调整手段有:对关联企业的股权结构进行调整,以降低其关联性,以及对关联企业予以收购,等等。进行调整的目的是简化企业的投资关系,减少关联企业的数量,从而达到减少关联交易的最终目的。关联事务协议应具体明确,按照市场原则来确定关联交易的价格。履行表决回避制度。

关联人一般分为两类:

第一类关联人指在企业占有一定比例出资额或持有一定比例表决权股份而对企业具有控制权或重大影响的股东。

规范该种类型的关联交易,需要建立和完善预防、救济措施,对关联交易可在事前采取积极措施,如规定累积投票权制度、股东表决权排除制度,以防止因资本多数决的滥用而导致不公平关联交易的产生。对于因不公平关联交易而导致利益受到侵害的股东，可以规定相应的救济措施，如请求法院否认股东大会、董事会决议效力制度、股东代表诉讼制度、法人人格否认制度，在程序及实体方面使受到侵害者获得司法保护等。

第二类关联人指企业的董事、监事、经理等高级行政管理人员。

规范该种类型的关联交易，需要完善公司法人治理结构。这类关联交易，又称自己交易、自利交易或自我交易，主要指公司与其董事、监事、经理等对公司有一定控制权或影响力的公司内部人之间的交易。公司的董事、监事、经理等高级管理人员因其地位或职权而对公司有一定的控制权，如果任由其与公司进行各类交易而不予干涉或限制，难免会发生滥用控制权损害公司利益的情形。对不公平自我交易进行防范的重要途径之一就是完善公司法人治理结构，加强董事、监事、经理等高级管理人员之间的互相监督和制约，限制权力的滥用。具体如：完善股东大会运作规则，健全股东大会制度；设立独立董事制度；加强监事会的监察职能；强化董事、监事、经理对公司的义务等。

总结起来，规范关联交易的原则是：一是避免不必要的关联交易，二是对于必要的关联交易要保证交易价格的公允性，三是股东大会和董事会表决程序的合法性（关联股东和关联董事应回避表决等）。上市公司的关联交易超过一定金额，还须履行信息披露义务。

（三）挂牌公司对关联交易的披露要求

根据《全国中小企业股份转让系统挂牌公司信息披露细则（试行）》的要求，挂牌公司对于关联方及关联交易的披露应遵守如下要求：

1. 挂牌公司的关联方及关联关系包括《企业会计准则第 36 号——关联方披露》规定的情形，以及挂牌公司、主办券商或全国股份转让系统公司根据实质重于形式原则认定的情形。

2. 挂牌公司董事会、股东大会审议关联交易事项时，应当执行公司章程规定的表决权回避制度。

3. 对于每年发生的日常性关联交易，挂牌公司应当在披露上一年度报告之前，对本年度将发生的关联交易总金额进行合理预计，提交股东大会审议并披露。对于预计范围内的关联交易，公司应当在年度报告和半年度报告中予以分类，列表披露执行情况。

如果在实际执行中预计关联交易金额超过本年度关联交易预计总金额的，公司应当就超出金额所涉及事项依据公司章程提交董事会或者股东大会审议并披露。

4. 除日常性关联交易之外的其他关联交易，挂牌公司应当经过股东大会审议并以临时公告的形式披露。

5. 挂牌公司与关联方进行下列交易，可以免予按照关联交易的方式进行审议和披露：

(1)一方以现金认购另一方发行的股票、公司债券或企业债券、可转换公司债券或者其他证券品种;

(2)一方作为承销团成员承销另一方公开发行的股票、公司债券或企业债券、可转换公司债券或者其他证券品种;

(3)一方依据另一方股东大会决议领取股息、红利或者报酬;

(4)挂牌公司与其合并报表范围内的控股子公司发生的或者上述控股子公司之间发生的关联交易。

虽然新三板可以容忍同业竞争和关联交易的存在,但是应注意以下几方面的问题:

1. 同业竞争如果不能给出合理的解释,很难被全国股份转让系统接受,且全国股份转让系统需要实际控制人出具为避免同业竞争采取的措施及作出的承诺,因此,应当避免存在实际控制人同业竞争的问题。

2. 是否存在关联方关系非关联化的情形,例如,与非正常业务关系单位或个人发生的偶发性或重大交易,缺乏明显商业理由的交易,实质与形式明显不符的交易,交易价格、条件、形式等明显异常或显失公允的交易,应当考虑是否为虚构的交易、是否实质上是关联方交易、该交易背后是否还有其他安排;如存在关联交易,需要论证关联方交易存在的必要性和持续性,以及减少和规范关联交易的具体安排。

【案例2.4.3】　解决关联交易的措施(东联科技　832058)

解决措施:披露股份公司成立之前不规范的关联交易;承诺根据法律法规及章程的规定规范关联交易。

经核查,报告期内,北京东联世纪科技有限公司由于股东会议事程序不完善,相关关联交易的规章制度尚未建立,因此,报告期内的关联交易并未履行内部决策程序,存在不规范的情形。

公司出具《关于避免关联交易的承诺函》,承诺将进一步根据《公司章程》、《关联交易管理办法》等制度规范关联交易。在符合股份公司整体利益的前提下,股份公司将在日常经营活动中尽量减少关联交易,将关联交易的数量和对经营成果的影响降至最低程度;对于经常性关联交易,公司将按有关法律、法规、规范性文件和公司章程的规定履行批准程序,按照市场化的原则进行与关联方之间的交易。

综上,项目律师认为,报告期内与北京东联世纪科技有限公司发生关联交易系实际控制人向公司的无息放款,不会损害北京东联世纪科技有限公司及北京东联世纪科技有限公司其他股东的利益。股份公司设立后,公司制定了《公司章程》、《关联交易管理办法》等制度,对关联交易的决策权力和程序作出了严格的规定,将通过严格执行关联交易基本原则、决策程序、回避制度、信息披露等措施来规范关联交易。

■第五节　税务问题

税务问题是企业申请挂牌时面临的一个比较综合的问题,一般会涉及企业报告期内的经营成果在税务层面的反映、历次股权变动过程中股东完税情况这两个方面。

一、有限公司整体变更时净资产折股所涉及的企业所得税问题

有限责任公司整体变更时,除注册资本外的资本公积、盈余公积及未分配利润转增股本按以下情况区别纳税:

(一)资本公积、盈余公积及未分配利润中属于个人股东的部分

1. 资本公积中转增股本时不征收个人所得税。根据《国家税务总局关于股份制企业转增股本和派发红股征免个人所得税的通知》(国税发〔1997〕198 号)的规定,股份制企业用资本公积金转增股本不属于股息、红利性质的分配,对个人取得的转增股本数额,不作为个人所得,不征收个人所得税。

2. 盈余公积及未分配利润转增股本时应当缴纳所得税,股份制企业用盈余公积金及未分配利润转增股本属于股息、红利性质的分配,对个人取得的红股数额,应作为个人所得征税。

(二)资本公积、盈余公积及未分配利润中属于法人股东的部分

根据《国家税务总局关于企业股权投资业务若干所得税问题的通知》(国税发〔2000〕118 号)规定,“除另有规定者外,不论企业会计账务中对投资采取何种方法核算,被投资企业会计账务上实际作利润分配处理(包括以盈余公积和未分配利润转增资本)时,投资方企业应确认投资所得的实现”。因此,有限责任公司整体变更为股份有限公司视同于利润分配行为,按以下原则处理:

1. 资本公积不属于利润分配行为,不缴纳企业所得税。

2. 盈余公积和未分配利润进行转增时视同利润分配行为。不同于个人股东,公司制企业进行分红时,法人股东是不需要缴纳所得税。但如果法人股东与公司所适用的所得税率不一致时,法人股东是需要补缴所得税差额部分。

以下案例探讨企业在变更设立为股份公司时以当地政府给予的地方税收优惠折股的问题。

【案例2.5.1】 公司整体变更时，自然人股东缴纳个人所得税（普华科技430238）

> 解决方案：整体变更时以审计净资产扣除自然人股东缴纳所得税后的净资产为基础折股。
>
> 2012年12月20日，普华有限公司股东包晓春等34人作为发起人股东，共同签署《上海普华科技发展股份有限公司发起人协议》，决定以普华有限截至2012年9月30日，经审计的所有者权益（净资产）人民币41,988,791.31元，扣除个人所得税人民币4,970,915.75元后的37,017,875.56元为基准，按照1:0.8104的比例，折成总股本3000万股，上海普华科技发展有限公司整体变更设立为上海普华科技发展股份有限公司。
>
> 有限公司整体变更设立股份公司过程中，自然人股东需要缴纳个人所得税。由于公司所有发起人股东均为自然人，公司系以经审计的净资产扣减由于普华有限整体变更设立股份公司所应缴纳的个人所得税后的净资产为基准折股，因此上述方案中，股本乘以折股系数小于变更前经审计的净资产。

【案例2.5.2】 公司整体变更，自然人股东未缴纳个人所得税（奥伦德832016）

> 解决方案：说明不存在留存收益转增股本的情形；相关股东及公司控股股东、实际控制人出具承诺。
>
> 奥伦德有限以截至2014年6月30日的账面净资产150,555,967.64元为基准，按照1:0.4649的折股比例整体变更为股份有限公司，余额80,555,967.64元计入公司的资本公积金。奥伦德有限在整体变更设立为股份公司前的注册资本为7000万元，改制为股份公司后仍为7000万元，注册资本并没有变化。根据公司提供的工商登记底档、历次出资的验资报告、审计报告等文件并经核查，公司不存在股东以未分配利润转增股本的情形。由于不存在未分配利润转增股本的情形，股东个人的股权数量并没有增加，现行的税收法律、法规及规范性文件亦未规定未分配利润和盈余公积金转为资本公积金时自然人股东需缴纳个人所得税。因此，改制时公司的自然人股东未计缴个人所得税。
>
> 针对上述公司自然人股东未计缴个人所得税的情形，为保证公司的利益，吴质朴、李雪梅、贝世宏等其他11名自然人股东均出具《承诺函》承诺：“如果因公司自然人股东需要按照国家相关法律法规和规范性文件的要求补缴个人所得税及相关费用，本人愿意承担相关的责任。”另外，公司控股股东及实际控制人吴质朴亦出具《承诺函》承诺：“如果因公司自然人股东需要按照国家相关法律法规和规范性文件的要

求补缴个人所得税及相关费用,本人愿意率先缴纳并督促其他股东按照国家税收法律法规的相关规定进行缴纳。”申报律师认为,公司自然人股东在整体改制时未计缴个人所得税,但相关股东已就其个人所得税缴纳责任作出补缴承诺,上述事项不会对本次挂牌并公开转让构成实质性障碍。

【案例2.5.3】 未分配利润转增股本,股东未缴纳个人所得税(天劲股份831437)

解决方案:股东承诺如被追缴将由个人承担责任。

2012年12月28日,国富浩华会计师事务所湖北分所(以下简称国富浩华)出具了国浩鄂核字〔2012〕501C80001号《审核报告》。根据《审核报告》,经国富浩华审核,截至2012年12月27日,三灵有限已收到股东陈建明、陈永康缴付的用于置换原出资的货币资金出资70万元,其中陈建明货币出资58万元,陈永康货币出资12万元。根据《国家税务总局关于盈余公积金转增注册资本征收个人所得税问题的批复》(国税函〔1998〕333号)、《国家税务总局关于进一步加强高收入者个人所得税征收管理的通知》(国税发〔2010〕54号)对以未分配利润、盈余公积和除股票溢价发行外的其他资本公积转增注册资本和股本的相关规定,公司股东应当按照“利息、股息、红利所得”项目,依据现行政策规定计征个人所得税。经申报律师核查,截至2014年10月22日,公司股东尚未就未分配利润、盈余公积转增股本部分缴纳个人所得税,但公司股东均已出具书面承诺,如相关税收征管机关要求公司就整体变更之事宜代股东扣缴相关的个人所得税,股东将自行履行纳税义务,并自愿承担由此产生的全部滞纳金和罚款;如因此导致公司承担责任或遭受损失,股东将及时、足额地向公司赔偿所发生的与此有关的全部损失。

申报律师认为,有限公司整体变更设立股份公司时,股东未缴纳个人所得税的情形不会对本次挂牌造成实质性影响。

二、补缴历史年度欠缴税款问题

在申请挂牌过程中,很多企业涉及补缴历史年度欠缴税款问题,其原因是多方面的,比较典型的是由于政府出于发展地方经济、招商引资的考虑对企业采取了较为宽松的税收政策,其中一部分可能与国家税收政策存在一定程度的冲突,当然也有部分企业因综合税负太高,而产生避税的动机。从实践来看,新三板企业比申请IPO的企业在财务上往往更加薄弱,对设置账外账、账目不清、信息失真、财务管理混乱等现象的规范可能都比IPO企业情况难度大一些。尤其是在申请挂牌以前,很多企业的利润并没有实际释放出来,纳税申报表上的利润通常低于企业实际的利润水平。

从总体上看，新三板企业在规范过程中涉及补交税款的金额的总金额普遍低于IPO企业，主要原因还是新三板企业普遍规模仍然较小，且新三板对于企业盈利规模并无要求；另外，如果结合各地方政府对于申请挂牌的企业提供的税收优惠，并且获得主管税务机关的减免、缓征税款的书面同意的话，总体上看解决的难度并不大，规范即可，着重关注企业挂牌以后的财务规范运行。

补缴税款问题对申请挂牌企业的影响比较大的方面可能在于报告期内的税务合规问题。一个常见的问题是公司被收取税收滞纳金算不算情节严重的税收违法行为？《税收征收管理法》第32条规定："纳税人未按照规定期限缴纳税款的，扣缴义务人未按照规定期限解缴税款的，税务机关除责令限期缴纳外，从滞纳税款之日起，按日加收滞纳税款万分之五的滞纳金。"如果公司仅仅被收取税收滞纳金，这不算是情节严重的税收违法行为。

因此，律师在尽职调查时应调查企业是否有违反税收法律、行政法规，受到行政处罚，且情节严重的行为。这里需要注意的是，一般的税收违法行为并不影响企业挂牌，只有情节严重的税收违法行为才对挂牌构成实质性法律障碍。对于企业报告期内税收合规情况的判断，还应当以税收主管机关出具的合规证明认定的事实为准。

【案例2.5.4】　中外合资企业转为内资，未补缴税款（成丰股份　831218）

解决方案：实际控制人出具承诺。

经中介机构核查，有限公司成立于2001年5月18日，成立时系中外合资经营企业，于2010年12月26日转制为内资企业。根据《外商投资企业和外国企业所得税法》（自1991年7月1日起施行，2008年1月1日废止）的规定，对生产性外商投资企业，经营期在10年以上的，从开始获利的年度起，第1年和第2年免征企业所得税，第3年至第5年减半征收企业所得税，但是属于石油、天然气、稀有金属、贵重金属等资源开采项目的，由国务院另行规定。外商投资企业实际经营期不满10年的，应当补缴已免征、减征的企业所得税税款。根据《国家税务总局关于外商投资企业和外国企业原有若干税收优惠政策取消后有关事项处理的通知》（国税发〔2008〕23号）第3条"关于享受定期减免税优惠的外商投资企业在2008年后条件发生变化的处理"：外商投资企业按照《外商投资企业和外国企业所得税法》规定享受定期减免税优惠，2008年后，企业生产经营业务性质或经营期发生变化，导致其不符合《外商投资企业和外国企业所得税法》规定条件的，仍应依据《外商投资企业和外国企业所得税法》规定补缴其此前（包括在优惠过渡期内）已经享受的定期减免税税款。各主管税务机关在每年对这类企业进行汇算清缴时，应对其经营业务内容和经营期限等变化情况进行审核。

> 根据公司说明,并经中介机构咨询当地税务部门,公司在中外合资经营企业时期享受的税收优惠如下:2005 年 11 月 7 日,企业因外商投资减免税款 9353.61 元;2005 年 4 月 25 日,企业因外商投资减免税款 4418.69 元;2005 年 10 月 17 日,企业因外商投资减免税款 2540.00 元;2006 年 1 月 8 日,企业因外商投资减免税款 11,166.80元;2006 年 4 月 14 日,企业因外商投资减免税款 -5355.02 元。根据公司说明,2006 年 4 月减免税为 -5355.02 元,原因是在所得税汇算清缴时,发现公司 2005 年多享受了所得税减免,因此需要予以退还。2014 年 6 月 5 日,公司实际控制人丁生国出具承诺:"如税务局要求公司补缴中外合资经营企业期间已经享受的减免税税款,本人愿意承担全部的补缴责任。"
>
> 综上所述,申报人律师认为,公司作为中外合资经营企业,已享受所得税减免。根据前述法律、法规规定,公司作为中外合资企业存续期间未满十年,有补缴中外合资经营企业期间已经享受的减免税税款的义务。但因为涉及补税金额较小,截至出具补充法律意见书时,主管税务机关尚未要求公司补缴,且公司实际控制人丁生国已出具代公司补缴的承诺,因此,补缴税款风险不构成公司挂牌的实质障碍。

三、税收优惠问题

如何认定企业执行的税收优惠政策的合法性?

根据《税收征收管理法实施细则》的规定,与国家税收法律、行政法规相抵触,或未经过国家法律法规明确授权地方政府自行制定的地方性税收法规和地方政府规章,不能作为公司享受税收优惠的依据。

部分地方给予企业的税收优惠政策尽管与国家政策不符合,但只要地方的政策是明文规定的,且股东承诺如果发生被追缴的情况时承担补缴的责任,审核中一般是认可的。

目前新三板在税收优惠方面重点关注以下问题:

1. 发行人报告期所享受的税收优惠政策与国家税收法规政策是否存在不符,如果企业享受的税收优惠政策存在与国家现行税收法律、行政法规不符或者越权审批的情况,申报企业应当提供省级税务部门出具的确认文件,并由律师出具法律意见。

如果地方税收优惠违反国家法律法规,须地方税收主管部门出具确认文件、在重大事项中作提示性说明、披露被追缴税款的责任承担主体。中介机构须对企业合规性发表明确意见,说明是否重大违法。如果税收方面受到过处罚,要求税收主管部门出具文件是否构成重大违法的确认文件。

2. 对于不符合国家税法规定的或者违反国家税法的地方性税收优惠政策可能存在被追缴(包括滞纳金)风险的,应在挂牌文件中作可能被追缴税款的风险提示,并要求由发行前原股东承诺承担。

【案例 2.5.5】 应纳税所得额超过小微企业认定条件（尚思传媒 430743）

公司在 2011 年、2012 年被认定为小微企业，但公司在 2012 年的利润总额已经超过 30 万元。依据《企业所得税法实施条例》、《国家税务总局关于小型微利企业所得税预缴问题的通知》（国税函〔2008〕251 号）的规定，减按 20% 税率征收企业所得税的小型微利企业，条件之一系年度应纳税所得额不得超过 30 万元。企业在纳税年度初，依据上年度符合小型微利企业条件的相关证明材料预缴所得税，在纳税年度终了后，主管税务机关根据企业当年有关指标，核实企业当年是否符合小型微利企业条件，若不符合小型微利企业条件，则在年度汇算清缴时补缴减免的所得税额。

经中介机构核查，有限公司于 2013 年 4 月 28 日取得广州市越秀区地方税务局出具的（越）地税通（2013）0904 号《税务事项通知书》，获准小型微利企业备案；同时，广州大鳗鹏税务师事务所有限公司于 2013 年 5 月 7 日出具《广州尚思传媒广告有限公司企业所得税汇算清缴鉴证报告》，依据该报告，公司 2012 年度应纳税所得额为 171,176.13 元，公司据此在 2012 年度按照 20% 的税率对企业所得税进行汇算清缴。但依据天健会计师事务所（特殊普通合伙）出具的《审计报告》，公司 2012 年度经审计后的利润总额为 453,133.92 元，超过 30 万元。2013 年 12 月 6 日，广州市越秀区地方税务局出具编号为 GZS2013－001718－99《纳税人、扣缴义务人涉税保密信息告知书》，证明自 2011 年 1 月至 2013 年 9 月，该局未发现公司接受过行政处罚。

中介机构认为，公司 2012 年度的利润总额经第三方审计机构调整后大于 30 万元，与我国关于小型微利企业的认定条件不符，存在被税收主管机关追缴相关税款的法律风险。但公司 2012 年度享受相关税收优惠系按照我国相关法律、法规规定的程序向税收主管机关提起申请，并取得税收主管机关同意，且公司未因此受到税收主管机关的处罚，公司不存在避税、逃税的主观恶意。因此，公司受税收主管机关行政处罚的风险较小。鉴于上述风险，公司的控股股东已经出具声明，承诺承担公司因第三方审计机构审计调整而被税务主管机关追缴的相关税款及滞纳金。

故而，该事项不会对公司本次挂牌造成实质障碍。

四、核定征税问题

部分创业型企业在报告期内属于小规模纳税人，执行核定征收增值税的规定，属于新三板业务特有的税收情况，在主板或创业板企业都不会出现。

2008 年颁布的《增值税暂行条例实施细则》第 28 条规定：“条例第十一条所称小规模纳税人的标准为：（一）从事货物生产或者提供应税劳务的纳税人，以及以从事货物生产或者提供应税劳务为主,并兼营货物批发或者零售的纳税人,年应征增值税销售额在50万元以下(含本数,下同)的;(二)除本条第一款第(一)项规定以外的纳税人,年应税销售额在80万元以下的。本条第一款所称以从事货物生产或者提供应税劳务为主,是指纳税人的年货物生产或者提供应税劳务的销售额占年应税销售额的比重在50%以上。”因为小规模纳税人是指年销售额在规定标准以下,并且会计核算不健全,不能按规定报送会计资料,实行简易办法征收增值税的纳税人,而新三板申报企业要求应按照《企业会计准则》的规定编制并披露报告期内的财务报表,所以如果在报告期存在核定征税问题的企业,在准备申报挂牌之前,应尽快根据会计师的意见调整为一般纳税人,并规范公司财务管理制度和内控制度。

【案例2.5.6】 小规模纳税人转为一般纳税人(欧萨咨询 430319)

根据公司提供的企业所得税月(季)度纳税申报表(B类)、2011年度企业所得税年度纳税申报表(B类),公司经上海市杨浦区国家税务局批准,公司2011年度按照核定方式征收企业所得税,经核定的应税所得率为10%,公司适用的企业所得税税率为25%。经公司申请并经上海市杨浦区国家税务局、上海市地方税务局杨浦分局同意,公司自2012年开始以查账征收方式缴纳企业所得税。

根据公司经上海上会审计的财务数据(2011年度经审计营业收入为24,302,920.81元)进行测算,如果按照查账征收方式计算,公司应缴纳企业所得税763,860.18元;如果按照核定征收方式计算,公司应缴纳企业所得税607,573.02元,与按照查账征收方式测算的应缴纳企业所得税金额相差156,287.16元。而公司2011年度实际系按照开票收入25,430,955.81元并按照核定征收方式缴纳企业所得税635,773.90元,与前述按照查账征收方式测算的应缴纳企业所得税金额相差128,086.28元。针对上述情形,实际控制人出具《承诺函》承诺,如果发生国家有关税务主管部门追缴公司2011年及以前年度企业所得税差额或滞纳金的情况,承诺人同意对公司所需补交的所得税税款及相关费用予以全额补偿。

对于公司2011年度按照核定方式征收企业所得税情形,公司主管税务机关上海市杨浦区国家税务局于2013年8月再次进行了确认。根据上海市杨浦区国家税务局、上海市地方税务局杨浦分局于2013年4月和2013年7月出具的《企业纳税情况证明》,公司近两年及一期申报的税款足额入库,尚未发现欠税和税务处罚记录。

中介机构认为,公司2011年度按照核定方式征收企业所得税情形已经取得主管税务部门的同意和确认,该情形不构成逃避税收行为;相关税务主管部门确认公司最近两年内在税务方面不存在重大违法行为,且公司实际控制人就公司可能存在的补缴所得税风险出具了相关书面承诺,该等情形不会对公司持续经营造成重大不利影响,不构成本次公开转让的实质性障碍或法律障碍。

五、企业改制时将产权以股份形式量化到个人所涉及的个人所得税问题

根据《国家税务总局关于联想集团改制员工取得的用于购买企业国有股权的劳动分红征收个人所得税问题的通知》(国税函〔2001〕832号)的税收要求,个人无偿获得的股份应当按以下方法缴纳:

1.企业在公司制改造时将有关资产无偿以股份方式量化到个人时,包括企业将历年积存的劳动分红以股份形式量化到个人时,都必须按“工资、薪金所得”项目计征个人所得税,税款由公司代扣代缴。

2.公司给员工免费赠送股票(股权),无偿给职工配股时,其实质上是公司将一部分股份无偿转让给雇员。对个人取得的这部分股份属于因受雇而取得的报酬,应按取得股权的公允价值(或市价),依照“工资薪金所得”项目征收个人所得税。

六、关于个人股票期权所得征收个人所得税问题

2005年4月19日,财政部、国家税务总局发布了《关于个人股票期权所得征收个人所得税问题的通知》(财税〔2005〕35号)对企业员工(包括在中国境内有住所和无住所的个人)参与企业股票期权计划而取得的所得征收个人所得税问题作了明确。

(一)关于员工股票期权所得征税问题

实施股票期权计划的企业授予该企业员工的股票期权所得,应按《中华人民共和国个人所得税法》及其实施条例有关规定征收个人所得税。

企业员工股票期权(以下简称股票期权),是指上市公司按照规定的程序授予本公司及其控股企业员工的一项权利,该权利允许被授权员工在未来时间内以某一特定价格购买本公司一定数量的股票。

上述“某一特定价格”被称为“授予价”或“施权价”,即根据股票期权计划可以购买股票的价格,一般为股票期权授予日的市场价格或该价格的折扣价格,也可以是按照事先设定的计算方法约定的价格;“授予日”,也称“授权日”,是指公司授予员工上述权利的日期;“行权”,也称“执行”,是指员工根据股票期权计划选择购买股票的过程;员工行使上述权利的当日为“行权日”,也称“购买日”。

(二)关于股票期权所得性质的确认及其具体征税规定

员工接受实施股票期权计划企业授予的股票期权时,除另有规定外,一般不作为应税所得征税。

员工行权时,其从企业取得股票的实际购买价(施权价)低于购买日公平市场价(指该股票当日的收盘价,下同)的差额,是因员工在企业的表现和业绩情况而取得的

与任职、受雇有关的所得，应按“工资、薪金所得”适用的规定计算缴纳个人所得税。

对因特殊情况，员工在行权日之前将股票期权转让的，以股票期权转让的净收入，作为工资薪金所得征收个人所得税。

员工行权日所在期间的工资薪金所得，应按下列公式计算工资薪金应纳税所得额：

股票期权形式的工资薪金应纳税所得额 =（行权股票的每股市场价 - 员工取得该股票期权支付的每股施权价）× 股票数量

员工将行权后的股票再转让时获得的高于购买日公平市场价的差额，是因个人在证券二级市场上转让股票等有价证券而获得的所得，应按照“财产转让所得”适用的征免规定计算缴纳个人所得税。

员工因拥有股权而参与企业税后利润分配取得的所得，应按照“利息、股息、红利所得”适用的规定计算缴纳个人所得税。

（三）关于工资薪金所得境内外来源划分

按照《国家税务局关于在中国境内无住所个人以有价证券形式取得工资薪金所得确定纳税义务有关问题的通知》（国税函〔2000〕190 号）有关规定，须对员工因参加企业股票期权计划而取得的工资薪金所得确定境内或境外来源的，应按照该员工据以取得上述工资薪金所得的境内、外工作期间月份数比例计算划分。

（四）关于应纳税款的计算

认购股票所得（行权所得）的税款计算。员工因参加股票期权计划而从中国境内取得的所得，按本通知规定应按工资薪金所得计算纳税的，对该股票期权形式的工资薪金所得可区别于所在月份的其他工资薪金所得，单独按下列公式计算当月应纳税款：

应纳税额 =（股票期权形式的工资薪金应纳税所得额/规定月份数 × 适用税率 - 速算扣除数）× 规定月份数

上款公式中的规定月份数，是指员工取得来源于中国境内的股票期权形式工资薪金所得的境内工作期间月份数，长于 12 个月的，按 12 个月计算；上款公式中的适用税率和速算扣除数，以股票期权形式的工资薪金应纳税所得额除以规定月份数后的商数，对照《国家税务总局关于印发〈征收个人所得税若干问题的规定〉的通知》（国税发〔1994〕089 号）所附税率表确定。

转让股票（销售）取得所得的税款计算。对于员工转让股票等有价证券取得的所得，应按现行税法和政策规定征免个人所得税，即个人将行权后的境内上市公司股票再行转让而取得的所得，暂不征收个人所得税；个人转让境外上市公司的股票而取得的所得，应按税法的规定计算应纳税所得额和应纳税额，依法缴纳税款。

参与税后利润分配取得所得的税款计算。员工因拥有股权参与税后利润分配而取得的股息、红利所得,除依照有关规定可以免税或减税的外,应全额按规定税率计算纳税。

(五)关于征收管理

扣缴义务人。实施股票期权计划的境内企业为个人所得税的扣缴义务人,应按税法规定履行代扣代缴个人所得税的义务。

自行申报纳税。员工从两处或两处以上取得股票期权形式的工资薪金所得和没有扣缴义务人的,该个人应在个人所得税法规定的纳税申报期限内自行申报缴纳税款。

报送有关资料。实施股票期权计划的境内企业,应在股票期权计划实施之前,将企业的股票期权计划或实施方案、股票期权协议书、授权通知书等资料报送主管税务机关;应在员工行权之前,将股票期权行权通知书和行权调整通知书等资料报送主管税务机关。

扣缴义务人和自行申报纳税的个人在申报纳税或代扣代缴税款时,应在税法规定的纳税申报期限内,将个人接受或转让的股票期权以及认购的股票情况(包括种类、数量、施权价格、行权价格、市场价格、转让价格等)报送主管税务机关。

实施股票期权计划的企业和因股票期权计划而取得应税所得的自行申报员工,未按规定报送上述有关报表和资料,未履行申报纳税义务或者扣缴税款义务的,按《税收征收管理法》及其实施细则的有关规定进行处理。

(六)关于执行时间

该通知自 2005 年 7 月 1 日起执行。《国家税务总局关于个人认购股票等有价证券而从雇主取得折扣或补贴收入有关征收个人所得税问题的通知》(国税发〔1998〕9 号)的规定与本通知不一致的,按该通知规定执行。

七、企业高级管理人员获得股票认购权所涉及的个人所得税问题

1. 根据《个人所得税法》和有关规定,企业有股票认购权的高级管理人员,在行使股票认购权时的实际购买价(行权价)低于购买日(行权日)公平市场价之间的数额,属于个人所得税“工资、薪金所得”应税项目的所得,应按照《国家税务总局关于个人认购股票等有价证券而从雇主取得折扣或补贴收入有关征收个人所得税问题的通知》(国税发〔1998〕9 号)的规定缴纳个人所得税,税款由企业负责代扣代缴。

2. 个人在股票认购权行使前,将其股票认购权转让所取得的所得,应并入其当月

工资收入,按照"工资、薪金所得"项目缴纳个人所得税。

3. 对个人在行使股票认购权后,将已认购的股票(不包括境内上市公司股票)转让所取得的所得,应按照"财产转让所得"项目缴纳个人所得税。

八、科研机构、高等学校转化职务科技成果以股份或出资比例奖励个人时所涉及的个人所得税问题

根据《财政部、国家税务总局关于促进科技成果转化有关税收政策的通知》(财税〔1999〕45 号)的规定,科研机构、高等学校转化职务科技成果以股份或出资比例等股权形式奖励个人时,执行以下个人所得税政策:

科研机构、高等学校转化职务科技成果以股份或出资比例等股权形式给予个人奖励,获奖人在取得股份、出资比例时,暂不缴纳个人所得税;取得按股份、出资比例分红或转让股权、出资比例所得时,应依法缴纳个人所得税。

■第六节　社 保 问 题

一、关于职工社保和住房公积金缴纳情况

按规范要求,应是报告期内挂牌企业及其子公司均须为其员工足额缴纳社保费用和住房公积金,然而在实务中,大部分公司均未按要求缴纳,原因可能是基于经营成本或者业绩考虑,不愿补缴或全额补缴所欠费用。

对于社保,起源于对城镇职工权益的保护。实务中比较棘手的是农民工问题。社保五险中,中央和国务院多次会议材料中强调的多为工伤保险和医疗保险,提倡逐步扩大农民工的应缴社保范围。对于养老保险和医疗保险,对于流动性较强、不够稳定的农民工,如其同意,可在其原籍所在地自愿参加农村养老保险和农村合作医疗保险等。而对于失业保险,国务院颁布的失业保险条例中有明确规定,农民工必须参保。生育保险未有明确要求。

目前的问题是,对于制造型及其他劳动密集型公司,基本都大量使用农民工,如果公司是在本地起步并发展壮大的农民企业,那有相当数量的农民工还是能够持续工作1 年以上的相对稳定的员工。对于该部分员工的社保如何缴纳,各地规定存在差异。

关于该问题,以前的做法是,如果对公司的业绩不形成重大影响,则建议公司全部补缴;否则,则视影响状况,采取公司交一部分与公司控股股东及实际控制人承诺承担未补缴的法律责任相结合的方式,但一般至少会缴纳报告期最后一年及一期的。当然,具体操作中还是存在技术层面的处理技巧,如季节性用工的人数处理,农民工社保

缴纳基数的确定等。

除了上述农民工社保难题外，实践中还存在由于不同地区缴纳社会保险具体执行情况不同以及新农合与城镇社保试点融合的推进程度不同，导致城镇职工社会保险和新农合的缴纳在具体操作层面存在地区差异的情况。在城镇职工社会保险体系与新农合体系可以并存与合并的地区，企业可以为自动选择参加新农合的职工同时缴纳城镇社会保险，而在社保执行方式与国家法律层面的规定尚未有机结合的地区，职工只能够在城镇职工社会保险与新农合之间选择缴纳一项，二者不兼容，即企业将无法为不放弃参加新农合的员工缴纳社保。此时，对不放弃参加新农合的职工，建议企业对其进行社保选择情况的说明及风险提示，并让职工出具书面申明。同时，公司控股股东及实际控制人可做出愿意承担未给职工缴纳社保而遭受的各项损失的承诺，如此则不会对挂牌造成实质性障碍。

【案例2.6.1】 公司有6名职工申明不参加城镇职工社会保险缴费(乾元泽孚 831092)

解决方案：披露地方性规定；控股股东出具承诺。

根据乾元泽孚及本所律师向济南市人力资源和社会保障局电话咨询与核实的情况，在济南地区，企业职工只能在城镇职工社会保险与新农合之间选择缴纳一项，二者不兼容。即在上述6名职工不放弃参加新农合的情况下，乾元泽孚将无法在济南当地社保部门为其缴纳城镇社会保险。为此，乾元泽孚向上述6名员工进行了社保选择情况的说明及风险提示，6名职工均出具了书面申明，申明不参加城镇职工社会保险。

同时，乾元泽孚的控股股东彭泓越承诺，若公司因为未向上述6名职工缴纳城镇社会保险发生争议或遭受行政处罚，彭泓越愿意承担公司因未给上述6名职工缴纳城镇职工社会保险而遭受的各项损失。

中介机构认为，乾元泽孚上述6名职工自愿申明选择参加新农合并放弃城镇职工社会保险系其真实意思表示。鉴于济南地区的特殊情况，乾元泽孚目前只能采取上述6名职工参缴新农合的模式，待将来济南地区社保执行方式与国家法律层面的规定有机结合时，乾元泽孚将及时为上述6名员工缴纳城镇社会保险。同时，乾元泽孚控股股东彭泓越做出承诺，在济南地区相关具体规定出台前，其本人承担公司因未给上述6名职工缴纳城镇职工社会保险而遭受的所有损失。故，公司未给6名职工缴纳城镇职工社会保险不会对本次股票挂牌造成实质性法律障碍。

二、关于劳务派遣用工

采用劳务派遣方式用工被很多企业用于减轻员工尤其是农民工的社保缴纳压力,将部分非关键岗位的员工安置在劳务派遣公司,减少在申报主体缴纳社保和公积金的人数,能够在一定程度上掩盖企业的社保缴纳问题。但是自2014年3月1日起施行的《劳务派遣暂行规定》(中华人民共和国人力资源和社会保障部令第22号)对企业劳务派遣的用工安排作出了明确的规定,将规范企业的用工行为。

《劳务派遣暂行规定》第3条规定:"用工单位只能在临时性、辅助性或者替代性的工作岗位上使用被派遣劳动者。

前款规定的临时性工作岗位是指存续时间不超过6个月的岗位;辅助性工作岗位是指为主营业务岗位提供服务的非主营业务岗位;替代性工作岗位是指用工单位的劳动者因脱产学习、休假等原因无法工作的一定期间内,可以由其他劳动者替代工作的岗位。

用工单位决定使用被派遣劳动者的辅助性岗位,应当经职工代表大会或者全体职工讨论,提出方案和意见,与工会或者职工代表平等协商确定,并在用工单位内公示。"

第4条规定:"用工单位应当严格控制劳务派遣用工数量,使用的被派遣劳动者数量不得超过其用工总量的10%。

前款所称用工总量是指用工单位订立劳动合同人数与使用的被派遣劳动者人数之和。

计算劳务派遣用工比例的用工单位是指依照劳动合同法和劳动合同法实施条例可以与劳动者订立劳动合同的用人单位。"

对于现状使用劳务派遣员工较多的企业,《劳务派遣暂行规定》也给予了一定的过渡期,第28条规定:"用工单位在本规定施行前使用被派遣劳动者数量超过其用工总量10%的,应当制定调整用工方案,于本规定施行之日起2年内降至规定比例。但是,《全国人民代表大会常务委员会关于修改〈中华人民共和国劳动合同法〉的决定》公布前已依法订立的劳动合同和劳务派遣协议期限届满日期在本规定施行之日起2年后的,可以依法继续履行至期限届满。

用工单位应当将制定的调整用工方案报当地人力资源社会保障行政部门备案。

用工单位未将本规定施行前使用的被派遣劳动者数量降至符合规定比例之前,不得新用被派遣劳动者。"

【案例2.6.2】 劳务派遣用工(优网科技　430343)

优网科技《公开转让说明书》披露,公司成立伊始,公司员工全部采用劳务派遣形式。2004年9月9日,公司与上海东凌国际人才有限公司(以下简称东凌国际)签订了《派遣合同》,2010年9月29日和2012年2月3日公司与东凌国际续签该合同,约定东凌国际根据公司劳务用工的需要,向公司派遣劳务人员;由东凌国际为派遣人员缴纳社会保险;公司为相关派遣人员购买团体工伤综合保险;公司按照劳务派遣人数情况向东凌国际支付管理费。

2013年4月,公司中高层管理人员与全部研发技术人员,终止与东凌国际的劳动合同,与公司签订劳动合同。截至2013年4月30日,公司尚有14名后台辅助人员仍采用劳务派遣方式,主要原因系该14名员工承担辅助性业务工作,工作专业技术能力不强,且该部分人员流动性较大。公司将逐步解决部分员工劳务派遣问题。

优网科技还披露,社会保障情况公司已根据国家和地方政府的有关规定,为已经签订了劳动合同的员工缴纳了基本养老、医疗、失业、工伤、生育等社会保险和住房公积金。截至2013年4月30日,公司劳务派遣人员共有14名,派遣公司已按《劳务派遣合作协议》约定为公司14名劳务派遣人员缴纳社会保险,不存在漏缴和未缴情形。

公司控股股东及实际控制人共同出具关于劳务派遣的《承诺函》,承诺:"如优网科技(上海)股份有限公司因违反社会保险及住房公积金相关法律法规或规范性文件而受到处罚或损失,或因劳务派遣单位上海东凌国际人才有限公司未缴纳社会保险、住房公积金等损害被派遣劳务人员利益情形,导致股份公司须承担连带赔偿责任或遭受处罚的,本人将全额承担优网科技(上海)股份有限公司的补缴义务、罚款或损失,并保证优网科技(上海)股份有限公司不会因此遭受任何损失。"

第七节　知识产权问题

进入新三板市场挂牌的企业大多为高科技型企业,专利技术成为企业的核心竞争力,这就要求企业必须具备发明、实用新型、外观设计等专利技术。虽然发明专利权的保护期限为二十年,实用新型专利权和外观设计专利权的期限为十年,但企业必须按规定缴纳年费,否则专利权将被终止。

律师进行尽职调查时企业会提供各项专利证书以证明其所拥有的知识产权,但如果仔细核查专利年费缴纳情况,就会发现企业所提供的专利有部分甚至大部分并未能按规定缴纳年费,对企业而言,未缴纳年费的这些专利已失效,企业的这些专利技术不再受到保护。所以,律师在尽职调查的同时,有必要提醒企业对期限即将届满专利进行保护。

律师在申报前应该特别关注申报企业知识产权的权属是否完整、清晰,尽职调查时应查验商标证书、专利证书、著作权登记证书原件,并且到相关主管登记部门调取知识产权登记档案,与权属证书相互印证,核实证书的有效性。

【案例2.7.1】 申报前企业生产经营相关重要知识产权存在权利纠纷(华安股份 430279)

华安股份《公开转让说明书》披露,报告期内,公司发生一起专利纠纷:公司生产销售的DS-1C型号的执法记录仪产品被诉侵犯他人实用新型专利。兰州市中级人民法院一审判决公司败诉,2012年11月23日,甘肃省高级人民法院二审调解结案。调解结果为:公司向原告支付于本案二审结案前生产、销售和许诺销售DS-1C型号的执法记录仪产品的专利补偿费用45万元,于2013年3月31日前一次性付清。针对涉诉产品双方既往不咎,对其再生产事宜,由公司与原告再行协商。自2012年11月24日起,公司已停止生产涉诉产品,零星销售涉诉产品金额为34,102.56元,为调解协议生效前生产。因公司已决定不再生产涉诉产品,所以公司将不再与原告就涉诉产品的再生产事宜进行协商。2013年4月10日,公司按照调解协议向原告全额支付了45万元专利补偿费用。

华安股份在"重大事项提示"及"可能对公司经营造成影响的风险因素及自我评估"中披露,前述事项可能存在以下风险:

1. 2011年、2012年涉诉型号的执法记录仪产品收入占公司营业收入比重分别为80.84%、30.41%,非涉诉型号的执法记录仪产品收入占公司营业收入比重分别为3.01%、26.71%,虽然2012年涉诉型号的执法记录仪产品收入占比已大幅下降,非涉诉型号的执法记录仪产品收入占比明显提高,但是涉诉型号的执法记录仪产品的停产仍可能对公司经营造成不利影响;

2. 由于公司将不会与原告就涉诉型号的执法记录仪产品再生产事宜达成进一步协议,因此如公司再行生产、销售、许诺销售涉诉型号的执法记录仪产品,可能承担相应法律责任。此外,不排除非涉诉型号的执法记录仪产品被曹永军提起诉讼,并被司法审判认定侵犯涉诉专利权的风险,有可能会对公司经营造成不利影响。

公司主要生产和销售面向行政执法部门的无线移动音视频监控设备和应急指挥系统。该行业技术升级和产品更新换代速度快,对现有技术或通用技术的依赖性较强,而当前与技术相关的知识产权申请和保护的环境较差。因此,公司的其他产品也存在涉入技术纠纷的风险,如果公司在技术纠纷中被司法机关、行政主管部门等裁决败诉,涉及技术纠纷的相关产品可能面临停止生产、销售等风险,甚至需要公司支付大额经济赔偿,并因此而对公司经营造成不利影响。

■第八节　集体土地相关问题

通过我们的总结发现,如果拟挂牌企业存在使用集体土地的情形,则集体土地使用的相关问题会成为被关注的重点之一。

一直以来,我国都严格限制集体土地使用权流转。根据《土地管理法》第63条的规定:“农民集体所有的土地的使用权不得出让、转让或者出租用于非农业建设;但是,符合土地利用总体规划并依法取得建设用地的企业,因破产、兼并等情形致使土地使用权依法发生转移的除外。”同时《土地管理法》第10条规定:“农民集体所有的土地依法属于村农民集体所有的,由村集体经济组织或者村民委员会经营、管理;已经分别属于村内两个以上农村集体经济组织的农民集体所有的,由村内各该农村集体经济组织或者村民小组经营、管理;已经属于乡(镇)农民集体所有的,由乡(镇)农村集体经济组织经营、管理。”针对农业集体经济组织与村民委员会对村集体所有土地管理的分工问题,1992年1月31日,全国人民代表大会常务委员会法制工作委员会曾向福建省人大常委会下发《关于村民委员会和村经济合作社的权利和关系划分的请示的答复》,“确认集体所有的土地依照法律规定属于村农民集体所有的,应当由村农业生产合作社等农业集体经济组织经营管理,没有村农业集体经济组织的,由村民委员会经营管理”。可见,农民集体所有的土地使用权不得出租用于非农业建设。且村民委员会仅对集体土地拥有经营和管理的权利,无权自行将集体土地出租给其他企业用于非农业建设。但目前,很多企业存在使用集体土地从事非农建设的问题。如拟挂牌的企业从某村民委员会处租赁集体土地,并在集体土地上新建厂房供其生产经营使用,便明显与现行法律强制性规定不一致。另外,企业在使用集体土地时还需严格履行法定程序。

总体而言,根据我国现行法律规定,拟挂牌企业合法使用集体土地需同时满足土地用途合法、使用主体合法及程序合法三个条件。具体分析如下:

第一,用途合法。集体土地按用途分为:农用地、建设用地和未利用地。农用地是指直接用于农业生产的土地,包括耕地、林地、草地、农田水利用地、养殖水面等;建设用地是指建造建筑物、构筑物的土地,包括城乡住宅和公共设施用地、工矿用地、交通水利设施用地、旅游用地、军事设施用地等;未利用地是指农用地和建设用地以外的土地。《土地管理法》规定:“国家实行土地用途管制制度”,“使用土地的单位和个人必须严格按照土地利用总体规划确定的用途使用土地”。据此,使用土地的单位和个人必须严格按照土地利用总体规划确定的用途使用土地,土地利用总体规划和不依法经过批准改变土地用途都是违法行为,如基本农田被用作其他耕地用途、耕地被用作建设用地用途、建设用地被用作工业用地用途等。

第二,使用主体合法。使用集体建设用地进行非农建设的主体限定为乡镇企业。如果拟挂牌企业取得集体土地使用权进行农业生产,则对主体资格没有限制,拟挂牌企业可以通过承包、租赁等合法途径取得农用地的使用权。如果拟挂牌企业取得集体土地使用权进行非农建设,则其取得集体建设用地则需满足主体合法的条件,具体可以有以下三种情况:

1. 拟挂牌企业为乡镇企业。《土地管理法》第 43 条规定:"任何单位和个人进行建设,需要使用土地的,必须依法申请使用国有土地;但是,兴办乡镇企业和村民建设住宅经依法批准使用本集体经济组织农民集体所有的土地的,或者乡(镇)村公共设施和公益事业建设经依法批准使用农民集体所有的土地的除外。"按《乡镇企业法》的规定,乡镇企业必须是农村集体经济组织或农民投资为主,在乡镇(包括所辖村)举办的承担支援农业义务的企业。

2. 拟挂牌企业的股东为乡镇企业,以集体建设用地使用权入股。《土地管理法》第 60 条规定,"农村集体经济组织使用乡(镇)土地利用总体规划确定的建设用地兴办企业或者与其他单位、个人以土地使用权入股、联营等形式共同举办企业的,应当持有关批准文件,向县级以上地方人民政府土地行政主管部门提出申请,按照省、自治区、直辖市规定的批准权限,由县级以上地方人民政府批准;其中,涉及占用农用地的,依照本法第四十四条的规定办理审批手续"。

3. 拟挂牌公司以收购乡镇企业等方式取得集体建设用地使用权。《土地管理法》第 63 条规定,农民集体所有的土地的使用权不得出让、转让或者出租用于非农业建设;但是,符合土地利用总体规划并依法取得建设用地的企业,因破产、兼并等情形致使土地使用权依法发生转移的除外。

第三,程序合法。拟挂牌企业取得集体土地使用权时应符合一系列法律规定的审批程序。拟挂牌企业在取得集体土地使用权时应符合一系列法律规定的审批程序,包括但不限于《土地管理法》的如下规定:"农民集体所有的土地由本集体经济组织以外的单位或者个人承包经营的,必须经村民会议三分之二以上成员或者三分之二以上村民代表的同意,并报乡(镇)人民政府批准。"现阶段,我国普遍存在土地承租者直接与集体土地所属的村委会签署土地租用协议的操作方式,根据现行法律规定,其仍然是不合法的行为。在审判实践中,双方当事人所签订的《土地租赁合同》等也均因违反国家法律的强制性规定而成为无效合同。

目前,违规使用集体土地的企业也有成功挂牌的案例。从以下案例可以看出,这些企业需说明违规使用的原因,且需满足对公司经营不构成重大影响、股东承诺风险补偿及提出整改措施等条件才不构成挂牌障碍。

【案例2.8.1】 租用集体土地、自建房屋的合法合规情况(紫晶股份832072)

紫晶之光目前所租赁的位于北京市丰台区分中寺燕竹医院内的500平方米土地属于北京市丰台区南苑乡分钟寺村村民集体所有,紫晶之光于2001年在上述租赁的集体所有土地上自行建造了房屋建筑物并用作公司的办公用房及职工宿舍。反馈意见要求说明租用集体土地、自建房屋的合法、合规情况。

回复:

1. 相关行为并非公司单方面原因造成的恶意违规行为

根据《土地管理法》的相关规定,农民集体所有的土地的使用权不得出让、转让或者出租用于非农业建设;根据《城乡规划法》、《建筑工程施工许可管理办法》、《北京市城乡规划条例》等相关法律、法规和规范性文件的规定,房屋建设工程应当取得建设用地规划许可、建设工程规划许可、建设工程施工许可等手续,不得在未取得相关许可手续的情况下私自开工建设,否则相关责任方存在被给予行政处罚、违法建筑物存在被要求拆除的法律风险。

因此,紫晶之光租赁集体所有土地用于非农业建设的行为不符合相关法律、法规和规范性文件的规定,该土地租赁协议存在被认定为无效的风险,紫晶之光亦存在被要求返还租赁土地、被土地行政主管部门给予行政处罚的风险;紫晶之光在未取得用地规划许可、工程规划许可以及工程施工许可等相关许可手续的情况下,自行在租赁的集体所有土地上建造房屋建筑物的行为亦不符合相关法律、法规和规范性文件的规定,紫晶之光自行建造的房屋建筑物属于违法建筑物,上述房屋建筑物存在被要求拆除的风险,紫晶之光亦存在因违法施工等行为被相关主管部门给予行政处罚的风险。

经发行人律师核查,上述法律风险已在《公开转让说明书》中作重大事项提示。

根据公司说明并经发行人律师核查,北京市集体土地房屋无法办理房屋产权证的问题属于普遍存在的历史遗留问题。2013年1月,北京市住房和城乡建设委员会颁发了《关于开展市集体建设用地范围内房屋登记试点工作的通知》,要求在海淀、平谷、大兴三区率先开展集体建设用地范围内房屋登记试点工作。2014年4月,通过一年多努力,北京市海淀区东升科技园的11栋房屋获得了北京市住房和城乡建设委员会颁发的房屋所有权证,这是北京市首批获得正式“房本”的集体土地房屋项目。另外,紫晶之光租赁的分钟寺村集体土地所在区域已经纳入城中村整体改造范围。根据北京市规划委员会丰台分局于2013年5月2日发布的《关于丰台区南苑乡分钟寺新村土地一级开发项目规划调整公示的情况说明》和有关政府主管部门的公开资料,该租赁地块的土地规划用途已经变更为金融、商贸用地,该租赁地块属于北京市实施第一道绿化隔离地区规划地块,是丰台区政府执行市政相关政策的旧村改造区域。经北京市2005年第四期政府储备土地和入市交易土地联席会议审核,由北京嘉富龙房地产开发有限公司负责实施丰台区分钟寺新村土地的一级开发,目前该租赁地块所在区域的拆迁工作已经进入实质性阶段,其中靠近南三环的规划地块已经开始拆迁。

因此,由于紫晶之光自行建设的集体土地房屋无法办理相关许可手续及房屋所有权登记手续问题属于普遍存在的历史遗留问题,并且紫晶之光租赁的分钟寺村集体土地已经在政府规划的拆迁范围内,紫晶之光租赁的集体土地无法取得相应的土地证、集体土地房屋无法取得房产证存在一定的客观原因,并不属于因为公司单方面的原因造成的恶意违规行为。

2. 相关行为未与他方产生任何纠纷,亦未受到行政处罚

该集体土地的出租方北京市丰台区南苑乡分钟寺村二分队的相关负责人表明,上述出租土地的事宜履行了村委会内部决议程序,但未形成书面决议,村委会明确知晓并确认该土地租赁协议的效力及其全部内容,就上述租赁土地事宜没有产生过权属纠纷。经核查,截至补充法律意见书出具之日,紫晶之光未因上述租赁集体所有土地以及自建房屋行为与其他方之间产生过任何纠纷。北京市国土资源局丰台分局、北京市规划委员会丰台分局亦表明紫晶之光自2012年1月起至今,未因土地管理、规划等方面事宜受到过行政处罚。而且,北京市国土资源局丰台分局、北京市住房和城乡建设委员会出具了关于紫晶之光在报告期内无重大违法违规行为的守法证明函。

3. 相关瑕疵行为对发行人的生产经营不构成重大不利影响

由于紫晶之光主要从事提供照明工程一体化解决方案以及与主营业务相关视频显示系统、专业音响系统及声光电互动等智能化弱电集成业务,并不进行生产或加工业务,公司办公设备、研发设备可拆卸性强,拆卸搬迁成本也不高。因此,公司对现有的办公场地并不会产生专属依赖,办公场地具有较强的可替代性。如果出现政府主管机关下发拆迁通知并要求组织搬迁等导致公司现有的办公场地出现不可继续使用的情形,公司可在短期内以市场价格找到可供临时使用或长期租用的其他办公场地。根据公司相关人员的说明,紫晶之光目前正在积极寻找较为适合的可替代办公场地。另外,紫晶之光的关联方清水生态已经在公司附近购置了新的办公楼层,目前已经处于装修阶段,很快可以投入使用。清水生态的股东李跃起、杨艳琳承诺,根据紫晶之光的需要,清水生态可以以较为优惠的价格将部分楼层出租给紫晶之光供其临时或长期使用。

根据紫晶之光与土地出租方签订的《租赁协议书》的规定,在协议有效期30年内,如果政府有关文件规定需要将紫晶之光在租赁土地上建设的建筑物拆迁,或者遇到道路拓宽、政策性规划搬迁、房地产开发公司征用等情况,使紫晶之光遭受经济损失的,因此获得的补偿费,紫晶之光占70%,出租方占30%。根据北京市丰台区

人民政府《关于〈北京市集体土地房屋拆迁管理办法〉的实施意见》(丰政发〔2009〕54号)及其附件《丰台区集体土地房屋拆迁一次性停产停业综合补助费补助标准》的相关规定,并经适当测算,紫晶之光可获得的拆迁房屋补偿费用可以保证其另行租赁一处合适的办公场所,并且不会因此对公司的现金流产生不利影响。

4.发行人实际控制人已就上述瑕疵行为作出承诺

紫晶之光的实际控制人李跃起、杨艳琳二人已就上述租赁集体所有土地行为存在的瑕疵出具承诺,愿意全额补偿公司因租赁土地与任何主体发生纠纷,或因拆迁事宜影响公司经营,或因办公用房违反相关法律、法规受到相关政府部门的行政处罚而造成的损失。由于李跃起、杨艳琳夫妇合计持有清水生态100%的股权,清水生态的注册资本为4000万元,李跃起出资2290万元,杨艳琳出资1710万元。李跃起、杨艳琳夫妇名下还有个人房产,二人有足够的能力承担紫晶之光因租赁集体所有土地行为存在的瑕疵所可能造成的损失。

综上,发行人律师认为:

1.紫晶之光租赁集体土地、自建房屋的行为不符合土地管理、房屋管理方面相关法律、法规和规范性文件的规定,土地租赁协议存在被认定为无效的风险,自建的房屋建筑物存在被要求拆除的风险,紫晶之光亦存在因此被要求返还租赁土地、被相关主管部门给予行政处罚的风险。

2.但是,鉴于上述现象在北京市内属于普遍存在的历史遗留问题,不是因公司单方面的原因造成的恶意违规行为,并且紫晶之光对于自建的现有办公场地并不会产生专属依赖,现有办公场地具有较强的可替代性;实际控制人李跃起、杨艳琳夫妇承诺承担上述瑕疵可能给紫晶之光造成的全部损失,并承诺其控制的清水生态购买的办公场所可以出租给紫晶之光使用;另外,根据北京市及丰台区相关的拆迁政策,紫晶之光在上述租赁土地、自建房屋被拆迁时可以获得一定的经济补偿,满足公司另行租赁办公场所的要求。因此,上述瑕疵并不会对紫晶之光的正常生产经营活动产生重大不利影响,不构成紫晶之光的本次申请挂牌的实质性法律障碍。

第九节　竞业禁止问题

竞业禁止是指企事业单位员工在任职期间及离职后一定时间内不得从事与本企业相竞争业务的一种法律制度。竞业禁止问题的内涵非常丰富,如知识产权保护、保密协议、权属纠纷、员工劳务合同、企业内部控制、经理人道德规范等方面。这个问题目前在我国企业经营中并没有得到足够的重视,相关法律规定也比较笼统。根据我国现行法律的规定,竞业禁止可以分为以下两种:

1.法定竞业禁止。法定竞业禁止是基于法律的直接规定而产生的,是一种强制性竞业禁止,当事人不得协商免除。如我国《公司法》第61条规定:“董事、经理不得自营或者为他人经营与其所任职公司同类的营业或者从事损害本公司利益的活动。从事上述营业或者活动的,所得收入应当归公司所有。董事、经理除公司章程规定或者股东会同意外,不得同本公司订立合同或者进行交易。”此外,我国的《合伙企业法》中也有相关的规定。法定竞业禁止主要针对的是公司、企业的董事、经理、合伙人等高级管理人员,且法定竞业禁止只适用于前述人员的任期内。

2.约定竞业禁止。约定竞业禁止是当事人基于合同的约定而产生的,不具有强制性。如我国《劳动合同法》第23条规定:“用人单位与劳动者可以在劳动合同中约定保守用人单位的商业秘密和与知识产权相关的保密事项。对负有保密义务的劳动者,用人单位可以在劳动合同或者保密协议中与劳动者约定竞业限制条款,并约定在解除或者终止劳动合同后,在竞业限制期限内按月给予劳动者经济补偿。劳动者违反竞业限制约定的,应当按照约定向用人单位支付违约金。”第24条规定:“竞业限制的人员限于用人单位的高级管理人员、高级技术人员和其他负有保密义务的人员。竞业限制的范围、地域、期限由用人单位与劳动者约定,竞业限制的约定不得违反法律、法规的规定。在解除或者终止劳动合同后,前款规定的人员到与本单位生产或者经营同类产品、从事同类业务的有竞争关系的其他用人单位,或者自己开业生产或者经营同类产品、从事同类业务的竞业限制期限,不得超过二年。”可见,约定竞业禁止主要针对的是高级管理人员、高级技术人员和其他负有保密义务的人员,可适用于任期内及任期外,但任期外的竞业禁止不得超过两年。

竞业禁止问题在企业挂牌新三板及上市过程中的关注重点,总结起来主要有以下两个方面:一是是否有违反竞业禁止相关合同约定从而引起纠纷;二是是否存在知识产权以及相关资产权属的纠纷。

解决竞业禁止问题的思路,大致如下:一是说明竞业禁止协议没有签署过、签署了但因没有支付补偿等原因而没有生效或已经履行完毕等,即不会存在因为竞业禁止约定而存在纠纷或潜在的纠纷;二是说明发行人的专利以及其他的知识产权都是自己发明的,与原用人单位没有任何关系;三是由发行人及相关人员出具承诺,保证日后出现问题由自己承担;四是由原用人单位出具说明,说明其与发行人相关人员就竞业禁止的全过程不存在纠纷及潜在纠纷。

【案例2.9.1】 反馈意见要求说明核心技术人员是否违反前任公司的竞业禁止(爱科赛　832062)

反馈意见:公司主要高管核心技术人员均有艾默生网络能源(中国)有限公司工作经历,且签署有竞业限制协议;公司有3项专利系相关人员离职2年内申请。请主办券商和律师就上述专利研发利用的资源、资金和技术是否与发明人原单位存在关系,原单位未支付发明人竞业限制补偿金和保密费的证据,就公司的知识产权是否存在潜在权属纠纷发表明确意见。

经中介机构核查,公司实际控制人陈杰灵、李向东、关靖涛及目前已离开公司的原股东李长江,在爱科赛科技任职之前均就职于艾默生网络能源(中国)有限公司。其中李向东主要负责销售方面的工作,陈杰灵、关靖涛、李长江均担任技术职务。上述人员在原公司从事通讯行业监测,与爱科赛科技从事的电力行业监测在技术、产品、客户、市场上均存在较大差异,未生产与原单位同类且有竞争关系的产品,不存在竞业关系。

陈杰灵、李向东、关靖涛均未保留当时银行流水明细,因时间久远,银行无法追溯查询,不能通过银行流水备注证明原单位是否支付发明人竞业限制补偿金和保密费。但艾默生网络能源(中国)有限公司也从未对竞业限制问题主张过权利,未举证过已支付竞业限制补偿金和保密费,从诉讼时效角度已丧失胜诉权。

公司实际控制人对竞业禁止问题已做承诺如下:"为避免损害公司、中小股东及债权人利益,爱科赛科技实际控制人现做如下承诺:(1)爱科赛科技所有人员均不存在违反竞业禁止协议的情形。(2)如实际控制人因竞业禁止问题与其他公司发生争议,由实际控制人承担一切风险及不利后果。如李长江或其他公司员工因竞业禁止问题与其他公司发生争议,由实际控制人代公司承担一切风险及不利后果,然后向实际责任人追偿,不会损害公司、股东及债权人利益。"

综上,中介机构认为,公司高管、核心人员不存在竞业禁止情况,或侵犯原单位技术秘密情形,不存在纠纷或潜在隐患。经实际控制人承诺,因竞业禁止问题与其他公司发生争议,由实际控制人代公司承担一切风险及不利后果,不会损害公司、股东及债权人利益。

■第十节　对赌及相关特殊条款问题

"对赌协议",正式的术语是"估值调整机制",法律性质是附生效条件的合同条款。该条款由投资机构与目标公司或其大股东签署,约定公司要在一定时间内实现业绩目标,否则需要按照约定对投资机构进行补偿,或者约定公司达到目标后,投资机构对目标公司进行奖励,补偿和奖励既可以单独约定,也可以同时约定。

“对赌协议”主要用于投资机构对企业的财务数据和增长速度存有疑问时,通过设定目标盈利水平和触发条件,来避免不可预知的盈利能力风险,较多地应用于风险投资(VC)和私募股权(PE)基金对高增长企业的投资。

从本质上讲,“对赌协议”是期权的一种形式。正是由于期权属性,从上市与挂牌的审核角度出发,“对赌协议”对上市或挂牌主体的影响体现在以下几个方面:(1)影响股权的稳定性。由于对赌协议中包含投资方行权的可能,而行权的价格往往较低甚至免费,因此会损害原有股东的权利,从而影响股权的稳定性。(2)影响公司的控制权。触发对赌协议后投资方有可能要求获取更多的股权,也有可能要求增加董事的席位,进而影响到公司原有股权架构下的控制权。(3)影响公司的现金流量,由于现金对赌的存在,在发行人上市融资成功后,资金的用途或会被控股股东拿去偿还 PE,从而损害小股东的利益。

自 2011 年以来,中国证监会在多次会议中明确股权对赌协议、上市时间对赌、业绩对赌协议、董事会一票否决权安排、企业清算优先受偿协议等五类 PE“对赌协议”,是 IPO 审核的禁区。证监会的审核口径认为带有此类对赌协议的申请人,在发行审核期间甚至在挂牌上市后相当长的期限内,其股权结构将长期处于不确定状态,也违反了我国《公司法》“同股同权”的立法精神。从实践来看,如果存在“对赌协议”,都需要在清理之后或履行完毕之后才能向证监会上报 IPO 材料。

较之于证监会,股转公司对于“对赌协议”的态度则温和得多。股转公司在一定程度上接受“对赌协议”的存在,对于已挂牌公司的定向发行中包含的“对赌协议”,亦是如此。但由于新三板公司股权相对集中,控股股东对公司的控制力往往极大,附加在控股股东上的责任义务很难说就真的不会影响到公司,“对赌协议”确实包含着一些道德风险和合法、合规风险。所以,股转公司对“对赌协议”的接受也是有条件的。通过对诸多案例的总结,我们发现,股转公司对“对赌协议”的接受体现在:

1. 由控股股东和投资方进行的“对赌协议”是可以被认可的,即“对赌协议”不能包含挂牌主体,同时对可能损害挂牌主体的条款需要进行清理。

2. 对已存在的“对赌协议”,最好在挂牌的同时解除原来约定的责任和义务,不能解除的,中介机构需要分析说明触发对赌条款时,协议方履行义务不会对挂牌主体的控制权、持续经营能力等挂牌必要条件产生影响,以确保不损害公司及其他股东的权利和利益。

【案例2.10.1】　与公司股东对赌回购(皇冠幕墙　430336)

解决方案:说明触发条款对挂牌主体的控制权、持续经营能力等不产生影响。

2014年3月27日,皇冠幕墙(430336)发布定向发行公告,公司定向发行200万股,融资1000万元,新增一名股东——天津市武清区国有资产经营投资公司(以下简称武清国投),以现金方式全额认购本次定向发行的股份。同时,武清国投与公司前两大股东欧洪荣、黄海龙签订了对赌条款,条款要求皇冠幕墙自2014年起,连续三年,每年经审计的营业收入保持15%增幅;如触发条款,武清国投有权要求欧洪荣、黄海龙以其实际出资额1000万元+5%的年收益水平的价格受让其持有的部分或者全部股份。完成定向发行后,欧洪荣、黄海龙以及武清国投所占公司股份比例分别为:46.609%、28.742%以及4.334%。

律师就该回购条款的合法、合规性发表意见:上述条款为皇冠幕墙的股东、实际控制人欧洪荣、黄海龙与武清国投附条件股份转让条款,双方本着意思自治的原则自愿订立,内容不影响皇冠幕墙及其他股东的利益,条款合法有效。假使条件成就,执行该条款,股份变更不会导致皇冠幕墙的控股股东、实际控制人发生变化,不影响挂牌公司的持续稳定经营。

【案例2.10.2】　与公司实际控制人对赌(欧迅体育　430617)

解决方案:说明触发条款不会影响公司的控制权;约定挂牌成功时解除协议双方的权利和义务,消除股权不确定的可能性。

2014年1月22日,欧迅体育披露的股份公开转让说明书显示,2013年5月23日公司进行第三次增资时,新增股东上海屹和投资管理合伙企业(有限合伙)、上海鼎宣投资管理合伙企业(有限合伙)、上海棕泉亿投资合伙企业(有限合伙),上述股东合计以850万元认缴新增注册资本13.333万元。

同时,上述新增股东与欧迅体育实际控制人朱晓东签署了现金补偿和股权收购条款,对业绩的约定为:(1)2013年年度经审计的扣除非经常性损益的净利润不低于人民币760万元;(2)2014年年度经审计的扣除非经常性损益的净利润不低于人民币1140万元;(3)2013年和2014年两年的平均利润扣除非经常性损益的净利润不低于人民币950万元。但双方约定在欧迅体育向全国中小企业股份转让系统有限责任公司提交新三板挂牌申请之日起,投资人的特别条款自行失效,投资人依该等条款所享有的特别权利同时终止。增资完成后,控股股东朱晓东,新增资三家投资机构股份占比分别为:65.7%、5.88%、3.53%、0.59%。

申报律师认为,投资协议的签署方为控股股东朱晓东和新增投资机构,对欧迅体育并不具有约束力,投资协议中并无欧迅体育承担义务的具体约定。此外,触发条款的履行将可能导致实际控制人朱晓东所持有的欧迅体育的股权比例增加或保持不变,不会导致欧迅体育控股股东、实际控制人的变更。

【案例2.10.3】 与公司及公司原股东对赌(星晨石墨　831086)

解决方案:解除对赌协议;确认公司于投资机构不存在其他影响公司控制权及正常生产经营等的约定。

根据星晨石墨的披露,2011年10月,深创投、当升科技对公司进行增资时,与公司及所有公司原股东(即曾麓山、罗新华、皮涛、吴庞敏、黄越华、刘竟芳、刘雅婷、杨虹)签署了《增资合同》,除一般性条款外,《增资合同》中存在涉及股权回购条款,主要内容如下:(1)当出现下列任一重大事项时,投资方(即当升科技和深创投)有权利要求公司原股东提前回购投资人所持有的全部股份:①公司累计新增亏损达到投资方介入前审计基准日公司净资产的20%;②公司原股东在公司经营业务中出现违反公司法或其他重大违反法律法规情形;③公司原股东出现重大个人诚信问题,尤其是公司出现投资方不知情的账外现金销售收入时。(2)当出现以下事项时,投资方深圳市创新投资集团有限公司有权利要求公司原股东提前回购其所持有的全部股份:公司于2014年12月31日前没有合格的首次公开发行;届时投资方深圳市创新投资集团有限公司有合理的理由相信公司不能在投资方期望的期限内实现首次公开发行股票并上市的。(3)发生上述情况时,投资方可以以书面形式要求公司回购投资方持有的公司股权,全部回购款应在投资方发出回购要求之日起60天内支付50%给投资人,余款在6个月内全部付清;如果公司对"投资方"股份的回购行为受法律的限制,公司原股东应以其从公司取得的分红或从其他合法渠道筹集资金收购"投资方"的股份;股份回购价格按以下两者最大者确定:①"投资方"按年投资回报率12%计算的投资本金和收益之和不足一年的,按日计算,日利率为12%/360期间若有现金补偿须在本金中扣除补偿额,期间若有发放红利须在本利之和中扣除已发放红利;②回购时"投资方"股份对应的净资产。

经律师核查,协议各方自《增资合同》签署之日起,上述条款从未履行。2014年5月,除已退出的股东吴庞敏外,公司、深创投、当升科技、曾麓山、罗新华、皮涛、黄越华、刘竟芳、刘雅婷、杨虹已签署《确认函》,确认上述股权回购条款无条件终止。《确认函》的主要内容为:《增资合同》中的经营业绩目标、董事会组成、股东表决权、董事一票否决权、股权回购等条款,因与全国股份转让系统公司的要求及湖南星城石墨科技股份有限公司目前的实际情况不符,现确认予以无条件终止,其他条款继续有效。

发行人律师认为,上述对赌条款业已解除、自始无效且不可恢复。通过对深创投、当升科技进行的电话访谈及书面函证,发行人律师确认除上述业已解除的对赌条款外,公司与投资机构不存在任何可能会对资金使用、公司控制权及股权结构、公司治理、公司未来的持续经营及公司的其他权益产生影响的其他约定。

除对赌协议外,诸如优先权、反稀释、拖带权、认沽权等特殊条款或利益安排也是监管层关心的重点。当公司、实际控制人及股东等相关方与投资方存在前述特殊条款或利益安排时,公司的控制权、权益或公司治理及正常运营可能会受到很大的影响。因此,公司本身应尽量避免约定此类特殊条款。

【案例2.10.4】 增资协议约定反稀释条款(中创股份　831413)

解决方案:如实披露。

申请人于2012年4月完成增资扩股,经核查,前述增资协议中,无股权回购、业绩保证条款,但在增资协议第10条第1款的约定中,涉及现金补偿条款,该条款的具体规定为:"反稀释权。各方同意,本次增资完成后,乙方申请公开发行股份前,如甲方再次增加注册资本,认缴新增注册资本的新股东认缴新增注册资本之前对公司的估值不应低于本次增资完成后的公司初始价值,以确保甲方在乙方的权益价值不被稀释(因股权激励安排导致公司注册资本增加的情形除外),如甲方再次增加注册资本,认缴新增注册资本的新股东认缴新增注册资本之前对公司的估值低于本次增资完成后的公司初始价值,甲方有权调整其在乙方的权益比例,以保证其在公司的权益价值不被稀释,该种权益比例的调整通过原股东向甲方以法律、法规允许的最低价格转让公司股份的方式或者原股东向甲方补偿现金的形式进行。"其中,甲方指华软(无锡)、华软(宜兴),乙方指申请人。

申报律师认为,前述增资协议中所涉现金补偿条款,系约定申请人增资扩股前的原股东与增资扩股中的新股东华软(无锡)、华软(宜兴)之前的权利义务,不涉及公司的权利义务,不会由此导致公司存在潜在债务。

■第十一节　上市公司现身新三板相关问题

自扩容以来,越来越多的公司登陆新三板。不仅无数的私募基金、投资机构、实力强劲的个人投资者纷至沓来,而且原本高高在上的上市公司也开始想方设法进入新三板掘金。上市公司子公司挂牌新三板,不仅提高了其股权的流动性,也为其他股东提供了有效的退出途径,有利于引进战略投资者。同时,子公司股票成功挂牌也有利于其树立企业品牌,促进市场开拓,扩大企业宣传。因此,上市公司越发青睐新三板。而且,新三板具有的审核流程快、定增融资灵活等特点及转板制度的进一步明晰也越发吸引上市公司。

当前,上市公司现身新三板最常见的方式是通过旗下子公司挂牌新三板。如通过参股子公司现身新三板的企业如鲁信创投等。胜达科技(430626)和科汇电自(830912)都是由鲁信创投旗下全资子公司山东省高新技术创业投资有限公司(以下简称山东高新投)参股的,其中山东高新投持有胜达科技的股份为18%,持有科汇电自的股份仅为9.634%,且都不是控股股东;通过控股子公司现身新三板的企业有中超电缆等,中超电缆的两家子公司科耐特(831328)、中超新材(831313)先后于2014年挂牌新三板,其中中超新材为中超电缆持股80%的控股子公司。另外,还有大族激光。继旗下子公司元亨光电(430382)在2014年1月24日挂牌后,大族激光又分别将两家子公司大族冠华(830820)和大族能源(831018)送上新三板。

目前,上市公司分拆子公司挂牌新三板不存在法律障碍。上市公司控股子公司挂牌新三板不需要证监会批准,只需要事先与证监会及交易所的专管员进行口头沟通。

【案例2.11.1】 上市公司控股子公司挂牌新三板的决策程序(大族冠华830820)

上市公司大族激光持有公司70.81%的股权,系公司控股股东。根据大族激光的说明,并经查验大族激光的《公司章程》、《股东大会议事规则》、《董事会议事规则》、《总经理工作细则》等内部决策文件的规定,公司本次申请挂牌的事项不涉及大族激光对子公司的投资、收购等交易行为,不需要履行上市公司股东大会、董事会决议程序。公司本次申请挂牌的事项由大族激光总经理审批同意,符合相关法律、法规、公司章程等规定。

根据大族激光的说明,在大族冠华获得全国股份转让系统公司同意挂牌的审查意见后,大族激光将会就大族冠华股票在全国中小企业股份转让系统挂牌事宜进行公告,就目前阶段而言,大族激光无须就公司本次申请挂牌事宜进行公告,亦不需要就公司本次申请挂牌事宜征求证监会或深圳证券交易所等主管部门的意见。

此外,大族激光已与深圳证券交易所监管员沟通,对方建议大族激光按照现有治理制度履行相关程序即可。且公司已出具承诺:本次挂牌前上市公司大族激光符合深交所及证监会要求,并充分履行了信息披露义务;大族冠华挂牌前后履行相关信息披露义务并保持与大族激光信息披露的一致和同步。

因此,申报律师认为,上市公司大族激光之子公司大族冠华申请在全国股份系统转让系统挂牌事宜所履行的程序合法、合规,符合证监会和深圳证券交易所的政策要求。

在上市公司拆分子公司登陆新三板的审核方面,监管层格外关注拟挂牌主体(子公司)与上市公司间的独立性问题。对独立性问题,我们建议应特别注意两方面的因素:第一,子公司挂牌不能影响上市公司核心资产及业务的独立经营能力、持续盈利能力。挂牌公司总资产、净资产、净利润不能占上市公司比例过大。第二,挂牌公司业务、资产、人员、机构和财务要独立,要具有独立面向市场的能力。子公司的生产运营不能受制于或严重依赖上市公司。

拟挂牌主体需要满足独立性的要求,即在资产、业务、人员、财务、机构等方面独立于控股股东,具有独立面向市场的能力。其中对独立性最大的挑战便是业务独立,即同业竞争问题。由于目前新三板对于同业竞争的态度比较宽容,通常情况下,拟挂牌主体采取承诺解决同业竞争的方式能够被股转公司认可,但我们建议,在可行的情况下,应尽可能在挂牌时即消除同业竞争,使子公司独立成为上市公司的一个业务分部。

除了同业竞争以外,与控股公司的关联交易也是监管层比较关心的问题。目前,多数分拆挂牌的公司与上市公司之间存在一定程度的关联交易。从拟挂牌主体的角度看,如果关联交易无法避免,那么便应该使关联交易披露充分、决策科学、定价公允,存在合理。判断的标准应该是上市公司不通过关联交易侵占子公司利益,子公司也不影响上市公司核心资产及业务的独立经营能力、持续盈利能力。

【案例2.11.2】 子公司的独立性问题(元亨光电　430382)

反馈意见:深交所上市公司大族激光持有公司51%的股权,系公司控股股东。请公司说明并补充披露:上市公司及其关联方与申请挂牌公司是否存在同业竞争或严重的有失公允的关联交易,申请挂牌公司是否影响上市公司资产、业务、人员、技术等的独立性和完整性。申请挂牌公司业务和资产是否独立、完整,是否具有独立面向市场能力和持续经营能力。

1. 上市公司及其关联方与申请人是否存在同业竞争

根据上市公司披露的相关文件,大族激光的主营业务是激光加工设备的研发、制造及销售,主要产品为激光信息标记设备、激光焊接设备、激光切割设备和PCB设备等。申请人的主营业务是中高端LED应用产品生产、销售及安装,主要产品为LED显示屏及LED照明产品等。申请人与上市公司不存在同业竞争。

报告期内,申请人在LED产业领域与控股股东下属的路升光电、国冶星光、大族绿能及大族能联之间存在同业经营的情况,但是申请人与控股股东下属企业实际经营业务属于相同行业的不同细分方向,其中路升光电、国冶星光主要从事上游业务,大族能联主要从事太阳能及光电、光热业务,大族绿能主要从事室内照明及户外亮化等业务。申请人控股股东大族激光及实际控制人高石峰都已出具承诺函,承诺逐步将该部分存在潜在同业竞争的业务通过拆分、转让、整合、停止经营等方式进行规范。

申请人管理层股东张新庆、王占明、邝野、钟涛、焦伟棋共同承诺,如公司控股股东、实际控制人及管理层股东签署的《关于避免深圳市大族元亨光电股份有限公司与控股股东、实质控制人控制的其他企业形成同业竞争问题的解决措施》中规定的解决期限到期后,申请人与大族绿能依然存在同业经营(或已经产生同业竞争)的问题,上述股东将同意申请人以截至2013年年末经审计净资产为基础并按照基准日至收购前一个月月末的期间累计净利润进行增减调整后的价格,购买大族绿能的部分或全部股权(申请人持股比例至少达到控股地位);以便彻底解决该潜在的同业竞争问题。

综上所述,申报律师认为,申请人与上市公司之间不存在同业竞争,申请人与上市公司下属的路升光电、国冶星光、大族绿能及大族能联之间存在同业经营的情况,但属于相同行业的不同细分方向,且申请人控股股东和实际控制人已承诺并制定具体措施解决潜在的同业竞争问题,该情形不会构成申请人申请挂牌的实质性法律障碍。

2. 上市公司及其关联方与申请人是否存在严重的有失公允的关联交易

申请人报告期内与上市公司及其关联方主要存在购销商品的关联交易及关联租赁。根据申请人会计师出具的《审计报告》及发行人的说明,报告期内全部关联交易的定价原则皆为按照市场价格定价。申请人2013年第三次临时股东大会对公司2011年1月1日至2013年7月31日期间的关联交易进行了确认,确认报告期内关联交易的价格未偏离市场独立第三方的价格,不存在损害公司及公司股东合法权益的情况。

综上,申报律师认为,申请人与上市公司及其关联方不存在严重的有失公允的关联交易。

3. 申请人是否影响上市公司资产、业务、人员、技术等的独立性和完整性

申请人系于2001年8月20日经深圳市人民政府批准,发起设立的股份有限公

司。2010年1月,上市公司为进一步完善公司在LED产业链上的布局,对申请人进行收购增资并成为申请人的控股股东。在上市公司收购申请人之前,上市公司与申请人不存在任何关联关系。申请人在被上市公司收购之前,已独立运营三年以上,拥有自己的财产、业务、人员和技术。申请人核心技术团队和高管张新庆、王占明、邝野、钟涛等人依然在申请人处任职,并持有申请人的股份、申请人不存在占用上市公司财产、资金的情况,且其业务、人员、技术都独立于上市公司。

综上,申报人律师认为,申请人不存在影响上市公司资产、业务、人员、技术等的独立性和完整性的情况。

4. 申请挂牌公司业务和资产是否独立、完整,是否具有独立面向市场能力和持续经营能力

申请人的商标权、专利权、软件著作权、机器设备等主要资产不存在逾期控股股东、实际控制人共用的情形;申请人对其所有的主要财产拥有完全的控制权和支配权,其资产、资金不存在被其控股股东、实际控制人占用的情形;申请人不存在以其资产、权益或信誉为其控股股东、实际控制人提供担保的情形。

申请人的主营业务是中高端LED应用产品生产、销售及安装,申请人已设立股东大会、董事会及监事会等议事决策、执行及监督机构,并已聘请总裁、常务副总裁、副总裁、董事会秘书、财务总监等高管,具有与其业务运营和经营管理相适应的内部组织机构和必要的人员;申请人具有独立的生产经营和管理决策系统,拥有独立的会计核算体系,能够独立地进行采购、生产、销售等生产经营活动,独立对外承担债务和责任。

据此,申报律师认为,申请挂牌公司业务和资产独立、完整,具有独立面向市场能力和持续经营能力,在独立性方面不存在严重缺陷。

除了较为常见的分拆旗下子公司挂牌新三板外,上市公司入股新三板出现了新的玩法——参与新三板公司定向增资。如东富龙参与认购新三板公司建中医疗。东富龙内部人士称,公司将建中医疗作为投资并购标的公司有三重目的:首先,公司的主营业务为医用制药器械的制造,业务较为单一,本次参股建中医疗,看中其在医疗器械灭菌包装行业的领先地位及未来发展前景,通过与建中医疗的合作,拓展公司产业链,使公司业务更加多元化;其次,建中医疗是新三板挂牌企业,治理结构完善,业务体系健全,相比未上市公司更加规范;最后,则是基于对建中医疗的“转板”预期。可见,上市公司可借力新三板并购上下游企业,以做大做强。

【案例2.11.3】 东富龙参与认购新三板企业(建中医疗　430214)

> 根据建中医疗2013年12月6日公布的定向发行方案,公司此次定向发行的对象为股权登记日公司在册股东(在册名单以中国证券登记结算有限责任公司深圳分公司登记备案的为准)及符合投资者适当性管理规定的1名机构投资者。
>
> 该新增机构投资者为上海东富龙科技股份有限公司(以下简称东富龙)。东富龙拟以现金方式认购不超过400万股。具体认购股数待由公司原股东行使优先认购权后确定,具体计算方式为:机构投资者认购股份上限=400万股-股权登记日在册股东优先认购的股数。

未来上市公司参与新三板市场的现象将比较普遍,上市公司分拆子公司挂牌新三板,或利用新三板市场选择合适企业完成并购,都有可能成为一种趋势。而且,如果新三板与中小板、创业板之间能够建立相对绿色的转板机制,为企业IPO节省时间和成本,使满足创业板、中小板财务要求的公司能够较顺利实现升板,将极大促进新三板对高科技企业的吸引力,届时上市公司和新三板公司的关系将变得更为密切。

■第十二节　VIE相关问题

可变利益实体,即"VIE结构",也称为"协议控制",指境外离岸公司不直接收购境内经营实体,而是在境内投资设立一家外商独资企业,为国内经营实体企业提供垄断性咨询、管理等服务,国内经营实体企业将其所有净利润,以"服务费"的方式支付给外商独资企业;同时,该外商独资企业还通过合同,取得对境内企业全部股权的优先购买权、抵押权和投票表决权、经营控制权。

VIE架构是一个特殊背景下的产物,最初是境内企业为了绕开2006年8月出台的《关于外国投资者并购境内企业的规定》(10号文)及2007年修订的《外商投资行业指导目录》两项规定,实现境外上市之目的而进行的方案设计。经过一段时间的演变,一些没有行业投资限制的公司也渐渐采用VIE架构,以便赴海外上市。具体而言,要实现VIE模式,需要至少如下几个主体:(1)境外上市主体;(2)境内外商独资企业;(3)境内实际运营主体(上市实体)。境外上市主体可能会采取开曼公司、香港壳公司等多种甚至并存的模式。境内外资全资子公司实际为外资控股的空壳,通过协议方式对境内实际运营主体进行控制,二者通常为同一个实际控制人。VIE架构中,境内外商独资企业和境内实际运营主体一般通过签订五六个协议来设立其控制与被控制关系,主要包括资产运营控制协议(通过该协议,由境内外商独资企业实质控制目标公司的资产和运营)、借款合同(即境内外商独资企业贷款给目标公司的股东,而其股东以股权质押为凭)、股权质押协议、认股选择权协议(即当法律、政策允许外资进入目标公司所在的领域时,境内外商独资企业可提出收购目标公司的股权,成为正式控股股东)、投票权协议(通过该协议,境内外商独资企业可实际控制目标公司董事会的决策或直接向董事会派送成员)、独家服务协议(该协议规定公司实际业务运营所需的知识产权、服务均由境内外商独资企业提供,而目标公司的利润以服务费、特许权使用费等方式支付给境内外商独资企业)。

一些已经实施VIE的国内初创型企业往往资质比较好,并且可能已经获得国际风投机构几轮融资,但因法律和监管原因,在国内上市存在一定障碍。因此,国内一直有改革的呼声,特别是当2014年京东和阿里赴美上市以后,改革的呼声越来越高。目前,VIE架构的公司如果要在境内上市,只能用境内的主体,即境内外商独资企业或境内实际运营主体。如果VIE架构的公司在境外的主体已经在国外上市,再用境外的主体申请在国内上市,则会涉及突破现有法律。如果VIE架构的公司要到新三板挂牌,有两种可选择的途径:一是选择国内两个主体进行重组,会计处理还是按照同一控制下的合并去处理。二是选择实际运营主体切断和壳主体(境内外商独资企业)的协议关系后直接申请挂牌。

由于新三板不设置硬性财务指标,没有挂牌前不得进行重大重组的限制,只要进行重组或直接切断和壳主体的协议关系,即可挂牌新三板。

【案例2.12.1】　切断协议关系,解除VIE结构(随视传媒　430240)

自2010年4月以来,百视欣是公司第一大股东,持股比例为30.29%;百视欣为段嘉瑞、薛晨、翁启育、沈雁四人出资设立。2010年4月以前,段嘉瑞、翁启育、薛晨、沈雁通过境外公司TVC及外商独资企业百联奇奥协议控制随视传媒。有关该VIE架构的搭建及解除过程如下:

1. VIE架构搭建的背景

2007年,有限公司全体实际股东决定利用其在有限公司的权益在境外进行私募股权融资,为此开始搭建VIE架构。其中,段嘉瑞、翁启育、袁学智、黄宏浚、K. W为境外人士,为避免有限公司变更为外资企业而未在有限公司直接持股,其在有限公司的权益委托薛晨代持。另外,由于当时有效之外汇管理法规要求返程投资架构下的境内权益实体需具有三年以上经营记录,而有限公司成立于2006年6月,在VIE架构搭建时尚不满三年,为此,有限公司股东通过股权转让,将其所持全部股权转让给了同样由其100%控制的乐乐通,并将乐乐通作为申请VIE架构下的境内权益实体。VIE架构搭建时,薛晨、沈雁、马葳、刘新华、郭磊作为境内自然人根据外汇管理相关规定完成了境内居民个人境外投资外汇登记,并设立了境外持股平台公司 TVCExpressLimited(以下简称 TVC),计划通过 TVC 持有境外特殊目的公司的股权;而段嘉瑞、袁学智、黄宏浚、K. W 作为境外人士,无须进行该项登记,计划直接持有境外特殊目的公司股权。

2. VIE 架构搭建的基本过程

2006 年 6 月,段嘉瑞在开曼群岛设立特殊目的公司 Adsit! Media Limited(以下简称开曼公司)。段嘉瑞为唯一股东,持有 1 股股份。2007 年 7 月,开曼公司全资设立香港公司 ADSIT! MEDIA GROUP LIMITED(以下简称香港公司)。2007 年 12 月,薛晨、沈雁、马葳、刘新华、郭磊共同设立 TVC。2007 年 12 月,香港公司在境内全资设立外商独资公司百联奇奥。2007 年 12 月,百联奇奥与乐乐通、有限公司及境内代持股东薛晨、沈雁、马葳、刘新华、郭磊签署了一系列控制协议。2008 年 2 月,开曼公司增发新股,增发完成后,段嘉瑞、翁启育、袁学智、黄宏浚、K. W、TVC、Intel、BAIDU 及 Farallon 分别持有开曼公司 18.25%、6.88%、1.60%、1.60%、1.87%、33.63%、12.92%、10.34%、12.92% 的股权。2008 年 4 月,VIE 架构搭建完成后,乐乐通将其所持有限公司的全部股权转让给了薛晨、沈雁、马葳、刘新华。

3. VIE 架构的解除过程

2010 年,基于境内外资本市场的发展情况及公司经营的实际情况,有限公司相关股东拟解除 VIE 架构,并计划在境内资本市场寻求发展。2010 年 9 月,段嘉瑞、翁启育、薛晨、沈雁共同出资设立百视欣,薛晨、沈雁作为 VIE 架构境内实体有限公司的权益代持人,将其所持 62.3731% 和 6% 的股权转让给百视欣。2010 年 10 月,根据股权激励和恢复其余自然人股东原有持股权益的需要,经公司相关权益持有人的一致同意,薛晨将剩余 17.2269% 股权分别转让给随业视金(随业视金为员工持股平台)、百欣视宏(百欣视宏由境外自然人股东袁学智、黄宏浚、K. W 出资设立,其持股比例基于其原本在公司的实际权益)、王宏泰、马葳和孙佳佳。2010 年 11 月,百联奇奥向有限公司进行增资,增资完成后,百联奇奥直接持有公司部分股权。2010 年 12 至 2011 年 1 月期间,有限公司完成了 B 轮融资。为扩大公司股权激励对象,2011 年 7 月,公司指定创始人股东薛晨、沈雁设立两家员工持股平台公司——随视通和随欣视同,并由随业视金分别向其转让 0.9469% 和 0.5489% 公司股权,然后通过薛晨、沈雁向公司员工转让随视通和随欣视通股权完成了股权激励目标。2012 年 3 月,有限公司完成了 C 轮融资,华谊兄弟、重庆华犇、浙江银江辉皓通过增资和股权转让成为公司股东。2012 年 9 月,有限公司整体改制为股份公司。2012 年 10 至 2013 年 1 月,为 VIE 架构解除之需要,相关主体签署了境外重组相关文件,其中开曼公司回购并注销 TVC 和境外自然人股东段嘉瑞、袁学智、黄宏浚、K. W 的股份,仅保留段嘉瑞 2 股股份;另外,开曼公司回购并注销 Intel、BAIDU、Farallon 的股份换取香港公司向 Intel、BAIDU、Farallon 发行同比例的新股,同样的,开曼公司回购并注销段嘉瑞 1 股股份换取香港公司向段嘉瑞发行 1 股新股;最后,相关各方签署了控制协议的终止协议。自此,VIE 架构完全解除。

第三章　新三板挂牌相关业务指引

第一节　新三板股票转让

根据《全国中小企业股份转让系统股票转让方式确定及变更指引(试行)》,新三板在交易方式方面作出了多元化安排,构建了协议交易、做市商交易以及竞价交易平台。目前,前两个已上线运行,竞价交易平台正在进行系统开发,因而申请挂牌公司目前只能在做市转让和协议转让之间选择。在程序上,需要由申请挂牌公司董事会向股东大会提交股票转让方式的决议,由股东大会作出决议,并在提交挂牌申请材料的同时向股转公司提交相应材料。故而,申请挂牌公司在挂牌前应充分了解股票转让的相关业务,选择合适的股票交易方式。

一、新三板股票转让的基本规定

(一)转让时间

全国股份转让系统股票转让时间为每周一至周五 9:15 至 11:30, 13:00 至 15:00。转让时间内因故停市,转让时间不作顺延。遇法定节假日和全国股份转让系统公司公告的休市日,全国股份转让系统休市。

(二)计价单位

股票转让的计价单位为“每股价格”,股票转让的申报价格最小变动单位为 0.01 元人民币。

(三)最小交易单位

股票买卖申报数量应当为 1000 股或其整数倍,卖出股票时,余额不足 1000 股的,应当一次性申报卖出。此外,单笔申报最大数量不得超过 100 万股。

(四)涨跌幅限制

全国股份转让系统对股票转让不设涨跌幅限制。

二、协议转让

协议转让是由买卖双方在场外自由对接达成协议后,再通过报价系统成交。2014年5月19日,全国中小企业股份转让系统证券交易和登记结算系统(以下简称新交易结算系统)正式上线,支持挂牌公司股票的协议转让、两网及退市公司股票的集合竞价转让等功能。

(一)协议转让下如何委托

目前,新三板交易支持平台仅支持定价委托、成交确认委托,意向委托将在后续相关技术开发完成后实施。定价委托是指投资者委托主办券商按其指定的价格买卖不超过其指定数量股票的指令。成交确认委托是指投资者买卖双方达成成交协议,或投资者拟与定价委托成交,委托主办券商以制定价格和数量与指定对手方确认成交的指令。意向委托是指投资者委托主办券商按其指定价格和数量买卖股票的意向指令,意向委托不具有成交功能。

(二)协议转让下如何成交

协议转让主要有三种成交方式,对应的流程分别为:一是点击成交方式,即投资者根据行情系统上的已有定价申报信息,提交成交确认申报,与指定的定价申报成交;二是互报成交确认申报,即投资者通过其主办券商、全国股份转让系统指定信息披露平台等途径,寻找欲转让的交易对手方,双方协商好交易要素和约定号,然后双方均通过全国股份转让系统提交约定号一致的成交确认申报,全国股份转让系统对符合规定的申报予以确认成交;三是投资者愿意以一定价格转让一定数量股份,则可以提交定价申报,除了盘中会与成交确认申报成交外,在每个转让日15:00收盘时,全国股份转让系统对价格相同、买卖方向相反的定价申报进行自动匹配成交。

(三)协议转让下如何定价

新三板协议转让市场目前的自由度比较高,监管层充分尊重当事人的价格决定权和协商权。当出现成交价格较前收盘价变动幅度超过50%的情况,股转公司会在异常交易信息中予以公告,但并未要求相应挂牌企业披露异常波动公告。

价格的变动体现了投资者对公司价值的认定过程,在没有做市商参与的情况下,认定价格出现差距是可以理解的。但当同一只股票可能会出现成百上千倍的价格差距时,便会削弱新三板的价格发现功能。

【案例3.1.1】　同只股票价格大幅变化

> 九鼎投资:2014年5月27日,单日内股价曾出现1元/股和800元/股的巨大差距。两次"1元交易"转让方均为刘根东,受让方均为蓝学洲,两人均非控股股东、实际控制人,亦非公司董事、监事、高级管理人员,但两人均是公司股东。
>
> 联讯证券:2015年1月8日,以0.01元/股的价格交易了949.9万股,总交易金额为9.5万元,买卖双方分别是名为黄洪标和朱雅美的自然人,而联讯证券前一交易日的价格为2.71元/股。
>
> 冰洋科技:2015年1月12日、1月13日,曾两次被以0.01元/股交易,而最近的一个交易日交易价格为2.24元/股。
>
> 壹加壹(831609):2015年1月13日至15日之间完成了三笔交易,交易价格分别为1元/股、0.1元/股、1元/股,交易数量分别为1000股、120万股、8.2万股,涨跌幅达到90%。

新三板市场出现同一只股票价格的大幅变化体现了协议转让制度的漏洞。没有涨跌幅限制、不需要披露股价异常波动原因,使协议转让的交易价格亦真亦假。股价过高可能是公司进行市值管理的一种手段,因为有了比较高的估值,对公司的声誉甚至日后的融资都有益处;而股价过低,可能是因为公司股票交投不活跃,用低成本的交易来活跃交易,提升公司的价值。此外,也有可能是因为逃避债务等不纯的动机而发动交易。如果此种情况同时使第三方的利益受损,就会违反相关法律。另外,虚假价格背后不排除避税的可能。总之,由于目前大部分公司仍选择协议转让,对于偏离内在价值的交易价格,应格外关注。

(四)协议转让下开盘价与收盘价如何形成

在协议转让方式下,开盘价为当日该股票的第一笔成交价格,收盘价为当日最后30分钟转让时间的成交量加权平均价格。最后30分钟无成交的,以当日成交量为权重计算的加权平均价格为收盘价,当日无成交的,以前收盘价为当日收盘价。

(五)申请挂牌公司拟协议转让需提交什么材料

申请挂牌公司挂牌时拟采取协议转让方式的,应当在提交挂牌申请材料的同时,向全国股份转让系统公司提交以下材料:关于股票采取协议转让方式的申请;关于同意公司股票采取协议转让方式的决议;全国股份转让系统公司要求提交的其他材料。

三、做市转让

协议转让适用于买卖双方都熟悉的、易于定价的产品,但对于股权投资这类专业性较强的产品,交易双方在信息不对称的情况下很难通过单纯的协议成交,或者即使成交了也是经历了多次谈判,造成交易成本过高,导致市场效率过低,市场的资源配置功能未能得到有效发挥。故而,新三板实行单一的协议转让制度之时,交易异常清淡。根据巨潮网的统计数据,截至2014年8月19日,新三板公司挂牌已达到1038家,总股本合计429.42亿股,但是成交笔数只有930笔,合计成交5.04亿股,金额38.19亿元,换手率只有不到1.2%。为重塑市场定价体系,完善新三板交易体系,做市制度应运而生。

2014年8月25日,新三板正式启动做市转让方式,新三板进入了新的发展阶段。做市商制度的实施对新三板市场带来了两大质变:一是原本交投清淡的市场有望因做市商的进入提升市场交易活跃度;二是彻底改变原本协议报价制度下"注水"的价格,建立市场价格发现新机制,促进券商向市场卖方机构本质的回归。

新三板的做市商制度充分激活了新三板整个市场,从做市交易制度推出以来,新三板市场做市交易在短短半年的时间内,无论是做市企业家数,还是做市企业的流动性,都有了质的飞跃。截至2014年年底,共有122只挂牌股票采用做市转让方式,日均成交金额2436万元;进入2015年2月,新三板市场的总体成交金额每天均维持在2亿3千万至2亿5千万元之间,其中做市转让的成交金额连续一周均维持在1亿元至1亿4千万元之间。这标志着做市交易已经跨入了亿元时代,站上了新台阶,每日做市转让成交金额突破亿元并与协议交易平分天下也成了新三板一种新的常态。

(一)何为做市转让

做市转让是指转让日内,做市商连续报出其做市证券的买价和卖价,若投资者的限价申报满足成交条件,则做市商在其报价数量范围内按其报价履行与投资者成交义务。

做市商是证券公司和符合条件的非券商机构,使用自有资金参与新三板交易,持有新三板挂牌公司股票,通过自营买卖差价获得收益,同时证券公司会利用其数量众多的营业部网点,推广符合条件的客户开立新三板投资权限,从而提高整个新三板交易的活跃度,盘活整个市场。

(二)做市转让下如何成交

做市转让方式下,投资者只可进行限价委托。限价委托是指投资者委托主办券商按其限定的价格买卖股票的指令,主办券商必须按限定的价格或低于限定的价格申报买入股票;按限定的价格或高于限定的价格申报卖出股票。

限价委托包括证券账户号码、证券代码、买卖方向、委托数量、委托价格等内容。

全国股份转让系统对到价的限价申报即时与做市申报进行成交。如有2笔以上做市申报到价的，按照价格优先、时间优先原则成交。成交价以做市申报价格为准。

做市商更改报价使限价申报到价的，全国股份转让系统按照价格优先、时间优先原则将到价限价申报依次与该做市申报进行成交。成交价以做市申报价格为准。

到价是指限价申报买入价格等于或高于做市申报卖出价格或限价申报卖出价格等于或低于做市申报买入价格。限价申报之间、做市申报之间不能成交。

（三）做市商如何获得股票

做市商做事的初始库存股可以通过以下几种方式取得：(1)股东在挂牌前转让；(2)股票发行；(3)在全国股份转让系统买入；(4)其他合法的方式。

【案例3.1.2】 做市商通过挂牌公司股票发行获得股票（蓝山科技830815）

> 根据蓝天科技2014年7月披露的股票发行方案，蓝天科技本次发行的股票数量不超过7,500,000股（含7,500,000股），融资额不超过90,900,000元（含90,900,000元）。
>
> 此次股票发行的目的：蓝山科技股份拟由协议转让转为做市商做市，公司为做市商股份进行本次股票发行。本次募集资金将主要用于补充公司流动资金。
>
> 此次股票发行对象：不超过5家经全国中小企业股份转让系统有限责任公司（以下简称全国股转系统）备案的具有做市商资格的做市商机构。

【案例3.1.3】 天风模式

> 近期较有特色的做市风格就是天风证券的“天风模式”。由于协议转让涉及公司原有股东是否有意愿减持，而定增又耗费过多时间，在市场上买入效率最高。所以，天风证券做市的风格是采用在市场买入的方式储备做市股票，此后又和公司沟通补充做市。而这一模式的局限性也很明显，即获取库存股的成本较高。截至2015年1月15日，在天风证券做市的20家企业中，有7家是后续加入做市商之列的，其中的5家是以“天风模式”介入，分别为古城香业(830837)、四维传媒(430318)、亿童文教(430223)、兴竹信息(430253)和红豆杉(430383)。

(四)做市转让对企业有何意义

挂牌公司选择做市转让方式,需要有做市商愿意为其提供做市服务。一旦做市商愿意为其提供做市服务,首先便能解决挂牌公司股票的定价问题。融资是企业挂牌的目的之一,而融资的关键是定价,定价功能的背后就是做市商制度。做市商为提高做市收益,增强投资者对做市股票的兴趣,普遍有很强的动机通过对挂牌公司的深入调查,利用其专业知识对股票进行准确的估值。不可忽略的是,当企业需要从银行获得银行贷款,或进行股权质押时,股权市场的交易价格将成为重要的参考因素。其次还能维护股票价格的稳定性。在做市商制度下,做市商报价有连续性,价差幅度也有限制,做市商出于自身利益考虑,会有维护市场稳定的强烈动机。最后,相比于协议转让,做市转让的股票通常流动性会有较大幅度的提升,可增加公司的市场吸引力。随着股票流动性的提升,股票的定价会更为合理,更有利于挂牌公司后续并购重组等事宜。

(五)公司应该何时做市

目前,公司做市的选择主要有两种:一是挂牌同时做市,如雷帕德;另一种是挂牌后做市,大部分做市股票都是采用这种方式。选择哪个时点做市,应该根据挂牌企业的股本大小、自身的条件来确定。对于股本偏低的挂牌企业,原始股东要是惜售的话,可以采用挂牌后做市的方式。对于一些股东人数超过 200 人的企业,由于原始股东成本偏低,又没有锁定期,如果挂牌后贸然采用做市转让方式(除非给做市商价格足够便宜,如联讯证券),对做市商可能会造成较大的压力,建议可协议转让一段时间,根据公司换手率以及新增股东成本等情况引入做市商,实施做市转让交易方式。

【案例3.1.4】 首家挂牌同时做市企业(雷帕得 831613)

> 2015 年 1 月 12 日,山东雷帕得汽车技术股份有限公司正式登陆全国股转系统,成为全国股转系统第一家挂牌同时采取做市转让方式的企业。当日,雷帕得开盘价为 8.8 元/股,收盘价为 9.18 元/股。与其他企业在挂牌后转让方式由协议变更为做市的路径不同,此次雷帕得在挂牌同时完成股票发行融资、做市转让方式确定等业务,全国股转公司通过“统一受理、并行审查”的方式确保挂牌公司整体业务审查流程“不延迟”。

(六)公司如何选择做市商

选择做市转让的公司必须有两家以上做市商同意为其提供做市报价服务。

公司在挂牌的同时采取做市转让方式的，主办券商或该主办券商的母（子）公司必须是做市商之一，做市商应该取得不低于100万股或5%的库存股，且每家做市商有不低于10万股的做市库存股票。

已挂牌公司欲由协议转让方式转为做市转让方式的，不一定需要原主办券商做市，可以更换愿意做市的券商为主办券商，且每家做市商应该取得不低于10万股的库存股。

具体来说，我们建议公司可从以下几个方面入手选择合适的做市商。一是券商的估值研究能力，因为不同券商对公司价值的认知能力是有差异的。二是公司的资金实力，按券商1:1的持仓量配置交易资金，做的数量越多，对资金要求也越高。三是券商的人才储备与服务水平等。

（七）做市转让与协议转让如何变更

做市转让与协议转让由申请挂牌公司或挂牌公司自主选择，在满足一定条件时，也可以自主变更。采取做市转让方式的股票，挂牌公司申请变更为协议转让方式的，该股票所有做市商需均已满足《转让细则》关于最低做市期限的要求，且均同意退出做市；采取协议转让方式的股票，挂牌公司申请变更为做市转让方式的，需2家以上做市商同意为该股票提供做市报价服务，并且每家做市商已取得不低于10万股的做市库存股票。股转公司同意公司的变更申请后，自T+2转让日起该股票转让方式发生变更。

【案例3.1.5】　首家协议转让变更为做市转让企业（兴竹信息　302530）

> 2014年8月，兴竹信息发布《关于股票转让方式变更为做市转让方式的提示性公告》，成为首家股票转让方式变更为做市转让的挂牌企业。公告内容如下：
>
> 本公司股票变更为做市转让方式的申请已经全国中小企业股份转让系统有限责任公司同意。本公司股票将自全国中小企业股份转让系统正式实施做市转让方式之日起采取做市转让方式，具体时间以全国中小企业股份转让系统有限责任公司公告实施做市转让方式的时间为准。变更之前，本公司股票转让方式仍采取协议转让方式。
>
> 证券简称：兴竹信息，证券代码：4302530
>
> 做市商1：申银万国证券股份有限公司
>
> 做市商2：广发证券股份有限公司
>
> 做市商3：中信证券股份有限公司

（八）做市转让特殊情形处理

当股票做市商提出申请并经全国股份转让系统公司同意，退出为该股票做市，或者股票做市商被暂停、终止从事做市业务，被禁止为该股票做市时，将导致挂牌公司股票的做市商不足2家，自T+1（有关情形发生当日为T日）转让日起，该股票将暂停转让。

当挂牌公司股票的做市商在T+30个转让日内恢复为2家以上，或者挂牌公司在T+30个转让日内提出申请并经全国股份转让系统公司同意，股票转让方式变更为协议转让方式，或者全国股份转让系统公司依据《转让细则》的规定，强制将股票转让方式变更为协议转让方式时，挂牌公司的股票恢复转让。

（九）申请挂牌公司拟做市转让需提交的材料

股票挂牌时拟采取做市转让方式的，申请挂牌公司应当按股转公司的要求在公开转让说明书和挂牌提示性公告中披露其股票转让方式。同时，申请挂牌公司应在提交挂牌申请材料的同时，向全国股份转让系统公司提交以下材料：关于股票采取做市转让方式的申请；关于同意公司股票采取做市转让方式的决议；做市商为申请挂牌公司股票提供做市报价服务的申请；全国股份转让系统公司要求的其他材料。

四、竞价交易

现阶段，新三板尚无竞价交易制度相关细则，只有《全国中小企业股份转让系统业务规则》对竞价交易的程序做了概括规定。由于竞价转让方式的相关条件尚未明确，新三板挂牌公司实际上还未能进行竞价转让，但市场对竞价交易的预期非常强烈。

（一）何为竞价交易

所谓竞价交易，是在场内以连续方式自由竞价的交易模式，现在A股市场在正常交易时段实行的就是这种交易模式。考虑到新三板实行T+0交易模式，也不设涨跌停板制度，如果在这基础上进一步实行竞价交易，其流动性一定会得到极大改善，这无论是对新三板市场的发展，还是对提高挂牌公司的估值、鼓励新的投资者参与，都会有很大推动作用。所以，市场对于竞价交易的预期非常强烈。股转公司副总经理隋强透露，预计2015年年中前后竞价交易系统将上线。

（二）竞价交易与分层管理

说起竞价交易，就不得不提新三板分层管理。随着市场规模的不断增长，挂牌公司差异逐步显现，单一市场层次不能满足新三板市场进一步发展的需要。根据不同层级市场的定位，新三板将会把新三板市场分为三个层级，每个层级对应不同的交易方式。类似于金字塔形状，最上层的市场企业数量最少，但资质最好，这一市场采用竞价交易；最下一层市场企业数量最多，这一市场采用协议转让方式；中间层市场企业数量介于两者之间，采用做市交易。对挂牌公司进行分层管理，有利于进一步提升新三板服务中小微企业的水平，有利于进一步提升市场监管效率，有利于进一步拓展市场创新发展的空间。

（三）何种挂牌公司能够参与竞价交易

根据上述的分层管理，只有最上层、最优质的部分挂牌公司能够参与竞价交易。根据股转公司业务部总监吴疆 2014 年 12 月在"2014 年新三板峰会"上的说法，"集合竞价仍将秉持市场化的原则，以市场为导向，让公司和券商之间双向选择，而不参与任何行政的力量，在此基础上，肯定也要考虑公司的股权分散度和交易流动性的问题。"以及股转公司业务部副总监王小军 2015 年 1 月在东方证券首届"新三板挂牌公司日"上的说法，"连续竞价对公司股本市值、股权分散度等方面有要求"，我们认为，挂牌公司是否实施竞价交易可能会有以下几个考量标准：

一是股权分散度。如果一家公司只有几个股东，那么实施竞价交易不大现实。只有股东人数达到一定标准，股票规模达到一定水平的公司（譬如股东人数不少于 50 人，公司股本不低于 3000 万股），才能实行竞价交易。截至 2014 年年底，挂牌的千家企业中，股东人数超过 200 人的仅有 12 家，占比 0.6%；股东人数在 101～200 人的公司有 51 家，占比 3.24%；95% 以上挂牌公司的股东人数在 100 人以下。所以，我们建议有意参与竞价交易的企业要提前分散股权。

二是换手率标准及做市商数量。最初实施竞价交易的挂牌公司会从做市转让的公司中产生，做市阶段换手率高的公司有望率先实施竞价交易；而且，做市商的数量也会是一个重要的衡量标准。因为做市商制度需要券商拿出自有资金先成为企业的股东为企业做市。在此情况下，券商做市的标的主要会选择已经具备一定营收规模、成长性良好的企业。企业说服一两家做市商做市很正常，而如果一个企业能说服 5 家或 10 家做市商为其做市，则从侧面也可以体现出该企业的资质得到了认可。

三是财务指标。由于竞价交易实施后带来流动性的提升，出于保护投资者的考虑，挂牌公司财务指标也可能是筛选标准之一，例如能否持续经营等。

四是信息披露标准。如果是竞价交易，那么就不可能再允许交易价格存在"场外因素"。这就要求挂牌公司提高信息披露的标准，如果做不到这一点，投资者对于所交易的新三板公司了解甚少，却又能在 T+0、没有涨跌停板的条件下竞价交易，风险会很大。

■第二节　新三板定向发行

《全国中小企业股份转让系统业务规则(试行)》第4.3.5条规定:“申请挂牌公司申请股票在全国股份转让系统挂牌的同时股票发行的,应在公开转让说明书中披露。”由此可见,在新三板申请挂牌的企业可以同时进行定向发行融资。在监管层鼓励“挂牌+定增”同时进行的环境下,自首家挂牌即时定向发行的企业——蓝天环保诞生以来,华安股份、尚远环保、布雷尔利等越来越多的新三板挂牌企业也选择了在挂牌的同时就启动定向发行融资利器。据同花顺 iFinD 统计数据,2014年新三板共完成321次定向增发融资,累计融资128.65亿元。具体来看,2014年上半年,月均完成定增11笔;而下半年的7~12月,新三板分别完成定增36笔、47笔、24笔、36笔、41笔和69笔,可以看出新三板定向发行呈明显的增长势头。何为新三板定向发行?“挂牌+定增”有何注意事项?下文将详述之。

一、新三板定向发行的概念

新三板定向发行,简称新三板定增,是指申请挂牌公司、挂牌公司向特定对象发行股票的行为。

虽然挂牌公司通过新三板可以进行股权融资和债券融资,股转系统目前也已推出优先股融资渠道,但目前挂牌公司融资的主要方式仍是发行普通股票。新三板定向发行作为新三板股权融资的主要功能,不仅对解决传统的中小微企业发展过程中的资金“瓶颈”发挥了极为重要的作用,而且,伴随着联讯证券(830899)首开券商在新三板融资的先例后,新三板也成为中小券商快捷的融资平台。

【案例3.2.1】 联讯证券挂牌新三板(联讯证券　830899)

联讯证券于2014年8月在新三板实现挂牌后首开券商在新三板融资先例,通过两次定增以不足400万元的融资成本募资40亿元,注册资本从5亿元增至约32亿元,行业排名跃升至约第30位,净资产从最初的6亿元增长到约47亿元,并且吸引了14家券商为其做市,做市商数量刷新新三板纪录。这充分体现了新三板市场得天独厚的制度红利。

此外,新三板定价发行也为做市商提供了部分库存股来源。根据《股票转让细则(试行)》,做市商的做市库存股票可以通过股票发行、股东在挂牌前转让、在全国股转系统买入及其他合法的方式取得。在首批做市的公司中,有将近30家公司为满足做市商制度要求,而专门向券商进行定向增发,其中增发市盈率最高的为竹邦能源(430360)的100倍,而募集资金最多的是蓝山科技(830815),募资额为9090万元。随伴着做市的火热,向做市商定向发行的公司也越来越多。

【案例3.2.2】　为企业融资+为做市商提供库存股(均信担保　430558)

以下为均信担保2014年两次定向发行方案的对比:

2014年3月,均信担保披露的定向发行方案显示,公司该次定向发行的发行目的及发行对象为:公司专注于为小微企业提供融资担保服务,独特的市场定位使公司有着较大的发展空间。受益于国家政策推动和小微企业固有的巨大担保需求,公司根据业务发展需要,及时扩充资本金,提高营运能力和抗风险能力。本次募集资金将主要用于补充担保业务资本金,继续扩展和完善业务布局,扩大担保规模和覆盖面。此次发行对象为符合《投资者适当性管理细则》的合格投资者。即公司虽定向发行但在公布发行方案中时未确定发行对象,新增的投资者是通过公司随后的洽谈协商确定,这也是新三板定向发行的特色之一。

2014年7月,均信担保披露的定向放行方案中显示,公司该次定向发行的发行目的及发行对象为:公司拟将股票转让方式由协议转让方式变更为做市转让方式,公司为做市商取得库存股份进行股票发行。此次发行对象为不超过10家经全国中小企业股份转让系统有限公司备案的、具有做市商资格的证券公司。

二、新三板定向发行的特点

第一,发行管理。新三板定向发行实行分类管理,股东人数超过200人的挂牌公司发行股票或者发行股票后股东人数累计超过200人的,在发行前应向证监会申请核准。发行后股东人数累计不超过200人的,在发行后向全国股份转让系统公司(以下简称股转公司)备案即可。定向发行需经证监会核准的,还可适用储架发行,即一次核准、多次发行的再融资制度。自证监会予以核准之日起,公司应当在3个月内首期发行,剩余数量应当在12个月内发行完毕。超过核准文件限定的有效期未发行的,需重新经中国证监会核准后方可发行,首期发行数量应当不少于总发行数量的50%,剩余各期发行的数量由公司自行确定,每期发行后5个工作日内将发行情况报证监会备案。

第二,发行要求。挂牌公司可以在挂牌同时发行,也可以在挂牌后发行。新三板定向发行无财务指标,没有强制时间间隔,也不限融资规模。另外,新增股份也不强制限售。除非定向增发对象自愿做出关于股份限售方面的特别约定,否则,定向增发的股票无限售要求,股东可随时转让。需注意的是,无限售期要求的股东不包括公司的董事、监事、高级管理人员,其所持新增股份应按照《公司法》第142条的规定进行限售:公司董事、监事、高级管理人员应当向公司申报所持有的本公司的股份及其变动情况,在任职期间每年转让的股份不得超过其所持有本公司股份总数的25%;所持本公司股份子公司股票上市交易之日起一年内不得转让。上述人员离职后半年内,不得转让其所持有的本公司股份。

第三,信息披露。相比于主板以及创业板的信息披露要求,现行法规及各业务规则不强制挂牌公司及申请挂牌公司披露募投项目的可行性分析、盈利预测等信息。

第四,发行定价。新三板定向发行实行市场化定价,挂牌公司及申请挂牌公司可以与特定对象协商谈判,也可以进行路演、询价。自2012年以来,绝大多数公司在定价时均会参考公司所处行业、成长性、每股净资产、市盈率等因素,并在与投资者沟通后确定。也有少数仅对原股东及核心员工进行定向发行的公司,如宣爱智能和尚水股份,明确以每股净资产作为定向发行价格。我们建议挂牌公司及申请挂牌公司在定价环节,尤其是在路演询价、估值定价和投资者选择等方面多与主办券商进行沟通,依靠主办券商的专业服务得到良好的定价。

【案例3.2.3】 股权资产认购定价依据(了望股份　430199)

2013年11月6日,了望股份发布2013年定向发行方案。本次发行的新增投资者为陈立红女士,拟以所持有的英沃纵横国际公关顾问(北京)有限公司(以下简称英沃纵横)51%的股权认购本次发行的110万股。了望股份通过定向发行股票的方式,收购了陈立红女士所持英沃纵横51%的股权,从而达到对英沃纵横收购的目的。

根据了望股份公布的定向发行情况报告书可知,此次定向发行的价格及定价依据如下:

根据《北京了望投资顾问股份有限公司2013年定向发行股份购买资产协议》,本次交易标的资产的交易价格以具有从事证券期货业务资格的评估机构北京国融兴华资产评估有限责任公司出具的资产评估结果为依据,交易各方协商确定。本次交易拟购买资产的交易价格为268.47万元。本次定向发行价格为2.44元/股。

公司2012年度财务报告业经中磊会计师事务所有限责任公司审计,并出具了〔2013〕中磊审A字第0083号标准无保留意见的审计报告,公司2012年年度经审计的净利润为291,648.47元。

本次定向发行价格综合考虑了公司所处行业、公司成长性、市盈率及公司股份在原代办股份转让系统交易价格等多种因素,并与投资者沟通后最终确定。

【案例3.2.4】 以询价方式确定定增价格

行悦信息(430357)是新三板首家以询价模式确定定增价格的公司。行悦信息在2014年12月初公告,拟发行不超过1500万股普通股,发行价格不低于3.2元/股、不高于4.8元/股。根据公告,行悦信息此次发行采取公开询价的方式,认购者根据认购意向书的内容向公司申报认购的价格和数量,由公司董事会按照价格优先的原则,综合考虑认购数量、认购对象的类型以及与公司未来发展的契合度,确定发行对象、发行价格和发行股数。行悦信息最终确定以3.9元/股的价格,定增1500万股,共募集资金5850万元。这是新三板公司首次以询价方式确定定增价格。

此后,伯朗特(430394)、古城香业(830837)在2014年12月的定增案中也采用了这个方法。

伯朗特(430394)拟以发行的股票价格不低于8.00元/股,发行不超过163万股,最终以8元/股的价格发行,认购对象为3个机构、4名自然人。

古城香业(830837)拟以不低于13元/股、不高于15.5元/股的发行价格发行660万股。而截至2014年12月25日,参与古城香业本次股票发行的认购者认购总数量达到1572.8651万股,其中价格高于14元/股的申购数量为549.4039万股。根据价格优先的原则,古城香业确定了申购报价在14元(含14元)以上的17名自然人认购者。

【案例3.2.5】 一元定增

新三板市场最早公布"1元/股"增发且成功实施的公司为优炫软件,公司于2013年12月公布了新三板市场第一份"1元增发"案例。优炫软件主要从事网络安全软件业务,2014年,由于网络安全产业兴起,公司增发的参与者收获颇丰。2014年年底,优炫软件开始做市交易,目前其股票价格为11.73元/股。

自2014年下半年以来,一元定增的案例陡然增加。仅2015年1月及2月,新三板市场已有差旅天下、安威士、天加新材、百特莱德、宝特龙、立高科技、奥美格、电通微电、中兵环保等多家公司公布的定增价格为1元/股。虽然这些公司都没有做市交易,但部分公司已有协议转让成交记录,比如差旅天下曾经有过18.56元/股的成交价,天加新材、宝特龙也有过成交,照此测算,这些公司的定增股价"折价率"十分惊人。

仔细分析这些案例可以发现,持股集中且均采取协议转让是这些公司的一大特点。由于新三板公司的增发融资定价,并不依据《再融资管理办法》规定的"发行价格不低于定价基准日前二十个交易日公司股票均价的百分之九十",原则上只要股东大会通过即可。由于上述公司股东数量很少,所以程序上问题不大。而一旦公司做市交易后引入了外部股东,公司再发布这种方案,在股东大会上就比较难通过了。但一元的定增价格显然不够市场化。我们认为,如果定增公司每股净资产低于1元,那么这个定增价格没有问题;如果公司每股净资产高于1元,公司需要向全国中小企业股份转让系统有限公司就定价原因进行解释。

三、新三板定向发行对象的要求

新三板定向发行对象包括:

1. 公司股东;

2. 公司的董事、监事、高级管理人员、核心员工;

3. 符合投资者适当性管理规定的自然人投资者、法人投资者及其他经济组织。

公司确定发行对象时,除原股东外的新增股东合计不得超过35名。

公司核心员工的认定应当由公司董事会提名,并向全体员工公示和征求意见,由监事会发表明确意见后,经股东大会审议批准。将核心员工纳入发行对象之中,使原本可能不符合投资者适当性管理规定的核心员工也有了渠道和方法成为公司的股东,且增资价格协商确定,有利于企业灵活进行股权激励,形成完善的公司治理机制和稳定的核心业务团队。

符合投资者适当性管理规定的自然人投资者,是指投资者本人名下前一交易日日终证券类资产市值500万元人民币以上,且具有两年以上证券投资经验,或具有会计、金融、投资、财经等相关专业背景或培训经历的人。

符合投资者适当性管理规定的法人投资者及其他经济组织,是指注册资本500万元人民币以上的法人机构或实缴出资总额500万元人民币以上的合伙企业。

集合信托计划、证券投资基金、银行理财产品、证券公司资产管理计划以及由金融机构或监管部门认可的其他机构管理的金融产品或资产亦属适格的发行对象。

目前,专业股权投资机构正在成为新三板定向发行的主要力量,据统计,近三年有超过一半的定向发行募集资金来源于创投机构。股转公司董事长杨晓嘉曾表示,新三板将大力发展多样化的机构投资者,其中之一便是加强与PE/VC的对接。成长中的新三板优秀企业不断上升的IPO预期,是推动PE/VC以定向增资的方式进入的主要原因。另外,出于押宝转板的考虑,PE/VC也越来越青睐新三板。虽然新三板市盈率偏低,很难成为创投的主流退出渠道,但是,它可以成为企业登陆创业板或中小板的一个通路,如果这个通路上再有一些绿色通道,可以简化登陆创业板的程序,那必然会成为各个投资机构眼中的抢手货。公司在向PE/VC进行定向增发的时候,一定要注意对赌协议的处理。有关对赌协议的相关问题,我们在前文已经介绍过,此处不再重复。

【案例3.2.6】　通过定增进行股权激励（麟龙股份　430515）

2014年12月26日，麟龙股份公布的股票发行方案显示：公司拟向34名核心员工定增8万股，计划募资80万元用于补充流动资金，定增股票的锁定期为一年。

根据《非上市公众公司监督管理办法》第39条的相关规定，公司认定吴建辉、杨迪新、马灿永、欧慧贞、廖晔、周俊、王丹、赵同同、曹天宝、夏智慧、周景志、焦裕州、陈峰、严亚军、王晓阳、翟玉梅、张东旭、秦冶、张朋、陈东、杨迪、华天宇、黄秀宁、吕静、许东、孙钰博、曹庆芳、韩玉、冷冰、余音、刘沁甜、李婷婷、关键、孟海燕34名员工为公司的核心员工，认定程序为：经公司第二届董事会第三次会议提名，向公司全体员工公示并征求意见，公司监事会发表明确意见，并经公司2015年度第一次临时股东大会审议。

值得注意的是，此次定增价格仅为10元/股，比公司做市股价60元/股折价超过8成。

四、新三板定向发行认购方式的要求

发行对象可以用现金、非现金资产，以及同时以非现金资产和现金认购发行股票。《股票发行业务指南》对以非现金资产认购股份进行了特殊规定：用非现金资产认购发行股票的，董事会应当在发行法案中对资产定价合理性进行讨论和分析；以股权资产认购的，股权资产应当经过具有证券、期货相关业务资格的会计师事务所进行审计；以非股权资产认购的，非股权资产应当经过具有证券、期货等相关业务资格的资产评估机构评估；以资产评估结果作为定价依据的，应该由具有证券、期货等相关业务资格的资产评估机构出具评估报告；以非现金资产认购股票涉及资产审计、评估或盈利预测的，资产审计结果、评估结构和具有证券、期货相关业务资格的会计师事务所所审计的盈利预测报告应当最晚和召开股东大会的通知同时公告。

【案例3.2.7】　同时以现金和非现金资产认购

同辉佳视(430090)：公司本次以非公开定向发行方式发行无限售条件的人民币普通股587.1785万股，其中股东戴福昊以所持同辉无限的200万元出资作为对价，认购本次定向发行的74.4764万股，另以现金认购本次定向发行的2.6005万股；公司董事崔振英以所持同辉无限的1155万元出资作为对价，认购本次定向发行的430.1016万股；公司股东易中金投资以现金认购本次定向发行的80.0000万股。

科胜石油(430284)：公司股东苏永昌以其持有的北京科胜永昌软件有限公司(以下简称科胜永昌)40%的股权作价人民币182.028万元，及现金人民币45.972万元，认购本次发行的股份150万股。公司副总经理李磊以其持有的科胜永昌9%的股权作价人民币40.9563万元及现金35.0437万元，认购本次发行的股份50万股。

另外,在新三板的定向发行中,需要给予在册股东30%以上的优先认购权。根据股转公司的解释,这主要基于以下两方面的考虑:第一,在目前挂牌公司股权高度集中的背景下,中小股东通过行使优先认购权,能够防止股权被稀释摊薄。第二,赋予股东优先认购权,有利于形成新老投资者之间的价格制衡机制,防止低价发行导致的利益输送。但在册股东可放弃该优先认购权,也就是说,优先认购是公司现有股东的权利,而非义务,因此,股东可以自愿放弃优先认购。股东自愿放弃优先认购的,可以签订书面承诺或声明,亦可通过其他日后能够举证证明的方式。出于尊重公司章程自治的原则,相关规则允许通过修改公司章程,直接排除优先认购的适用。此外,公司也可以在发行方案、认购办法等信息披露文件中说明,现有股东在缴款期限内未缴款的,视为放弃优先认购。

【案例3.2.8】 现有股东优先认购安排(中科国信 430062)

> 本次股票发行前,发行人在册股东有权出席2014年度第六次临时股东大会,出席本次临时股东大会的股东为2014年12月22日(股权登记日)下午股份转让交易结束后在中国结算登记在册的本公司全体股东,共计69名。
>
> 经发行人律师核查,发行人本次股票发行前于2014年10月13日经第三次临时股东大会表决,通过对章程第19条进行修改,增加内容"公司发行股份时,原股东无优先认购权"。
>
> 综上,发行人律师认为,发行人以公司章程形式确认原股东对本次股票发行无优先认购权,不存在侵犯股东优先认购权的情形。

五、"挂牌+定增"的注意事项

申请挂牌公司在挂牌的同时可以进行定向发行并不是一个强制要求,申请挂牌企业可以根据自身对资金的需求来决定是否进行股权融资,以避免股份大比例稀释的情况出现。如申请挂牌公司选择"挂牌+定增",则需注意以下事项:

1. 披露发行意向。申请挂牌同时发行股票且尚未确定认购对象的,可在报送申请挂牌材料后,向全国股份转让系统公司挂牌业务部申请在 www. neeq. com. cn 或 www. neeq. cc 披露股票发行意向。

2. 披露公开转让说明书等文件。取得证券简称和代码后,主办券商应协助申请挂牌公司进行首次信息披露,办理《公开转让说明书》等文件的信息披露事宜。在公开转让说明书中,申请挂牌公司应披露拟发行股数、发行对象或范围、发行价格或区间、预计募集资金金额。同时,按照全国股份转让系统公司有关股票发行信息的披露要求,在公开转让说明书"公司财务"后增加"股票发行"章节,披露相关信息。

3. 报送备案材料。在完成股票认购、验资后，参照《全国中小企业股份转让系统股票发行业务细则（试行）》及其指引的有关规定，申请挂牌公司通过业务支持平台向全国股份转让系统公司受理窗口报送备案材料，取得全国股份转让系统公司出具的股份登记函。

4. 办理股份登记。取得股份登记函后，申请挂牌公司、主办券商持股份登记函及其他材料前往中国结算北京分公司办理股份初始登记，初始登记的股份为发行完成后的全部股份。需要注意的是，申请挂牌公司在取得股份登记函之前，股票发行尚未完成，因此不能适用本次股票发行的募集资金。

5. 披露发行股份挂牌公开转让的公告等文件。取得《股份登记确认书》后，申请挂牌公司披露《关于公司挂牌同时股票发行的股票将在全国股份转让系统挂牌公开转让的公告》等文件。

6. 披露工商变更登记公告。申请挂牌公司在完成股票发行后，注册资本发生变化的，需要到工商行政管理部门变更公司登记事项。申请挂牌公司完成工商变更登记后，应发布《关于完成工商变更登记的公告》。

7. 股票发行应在挂牌日前完成。申请挂牌公司拟于挂牌日后完成股票发行的，其发行程序及投资者适当性要求按照已挂牌公司股票发行的规定办理。

8. 通过股票发行持有公司股份的股东投资权限。根据《投资者适当性管理细则（试行）》的规定，通过申请挂牌同时股票发行持有公司股份的股东，如不符合参与挂牌公司公开转让条件，只能买卖其持有或曾持有的挂牌公司股票。

【案例3.2.9】 首家挂牌+定增企业（蓝天环保　430263）

蓝天环保在2013年7月12日披露的公开转让说明书中称，公司在挂牌同时进行定向发行。发行数量为731.43万股，发行价格为1.40元/股，发行对象为北京未名雅集投资管理中心杨岩、杨华锋、李增祥、潘诚4名自然人。定向发行后，蓝天环保总计7名自然人股东及1名企业法人股东，公司股东人数不超过200人，符合《非上市公众公司监督管理办法》第42条关于豁免向中国证监会申请核准的条件。蓝天环保定向发行前为6600万股，定向发行完成后为7331.43万股，募集资金1024万元。

第四章　全国中小企业股份转让系统有限责任公司答新三板常见问题(选录)

■第一节　挂牌申请相关问题

一、国有企业或者外资企业是否可以申请挂牌?

答:《全国中小企业股份转让系统业务规则(试行)》(以下简称《业务规则》)第2.1条规定:"股份有限公司申请股票在全国股份转让系统挂牌,不受股东所有制性质的限制。"因此,符合条件的境内股份公司包括民营企业、国有企业和外资企业均可申请挂牌,对国有或外资持股比例、股东背景也无特殊要求。

如申请挂牌的股份公司存在国有股东或外资股东,申请挂牌材料除常规材料以外,还需增加"国有资产管理部门出具的国有股权设置批复文件及商务主管部门出具的外资股确认文件"。

二、企业申请挂牌是否有行业限制?

答:《业务规则》第2.1条规定:"股份有限公司申请股票在全国股份转让系统挂牌……不限于高新技术企业。"从促进产业结构调整的角度,我们鼓励高新技术产业、现代服务产业、高端装备制造产业等战略性新兴产业及新兴业态的企业申请挂牌,同时也接收传统行业企业的挂牌申请。

三、区域性股权交易场所挂牌公司是否可以在全国股份转让系统挂牌?如可以,需要履行什么程序?

答:符合条件的区域性股权交易场所挂牌公司均可申请在全国股份转让系统挂牌,适用全国股份转让系统相关业务规则规定的挂牌程序。但在申请挂牌前须停止其在区域股权市场的转让、发行等行为,已进行的发行、转让行为应合法合规,在全国股份转让系统挂牌前应完成在区域股权市场的摘牌手续。

四、申请挂牌企业是否需要政府出具确认函?

答:考虑到中国证监会已与相关省级政府签署监管合作备忘录,明确了地方政府在挂牌公司后续监管和风险处置中的责任。因此,《业务规则》取消了中关村试点期间关于"申请挂牌公司应取得省级人民政府出具的非上市公司股份报价转让试点资格确认函"的规定。

五、挂牌业务申请提交的电子版中 Word 需要全套吗?

答:为了积极适应未来电子化报送的需求,挂牌申请材料请按照申请文件目录顺序,每个目录应单独制作 Word 文档。

六、如果超过反馈回复要求的提交时间,如何申请延期反馈?

答:如申请挂牌公司无法在规定的时间内提交反馈意见回复,需在截止日期前向我司提交延期回复申请,并由申请挂牌公司盖章。延期回复最多只能延长 30 个工作日。

七、申请挂牌公司在取得全国股转系统公司出具的《同意挂牌的函》后,应如何办理后续挂牌业务?挂牌日期应如何确定?

答:申请挂牌公司在取得全国股份转让系统公司出具的《同意挂牌的函》后,应按照我司于 2014 年 5 月 6 日修订的《全国中小企业股份转让系统股票挂牌业务操作指南(试行)》中的要求办理挂牌业务。

挂牌日为取得《股份登记确认书》后的第 3 个工作日。

八、拟挂牌股份公司在挂牌前是否可以办理股权质押贷款,此业务会不会影响挂牌申请的提交?如果可以,办理股权质押贷款的股份在股份公司挂牌后如何登记?是否属于限售股份?

答:挂牌前,拟挂牌公司可依法办理股权质押贷款,须履行必要内部决议程序,签署书面质押合同,办理工商登记手续,只要不存在股权纠纷和其他争议,原则上不会影响其挂牌。挂牌后,挂牌公司也可依法办理股权质押贷款,但需按照中国证券登记结算有限责任公司的要求,办理股票质押手续。

办理股权质押贷款的股份在股份公司挂牌后,应当按照中国证券登记结算公司的有关规定办理登记手续,在股权出质期间限制转让,待质押权行使时,按照中国证券登记结算公司的有关规定办理流通手续。

九、拟挂牌公司或者已挂牌公司更换主办券商应如何操作?

答:拟挂牌公司在申请挂牌前更换主办券商的,与主办券商自行商定,无须报告全国股份转让系统公司。

全国股份转让系统实行主办券商制度,主办券商需要在推荐公司挂牌后,对其履行持续督导义务,全国股份转让系统公司鼓励挂牌公司与主办券商建立长期稳定的持续督导关系,除主办券商不再从事推荐业务或者挂牌公司股票终止挂牌两种规定情形外,双方不得随意解除持续督导协议。主办券商与挂牌公司因特殊原因确需解除持续督导协议的，双方应协商一致，且有其他主办券商愿意承接督导工作，事前报告全国股份转让系统公司并说明合理理由。在具体操作流程中，挂牌公司应履行董事会和股东大会等内部决策程序，承接督导事项的主办券商应对挂牌公司自挂牌以来的信息披露和公司治理等事项进行核查，召开内核会议进行表决并形成内核意见。

十、申请挂牌公司在办理股票挂牌业务时应怎样确定公司简称？

答：申请挂牌公司在向股转系统公司申请证券简称及证券代码时，应填写《证券简称及证券代码申请书》。拟定的证券简称应从公司中文全称中选取不超过四个汉字字符，且不能与已挂牌公司及沪深上市公司证券简称重复。

十一、申请挂牌公司是否要设独立董事？

答：全国中小企业股份转让系统对申请挂牌公司是否设立独立董事未作强制要求，申请挂牌公司可根据自身企业特点制定相关规定。

第二节　主办券商相关问题

一、申请挂牌的股份公司与主办券商签订推荐挂牌协议时，是否要约定副主办券商？

答：根据《业务规则》，全国股份转让系统不实行副主办券商制度。因此，不需要在签订推荐挂牌协议时约定副主办券商。

二、为股份公司申请挂牌、公开转让、定向发行等业务提供专业意见的会计师事务所或律师事务所是否需要申请核准或备案？

答：为股份公司向我司申请相关业务提供中介服务的会计师事务所或律师事务所，不需要向我司申请核准或备案。但根据财政部、中国证监会相关规定，会计师事务所执行证券、期货相关业务，必须取得证券、期货业务许可证；根据司法部、中国证监会相关规定，从事证券法律业务的律师事务所及其指派律师，须按照《律师事务所从事证券法律业务管理办法》及《律师事务所证券法律业务执业规则（试行）》要求开展查验、制作和出具法律意见书等执业活动。

三、项目负责人资格中，“参与两个以上推荐挂牌项目，且负责财务会计事项、法律事项或相关行业事项的尽职调查工作”是否必须作为注册会计师、律师、行业分析师三种角色之一签字才符合要求？

答：是。根据《全国中小企业股份转让系统主办券商推荐业务规定（试行）》第 7 条和第 18 条，项目小组成员中，注册会计师、律师和行业分析师至少各 1 名，项目小组中应指定注册会计师、律师、行业、分析师各 1 名负责对申请挂牌公司的财务会计事项、法律事项、相关行业事项进行尽职调查，并承担相应责任。

四、从事全国股份转让系统推荐业务的可担任项目小组负责人或者“三师”发生变动,应如何进行报备?

答:根据《全国中小企业股份转让系统主办券商管理细则(试行)》第10条,主办券商所披露信息内容发生变更的,应自变更之日起5个转让日内报告全国股份转让系统公司并进行更新。主办券商可通过推荐业务联络人向全国股份转让系统公司机构业务部报告,经核对后在指定信息披露平台进行更新披露。

五、“行业分析师应具有申请挂牌公司所属行业的相关专业知识,并在最近一年内发表过有关该行业的研究报告”中“相关专业知识”和“发表”如何认定?

答:行业分析师是否具有相关专业知识由主办券商自行评价。发表的“研究报告”应针对拟推荐公司所属行业,行业分类应对照中国证监会发布的《上市公司行业分类指引》,具体到大类编码(为单字母加两位数字编码)。研究报告可以为行业研究报告或公司研究报告。行业研究报告应侧重于对行业特点及未来发展趋势、行业发展的影响因素、行业竞争状况、行业技术水平及技术特点、经营模式等方面的研究。公司研究报告应为对与拟推荐园区公司主营业务相同或相似的公司在市场、产品与技术等方面的研究报告。研究报告应在公开出版刊物或主办券商内部研究刊物上发表。研究报告应作为行业分析师任职资格的证明材料于报送推荐文件时一并提交。

六、主办券商的内核机构成员发生变动,应如何进行报备?

答:根据《全国中小企业股份转让系统主办券商推荐业务规定(试行)》第14条的规定,主办券商内核机构工作制度或内核成员发生变动的,主办券商应及时报全国股份转让系统公司备案,并在5个工作日内更新披露。主办券商可通过推荐业务联络人向全国股份转让系统公司机构业务部报告,经核对后在指定信息披露平台进行更新披露。

七、根据《全国中小企业股份转让系统投资者适当性管理细则》第15条规定,“主办券商应当妥善保存业务办理、投资者服务过程中风险揭示的语音或影像留痕”,具体如何操作?

答:为确保主办券商切实履行投资者适当性管理义务,明确业务开展过程中的权责关系,保护主办券商与投资者的正当权益,原则上要求从业务开通前的投资者教育直至投资者终止业务,主办券商应全程记录对投资者进行风险揭示的语音和影像留痕。具体执行过程中,综合考虑行业通行做法,主办券商至少应做好业务开通前对投资者进行风险揭示的语音或影像留痕,以及业务开通时投资者本人的影像留痕。鼓励主办券商探索投资者服务过程中风险揭示留痕的新形式。

■第三节　挂牌公司相关问题

一、大股东解限售有什么相关规定?挂牌前12个月以内的除控股股东及实际控制人之外的股东买卖的股票是否受限制?

答:根据2006年《公司法》第142条的规定,“发起人持有的本公司股份,自公司成立之日起一年内不得转让……公司董事、监事、高级管理人员应当向公司申报所持有的本公司的股份及其变动情况,在任职期间每年转让的股份不得超过其所持有本公司股份总数的百分之二十五……上述人员离职后半年内,不得转让其所持有的本公司股份。”

根据《业务规则》第2.8条的规定:“挂牌公司控股股东及实际控制人在挂牌前直接或间接持有的股票分三批解除转让限制,每批解除转让限制的数量均为其挂牌前所持股票的三分之一,解除转让限制的时间分别为挂牌之日、挂牌期满一年和两年。

挂牌前十二个月以内控股股东及实际控制人直接或间接持有的股票进行过转让的,该股票的管理按照前款规定执行,主办券商为开展做市业务取得的做市初始库存股票除外。

因司法裁决、继承等原因导致有限售期的股票持有人发生变更的,后续持有人应继续执行股票限售规定。”

挂牌公司股东如果符合上述身份或情形的,应按照上述规定进行所持股票的解限售。

二、限售股份的限售期届满时,如何办理解限售手续?

答:挂牌公司可先行与主办券商联系,我司公司业务部将窗口指导挂牌公司及主办券商办理此项业务。

三、公司股份限售、解除限售是否都需要以临时公告的形式进行信息披露?

答:挂牌公司股票限售无须以临时公告形式进行信息披露。挂牌公司股票解除限售应依据《临时公告格式模板第2号——挂牌公司股票解除限售公告格式模板》的要求披露临时公告。

四、挂牌公司定向发行豁免申请核准的条件是什么?豁免申请核准的情形能否进行储架发行?

答:根据2013年12月26日修订后的《非上市公众公司监督管理办法》第45条的规定,在全国中小企业股份转让系统挂牌公开转让股票的公众公司向特定对象发行股票后股东累计不超过200人的,中国证监会豁免核准,由全国中小企业股份转让系统自律管理,但发行对象应当符合本办法第39条的规定。只要满足上述条件即为豁免申请核准情形。

储架发行即“一次核准,分期发行”,适用于核准情形。公司定向发行豁免申请核准的,需在发行验资完毕后向全国股份转让系统报送备案,全国股份转让系统公司审查后出具股份登记函,公司持股份登记函向中国证券登记结算公司办理新增股份的登记及公开转让手续。

五、挂牌公司董事、监事或高级管理人员发生变化,如何向全国股份转让系统报备?同时为公司股东的,是否需要办理限售事宜?

答:有新任董事、监事及高级管理人员的,挂牌公司应当在两个转让日内联系相应监管员并填写《挂牌公司董监高人员变更报备表》;新任董事、监事应当在股东大会或者职工代表大会通过其任命后五个转让日内,新任高级管理人员应当在董事会通过其任命后五个转让日内签署《董事(监事、高级管理人员)声明及承诺书》并向全国股份转让系统公司报送。

若为公司股东的,离职董事、监事和高级管理人员所持股份应全部办理限售事宜,离职后半年内不得转让;新任董事、监事和高级管理人员所持股份的75%应办理限售事宜。

六、挂牌公司召开股东大会是否需要暂停转让?

答:一般情况下,挂牌公司召开股东大会无须申请暂行转让。如果出现《业务规则(试行)》第4.4.1条规定的情形,则需要申请暂停转让。

《业务规则(试行)》第4.4.1条规定:“挂牌公司发生下列事项,应当向全国股份转让系统公司申请暂停转让,直至按规定披露或相关情形消除后恢复转让。

(一)预计应披露的重大信息在披露前已难以保密或已经泄露,或公共媒体出现与公司有关传闻,可能或已经对股票转让价格产生较大影响的;

(二)涉及需要向有关部门进行政策咨询、方案论证的无先例或存在重大不确定性的重大事项,或挂牌公司有合理理由需要申请暂停股票转让的其他事项;

(三)向中国证监会申请首次公开发行股票并上市,或向证券交易所申请股票上市;

(四)向全国股份转让系统公司主动申请终止挂牌;

(五)未在规定期限内披露年度报告或者半年度报告;

(六)主办券商与挂牌公司解除持续督导协议;

(七)出现依《公司法》第一百八十一条规定解散的情形,或法院依法受理公司重整、和解或者破产清算申请。”

具体操作流程可参见《暂停与恢复转让业务指南(试行)》。

七、新三板挂牌公司如何进行转板?

答:对挂牌公司“转板”的需求,全国股份转让系统将坚持开放发展的市场化理念,充分尊重企业的自主选择权,企业根据自身发展的需要,可以自主选择进入不同层次的资本市场。

关于“转板”的条件,挂牌公司成功“转板”的关键是能够满足交易所市场的准入条件,而交易所市场的准入条件将在很大程度上与首次公开发行核准条件相衔接。因此,全国股份转让系统将逐步完善市场功能体系,满足挂牌公司发展的需求,同时将与有关方面沟通协调,进一步促进与其他市场的有机衔接。

关于“转板”的操作,挂牌公司向中国证监会申请首次公开发行股票并上市,或向证券交易所申请股票上市之前,应向全国股份转让系统公司申请暂停股份转让。如中国证监会核准挂牌公司首次公开发行股票申请,或证券交易所同意挂牌公司股票上市,全国股份转让系统公司将终止其股票挂牌。

八、挂牌公司准备向外部投资者和原股东定向增资,价格不一,是否可以?

答:挂牌公司定向发行应遵循同股同价原则。同一次定向发行中,不同认购对象的认购价格应保持一致。如果员工认购股份构成股份支付行为的,应执行有关会计准则并进行信息披露。

九、股权激励是否可以开展?

答:挂牌公司可以通过定向发行向公司员工进行股权激励。挂牌公司的董事、监事、高级管理人员和核心员工可以参与认购本公司定向发行的股票,也可以转让所持有的本公司股票。挂牌公司向特定对象发行股票,股东人数累计可以超过 200 人,但每次定向发行除公司股东之外的其他投资者合计不得超过 35 人。因此,挂牌公司通过定向发行进行股权激励应当符合上述规定。需要说明的是,按照规则全国股份转让系统允许存在股权激励未行权完毕的公司申请挂牌。

■第四节　投资者参与交易相关问题

一、投资者如何参与全国股份转让系统挂牌证券的交易?

答:1. 选择主办券商。从事经纪业务主办券商名单可通过全国股份转让系统网站(http://www.neeq.com.cn)查阅。

2. 适当性审查。投资者提供符合参与全国股份转让系统股票公开转让条件的证明材料,接受主办券商的投资者适当性审查。

3. 签署协议文本。在听取主办券商业务人员讲解的基础上,认真阅读并充分理解协议的相关内容,与主办券商书面签署《买卖挂牌公司股票委托代理协议》和《挂牌公司股票公开转让特别风险揭示书》。

4. 开户。投资者提供开户材料,由主办券商为投资者开立证券账户及资金账户。证券账户的开立须遵守中国证券登记结算有限责任公司(以下简称中国结算)有关规定。在全国股份转让系统的交易结算系统正式上线之前,投资者暂时通过深圳 A 股证券账户买卖挂牌证券。

5. 主办券商为投资者名下证券账户开通交易并设置权限。

二、原在中关村试点进行交易的投资者如果不符合新的投资者适当性的相关规定,如何参与交易?

答:与中关村试点相比,全国股份转让系统对机构投资者设置了一定的财务指标要求,对自然人投资者从财务状况、投资经验等维度设置准入要求。

对某些原在中关村试点进行交易的投资者,如不符合现行的投资者适当性管理要求,根据《全国中小企业股份转让系统投资者适当性管理细则(试行)》(以下简称《投资者适当性管理细则》)第 7 条的规定,《投资者适当性管理细则》发布前已经参与挂牌公司股票买卖机构投资者和自然人投资者在重新签署《买卖挂牌公司股票委托代理协议》和《挂牌公司股票公开转让特别风险揭示书》后,原有交易权限不变。

三、投资者适当性管理何时实施?具体要求如何?

答:《投资者适当性管理细则》已于 2013 年 2 月 8 日发布施行,并于 2013 年 12 月 30 日修订,明确了参与挂牌公司股票公开转让和参与挂牌公司股票定向发行的投资者。

参与挂牌公司股票公开转让的投资者:

1. 注册资本 500 万元人民币以上的法人机构或实缴出资总额 500 万元人民币以上的合伙企业;

2. 集合信托计划、证券投资基金、银行理财产品、证券公司资产管理计划,以及由金融机构或者相关监管部门认可的其他机构管理的金融产品或资产;

3. 投资者本人名下前一交易日日终证券类资产市值 500 万元人民币以上,且具有两年以上证券投资经验,或具有会计、金融、投资、财经等相关专业背景或培训经历。

参与挂牌公司股票定向发行的投资者:

1.《非上市公众公司监督管理办法》第 39 条规定的投资者;

2. 符合参与挂牌公司股票公开转让条件的投资者。

四、是否可以通过互报成交确认申报方式成交不足 1000 股的股票?

答:根据《全国中小企业股份转让系统股票转让细则(试行)》第 28 条的规定,买卖股票的申报数量应当为 1000 股或其整数倍。卖出股票时,余额不足 1000 股部分,应当一次性申报卖出。因此,在投资者证券账户某一股票余额不足 1000 股时,可以一次性成交不足 1000 股的股票。除此之外,每笔委托数量应为 1000 股或其整数倍。

五、境外机构和外国人是否可以直接参与定向增发及交易?外资股东如何办理开具股票交易账户?

答:全国股份转让系统是经国务院批准设立的全国性证券交易场所,所有符合《合格境外机构投资者境内证券投资管理办法》和《人民币合格境外机构投资者境内证券投资试点办法》规定的合格境外机构投资者(QFII)和人民币合格境外机构投资者(RQFII)均可参与。外资股东办理证券账户应遵照中国证券登记结算有限责任公司《关于外国战略投资者开立A股证券账户等有关问题的通知》。

六、全国股份转让系统协议转让方式下有什么委托类型，如何成交？

答：根据《全国中小企业股份转让系统股票转让细则（试行）》第75条的规定，协议转让方式下，投资者委托分为意向委托、定价委托和成交确认委托。意向委托是指投资者委托主办券商按其指定价格和数量买卖股票的意向指令，意向委托不具有成交功能。考虑到市场各方业务技术准备情况，协议转让方式下意向委托与意向申报的规定暂未实施。定价委托是指投资者委托主办券商按其指定的价格买卖不超过其指定数量股票的指令。成交确认委托是指投资者买卖双方达成成交协议，或投资者拟与定价委托成交，委托主办券商以制定价格和数量与指定对手方确认成交的指令。

投资者可委托主办券商进行买卖委托。投资者达成转让意向的，可各自委托主办券商进行成交确认申报。投资者拟与定价委托成交的，可委托主办券商进行成交确认申报。全国股份转让系统对通过验证的成交确认申报和定价申报信息进行匹配核对，核对无误的，全国股份转让系统予以确认成交。每个转让日15:00，全国股份转让系统对证券代码和申报价格相同、买卖方向相反的未成交定价申报进行匹配成交。

七、投资者在全国股份转让系统买卖挂牌公司的股票如何收费？

答：根据《全国中小企业股份转让系统有限责任公司有关收费事宜的通知》（股转系统公告〔2013〕7号）的有关规定，投资者在全国股份转让系统进行股票转让，我司需按成交金额的一定比例缴纳转让经手费，按股票转让成交金额的0.5‰双边收取（佣金由券商按其标准收取）。

八、全国中小企业股份转让系统公司网站委托成交栏目下市场总貌中成交金额数据统计口径是什么？

答：按照自然年度统计，2013年数据为自2013年1月4日至最近交易日成交金额的合计数。

第五节　其他问题

一、如何查询全国股份转让系统的相关交易数据？

答：作为股转系统向市场提供信息服务的一部分，全国股份转让系统确有报价及交易数据发布的考虑。伴随着交易系统的建设，针对不同的市场参与人和需求，其具体的发布形式、内容、时效、承载方式以及服务费用还在制定、设计中。这方面的信息服务策略一旦确定，会及时组织相应发布系统的开发实施，尽快尽好地为市场参与者和关注者提供服务。

我公司的官方网站www.neeq.com.cn，是发布系统动态、法律规则、业务资讯等信息的重要渠道,是相关参与者信息披露的重要平台。在过渡期内,用户可以通过网站中相关链接的引导,查询到历史或当天的报价及成交情况。随着业务的开展和运营的需要,网站的布局、功能等也会不断改进、完善。

二、如何参加全国中小企业股份转让系统举办的培训?

答:对于主办券商等中介机构,主要由我司机构业务部负责相关培训工作。2014年3月,该部门在北京为主办券商以及会计师事务所、律师事务所等其他中介机构举办了全国股份转让系统业务规则专题培训会。对于除上述市场参与人以外的其他市场参与人,我司设置市场发展部负责培训和宣传推广。通过在主要地区召开宣讲会、座谈会以及调研走访等形式,为市场参与人提供业务规则宣讲和相关咨询服务。公司成立以来,市场发展部先后在天津、上海、苏州、北京、武汉等地组织推介活动。为适应市场覆盖范围不断扩大的需要,市场发展部未来的培训范围还将持续扩大。

三、全国中小企业股份转让系统如何收费?

答:根据《全国中小企业股份转让系统有限责任公司有关收费事宜的通知》(股转系统公告〔2013〕7号)的有关规定,投资者在全国股份转让系统进行股票转让,须按成交金额的一定比例缴纳转让经手费;挂牌公司申请其股票在全国股份转让系统挂牌,须按总股本缴纳挂牌初费和挂牌年费。具体收费标准详见通知附件《全国中小企业股份转让系统挂牌公司股票转让服务收费明细表》和《全国中小企业股份转让系统两网公司及退市公司股票转让服务收费(及代收税项)明细表》。

四、深交所退市企业ST创智在新三板挂牌情况如何,何时可以交易?

答:创智信息科技股份有限公司按照《全国中小企业股份转让系统两网公司及退市公司股票转让暂行办法》的规定,在其从深圳证券交易所摘牌后45个转让日进入全国股份转让系统转让。目前,创智信息科技股份有限公司已经完成挂牌手续的办理,于4月22日进入全国股份转让系统挂牌。同时,创智信息科技股份有限公司因其正在策划重大资产重组事宜,根据《全国中小企业股份转让系统两网公司及退市公司股票转让暂行办法》,公司申请在全国中小企业股份转让系统挂牌后暂停转让。主办券商中信证券股份有限公司认为,公司因正在筹划重大资产重组事宜而申请暂停转让,符合上述规定。因此,4月22日起该公司在全国中小企业股份转让系统挂牌后暂停转让。

■第六节　主办券商投资者适当性管理问题解答

一、为落实《全国中小企业股份转让系统投资者适当性管理细则(试行)》,主办券商须做好哪些基础性工作?

答:主办券商是落实投资者适当性管理制度的主要责任主体。为有效落实《全国中小企业股份转让系统投资者适当性管理细则(试行)》(以下简称《管理细则》),使具备一定风险承受能力和风险识别能力的投资者审慎参与市场,并能够正常买卖挂牌公司股票,主办券商至少应做好以下三项基础性工作:

一是根据全国中小企业股份转让系统(以下简称全国股份转让系统)相关规定,制订投资者适当性管理实施方案,建立自身的投资者适当性管理制度,明确相关操作规程等。

二是根据全国股份转让系统发布的业务规则、实施细则及相关制度,对原有业务流程进行梳理,对原有柜台技术系统进行升级改造,以保证能够为投资者办理业务开通工作,并使投资者正常买卖挂牌公司股票。

三是开展内部培训工作,使营业部柜台等业务办理人员了解并熟悉投资者适当性管理的业务制度和操作流程。

二、法人机构是否包括注册资本500万元人民币,但实缴注册资本不到500万元人民币的公司?

答:《管理细则》第3条第1款明确规定"注册资本500万元人民币以上的法人机构",对注册资本的构成和缴纳情况并无要求,但法人机构注册资本的构成和缴纳等应当符合《公司法》、《公司登记管理条例》等相关法律、法规的规定。

三、怎样认定合伙企业实缴出资总额500万元人民币?

答:在充分考虑合伙企业经营特征和监管安排的基础上,合伙企业实缴出资总额,依据会计事务所为其出具的最近一期审计报告或实缴出资证明文件认定。

四、《管理细则》第5条第2款规定的"个人投资者的会计、金融、投资、财经等相关专业背景或培训经历"具体如何把握?

答:对证券投资经验,或相关专业背景、培训经历提出要求,是为了审慎评估投资者的风险识别能力,引导投资者理性参与全国股份转让系统。在具体把握上,投资者与主办券商应厘清双方权责关系。投资者要主动提供有关会计、金融、投资、财经等相关专业的学历证书、考试合格证明文件、培训证书等材料,证明自身具备相关专业背景或培训经历,并接受主办券商的风险测评,确认自身具备参与市场的风险识别能力和风险承受能力。主办券商应做好风险揭示、风险测评和业务留痕工作。

五、根据《管理细则》,一些存在特殊情形的投资者虽然不符合机构注册资本500万元、自然人证券资产300万元的条件,但仍然可以参与挂牌公司股票公开转让,具体情形有哪些?其交易权限如何管理?

答:目前,全国股份转让系统存在特殊情形的投资者主要有以下五类:

1.《管理细则》发布前已经参与挂牌公司股票买卖的自然人投资者(即非上市公司股份报价转让试点阶段已经参与市场的自然人投资者),该类投资者在不满足参与挂牌公司股票公开转让条件的情况下,只能买卖其持有或曾持有的挂牌公司股票;

2.《管理细则》发布前已经参与挂牌公司股票买卖的机构投资者(即非上市公司

股份报价转让试点阶段已经参与市场的机构投资者),该类投资者可以买卖所有挂牌公司股票;

3. 公司挂牌前的股东,该类投资者在不满足参与挂牌公司股票公开转让条件的情况下,只能买卖其持有或曾持有的挂牌公司股票;

4. 通过定向发行持有公司股份的股东,该类投资者在不满足参与挂牌公司股票公开转让条件的情况下,只能买卖其持有或曾持有的挂牌公司股票;

5. 因继承或司法裁决等原因持有挂牌公司股份的股东,该类投资者在不满足参与挂牌公司股票公开转让条件的情况下,只能买卖其持有或曾持有的挂牌公司股票。

六、投资者如何参与全国股份转让系统挂牌证券的交易?

答:投资者参与全国股份转让系统挂牌证券的交易一般来讲包括以下步骤:

1. 选择主办券商。从事经纪业务主办券商名单可通过全国股份转让系统网站(http://www.neeq.com.cn)查阅。

2. 适当性审查。投资者提供符合参与全国股份转让系统股票公开转让条件的证明材料,接受主办券商的投资者适当性审查。

3. 签署协议文本。在听取主办券商业务人员讲解的基础上,认真阅读并充分理解协议的相关内容,与主办券商书面签署《买卖挂牌公司股票委托代理协议》和《挂牌公司股票公开转让特别风险揭示书》。

4. 开户。投资者提供开户材料,由主办券商为投资者开立证券账户及资金账户。证券账户的开立须遵守中国证券登记结算有限责任公司(以下简称中国结算)有关规定。在全国股份转让系统的交易结算系统正式上线之前,投资者暂时通过深圳A股证券账户买卖挂牌证券。

5. 主办券商为投资者名下证券账户开通交易并设置权限。

七、主办券商应该如何管理投资者的交易权限,以确保各类投资者能够在权限范围内正常交易?

答:作为投资者适当性管理制度的具体执行人,为管理好投资者交易权限,确保投资者正常交易,主办券商应做好以下工作:

1. 维护管理好自身的投资者名单。在业务开通过程中,主办券商应根据投资者提供的材料,分门别类地归集好各类投资者名单。投资者分类一般包括以下几类:

(1)受限自然人投资者名单,即中国结算深圳分公司每交易日向主办券商发送的自然人股东控制名单文件(stbgf.dbf),在剔除其中符合参与挂牌公司股票公开转让条件且办理完业务开通手续的自然人股东后的投资者名单;

(2)《管理细则》发布前,已经参与挂牌公司股票买卖的机构投资者名单;

(3)新开通的符合参与挂牌公司股票公开转让条件的自然人投资者和机构投资者名单;

(4)新开通的不符合参与挂牌公司股票公开转让条件的机构投资者(挂牌前老股

东）名单。

2. 设置交易权限。基于上述名单以及投资者的持股信息，主办券商在技术系统中设置与该投资者对应的交易权限，即可以买卖的挂牌公司股票范围。

参与挂牌公司股票公开转让投资者的交易权限分为两种：一是可以买卖所有挂牌公司股票；二是可以买卖其持有或曾持有挂牌公司股票。

3. 在投资者进行交易时，主办券商可以通过人工操作，或者系统自动控制的方式对每笔委托进行合规性校验，通过校验的即予以申报。

八、哪些投资者能够参与挂牌公司定向发行？

答：根据《非上市公众公司监督管理办法》和《管理细则》的规定，下列投资者可以参与挂牌公司定向发行：

1. 公司股东；

2. 公司的董事、监事、高级管理人员、核心员工；核心员工的认定需由董事会提名，并向全体员工公示和征求意见，由监事会发表明确意见后，经股东大会审议批准；

3. 符合《管理细则》第 3 条、第 4 条、第 5 条规定的投资者。

九、如何理解和执行"主办券商应当妥善保存业务办理、投资者服务过程中风险揭示的语音或影像留痕"？

答：《管理细则》提出语音或影像留痕要求，主要目的是使主办券商切实履行投资者适当性管理职责，明晰主办券商与投资者的各自职责，保护双方的正当权益。主办券商在具体执行过程中，应使留痕能够证明自身已对投资者尽到提醒义务，向投资者进行了充分的风险提示；能够确认投资者已知悉、理解并愿意承担参与全国股份转让系统公开转让所带来的投资风险。

十、全国股份转让系统的交易结算技术系统建设进展如何？主办券商需开展哪些准备工作？

答：全国股份转让系统公司正联合中国证券登记结算有限责任公司、深圳证券通信有限公司等有关单位，加紧推进交易结算技术系统的开发建设。近期，将向市场发布交易支持平台数据接口规范。

交易支持平台数据接口规范发布后，主办券商应及时启动与交易支持平台匹配的技术系统的设计、开发工作，配合全国股份转让系统交易支持平台建设进度，按要求参加全国股份转让系统组织的交易支持平台联测联调和通关测试等工作。

第二篇

重点法律问题实务解析

第一章　反馈意见关注公司成本费用的真实性、合理性

（神州云动　430262）

神州云动2012年度管理费用较2011年度小幅下降，原因之一是2012年度信息咨询费支出较2011年度下降29.77%，神州云动披露，信息咨询费支出包括：2011年度公司为提升自身知名度及研发能力而举办的行业研讨会，金额为25.25万元；2012年度申请在全国中小企业股份转让系统挂牌的咨询顾问费，金额为17.74万元。证券业协会在反馈意见中关注到了公司2011年、2012年支出的信息咨询费的具体内容、交易的真实性和合理性、内部控制制度的有效性、生产经营的合法性。

针对反馈意见，公司及中介机构补充披露公司行业研讨会支出主要为举办与云计算产业相关的会议费；公司支付的审计费、评估费、评级费及法律顾问费为公司申请在全国中小企业股份转让系统挂牌的顾问费。

中介机构通过获取公司财务报表、明细账并抽查相关会计凭证的方式，对上述事件进行核查。经查验，公司信息咨询费真实、合理。律师重点补充核查了公司2011年、2012年发生的信息咨询费项目所涉交易的审批支付流程、账务凭证管理、资金管理活动的有效性及合理性，并对公司会计、出纳等相关人员进行了补充访谈。

经访谈公司会计、出纳等财务人员以及核查相关审批流程文件，公司信息咨询费的支付流程为：首先由市场部项目经理提交项目经费需求给市场部经理，由市场部门经理审核通过之后提交给公司总经理，公司总经理批准之后交由行政部执行，行政部安排专门人员开出费用支票，总经理提供支票密码。

2010年、2011年由于公司管理系统未上线，没有形成书面审批记录，但由于记账支付凭证记录完整，支付行为真实合法，因此并不影响内控有效性。2012年1月1日费用报销及资金支出电子审批流程上线后，公司在资金授权审批控制环节实际执行了有效的控制。

2011年、2012年1~11月公司空白支票以及密码器和银行预留印鉴等均由总经理进行保管，在中介机构的辅导下，公司在整体变更为股份公司后完善了财务管理制度，重要银行凭证由专门的出纳人员管理，并配备专门保险柜进行存放，实现了银行资

金支付的有效管理。

综上，公司2011年、2012年支出信息咨询费的交易真实合理。律师发表法律意见认为，公司针对资金管理业务中设置了必要的岗位，并确保了不相容职务分离、制约和相互监督，避免舞弊，审批层级明确、流程合理，内控制度有效，合法、合规。会计师出具了无保留意见的审计报告。

根据《全国中小企业股份转让系统挂牌申请文件目录》2－9：申请挂牌公司最近两年原始财务报表与申报财务报表存在差异时，需要提供差异比较表，一般由挂牌公司自行编制，也有的由申报会计师出具了鉴证报告。如果涉及报告期内某一项成本费用变动幅度较大时，可能会比较关注该财务数据的真实性、合理性，相关会计政策是否能如实反映企业财务状况、经营成果和现金流量。

第二章　一致行动人关于股权转让限制的协议

（联宇技术　430252）

联宇技术披露，2012年11月23日，股份公司实际控制人桂子胜、桂勇、桂子荣签订了《一致行动人协议》，其中第6条约定：任何一方未经其他各方的书面同意不得向签署本协议之外的第三方转让所持联宇技术的股份。若任何一方违反本协议的约定向第三方转让所持联宇技术的部分或者全部股份的，如该等转让行为无法撤销，违反协议的一方应向守约方承担违约责任。

根据该约定，在该协议有效期内，第三方受让股份公司任一实际控制人所持公司股份时，必须取得其他实际控制人的书面同意。该约定对第三方受让前述股份构成实质性影响。为消除该影响，经协商一致，股份公司实际控制人桂子胜、桂勇、桂子荣同意删除该约定。为此，股份公司实际控制人桂子胜、桂勇、桂子荣于2013年6月6日重新签订了新的《一致行动人协议》。新的《一致行动人协议》中删除了对股权转让的限制，同时细化了一致行动人进行一致意思表示时的各项约定，

发行人律师认为，该约定意思表示真实、与法不悖，该约定合法、有效；同时，《一致行动人协议》已在《武汉联宇技术股份有限公司公开转让说明书》中详细披露，并予以公告。据此，未经其他一致行动人书面同意而第三人受让相应股份时，该第三人将不能主张其为善意第三人。因此，该约定对一致行动人以及第三人均存在法律约束力。该约定不存在潜在的法律纠纷风险。

第三章　完善公司治理制度

（成科机电　430257）

成科机电披露，公司申报时的章程由2013年第三次临时股东大会通过，与《公司法》及《非上市公众公司监管第3号——章程必备条款》对照，符合《公司法》的相关规定，除了不适用《非上市公众公司监管第3号——章程必备条款》第15条规定外，缺少对《非上市公众公司监管第3号——章程必备条款》第8条“章程应当载明董事会须对公司治理机制是否给所有的股东提供合适的保护和平等权利，以及公司治理结构是否合理、有效等情况，进行讨论、评估”的相应说明。

《审查反馈意见通知书》重点问题之13提出这一问题后，成科机电挂牌前针对公司章程缺少《非上市公众公司监管第3号——章程必备条款》第8条一事，在2013年5月25日召开了股份公司第4次董事会，对章程不符合《非上市公众公司监管第3号——章程必备条款》之处进行补充完善，并通过两项决议：(1)修改公司章程；(2)就修改章程事项提请召开2013年第4次临时股东大会。申报律师认为，根据公司章程规定，成科机电于临时股东大会召开前15日内发出了临时股东大会通知，会议资料齐备，召集程序符合法律法规及公司章程规定，认为召开2013年第4次临时股东大会不存在法律障碍。6月9日，成科机电召开2013年第4次临时股东大会，修改了公司章程中不符合《非上市公众公司监管第3号——章程必备条款》的内容，并办理了工商备案登记。

需要提请注意的是，申请挂牌的公司应当及早根据《非上市公众公司监管第3号——章程必备条款》的要求对公司章程进行相应修改，并建立相应的“三会”议事规则和总经理工作细则等公司治理制度。

制定、修改公司制度、规范公司治理时需要注意以下几个问题：

1. 公司章程对董事会、总经理权限的规定应当同《非上市公众公司监管第3号——章程必备条款》相符。

2. 公司章程应规定对董事会、总经理的授权原则和授权内容。公司章程规定股东大会授权董事会或总经理行使的职权，应明确规定授权原则和授权内容。

3. 董事会议事规则、监事会议事规则与公司章程部分内容应当一致。

4. 部分挂牌公司未制定总经理工作细则。部分公司总经理工作细则缺失，或者虽已制定且执行，但细则尚未经过董事会审议批准，违反了公司章程的规定。

5. 部分上市公司总经理工作细则内容不完备，如没有按照《非上市公众公司监管第3号——章程必备条款》的要求，在总经理工作细则中规定总经理在资金运用、资产运用、签订重大合同的具体权限，以及总经理向董事会、监事会报告的具体制度规定。

6. 部分挂牌公司信息披露事务管理制度缺少必备内容，信息披露对于部分新挂牌公司来说还不够熟悉，有关新三板信息披露的要求还应当遵守《全国中小企业股份转让系统挂牌公司信息披露细则(试行)》的各项要求。在制定公司章程及各项制度时，应逐条对应《非上市公众公司监管第3号——章程必备条款》、《全国中小企业股份转让系统挂牌公司信息披露细则(试行)》的规定。

7. 挂牌公司在采用通讯方式召开董事会会议时，应建立相应制度确保董事充分行使职权，并保障监事的知情权和监督权。公司董事会会议可以通讯方式召开，但公司应建立相应的规章制度，在采用通讯方式召开董事会会议时确保董事充分行使职权，并保障监事的知情权和监督权。

8. 董事会会议记录不完整。挂牌公司董事会会议记录应至少包括出席董事的姓名及受他人委托出席董事会的董事姓名、会议议程和董事发言要点等内容，符合《非上市公众公司监管第3号——章程必备条款》及《全国中小企业股份转让系统业务规则(试行)》的要求。

9. 监事会对公司重大财务事项的审议应当及时。对于公司会计估计、会计政策发生变化时监事会应当及时履行监督职责。

第四章　涉密企业依法申请豁免披露

（锐创通信　430285）

反馈意见“二、其他问题”部分：公司前五大客户是军方，在《公开转让说明书》中对军方客户的名称未披露，请公司补充说明原因。如申请豁免披露的，请公司按照《公开转让说明书内容与格式指引（试行）》第 3 条规定提交豁免披露的申请，说明依据；如需取得国家相关部门确认文件，请提供。请主办券商和律师对公司豁免披露申请事宜出具意见。

一、申请豁免披露的依据

《保守国家秘密法》第 29 条规定：机关、单位公开发布信息以及对涉及国家秘密的工程、货物、服务进行采购时，应当遵守保密规定。《武器装备科研生产许可管理条例》第 27 条规定：取得武器装备科研生产许可的单位在对外交流、合作和谈判等活动中，应当保守国家秘密，对外提供有关文件资料和实物样品，必须按照规定的程序事先经过批准。

《公开转让说明书内容与格式指引（试行）》第 3 条第 2 款规定：由于涉及特殊原因申请豁免披露的，应有充分依据，主办券商及律师应出具意见。

锐创通信主要从事军民航地面信息服务领域的设备、软件、系统设计、开发、生产及集成服务，产品和服务主要应用于包括通信、雷达、航管、指挥自动化以及测控等大型系统中。

北京锐创信通科技股份有限公司具备《武器装备科研生产许可证》以及《三级保密资格单位证书》，承担了一定数量的密级为秘密级的军工项目或工程。此外，2013 年 6 月 13 日，北京市国防科学技术工业办公室下发《关于授权 A 研究院（化名）等 N（隐藏）家单位涉密军工业务国家秘密定密权的通知》（京军工〔2013〕40 号），通知授予有限公司秘密级军工业务国家秘密定密权。因此对军工项目或工程涉密的合同披露需符合《保守国家秘密法》以及《武器装备科研生产许可管理条例》的相关规定。

公司豁免披露信息涉及公开披露的文件包括：

1. 主办券商出具的推荐报告；
2. 公开转让说明书；
3. 律师出具的法律意见书及补充法律意见书；
4. 会计师事务所出具的公司报告期内财务报表及审计报告；
5. 公司章程。

二、申请豁免披露的程序

2012 年 7 月 25 日，公司向公司保密事项主管部门北京市国防科学技术工业办公室（以下简称科工办）提交了《关于办理新三板挂牌的申请报告》，对公司申请股票挂牌并公开转让的必要性和作用、主要原则和目标、计划表、委托中介机构事项以及申请股票挂牌并公开转让后的各项保密措施等情况作出报告。

由于公司本次申请股票挂牌并公开转让不属于上市范畴，不启动上市审查程序，公司遵循科工办的指导，就委托中介机构事项履行了备案程序，并与各中介机构签订了保密协议和提出保密要求，根据国家相关保密规定严格落实保密责任。经公司内部审核，公司本次申请股票挂牌及公开转让的各中介机构资格符合条件。

2013 年 1 月 24 日，公司向武器装备科研生产单位保密资格审查认证委提交了《北京锐创信通科技股份有限公司重大事项变更情况报告》，对有限公司已启动申请股票挂牌并公开转让工作、改制事项、办公场所变更等有关事项作出报告。

2013 年 6 月 21 日，公司就本次申请股票挂牌及公开转让所涉《公开转让说明书》等申请文件按照《保密审查审批制度》规定的程序由经办部门填写《北京锐创信通科技有限公司文件资料发布审查审批表》，公司保密办公室签署了"同意公司《公开转让说明书》等申请文件中的信息采取模糊表述、代称、汇总等脱密处理"的意见，公司保密委员会主任签署了批准意见。同日，公司保密委员会出具确认函，确认：公司保密委员会对公司本次申请股票挂牌及公开转让《公开转让说明书》等申请文件进行了保密审查，公司《公开转让说明书》等申请文件中的有关信息采取模糊表述、代称、汇总等脱密处理，没有泄密风险，不存在违反国家安全保密规定的情形，且能够反映公司财务状况、经营效果和现金流量，不会对投资者对公司经营管理的判断造成重大影响，不会损害公司股东、债权人、公司员工和客户的利益。公司保密委员会同意公司向全国中小企业股份转让系统有限责任公司提出豁免披露申请。

2013 年 7 月 2 日，主办券商、律师事务所经办律师会同公司向北京市国防科学技术工业办公室当面递交了《北京锐创信通科技股份有限公司在全国中小企业股份转让系统挂牌及公开转让的豁免披露信息说明》，就公司本次申请股票挂牌并公开转让涉及公开披露的文件、公司申请豁免披露事项、公司在公开披露文件中豁免披露的具体内容、脱密处理情况以及公司在中介机构尽职调查过程中提供的涉密文件的脱密处理情况向科工办作了口头及书面的汇报。科工办对公司本次挂牌表示认可和支持。

三、申请豁免披露的具体措施

根据锐创通信披露,公司申请挂牌涉及的申报及公开文件豁免披露的具体情况为:对公开转让说明书中公司2011年度及2012年度前五大客户名称采用代称方式、公司的重大业务合同及其履行情况中客户名称采用代称、合同名称采用模糊处理方式、应收账款描述中的客户名称采用代称方式、2011年度及2012年度应收账款前五大客户名称采用代称方式;对审计报告中资产负债表日欠款金额前五名客户名称、前五大客户名称采用模糊表述方式;对法律意见书中重大债权债务关系情况采用汇总方式豁免披露。

对未公开披露的文件,公司对提供的武器装备科研生产许可证的资质附表采取屏蔽的方式;对提供的重大合同中包括客户名称、许可证编号、密级、合同标的数量、合同标的单价、合同附件、项目建设依据、项目进度中的时间节点、附件中的部分项目概算等涉密信息采取屏蔽的方式进行保密。

第五章　未按法规要求办理环评手续

（上海上电　430363）

根据上海上电披露，公司的太仓生产基地和嘉定生产基地均没有办理相应的环评手续。其中，公司位于江苏太仓城厢镇郑和东路66号（原城厢镇东郊新街36号）的太仓生产基地因建成时间较早，未按照《环境影响评价法》（国家环境保护总局令第14号）的规定编制环境影响评价文件并报经审批。报告期内，太仓生产基地所处地块已划入太仓经济开发区建设规划动迁范围，太仓市环境保护局暂停办理此地块上公司太仓生产基地的相关环评手续。2012年8月14日，太仓市环境保护局出具《企业环保守法证明》，证明公司太仓生产基地在报告期内未发生违反国家有关环境保护法律、行政法规的情形，未受到本局行政处罚。

嘉定生产基地所使用的土地为公司2012年购买，申报时，公司已取得了上海市嘉定区环境保护局出具的《关于大中型电机（嘉定）基地建设项目环境影响报告表的审批意见》，同意公司进行项目建设，并取得了《建设工程规划许可证》，土建部分尚未开工建设。根据上海上电披露，该项目应执行配套建设的环保设施与主体工程同时设计、同时施工、同时使用的环保“三同时”制度，项目竣工后应按规定申请试生产，在试生产期间开展环境监测，申请环保验收，验收合格后，项目方能正式投入使用。

申报律师认为，太仓生产基地未办理环评手续，不符合《环境影响评价法》第16条等相关法律法规的规定，但因该生产基地所处地块已划入太仓经济开发区建设规划动迁范围，太仓市环境保护局暂停办理此地块上公司太仓生产基地的相关环评手续，太仓分公司亦未因此受到环保行政处罚，因此，申报律师认为太仓分公司未办理环评手续不构成重大违法行为，不构成本次公开转让的实质性法律障碍。但是，如果太仓分公司所在地块动迁规划调整，太仓分公司亦有可能被要求限期补办环评手续，二次期间嘉定生产基地如不具备合法的替代生产条件，将对上海上电的生产经营造成阶段性的不利影响。上海上电及其实际控制人就此出具承诺，如果公司正常生产活动因上述情况受到不利影响，同意采取委托外包生产的方式解决短期内给公司造成的不利影响。

目前，在《全国中小企业股份转让系统有限责任公司管理暂行办法》、《全国中小企业股份转让系统业务规则》、《全国中小企业股份转让系统股票挂牌条件适用基本标准指引(试行)》等相关文件的规定中,申请在新三板挂牌的企业尚不需要进行环保核查,《全国中小企业股份转让系统业务规则》中挂牌企业应当合法规范经营的规定在环保方面的具体审核规则目前尚未明确,但是申报企业仍应当遵守环境保护方面的各项规定,并在申报前取得环保主管机关出具的合规证明。

第六章　不存在同业竞争的说明：划分业务专属行业

（东软慧聚　430227）

解决方案：

1. 控股股东对相似子公司进行业务专属行业划分；

2. 控股股东出具承诺函，承诺挂牌后将相似资产转入挂牌公司。

（1）公司与控股股东及其控制的其他企业之间同业竞争情况。公司与辽宁东创的控股股东东软集团下辖的ERP事业部的部分业务重合，都有ERP实施与运维服务业务，该部分业务存在潜在同业竞争关系。为解决此潜在竞争业务，也为规范集团内部经营范围，2009年东软集团对公司和集团辖下的“ERP事业部”（现已并入并成为“解决方案事业部”的部分业务内容）的目标市场进行了明确的划分，设定了各自业务的专属行业，其中：“ERP事业部”负责石油、地铁、柴油机、重工、钢铁、家电等行业，东软慧聚负责烟草行业（包括工业、商业、物资及烟机设备配套企业）、电力行业（包括电网、发电企业）及“ERP事业部”未涉及的其他行业。

申报企业披露，由于ERP服务业务具有极强的行业特性，行业经验、技术、市场和人才壁垒较高，掌握这些技术、经验和能力无疑需要长期的积累和历练。目前，双方严格遵守行业划分，未产生实质上的同业竞争。

为彻底解决上述潜在的同业竞争问题，东软集团承诺在公司挂牌后把该部分存在潜在同业竞争的业务进行分拆、分批转让至公司，以彻底解决潜在的同业竞争问题。暂缓转让的主要原因为该部分业务存在一些优质客户，如何将这些资源顺利延续到公司，需要一定的时间以及较大的资金投入。因此，须等公司挂牌后进行融资以收购该部分业务。

除上述情况外，东软集团控制的企业与公司在烟草行业（包括工业、商业、物资及烟机设备配套企业）、电力行业（包括电网、发电企业）及以下行业（石油、地铁、柴油机、重工、钢铁、家电、汽车、医药）之外的SAP ERP及ORACLEERP咨询服务领域不存在同业竞争情况；公司与控股股东及其控制的企业、其他持股5%以上的主要股东之间不存在同业竞争情况。

(2)关于避免同业竞争的承诺。2012 年 12 月 21 日,公司控股股东、其他股东、董事、高级管理人员及核心技术人员出具《避免同业竞争承诺函》,表示不从事或参与与股份公司存在同业竞争的行为,并承诺:将不在中国境内外直接或间接从事或参与任何在商业上对股份公司构成竞争的业务及活动,或拥有与股份公司存在竞争关系的任何经济实体、机构经济组织的权益,或以其他任何形式取得该经营实体、机构、经济组织的控制权,或在该经营实体、机构、经济组织中担任高级管理人员或核心技术人员。

鉴于公司董事贾彦生担任东软集团解决方案事业部总经理一职,该部门的部分业务与公司 ERP 业务重合,存在潜在的同业竞争关系,且东软集团已出具《关于避免与北京东软慧聚信息技术股份有限公司产生同业竞争行为的措施说明》,对如何解决贾彦生任职部门与公司存在的潜在同业竞争问题作出了承诺。因此,待东软集团履行完毕《关于避免与北京东软慧聚信息技术股份有限公司产生同业竞争行为的措施说明》之后,董事贾彦生于东软集团所任职部门将不会同公司存在潜在的同业竞争关系。因此,董事贾彦生将在东软集团解决该潜在同业竞争问题之后履行上述避免同业竞争承诺。

2012 年 12 月 21 日,东软集团出具了《关于避免与北京东软慧聚信息技术股份有限公司产生同业竞争行为的措施说明》,表示自 2009 年以来,除了从内部经营范围和管理上进行规范以及对目标市场进行明确的专属划分,设定各自的专属业务行业并严格遵守,避免产生矛盾和竞争外,东软集团为彻底解决将来可能产生新的或潜在的同业竞争,承诺在公司挂牌后,将把该部分存在潜在同业竞争的业务进行拆分,并分批转让至公司,以彻底解决潜在的同业竞争问题。

2013 年 4 月 18 日,东软集团出具了《关于所控制企业避免与北京东软慧聚信息技术股份有限公司产生同业竞争行为的措施说明》,表示东软集团所控制的企业将不从事任何在商业上对公司在烟草行业(包括工业、商业、物资及烟机设备配套企业)、电力行业(包括电网、发电企业)及以下行业(石油、地铁、柴油机、重工、钢铁、家电、汽车、医药)之外的 SAP ERP 及 ORACLE ERP 咨询服务业务构成竞争的业务。

第七章　国有资产转让履行国资转让相关程序

（湘财证券　430399）

关于湘财有限历史上涉及国有资产的股权转让履行国资转让相关程序的情况：

湘财有限历次股权转让中存在涉及国有股权转让的情形，其中部分已确认取得了国有股权转让有关审批文件，湘财有限部分股权转让因历史年代较为久远，未取得股东身份证明、审批文件等资料，无法辨识转让主体的国有股东身份，或者无法核实国有股权转让时是否履行了国有股权转让程序。但申报律师基于下述理由，认为湘财有限历史上涉及国有资产的股权转让履行国资转让未充分履行相关程序不会对公司本次申请挂牌构成实质障碍：

1. 自 2002 年 3 月起，《证券公司管理办法》施行，导致湘财有限持股 5% 以上股东变动的历次股权转让行为均已取得了证券监管部门的同意。

2. 湘财有限历次股权转让事宜均履行了内部决策程序，签署了股权转让协议，办理了股权转让的工商变更登记手续。

3. 湘财有限历次股权转让行为均系转让方和受让方的真实意思表示，最近一次股权转让行为已履行完毕达两年以上，超过了我国《民事诉讼法》规定的诉讼时效；截至本法律意见书出具之日，湘财证券不存在因国有股权转让行为而导致股权纠纷的情形。

4. 湘财有限因经营不善，资产负债率过高，于 2007 年实施了资产重组。通过该次重组以及之后的股权调整，新湖控股成为湘财有限的控股股东。本次重组取得了相关政府主管部门的批准。

5. 根据具有证券业务资格的有关会计师事务所出具的审计报告，2004 年至 2011 年，各年末湘财有限经审计的每元出资额对应的净资产均低于人民币 1 元。2005 年后，湘财有限的历次股权转让价格均为每元出资额对应人民币 1 元，且最后一次股权转让发生于 2011 年 4 月，因此，湘财有限 2005 年后的股权转让价格均高于每元出资额对应的净资产，该等股权转让皆不存在导致国有资产流失的情形。此外，2008 年后，直至本法律意见书出具之日，湘财证券涉及国有股东的历次股权转让均已取得了国有股权转让的有关审批文件。

6. 国网英大国际控股集团有限公司依法经无偿划转,受让西北电网有限公司、山东鑫源控股有限公司和山东鲁能物资集团有限公司持有的湘财有限 57,458.1278 万元出资,并于 2011 年 1 月办理了相关股权变更的工商登记手续,现持有湘财证券 17.97% 股权,系湘财证券第一大国有股东。国网英大国际控股集团有限公司是国家电网公司的全资子公司,国家电网公司是国务院国有资产监督管理委员会的全资子公司。依照国有资产有关法律、法规的规定,应当由湘财证券的第一大国有股东国网英大国际控股集团有限公司办理湘财证券国有股权设置批复的有关手续。目前,关于湘财证券国有股权管理事项的申请已报送至国务院国有资产监督管理委员会,相关国有股权设置批复的手续正在办理过程中。

第八章 反馈意见要求补充说明并披露小规模纳税人的情况

（华艺园林 430459）

华艺园林主营业务收入来源于园林建设、园林设计以及苗木销售。按照《国民经济行业分类指引》(GB_T_4754－2011)分类，园林建设业务属于“E4890 其他土木工程建筑业”；园林设计业务属于“E7482 工程勘察设计”；苗木销售属于“A014 蔬菜、食用菌及园艺作物种植”。

一、园林建设业务不属于增值税纳税范围

自2009年1月1日起实施的《营业税暂行条例》第1条规定：“在中华人民共和国境内提供本条例规定的劳务、转让无形资产或者销售不动产的单位和个人，为营业税的纳税人，应当依照本条例缴纳营业税。”自2009年1月1日起实施的《营业税暂行条例实施细则》第2条规定：“条例第一条所称条例规定的劳务是指属于交通运输业、建筑业、金融保险业、邮电通信业、文化体育业、娱乐业、服务业税目征收范围的劳务。”公司从事的园林建设业务属于建筑业，为营业税的纳税范围，适用3%营业税税率，不缴纳增值税。

根据2011年11月16日财政部和国家税务总局印发的《营业税改征增值税试点方案》，从2012年1月1日开始在交通运输业、部分现代服务业等生产性服务业开展试点，逐步推广至其他行业。目前，尚未扩大到建筑业，因此，公司从事的园林建设业务目前仍属营业税纳税范围。

二、园林设计业务“营改增”前缴纳营业税，“营改增”后缴纳增值税

根据《营业税暂行条例实施细则》第2条的规定，“条例第一条所称条例规定的劳务是指属于交通运输业、建筑业、金融保险业、邮电通信业、文化体育业、娱乐业、服务业税目征收范围的劳务”。公司从事的园林设计业务属于服务业税目征收范围，适用

5%营业税税率，不缴纳增值税。

安徽省作为第二批全国营改增试点省份，从2012年10月1日起，对纳入《营业税改征增值税试点方案》的业务开展“营改增”试点。公司的园林设计业务从2012年10月1日起，纳入现代服务业“营改增”范围，征收增值税，适用3%增值税税率。

根据国家税务总局2013年5月31日印发的《关于交通运输业和部分现代服务业营业税改征增值税试点增值税一般纳税人资格认定有关事项的公告》，“营改增”试点实施前应税服务年销售额满500万元的试点纳税人，应向国税主管税务机关申请办理增值税一般纳税人资格认定手续。公司2012年全年园林设计业务收入仅为195.79万元，即“营改增”试点实施前，公司应税服务年销售额未满500万元，无须办理增值税一般纳税人资格。

三、自产苗木销售免征增值税

报告期内，公司销售的苗木均为公司自产，根据《增值税暂行条例》第16条的规定，农业生产者销售的自产农业产品免征增值税(农业，是指种植业、养殖业、林业、牧业、水产业；农业生产者，包括从事农业生产的单位和个人)。本公司销售自产苗木免征增值税。

公司于2011年8月11日取得《合肥高新技术产业开发区国家税务局税务事项通知书》(高新国税税通〔2011〕674号)，同意公司不申请办理一般纳税人资格；2013年11月5日，安徽省合肥市高新技术产业开发区国家税务局认定《合肥高新技术产业开发区国家税务局税务事项通知书》(高新国税税通〔2011〕674号)继续有效。同时，公司于2013年9月18日取得合肥市高新区国税局出具的报告期内纳税合法、合规证明。

中介机构认为，公司涉及增值税的业务包括园林设计业务和苗木销售业务，园林设计业务收入未达到一般纳税人认定标准，苗木销售业务收入免征增值税。公司已取得《合肥高新技术产业开发区国家税务局税务事项通知书》(高新国税税通〔2011〕674号)，同意公司不申请办理一般纳税人资格。同时，公司已取得合肥市高新区国税局出具的报告期内纳税合法合规证明。因此，公司小规模纳税人资格具有合法性。

第九章 消除潜在同业竞争(英诺尔)

厦门英诺尔信息科技有限公司(以下简称英诺尔信息)系英诺尔持股68%、公司实际控制人之一李金华持股32%的公司,主营业务为RFID系列产品的生产和销售。审核中要求中介机构补充核查是否与股份公司经营相同或类似的业务,是否存在同业竞争情况,并披露是否存在关联交易。

英诺尔披露,股份公司现主要产品为柔性线路板及高温材料,英诺尔信息主营业务为射频识别系统产品的开发、设计、销售,同股份公司经营的业务不相同或类似,不存在同业竞争关系。

另外,2013年11月19日,英诺尔信息股东李金华与股份公司签署《股权转让协议》,李金华同意将持有的英诺尔信息32%股权以出资时价格320万元转让给股份公司,该协议内容已通过英诺尔信息股东会、股份公司董事会及股东大会的审核,并已办理工商变更登记手续。股权转让完成后,股份公司持有英诺尔信息100%的股权,英诺尔信息已变成股份公司的全资子公司,彻底消除了股份公司产生同业竞争的可能性。

根据申报会计师出具的两年一期《审计报告》,报告期内,股份公司与英诺尔信息不存在关联交易。

第十章　股份公司与控股股东在报告期内及将来一定时间内存在同业竞争

（英派瑞　430555）

英派瑞《公开转让说明书》披露，报告期内英派瑞的控股股东长虹塑料集团销售尼龙扎带系列、进料加工系列、线卡系列、接线端子系列、压线帽系列、定位片系列、电缆固定头系列等产品，与英派瑞形成同业竞争。并且由于长虹塑料集团在2012年10月3日通过了印度反倾销期中复审终裁，获得了2.21美元/千克的较低税率，其他中国企业适用2.81美元/千克的税率，印度市场作为公司的重点市场，每年出口额在300万美元左右，因此，在印度的尼龙扎带业务，英派瑞需要通过长虹塑料集团进行销售。

针对上述情况，英派瑞与长虹塑料集团于2012年11月进行了业务合并，合并后长虹塑料集团尼龙扎带等产品的销售额迅速降低，由2012年12月的11,760,103.04元降低为2013年1~7月的月均2,354,046.93元，并在2013年8~9月进一步降低为月均636,002.69元，且已无内销。

2012年12月至2013年9月，长虹塑料集团自英派瑞采购价格与长虹塑料集团销售给印度客户的价格差异较小、毛利率较低。长虹塑料集团声明，2013年10月除继续履行原已签署的与印度客户的销售合同外，未签署新的销售合同，且未来如果英派瑞需要，也仅会与印度客户签署销售合同。

2013年9月14日，长虹塑料集团对经营范围进行了变更，取消了此前的尼龙扎带、铜钉线卡、压线帽等生产、销售的经营范围。

针对英派瑞目前面临的印度反倾销调查，英派瑞声明将积极应诉，并且如果本次应诉未得到支持，将申请复审。

长虹塑料集团、公司实际控制人郑元和承诺：（1）英派瑞将在未来印度反倾销调查中积极应诉，争取取得优惠税率，长虹塑料集团结束该等业务，由英派瑞直接销售给印度客户。（2）在英派瑞就印度反倾销调查应诉并争取取得优惠税率之前，英派瑞先销售给长虹塑料集团，再由长虹塑料集团以自己的名义销售给印度市场中的客户和经销商，长虹塑料集团按尼龙扎带最高2%的销售毛利与英派瑞结算。（3）不以任何方式(包括但不限于单独经营、通过合资经营或拥有另一家公司或企业的股份及其他权益)直接或间接参与任何与公司主营业务构成竞争的任何业务活动,同时,如果违反本承诺,愿意承担由此产生的全部责任,赔偿英派瑞遭受的一切损失、损害和开支。

发行人律师认为,公司先销售给长虹塑料集团,再由长虹塑料集团销售给印度市场中的客户和经销商,系合理利用长虹塑料集团的优惠税率地位,通过长虹塑料集团经营范围变更、锁定长虹塑料集团结算毛利及英派瑞未来积极应诉取得优惠税率结束该业务模式等,同业竞争问题的处理方式全面且具备可行性。

第十一章　解除对赌协议

（易事达　430628）

2012年2月23日，易事达将注册资本增加至1561.04万元，新增注册资本231.04万元由新股东天璇九鼎及天昌九鼎缴纳。天璇九鼎共投入16,487,500元，其中1,523,700元作为新增注册资本，其余14,963,800元计入资本公积金。天昌九鼎共投入8,512,500元，其中786,700元作为新增注册资本，其余7,725,800计入资本公积金。

在上述增资过程中，增资方天璇九鼎及天昌九鼎（以下简称增资方）、易事达、公司股东段武杰（持有公司52.2728%股份）及周继科（持有公司24.5990%股份）签订了《增资补充协议》。该等补充协议存在对赌条款，主要约定了关于业绩补偿、退出安排、清算财产分配等方面的事项。

申请挂牌时，针对上述对赌事项，公司股东段武杰、周继科（以下简称承诺人）出具《承诺函》，承诺将全部承担增资方基于上述《增资补充协议》提出的一切包括但不限于支付业绩补偿、差额补偿及/或转让股份的责任与义务，确保公司及其他股东不因上述《增资补充协议》的履行而遭受任何损失；如果公司或其他股东的利益因上述《增资补充协议》的履行受到任何损害或损失，承诺人将就该等损害或损失承担不可撤销的连带赔偿责任。

一、承诺人的承诺

（一）关于业绩补偿

若《增资补充协议》中的业绩补偿条件成就，承诺人将以其自有资金（包括分红所得）向增资方偿还《增资补充协议》约定的业绩补偿款项；若自有资金不足以偿还增资方该等业绩补偿款项，承诺人将以自公司获取的分红偿还上述业绩补偿款项；若承诺人自公司获取的分红所得仍不足以弥补上述业绩补偿款项，则承诺人将通过自筹资金向增资方另行支付。承诺人承诺不向公司提议实施仅对承诺人或增资方进行分红的单向分红安排；承诺人承诺不因支付上述业绩补偿款项而转让其持有的公司股份；承诺人承诺全部承担《增资补充协议》项下对增资方的业绩补偿责任，确保公司不需要向增资方支付任何上述业绩补偿款项。

（二）关于退出安排

如果增资方因《增资补充协议》中的退出条件成就，要求承诺人以约定价款受让其持有的全部或部分股份时，或要求公司以约定价款回购其持有的全部或部分股份时，承诺人承诺将受让增资人拟转让的全部或部分股份，确保公司无须回购增资方持有的任何股份。如果承诺人不能按照前述承诺受让增资方所持公司股份，增资方按照《增资补充协议》约定向第三方转让股份，实际转让所得少于根据《增资补充协议》约定增资方应得款项的差额时，承诺人承诺将以自有资金或自公司获取的分红对该等差额进行补偿，确保公司不需要向增资方支付该等差额。承诺人承诺不因支付上述受让增资方所持公司股份的价款或上述差额款项而转让其持有的公司股份。

（三）关于清算财产分配

如果公司实施清算，增资方根据《增资补充协议》要求获得的其实际投资加上公司已公布方案但还未执行的红利中增资方应享有的部分（以下简称清算分配财产），承诺人承诺根据《增资补充协议》以其获得的清算资产为限对增资方进行补偿，确保公司无须向增资方支付该等清算分配财产。

二、增资方针对对赌事项出具的承诺函

根据《增资补充协议》，当增资方向第三方转让股权时，根据买方需要，可要求承诺人也以增资方转让的同等条件转让一部分股权。对于该等在向第三方转让股权时要求承诺人同时转让股权的权利，增资方承诺自公司向股转公司报送申请材料之日起予以放弃。

三、对赌各方针对对赌事项新签订补充协议

1. 自易事达向全国中小企业股份转让系统申报挂牌材料之日起（包括审核期间及挂牌以后），豁免《增资补充协议》中约定所有易事达所承担的责任和义务，其中，对于《增资补充协议》项下，增资方可以要求易事达、承诺人履行义务的情形，承诺人承诺由丙方承担全部责任，增资方同时放弃要求易事达履行义务的权利，仅保留要求承诺人履行义务的权利。

2. 自易事达向全国中小企业股份转让系统申报挂牌材料之日起（包括审核期间及挂牌以后），增资方放弃《增资补充协议》中约定的增资方可以要求易事达及承诺人方回购或受让增资方所持有的易事达股份的权利。

3. 如果增资方向其他任何第三方转让增资方所持有的易事达全部或部分股份，增

资方承诺对外每股转让价格不低于截止增资方行使上述权利之日易事达最近一期经审计的每股净资产值。

4. 如果易事达本次挂牌申请被否决，或者易事达本次挂牌申报材料被撤回，则上述增资方放弃的权利即自行恢复。

根据易事达的说明、中介机构的测算及承诺人出具的相关承诺及说明，承诺人通过自公司获得的现金分红及自有资产可以偿还上述业绩补偿、借款及利息，不会对易事达及其他股东的利益造成不利影响。

四、对于请求偿付清算分配财产相关约定的豁免

根据《增资补充协议》、《增资补充协议二》及承诺人出具的《承诺函》，当易事达实施清算时，对于增资方要求偿付的清算分配财产，如增资方自易事达清算所获得剩余资产不足该等清算分配财产，承诺人以其获得的清算资产为限对增资方进行补偿，承诺人无须另外向增资方支付任何款项，也不会对易事达及其他股东的利益造成不利影响。

根据《增资补充协议》、《增资补充协议二》及承诺人出具的《承诺函》，自易事达向股转公司申报本次挂牌资料之日，增资方豁免易事达基于《增资补充协议》项下的一切义务，虽然增资方可要求承诺人履行支付相关业绩补偿等义务，但根据公司及承诺人的说明，承诺人通过自公司获得的现金分红及自有资产可以偿还该等业绩补偿、借款及利息。同时，根据承诺人出具的相关承诺，其将通过自有资金、现金分红或自筹资金的方式偿还上述业绩补偿等款项，确保不因支付上述业绩补偿等款项而转让其持有的公司股份。增资方亦承诺放弃在其向第三方转让股份时要求承诺人同时转让股份的权利。

第十二章　劳务派遣员工人数大幅超过正式员工数

（金鹏源康　430606）

金鹏源康披露，公司有正式员工 97 人，劳务工 821 人。《反馈意见》关注公司“劳务工”的具体用工形式、是否为劳务派遣以及是否为所有员工缴纳社会保险、公司采取“劳务工”的用工方式是否符合《劳动合同法》的规定、公司若将“劳务工”转为与公司签订劳动合同的员工后对公司支付社会保险等成本费用的影响。

金鹏源康的主营业务为：FPC（柔性印制电路板）的研发、制造，FPC 产业链的延伸 FPCA 产品制造。

金鹏源康正式员工 97 人中，包括董事、监事、高级管理人员 12 人，核心技术人员 9 人，公司的岗位结构为：

公司总经办 6 人；

综管部 11 人；

FPC 制造部 8 人；

生管部 6 人；

商务部 23 人；

FPC 品管部 11 人；

FPC 技术部 14 人；

财务部 5 人；

SMT 技术部 6 人；

SMT 品管部 1 人；

SMT 项目部 1 人；

SMT 制造部 5 人。

据公司提供的说明，由于公司属于生产性企业，存在产销旺淡季交替的客观情况，为解决临时性人手紧缺的问题，公司通过与易昌人力资源有限公司清远分公司、清远首信劳务服务有限公司、清新县益新人力资源服务有限公司以及广州市大众企业管理咨询有限公司（以下统称为劳务派遣公司）分别签订劳务派遣服务协议，把劳务工以劳务派遣的方式分配至各生产部门作为辅助性生产工人使用,周期一般不超过3个月。在派遣岗位的选择上,公司称对劳务工的派遣工作主要是针对工种、技能要求均不高的岗位作出,因此被派遣的劳务工是具有高度的可替代性。目前,公司已对每次劳务派遣的具体情况进行备案登记,并且依据"同工同酬"的原则以及劳务派遣服务协议的约定,定期向劳务派遣公司交付上述所有劳务工的社保费用,再由劳务派遣公司分别为各自派遣的劳务工缴纳相应的社保费用。而且,基于劳务派遣公司与公司之间的长期良好的合作关系,劳务派遣公司清楚地知道公司的用工规律,也会应公司的要求随时为公司补充提供劳动力,以保证公司的顺利生产。

依据《劳动合同法》(2012年修订)第66条的规定,劳务派遣用工是劳动合同用工的补充形式,只能在临时性、辅助性或者替代性的工作岗位上实施。因此,参照以上规定,目前公司在劳务工的用工形式上与《劳动合同法》关于劳务派遣的相关规定基本一致,并且考虑到业务扩大的需要,公司不排除会增加正式工数量的可能性。根据公司提供的信息,公司上年为劳务工缴纳的社保费用约为18万元人民币,今年的总劳务工数量与上年大概持平,参照以上之数据并考虑广州当前社保平均标准,如果公司把上年度所有的劳务工均转为正式员工,每年可能需为此再多缴付约18万元人民币社保费用。但鉴于公司业务的高速增长以及其管理系统、生产设备的不断完善,以上人力成本原则上属于公司可承受的成本范围,而且公司对劳务工的用工需求并非长期、稳定。

律师认为,如日后公司有计划地增加正式工数量,或通过合法手段把部分劳务工转为正式员工,由此所增加的劳动成本原则上也属于公司可承受的成本范围,并不会对公司的正常经营及财务情况造成重大不利影响,亦不会对本次挂牌申请构成重大法律障碍。

第十三章　实际控制人夫妇婚姻存续情况

（徽电科技　430600）

徽电科技实际控制人王川于2013年10月9日与其前妻郭耀华离婚时就财产处置达成《协议书》，约定王川、郭耀华对徽电科技等企业的股权互换及转让事宜。审核中关注王川、王炎向王川前妻郭耀华转让安徽国科电力、上海合凯电力等与公司同业竞争情况公司股权行为的真实性，股权转让对价、是否实际支付该等价款，付款资金的来源；股权转让后，王川、王炎是否能够以任何方式、途径继续控制已转让公司；离婚后前妻郭耀华与王川、王炎及各自所控制公司之间是否存在任何联系；请公司说明包括但不限于上述企业的同业竞争情况规范措施的有效性、稳定性。并要求公司完善该事项的重大事项提示。

一、对于上述反馈问题，徽电科技补充披露

（一）王川、王炎向王川前妻郭耀华转让安徽国科电力、上海合凯电力等公司股权行为系王川与前妻郭耀华为解除婚姻关系所致

1. 王川与郭耀华于2013年4月22日就解除婚姻关系时的财产处置达成《协议书》。该协议中，王川与郭耀华明确双方在婚前已签订《财产约定协议》，《财产约定协议》约定双方婚前婚后财产各自归各自所有，且双方财产产权明晰，无财产分割纠纷事宜。为厘清双方的关系，《协议书》中双方对于其各自持有的公司的股权作出如下约定：

（1）股权互换。即王川及其子王炎持有的安徽国科电力设备有限公司（以下简称安徽国科）共计51%股权转让给郭耀华；而郭耀华将其持有的安徽凯立科技股份有限公司（以下简称安徽凯立）7.71%的股权转让给王川，双方股权转让价格均按每股1元计算，互不支付股份转让款。

（2）股权转让。即王川及其控股的安徽凯立、其子王炎，分别将持有的上海合凯电力保护设备有限公司、上海众飞电力设备有限公司、上海兆玺电力设备有限公司、上海徽凯电力设备有限公司等四公司股权（含分红）转让给郭耀华，双方确认的转让价

款合计484万元。该协议中还约定由王川另行支付给郭耀华合计人民币2660万元整。该2660万元的支付方式包括：①以上述股权转让款484万元冲抵；②代为偿还郭耀华所欠安徽凯立210万元债务；③货币支付1966万元。

2. 上述股权互换、股权转让下的工商变更登记工作均已经完成。具体情况如下：

公司名称	工商变更登记完成时间	法律效果
安徽凯立科技股份有限公司	2013年5月13日	股权互换。目前，郭耀华不再持有该公司股权。
安徽国科电力设备有限公司	2013年6月7日	股权互换。目前，为郭耀华控制，王川、王炎已经不再持有该公司股权。
上海合凯电力保护设备有限公司	2013年6月4日	股权转让。目前，为郭耀华控制，王川、王炎已经不再持有该公司股权。
上海众飞电力设备有限公司	2013年5月15日	股权转让。目前，为郭耀华控制，王川、王炎已经不再持有该公司股权。
上海兆玺电力设备有限公司	2013年5月27日	股权转让。目前，为郭耀华控制，王川、王炎已经不再持有该公司股权。
上海徽凯电力设备有限公司	2013年5月24日	股权转让。目前，为郭耀华控制，王川、王炎已经不再持有该公司股权。

3. 在上述《协议书》所涉股权转让或互换事宜完成后，2013年9月26日，郭耀华向安徽省合肥高新技术产业开发区人民法院（以下简称高新区法院）提起离婚纠纷诉讼。经调解，高新区法院于2013年10月9日制作《民事调解书》（〔2013〕合高新民一初字第01872号）。该调解书也经双方签署生效。该调解书确认双方的婚姻关系解除，确认双方达成的调解协议：双方确认在婚姻关系存续期间没有发生任何共同债务，任何一方如对外负有债务，由负债方自行承担；王川向郭耀华支付1966万元，于离婚生效后10日内支付郭耀华人民币1300万元，余款666万元在离婚生效后90日内支付完毕，若迟延支付，则按每日万分之三支付违约金给郭耀华；双方无其他争议。

目前，王川已经向郭耀华支付500万元。该款项源自王川个人历年经营积蓄。同时，郭耀华出具书面说明，同意王川延缓支付1300万元人民币剩余部分（计800万元人民币），王川应于2013年12月31日前向本人支付完毕，且不予追究王川延缓支付责任。

综上所述，根据王川与郭耀华就解除婚姻关系之财产事宜达成的《协议书》及其履行情况、离婚纠纷诉讼及其《民事调解书》与执行情况，律师认为，王川、王炎向王川前妻郭耀华转让安徽国科电力、上海合凯电力等与公司同业竞争情况公司的股权行为系解除婚姻关系背景下的财产行为，有相关协议、民事调解书等佐证，其行为真实、可信；作为前述财产行为一部分的股权互换及股权转让对价均系双方协商确认；随着股权变更的工商变更登记工作完成及王川支付部分货币，股权转让对价且均已足额支付。

(二)股权转让后,王川、王炎已经不以任何方式、途径继续控制已转让公司

1. 股权转让后,上述王川、王炎已对已经转让的五家公司没有任何股权控制情形。同时,王川及王炎出具书面承诺,确认其对已经转让的五家公司没有任何委托持股、信托持股等直接或间接控制关系。

2. 根据各有关公司的情况说明,经王川、王炎出具的书面说明及承诺,股权转让后,上述王川、王炎已经转让的五家公司的董事、监事及高级管理人员与王川及王川控制的企业、王炎及王炎控制的企业没有任何关系,即王川、王炎对已经转让的五家公司没有任何人事控制情形。

基于上述事实,律师认为,股权转让后,王川、王炎未以任何方式、途径继续控制已转让的五家公司。

(三)离婚后前妻郭耀华与王川、王炎及各自所控制公司之间存在一定的业务关系

1. 离婚后前妻郭耀华与王川、王炎个人不存在亲属关系:

(1)郭耀华与王炎之间无血缘关系。

(2)王川与郭耀华离婚后,郭耀华与王川、王炎之间不存在亲属关系。

(3)根据王川及王炎于2013年11月22日出具的书面说明,其个人与郭耀华个人之间不存在任何业务联系。

2. 郭耀华与王川、王炎及各自控制的公司之间不存在股权关系,但仍存在一定的交易:

(1)根据工商登记资料及王川、王炎的说明,经前述股权转让行为完成后,郭耀华与王川、王炎及各自控制的公司之间不存在股权关系。

(2)上述郭耀华直接或间接控制公司的经营场所,与王川、王炎各自控制的公司不同。同时,各公司高级管理人员、财务及运行等均各自独立,不存在相互混同、人员相互兼职等情形,各公司间不存在人事、财产的混同现象。

(3)2013年5月至11月期间,郭耀华控制的公司与王川、王炎控制的公司间存在向徽电科技、贝阿益、尚途电力采购的情形。同时,王川及王炎分别出具书面承诺,除上述交易外,王川、王炎与郭耀华各控制的公司之间不存在其他业务联系。

(四)2013年11月22日,王川及王炎分别就对上述企业的同业竞争情况的规范措施的稳定性出具《承诺》

1. 自本承诺出具之日起,本人承诺本人及本人控制的企业对上述已经让的五家公司没有任何委托持股、信托持股等直接或间接的控制、控股及参股关系;同时,本人承

诺本人及本人控制的企业对郭耀华现在及未来直接或间接控制、控股及参股的公司不会有任何委托持股、信托持股等直接或间接的控制、控股及参股关系。

2. 自本承诺出具之日起，本人承诺本人及本人控制的企业与郭耀华现在及未来直接或间接控制的所有公司的董事、监事及高级管理人员没有任何关系。

综上所述，律师认为，王川、王炎向王川前妻郭耀华转让安徽国科电力、上海合凯电力等与公司同业竞争情况公司股权行为的真实，股权转让对价由双方协商确定、已实际足额支付该等价款；股权转让后，王川、王炎未以任何方式、途径继续控制已转让公司；离婚后郭耀华与王川、王炎及各自所控制公司之间只存在一定的业务联系；同时，王川及王炎出具了《关于避免同业竞争的承诺函》，公司对报告期内存在的同业竞争情况的规范措施有效且可持续执行。

二、说明王川与郭耀华离婚时是否就夫妻共同财产等财产性事宜进行明确约定，是否存在任何纠纷或潜在纠纷，公司是否符合“股权明晰”的挂牌条件

1. 王川与郭耀华于2000年6月15日签订的《财产约定协议》中约定婚姻关系存续期间实行分别财产制，不产生共同财产；在2013年4月22日签订的《协议书》中再次明确双方婚前婚后财产各自归各自所有，且双方财产产权明晰，无财产分割纠纷事宜，并已经完成了工商登记手续。同时在高新区法院《民事调解书》（〔2013〕合高新民一初字第01872号）中确认：双方在婚姻关系存续期间没有发生任何共同债务，任何一方如对外负有债务，由负债方自行承担；王川向郭耀华支付1966万元，于离婚生效后10日内支付郭耀华人民币1300万元，余款666万元在离婚生效后90日内支付完毕，若迟延支付，则按每日万分之三支付违约金给郭耀华；双方无其他争议。因此，王川与郭耀华离婚时就财产性事宜进行的约定，不存在任何纠纷或潜在纠纷。

2. 根据公司的股权沿革，徽电科技自设立以来就是王川直接控制的公司，与安徽凯立科技股份有限公司、郭耀华均不存在任何投资或股权关系。公司符合“股权明晰”的挂牌条件。

第十四章　关联交易比较大且短期无法彻底消除

（乐升股份　430213）

北京乐升与启升科技有限公司（香港启升）在2010年1月1日至2013年3月之间曾多次发生关联交易，且比例较大。公司来自关联方香港启升的收入在2011年和2012年9月30日所占比分别为89.97%和76.04%。

经律师核查，公司与香港启升之间的关联交易全部是网页游戏的合作开发。关联交易的定价是在参照成本加合理的费用和利润的基础上，结合市场行情，根据游戏产品的题材、质量、测试效果、市场接受度以及授权期限、范围、付款条件、投入的人力成本等因素协商确定的。

经律师核查，股份公司成立前公司没有制定专门的关联交易管理办法，北京乐升与香港启升之间的游戏委托开发业务关联交易没有履行专门的审批决策程序，均是由执行董事审议通过后，双方签署合同并执行。

为了规范公司的关联交易行为，2013年3月8日，北京乐升召开了第一届董事会第三次会议，2013年3月30日召开了公司2013年第二次临时股东大会，审议通过了《关于同意并确认公司与启升科技有限公司之间关联交易的议案》，确认公司与启升科技有限公司在2010年1月1日至2013年3月期间曾多次发生关联交易。由于公司作为成长初期的小微企业，所从事的互联网页面游戏开发业务具有前期人力、物力、资金投入量大，游戏开发周期长的特征，若想在市场中生存并发展起来，需要取得关联方的扶持。否则，公司作为轻资产的小微企业无法通过银行取得贷款或其他途径获得资金支持，很难生存下来。该等关联交易符合平等自愿、等价有偿的原则，符合公司发展时间较短，资金、人员规模小等现阶段的发展规律，有利于公司在市场竞争中生存，并逐步做大、做强。

对于短时期内无法减少或消除的关联交易，公司将积极采取如下措施来减少关联交易：(1)公司未来将严格按照已制定的《公司章程》、三会议事规则、《关联交易管理制度》等制度与规定，确保履行关联交易决策程序，降低对关联方依赖风险，最大程度地保护公司及股东的利益。(2)公司将积极调整经营模式，进一步增加独立开发模式在公司经营模式中的比重，减少与关联方合作开发的比重；同时积极开发非关联方客户，减少通过关联方来面对市场与客户，以降低关联交易总额。（3）公司将通过加大科研开发力度、扩大资金规模、扩充专业人才队伍等方式，进一步提升公司实力，增强独立开发游戏项目能力，以增加来自于非关联方的收入，逐步减少关联交易比例。截至本法律意见出具之日，公司已经与 Polygon Magic，Inc.（日本）、深圳市腾讯计算机系统有限公司等非关联方签署了业务合作协议。目前，公司又与深圳火狐数字游戏有限公司、游戏橘子数字科技股份有限公司等非关联公司达成了初步合作意向，并将于近期签署正式的合作协议。同时，公司还积极参与行业内的 GDCChina、ChinaJoy 等国内展会，参与美国 GDC、德国科隆展、Gamescom、东京电玩展、韩国 Gstar 等海外展会，积极寻求与非关联方的业务合作，拓展公司游戏产品的市场，以进一步降低关联交易的比例。

综上，申报律师认为，通过上述公司董事会和临时股东大会对以前年度发生的关联交易行为进行确认的方式，完善了公司在关联交易事项方面存在的决策程序瑕疵。上述关联交易未损害北京乐升（乐升有限）及其股东的利益，不会对本次申请挂牌造成法律障碍。虽然公司存在对关联方香港启升的依赖，但不影响公司的独立性，公司采取的减少关联交易的措施符合公司实际，切实可行，且已初步显现出实际成效，能够有效降低关联交易的比例，逐步减轻对关联方的依赖；公司符合《挂牌业务规则》第 2.1条规定的股份挂牌条件，公司存在关联交易比重较大的情形不构成股份挂牌的实质性障碍。

第十五章　客观原因造成出资贬值不属于出资不实

（和隆优化　430290）

重点问题：（1）2004 年 8 月有限公司成立时，股东于现军以非专利技术——“高炉热风炉全自动化燃烧控制”出资，评估值为 506 万元。（2）截至公司改制时，上述无形资产虽已摊销完毕，但若存在出资不实情形，相关摊销金额影响累计未分配利润，进而影响改制时点净资产的真实性和充实性，因此，请主办券商及律师对该无形资产出资是否存在出资不实的情况发表意见。

申报律师回复：

首先，于现军以非专利技术“高炉热风炉全自动化燃烧控制”出资和隆优化有限经过了有资质的评估机构进行评估，评估价值取得了公司届时全体股东的确认，并依法办理了财产转移登记手续，出资程序符合当时主管部门规范性文件的相关规定，合法有效。

其次，在出资程序合法的前提下，判断“是否存在出资不实”实际上是需要判断出资时是否存在评估价值过高的问题。北京东方亚事资产评估有限责任公司出具的北方亚事评报字〔2004〕第 046 号《评估报告书》所采取的评估方法是收益现值法，即通过估算被评估资产寿命期内预期收益并以适当的折现率折算成现值，以确定委托资产的价值。根据东北证券股份有限公司针对“高炉热风炉全自动化燃烧控制”入账价值合理性的补充说明和隆优化有限 2004～2008 年实现的净利润比评估报告中采用收益现值法所预测的净利润偏低。申报律师认为，虽然和隆优化有限实际实现的净利润与评估报告预测净利润有差距，也不意味着于现军届时的出资不实。根据《最高人民法院关于适用〈中华人民共和国公司法〉若干问题的规定（三）》（法释〔2011〕3 号）第 16 条的规定：“出资人以符合法定条件的非货币财产出资后，因市场变化或者其他客观因素导致出资财产贬值，公司、其他股东或者公司债权人请求该出资人承担补足出资责任的，人民法院不予支持。但是，当事人另有约定的除外。”简言之，根据前述司法解释的规定，如果公司股东以符合法定条件的非货币财产出资，即使在出资后存在贬值的客观情况，只要该贬值是因为市场变化或其他客观因素导致的，也不应认定股东出资不实，股东不承担补足出资的责任。根据于现军向本所律师提供的说明，其用于出资的“高炉热风炉全自动化燃烧控制”未能实现预期的价值是由于市场变化等不可控制的客观原因造成的，并不存在出资时出资评估价值过高的问题。股东于现军出资的“高炉热风炉全自动化燃烧控制”主要侧重于提高风温，而对节约煤气的作用较小，于现军用“高炉热风炉全自动化燃烧控制”技术出资时，钢铁企业还处于粗犷式生产阶段，钢铁企业对于节约煤气石没有强烈的需求，而对提高风温有很大需求，且由于当时企业的操作人员操作经验不丰富、不精细，于现军出资的该项“高炉热风炉全自动化燃烧控制”技术正好弥补了这方面的缺陷，符合了当时的市场需求。但随着钢铁行业的进一步发展，球形热风炉、蓄热球等热风炉形式、燃烧形式、蓄热形式的改变，热风炉的蓄热能力已经得到很好的解决，风温已经得到较大提高，企业对于节约煤气的需求增大。这就客观上限制了于现军出资的“高炉热风炉全自动化燃烧控制”的市场使用率，无法实现其预期的价值。

综上，申报律师认为，于现军提供了合理的解释，证明其出资的技术未能实现预期价值是由于客观原因造成的，结合前述司法解释的精神，于现军以非专利技术“高炉热风炉全自动化燃烧控制”出资不存在出资不实的情况。

第十六章　就历史上的出资瑕疵所采取的补救措施

（正阳生物　832034）

一、正阳有限存在的出资不实情形

1. 正阳有限设立时的实物出资未履行资产评估程序，验资报告后未附股东用于出资的实物清单，且未能提供充分证据证明股东对用于出资的实物的所有权。

正阳有限设立时的《公司法》第 24 条第 1 款的规定，“股东可以用货币出资，也可以用实物、工业产权、非专利技术、土地使用权作价出资。对作为出资的实物、工业产权、非专利技术或者土地使用权，必须进行评估作价，核实财产，不得高估或者低估作价。土地使用权的评估作价，依照法律、行政法规的规定办理”。经项目律师核查正阳生物设立时的工商档案并经正阳生物确认，正阳有限设立时的注册资本 50 万元全部为实物，该等实物出资未履行资产评估程序，不符合其时有效的《公司法》第 24 条的规定；同时，该次增资的验资报告后未附股东用于对公司出资的实物清单，公司股东亦未能提供充分证据证明其对用于出资的实物拥有所有权。

2. 当正阳有限在 2005 年注册资本由 50 万元增加至 500 万元时，股东用于出资的土地使用权的实际权利人为正阳有限，同时，股东用于转增注册资本的未分配利润与公司会计报表的未分配利润差额较大。

经项目律师核查正阳生物的工商档案、用于出资的财产权属文件并经正阳生物确认，正阳有限 2005 年增资时，股东用于增资的“汉国用〔2005〕第 0531 号”土地使用权的真实权利人为正阳有限，属于正阳有限的自有财产，不能作为股东的财产用于对正阳有限的增资；湖南里程有限责任会计师事务所常德分所出具的《审计报告》亦未准确反映正阳有限截至 2005 年 3 月 31 日的资产负债情况，该《审计报告》中的未分配利润数额与公司会计报表的未分配利润差异较大，因此，本次出资存在出资不实。

二、正阳生物就历史上的出资瑕疵所采取的补救措施

(一)以货币出资置换补足

就上述正阳有限历史沿革中存在的出资瑕疵,2014 年 5 月 7 日,正阳有限通过股东会决议,同意:(1)将正阳有限成立时的实物出资 50 万元的出资方式变更为货币资金出资,其中股东曾勇以货币出资 40 万元,股东陈爱民以货币出资 5 万元,股东曾宪红以货币出资 5 万元;(2)以等额 450 万元的货币出资补足 2005 年的土地使用权出资及未分配利润转增的注册资本 450 万元,其中股东曾勇缴纳货币资金 360 万元,股东陈爱民缴纳货币资金出资 45 万元,股东曾宪红缴纳货币资金出资 360 万元。

2014 年 7 月 3 日,众环海华出具众环湘专字〔2014〕6010 号《汉寿正阳化工有限公司验资情况复核报告》,经核实,截至 2014 年 5 月 14 日,正阳有限已收到公司原始股东为弥补上述出资瑕疵所缴纳的货币资金合计人民币 500 万元。

(二)主管工商部门出具证明

2014 年 9 月 12 日,常德市工商行政管理局出具证明,正阳生物"系我局分管的企业,公司自成立至今依法在本局办理工商登记并通过历年年检,公司的设立及历次变更均履行了必要的法律程序。自公司成立以来至本证明出具之日止,该公司有效存续,不存在任何根据法律、法规、规范性文件而应当终止的情形,不存在违反工商行政管理法规的行为,未受过工商行政管理机关的处罚。"

(三)控股股东出具的承诺

正阳生物现控股股东曾勇出具声明,同意"如正阳生物因正阳有限设立时以及历次股权变更时存在瑕疵而需补足注册资本及/或受到相关行政处罚,或被债权人以注册资本不足追索相关民事赔偿责任的,本人愿意无条件代正阳生物承担上述所有损失赔偿责任及/或行政处罚责任、代正阳生物承担上述所有经济损失,且自愿放弃向正阳生物追偿的权利"。

综上,项目律师认为,就正阳有限历史上出资中存在的瑕疵,正阳有限股东已经采取了有效措施,补足了出资;正阳生物控股股东曾勇已经出具承诺,承诺对出资瑕疵可能引致的正阳生物的损失承担相应的赔偿责任;常德市工商行政管理局已经出具证明,证明"公司自成立以来至今有效存续,不存在任何根据法律、法规、规范性文件而应当终止的情形,不存违反工商行政管理法规的行为",公司出资瑕疵不存在相应的法律风险。

第十七章　反馈意见要求说明现金置换出资程序是否完备

（磁谷科技　832070）

反馈意见：2014 年 7 月，股东以现金置换知识产权出资。请主办券商和律师补充核查并说明置换的原因、程序是否合法合规、置换后知识产权的归属、是否摊销完毕及财务处理情况、是否影响公司的持续经营。

一、股东以现金置换知识产权出资的原因

1998 年 5 月，原有限责任公司设立时，股东徐俊峰以一项实用新型“除铁器”（专利号：ZL95239746.3）经评估作价 10 万元出资，虽然该项专利已作为公司资产于生产经营中使用，但该专利在有效期内并未办理过户手续，股东徐俊峰未完整地履行其作为股东的出资义务。2009 年 5 月，原有限责任公司第三次增资时，股东徐俊峰以三项专利“磁路开关”（ZL02138572.6）、“电磁除铁器外置水冷装置”（ZL200520074376.3）、“具有除铁功能的给煤机”（ZL200720040580.2）经评估作价 708 万元出资，鉴于该三项专利与公司生产经营、技术和产品研发的密切相关性，该三项专利存在被认定为职务发明的风险，从而该次出资存在被认定为出资瑕疵的风险。为规范履行股东的出资义务，避免出资瑕疵，确保公司资产完整，原有限责任公司股东会决议徐俊峰以 718 万元的货币出资置换其前述以专利评估作价所认缴的注册资本。

二、股东以现金置换知识产权出资的程序

原有限责任公司于 2014 年 7 月 15 日召开股东会，一致同意股东徐俊峰以货币出资置换其在原有限责任公司设立时及 2009 年 6 月 23 日增加注册资本时用专利作价所认缴的注册资本。2014 年 7 月 31 日，苏亚金诚出具了编号为“苏亚恒验〔2014〕020 号”的《验资报告》，经审验，截至 2014 年 7 月 29 日，原有限责任公司已收到股东徐俊峰缴纳的现金 718 万元。2014 年 7 月 29 日，原有限责任公司就本次出资置换办理了工商备案登记并取得镇江工商行政管理局新区分局出具的编号为“（11910163）公司

备案〔2014〕第07280001号"《公司备案通知书》。此外,股东徐俊峰出具承诺,若公司因其专利出资存在的瑕疵或潜在瑕疵而受到有关部门处罚,其承担全部责任。

综上,股东以现金置换知识产权出资的程序合法、合规。

三、置换后知识产权的归属及财务处理情况

经发行人律师核查,1998年5月,原有限责任公司设立时,股东徐俊峰用以出资的实用新型"除铁器"(专利号:ZL95239746.3)已作为公司资产于生产经营中使用,但该专利在有效期内并未办理过户手续,截至2015年1月26日(补充法律意见书出具之日),该专利已过专利有效期。2009年5月,原有限责任公司第三次增资时,股东徐俊峰用以出资的三项专利"磁路开关"(ZL02138572.6)、"电磁除铁器外置水冷装置"(ZL200520074376.3)、"具有除铁功能的给煤机"(ZL200720040580.2)已过户至原有限责任公司名下,作为公司资产于生产经营中使用。根据中国专利查询系统(http://www.cpquery.gov.cn/)查询结果及发行人律师核查,截至2015年1月26日,股份公司已从原有限责任公司承继磁路开关专利技术并继续由股份公司无偿使用,电磁除铁器外置水冷装置专利技术和具有除铁功能的给煤机的专利权人为原有限责任公司,因未缴纳专利费导致专利失效且未办理主体变更手续。对于本次补正,公司将收到的置换现金718万元,增加公司银行存款,冲减账面无形资产,超过其置换时"无形资产——专利技术"的摊余价值,视同股东对公司的捐赠,计入公司"资本公积"科目,同时,将该股东捐赠收益应缴纳的企业所得税计提冲减资本公积,相关计提所得税转入"应交税费——应交所得税"科目。

综上所述,2014年7月,股东以现金置换知识产权出资的原因是为规范履行股东的出资义务,避免出资瑕疵,确保公司资产完整;本次出资置换履行的股东会表决、修改公司章程、验资和办理工商备案登记的程序合法、合规;股东徐俊峰用以出资的实用新型"除铁器"已作为公司资产于生产经营中使用,但该专利在有效期内并未办理过户手续,目前已过专利有效期;股东徐俊峰用以出资的三项专利"磁路开关"、"电磁除铁器外置水冷装置"、"具有除铁功能的给煤机"已过户至原有限责任公司名下;"磁路开关"由股份公司承继;"电磁除铁器外置水冷装置"和"具有除铁功能的给煤机"因未缴纳专利费导致专利失效且未办理过户至股份公司的变更手续;相关无形资产不再进行摊销。上述置换事项不影响公司的持续经营。

第十八章　债转股事项的合法、合规性

（四联智能　430758）

反馈意见：根据《公开转让说明书》，公司设立时股东张琪、裘扬、刘珍安、段维宁、邬蜀豫将其对四联亨利拥有的1024.76万元债权转为对股份公司的出资。请主办券商和律师说明上述事项并就债转股事项是否合法、合规及是否对公司实收资本存在影响发表意见。

一、债权形成过程

2000年7月18日，四联亨利与张琪、裘扬、刘珍安、段维宁、邬蜀豫签订了《借款合同》，决定向张琪借款4,099,034.80元，向裘扬借款2,049,517.40元，向刘珍安借款1,844,565.66元，向段维宁借款1,434,662.18元，向邬蜀豫借款819,806.96元，合计10,247,587.00元，用于购买西安高科（集团）电子园实业发展公司位于电子一路西段18号A座工业写字楼，借款利率为银行同期贷款利率，即6.45%。2000年7月20日，西安高科（集团）电子园实业发展公司（甲方）与四联亨利（乙方）签订了《西安市商品房购销合同》，双方约定乙方向甲方购买建筑面积共588.97平方米的甲方开发的A幢6层650号商品房一套，总金额为2,049,615元。2000年7月20日，西安高科（集团）电子园实业发展公司（甲方）与四联亨利（乙方）签订了《西安市商品房购销合同》，双方约定乙方向甲方购买建筑面积共2505.39平方米的甲方开发的A幢5层526～532号、535～539号、550号、551号商品房14套，房款合计8,969,296元。根据两份购房合同条款，15套房房款共计人民币1101.8911万元。根据同日双方签订的付款清单，15套房产享受7%的购房优惠后，四联亨利合计支付人民币10,247,587.00元。

2001年2月12日，四联亨利出具了《代出资证明》，证明2000年7月20日支付给西安高科电子园实业发展公司出售电子园A座工业写字楼5、6层的房款合计10,247,587.00元，系由张琪出资4,099,034.80元，裘扬出资2,049,517.40元，刘珍安出资1,844,565.66元，段维宁出资1,434,662.18元，邬蜀豫出资819,806.96元，代四联亨利垫付资金。

二、涉及债权转为股权的股东会决议

2001年3月5日,四联亨利通过了股东会决议,全体9名股东经表决,一致同意张琪、裘扬、刘珍安、段维宁、邬蜀豫以其在2000年7月18日与四联亨利签订的《借款合同》中约定的借款作为投资,全部投入设立的西安四联智能技术股份有限公司(以下简称西安四联股份)中。2001年5月9日,西安四联股份全体发起人签署了《股东(发起人)对债权转股权认可证明》,西安四联股份全体股东(发起人)对张琪、裘扬、刘珍安、段维宁、邬蜀豫代四联亨利垫资10,247,587.00元用于购买电子一路西段18号A座写字楼第五、六层的债权按1:1的比例转为对股份公司的投资予以认可。2013年12月,原四联亨利和原四联华智全体股东承诺,2001年四联亨利、四联华智全体股东联合其他发起人共同发起设立西安四联智能技术股份有限公司,如有任何西安四联智能技术股份有限公司成立之前未清偿债务或者潜在的,或有的债务纠纷,将由原四联亨利和原四联华智全体股东全部承担。

三、工商主管部门证明

2013年9月11日,陕西省工商行政管理局高新技术产业开发区分局出具了《证明》:截至2013年9月11日,在工商综合业务管理信息系统未发现四联股份有违反工商行政管理法律、法规的经营行为的记录。

《最高人民法院关于审理与企业改制有关的民事纠纷若干问题的规定》(法释〔2003〕1号)第14条规定,债权人与债务人自愿达成债权转股权协议,且不违反法律和行政法规强制性规定的,人民法院在审理相关的民事纠纷案件中,应当确认债权转股权协议有效。债权出资时适用的《公司法》(1999年修正)中,虽未明确列示债权作为股东的出资方式,但亦无禁止债权作为出资形式的强制性规定。

申报律师认为,张琪等5人的债权出资行为履行了必要的法律程序,得到了四联亨利其他股东以及西安四联股份其他发起人的认可,是当事人真实的意思表示,并不违反当时法律、法规的强制性规定,亦未损害国家、集体或者第三人利益,该债权转股权的行为合法有效,对公司实收资本不存在不利影响。

第十九章　有外籍股东但未申请设立外商投资企业

（网动科技　430224）

解决方案：股东马滨退出，工商部门出具说明，股东出具承诺。

2009年2月18日，北京网动网络科技股份有限公司前身北京讯网天下科技有限公司（以下简称讯网天下）成立时，股东马滨已取得澳大利亚国籍。根据讯网天下设立时的《内资企业设立登记（备案）审核表》和海淀工商局于2009年2月18日向其颁发的《企业法人营业执照》，讯网天下设立时的性质为内资企业。股转公司要求说明"马滨出资设立有限责任公司并持有讯网天下股权的行为是否会受到行政处罚，本次挂牌是否符合《业务规则》第2.1条第1项的规定。"

1. 讯网天下设立时的股东资格法律瑕疵不属于应当受到行政处罚的重大违法行为。马滨因长期以中国居民身份在中国境内生活、工作，对国家外商投资制度、外商投资企业优惠政策均缺乏了解，因此在办理讯网天下设立事项时未申请设立外商投资企业，公司注册成立后，讯网天下也未要求享受任何外商投资企业的优惠待遇。因此不存在马滨为规避外商投资审批法律制度而故意隐瞒自身外籍身份的情形。马滨为外籍身份而以中国公民身份出资设立内资公司并持有讯网天下股权的问题已因马滨于讯网天下2012年6月减资时退出该公司而得到消除。经核查，讯网天下及其后续主体股份公司已通过2009年、2010年、2011年、2012年的工商年检。同时，2012年11月15日，北京市工商行政管理局海淀分局出具《证明》：公司近两年没有因违反工商行政管理法律、法规受到查处的记录。据此，申报律师认为，讯网天下设立时马滨的股东资格存在法律瑕疵不属于应当受到行政处罚的重大违法行为。

2. 即使因上述问题受到行政处罚，也不会对股份公司的持续经营、申请挂牌的主体资格产生不利影响。经核查，讯网天下已于2012年9月由有限责任公司整体变更为股份有限公司，该整体变更行为和股份公司设立后的股权结构合法、合规、真实、有效。股份公司不存在终止经营或被吊销营业执照的情形。同时股份公司现有股东已出具承诺函，承诺：本公司前身北京讯网天下科技有限公司成立时，其股东马滨已取得澳大利亚国籍，马滨以外籍身份出资设立有限责任公司并持有讯网天下股权，其股东资格存在法律瑕疵。该问题已因马滨于讯网天下2012年6月减资时退出该公司而得到消除。如政府主管机关因马滨以外籍身份设立有限责任公司并持有有限公司股份的股东资格法律瑕疵对本公司进行处罚,将由公司现有股东最终按现有持股比例承担公司因此受到的全部经济损失,该等责任为连带责任,无须公司承担任何费用。据此,申报律师认为,即使股份公司因上述问题受到行政处罚,也不会对公司的持续经营、申请挂牌的主体资格产生实质性影响。

3. 本次挂牌符合《业务规则》第2.1条第1项的规定。股份公司的前身讯网天下设立时股东马滨的股东资格存在法律瑕疵并不影响讯网天下公司登记设立的法律效力。2012年6月,马滨于讯网天下减资时退出了该公司,马滨以外籍身份出资设立有限责任公司并持有讯网天下股权的法律瑕疵已因此得到消除。2012年11月15日,北京市工商行政管理局海淀分局出具《证明》:公司近两年没有因违反工商行政管理法律、法规受到查处的记录。综上,本次挂牌符合《业务规则》第2.1条第1项"依法设立且存续满两年"的规定,不存在任何实质性法律障碍。

第二十章 冒名股东的形成及清理

（青鹰股份 430647）

《城镇集体所有制企业条例》颁布并于1992年正式实施，轻工业部于1993年3月出台《轻工集体企业股份合作制试行办法》，当时国家及各地方政府鼓励股份合作制企业的发展，相对于其他类型的经济实体，股份合作制企业的设立手续更为简便，且设立之后能够得到更多的优惠政策。顾端青、徐美娟、沈海波三人经商议决定创办股份合作制企业。经咨询相关人员，得到“股东人数越多越能体现股份合作制企业之特色，更容易通过审批手续”的讯息后，三人将股东人数定为50人。因当时正值《股份合作制企业条例》实施初期，《工商登记管理条例》规定，办理股份合作制企业设立登记手续，只需要公司提供股东名单，不需要股东身份证件及身份证号，三人遂拼凑了一份“50人股东名单”，并由顾端青实际出资45万元，徐美娟实际出资2.5万元，沈海波实际出资2.5万元设立上海青鹰装饰发展公司。在公司设立、存续直至改制退股期间，除顾端青、徐美娟、沈海波为实际出资股东并分别实际出资230万元、27.5万元及2.5万元外，其他47人从未实际出资、未履行股东义务，亦从未享受过股东权利，对于其自身被列入股东名录及其后的股权变更、2001年变更退股等事宜均未参与。当时的股东名录中只列出了姓名，无身份证号码，当时的签名除实际出资人之外，其余47人也均非其本人签署。

综上所述，青鹰装饰在1993年12月15日作为股份合作制企业成立时，实际股东为顾端青、徐美娟及沈海波3人，其余47人均为拼凑，属冒名股东。

经主办券商和律师对其中31名登记在册股东吕文若、顾洁青、卢肇强、赵国柱、颜燕君、桂永敏、顾文青、唐瑞阳、赵俊丽、朱有明、虞承池、石磊、朱九虎、顾飞帆、赵巧珍、范炎明、孙雅娣、江碧云、瞿惠利、倪文勤、吴国斌、江秀英、徐安祥、徐俊、徐小舟、刘莉、胡传芳、郑男成、杜亚蒙、金剑铭、关曙隆现场访谈，他们均确认：在1993年上海青鹰装饰发展公司成立时至2001年注销期间，从未对该公司有过真实出资；自该公司1993年设立至2001年注销期间有关出资、注销等事宜均由顾端青先生经办，其在上海青鹰装饰发展公司的股东权利实际由顾端青享有，义务及责任亦由顾端青承担而与其无关；且其目前与上海青鹰实业股份有限公司股东之间不存在委托持股关系；其中，范炎明除企业设立时的5000元出资实际为顾端青出资外，其于1999年增资的20万元及2000年增资的5万元实际也均为顾端青出资。剩余16名登记在册股东姚宵燕、陈建兴、蒋建林、钱幼芬、顾国萍、张美华、朱宰明、应佩源、仇兰英、刘华丽、朱志成、沈金英、董之一、赵秀年、庄家平、乐升因时间间隔太久、工作单位变更、住址变化等因素，现已无法与其取得联系。

就上述事宜，公司及实际控制人顾端青特作声明及承诺如下："（1）保证上述陈述是真实、准确、充分及完整的，反映了上海青鹰装饰发展公司真实的历史股东出资及真实股权情况；（2）上海青鹰实业股份有限公司目前的股权清晰，各股东权利明确，上述历史事宜不会对公司目前股权结构及股东权利构成任何影响；（3）如因上述陈述的真实性问题和/或发生因上述历史事宜而导致任何利益纠纷、权利主张且被司法机关裁决需作出股权变动，本公司将积极按照有效的司法机关裁决文书予以办理，但若该等股权变更等对本公司、本公司现有股东及其他相关主体构成利益损害的，均由公司实际控制人顾端青予以最终承担并及时作出补偿。"

主办券商及律师核查后认为，1993年至2001年间，青鹰装饰除顾端青、徐美娟、沈海波之外的其他47名股东属于被借用名字的"冒名股东"，根据1987年7月1日起施行的《企业法人登记管理条例》第30条："企业法人有下列情形之一的，登记主管机关可以根据情况分别给予警告、罚款、没收非法所得、停业整顿、扣缴、吊销《企业法人营业执照》的处罚：（一）登记中隐瞒真实情况、弄虚作假或者未经核准登记注册擅自开业的……"，1996年修改的《企业法人登记管理条例施行细则》第66条："对有下列行为的企业和经营单位，登记主管机关作出如下处罚，可以单处，也可以并处：……（二）申请登记时隐瞒真实情况、弄虚作假的，除责令提供真实情况外，视其具体情节，予以警告，没收非法所得，处以非法所得额3倍以下的罚款，但最高不超过30000元，没有非法所得的，处以10000元以下的罚款。经审查不具备企业法人条件或者经营条件的，吊销营业执照"，以及1994年7月1日起施行的《公司登记管理条例》第59条："办理公司登记时提交虚假证明文件或者采取其他欺诈手段，取得公司登记的，由公司登记机关责令改正，处以1万元以上10万元以下的罚款；情节严重的，撤销公司登记，吊销营业执照。构成犯罪的，依法追究刑事责任。"青鹰装饰当时存在"冒名股东"的情形构成《企业法人登记管理条例》、《企业法人登记管理条例施行细则》中的"登记中隐瞒真实情况、弄虚作假或者未经核准登记注册擅自开业"及《公司登记管理条例》中的"办理公司登记时提交虚假证明文件或者采取其他欺诈手段"，登记主管机关可以根据情况分别给予警告、罚款、没收非法所得、停业整顿、扣缴、吊销《企业法人营业执照》的处罚，但当时的真实股东有三人，不属于"不具备企业法人条件或者经营条件"的情形，因此，当时的处罚应限于最高额10万元的罚款，该等罚款属于行政处罚。但是，根据1996年实施的《行政处罚法》第29条："违法行为在二年内未被发现的，不再给予行政处罚。法律另有规定的除外。前款规定的期限，从违法行为发生之日起计算;违法行为有连续或者继续状态的,从行为终了之日起计算。”青鹰装饰在2001年由股份合作制企业改制新设为有限公司的同时已清理“冒名股东”,还原三名真实股东,并完成了工商变更登记手续,即在2001年该等工商变更登记完成时,该违法状态已终了,公司登记主管机关始终未认定该行为违法并进行相应处罚,根据《行政处罚法》关于追溯时效性的规定,应不再给予行政处罚。

后青鹰装饰由股份合作制企业改制新设为有限公司,经主办券商及律师核查,股份合作制企业改制新设为有限公司的程序合法、合规,不存在潜在法律风险。此次改制的目的之一就是要解决历史存在的冒名股东问题,该行为本身不影响其“股权明晰性”,而是对冒名股东的清理,还原真实股权情况。即使存在个别被清理的冒名股东提出股权主张,该等主张需最终被司法机关裁决方能作出股权变动。而且,顾端青先生也已作出相关承诺:“若该等股权变更等对本公司、本公司现有股东及其他相关主体构成利益损害的,均由公司实际控制人顾端青予以最终承担并及时作出补偿。”该等承诺系顾端青先生亲自出具,属合法、有效,且改制时未经访谈确认的16名冒名股东所占股权比例为3.46%,占比较小。公司实际控制人所作承诺能够应对该等潜在股权纠纷,顾端青先生亦具备履行其承诺事项的能力与条件。

第二十一章　实际控制人未追溯至最终出资人

（星原丰泰　430233）

公司的实际控制人为北京京仪集团有限责任公司，京仪集团是北京控股集团有限公司的全资子公司，北京控股集团有限公司的出资人为北京市国有资产监督管理委员会。认定京仪集团为实际控制人的依据如下：

1. 京仪集团拥有对其所属企业改制、重组、合并、分立等重大事项的审批权。根据《北京市国资委关于贯彻落实〈关于规范国有企业改制工作意见〉的通知》（京国资改发字〔2004〕23号）和《北京控股集团有限公司企业改制工作规定》（试行），北京市国资委审核批准所出资企业中的国有独资企业、国有独资公司的重组、股份制改造、合并、分立等重大事项。除上述应由市国资委或市政府决定或批准的改制事项外，所出资企业依法决定或批准其所属企业的其他改制事项，并报市国资委备案。北京控股集团有限公司作为北京市国资委下属的国有独资公司，对集团直接出资企业中的国有独资企业，国有独资公司的重组、股份制改造、合并、分立等重大事项拥有审批权限。除应由集团决定或批准的事项外，集团直接出资企业依法决定或批准其所属企业的其他改制事项，批准后相关文件报集团备案。因此，京仪集团拥有对其所属企业改制、重组、合并、分立等重大事项的审批权限。

2. 公司设立、公司控股股东北京自动化技术研究院收购非国有股东股权、增资及改制均为京仪集团批复后实施。

3. 北京自动化技术研究院的出资人为京仪集团。公司控股股东为北京自动化技术研究院，持有870万股公司股份，占公司股本的51.18%。北京自动化技术研究院的出资人和主管单位为北京京仪集团有限责任公司。

综上，京仪集团可以通过北京自动化技术研究院控股的方式，决定星原丰泰的经营和财务政策及管理层人事任免等重大事项，同时拥有对星原丰泰改制重组、增资、合并、分立等重大事项的审批权限。因此，京仪集团为星原丰泰的实际控制人。

主办券商及律师认为：京仪集团能够通过控股北京自动化技术研究院，以及通过对公司改制重组、增资、合并、分立等重大事项的审批权限实际支配公司行为，是公司的实际控制人。

第二十二章 职工持股会的清理

（捷虹股份 430295）

1999年2月8日，河北省捷虹颜料化工有限公司（以下简称河北捷虹）由于新入股职工较多，入股职工经协商决定成立职工持股会，持股会由46名职工股东组成，共计代表351,000元人民币股本。由持股会行使股东职能，持股会通过了章程，一致同意推选唐金林为持股会会长，由会长代为签署持股会相关文件。持股会的设立经国营中捷友谊农场民政局批准。

1999年8月1日，经河北捷虹股东会审议，一致同意李广升将其351,000元出资额转让给职工持股会。同日，双方签订了股权转让协议。本次股权转让后，公司职工持股会持有公司的股权比例为2.93%。2000年5月1日，河北捷虹召开股东会作出决议，同意将公司盈余公积存余按现有股东人员的股金比例配送新股，增加注册资本金，由原来的1200万元增加至3000万元，其中职工持股会出资额增至689,100元。同日，职工持股会分别与刘金章、高希来、常洪亮、尤殿明、周延来、李长锋、张振国、宋立泽、唐金林、李志昌、司文亮签订股权转让协议，将其享有的河北捷虹52,500元、36,700元、36,100元、36,100元、57,300元、71,100元、36,700元、48,400元、147,300元、75,600元、36,700元等额转让给上述受让人。根据黄骅欣诚会计师事务所有限责任公司出具的《验资报告》（黄欣变更验字〔2000〕第3~5号）审验证明河北捷虹职工持股会出资金额为54,600元。本次股权转让后，公司职工持股会持有公司的股权比例由2.30%调整为0.18%。

2002年1月1日，职工持股会与张合义签订股权转让协议，将其持有的37,300元出资额转让给张合义。2002年1月3日，职工持股会分别与熊志民、黄绍忠签订股权转让协议，将其持有的10,000元出资额和7300元出资额分别转让给熊志民和黄绍忠。至此，职工持股会对河北捷虹的全部出资已全部转出。

2002年1月5日，河北省捷虹颜料化工有限公司职工持股会召开第二次会议，经持股会全体会员一致同意，决定解散职工持股会。

经核查，上述持股会的形成、演变和退出过程，在持股会设立时，取得了全体会员的表决同意，股本演变按照约定的章程进行，股本全部转出后，经全体会员一致决定解散,并且 2013 年 2 月 27 日,当时的全体会员一致签署声明,确认当时持股会的行为有效,不存在纠纷或潜在纠纷。

综上,申报律师认为:持股会是特定历史过程的产物,符合当时的法律、法规及相关政策规定,其演变及退出过程合法有效。公司符合《全国中小企业股份转让系统业务规则》(试行)第 2 章第 2.1 条第(4)款"股权明晰、股份发行转让合法合规"的挂牌条件。

第二十三章　反馈意见要求说明无偿租用控股股东的相关情况

（奥油化工　832044）

反馈意见：请主办券商和律师补充核查以下事项并发表明确意见：（1）公司无偿租用控股股东炼化工程的土地情况，包括但不限于该土地的性质、用途、权属情况；（2）协议签署情况；（3）对公司持续经营的影响。

一、公司无偿租用控股股东炼化工程的土地情况

经发行人律师核查，公司目前的生产经营场所占用土地系无偿租用控股股东炼化工程名下位于洛阳市吉利区中原路北侧（防腐基地）的国有划拨用地（占地面积为22,940.99m^2，合34.45亩）；土地性质为划拨用地，土地的用途为工业用地，土地使用权人为炼化工程。

二、协议签署情况

公司于2011年1月1日与控股股东炼化工程签署了《土地无偿使用协议书》，协议中约定：炼化工程将坐落于洛阳市吉利区中原路北侧（防腐基地）（面积22,940.99m^2，合34.45亩）的所属土地无偿租给公司使用，使用期限为11年，自2011年1月1日至2021年12月31日。

三、对公司持续经营的影响

由于公司现有生产项目前期建设投入较大，为确保公司能够正常、稳定使用控股股东名下的土地，控股股东炼化工程于2014年10月21日出具《承诺》，承诺按照双方协议约定在2021年12月31日前仍由奥油化工无偿使用上述土地，在上述期间，如因上述国有划拨土地使用权原因或因炼化工程原因，导致奥油化工需要另租其他生产经营场地进行搬迁，炼化工程将以连带责任方式全额补偿奥油化工的搬迁费用、因生产停滞所造成的损失以及其他费用，并且承担一切因使用上述土地上未经竣工验收的建

筑物所产生的全部责任,确保奥油化工不会因此遭受任何损失。此外,洛阳市吉利区人民政府于2014年7月22日出具的《关于洛阳炼化奥油化工有限公司租赁土地的证明》显示,洛阳炼化奥油化工有限公司为洛阳炼化工程有限责任公司子公司,现生产经营所占用土地系租用洛阳炼化工程有限责任公司名下的划拨土地;截至目前,奥油化工在该土地上修建的5万吨/年异辛烷联产化工级异丁烷项目未受到任何行政处罚;另,奥油化工租用地块近五年无拆迁计划。

综上,发行人律师认为,虽然公司生产经营用地系控股股东炼化工程名下的国有划拨用地,但公司与控股股东签署了无偿租用该地的长期协议并且出具了相关《承诺》,确保公司不会因此遭受任何损失,洛阳市吉利区人民政府出具证明显示该地块五年内没有拆迁计划。因此,公司的持续经营能力不会因此受到影响。

第二十四章　股东以1元将股权转让给实际控制人

（蓝波绿建　430678）

2012年7月20日，股东上海汉纳将其持有的公司47.5%的股权转让给上海汉纳的实际控制人徐宁，转让价格为1.00元；同年10月20日，上海朗硕将其持有的公司52.5%的股权转让给上海朗硕的实际控制人高志刚，转让价格为1.00元。经核查，上海汉纳和上海朗硕分别为公司实际控制人徐宁和高志刚控制的公司。徐宁为上海汉纳的唯一股东；高志刚持有上海朗硕80%股权，关爱民持有上海朗硕20%股权。2012年7月和10月，上海汉纳和上海朗硕分别将其持有的公司47.5%和52.5%的股权转让给徐宁和高志刚，转让价格均为1.00元。上述股权转让完成后，公司实际控制人高志刚和徐宁从间接持有公司的股权变更为直接持有公司的股权。根据公司的确认，上述股权转让的目的是实际控制人为简化公司股权架构及提高公司的经营决策效率。

上述股权转让的相关审议程序如下：2012年7月20日，上海汉纳股东徐宁出具股东决定，同意上海汉纳将其持有的公司47.5%的股权以1.00元的价格转让给徐宁。2012年10月20日，上海朗硕股东会通过决议，股东高志刚和关爱民均同意将上海朗硕持有的公司52.5%的股权以1.00元的价格转让给高志刚。蓝波有限于2012年7月20日和10月20日分别召开股东会并作出决议，同意上述股权转让。其他股东放弃优先受让权。

中介机构认为，上述股权转让，实质是公司实际控制人对公司的持股关系由间接持股变更为直接持股，即由实际控制人控制的公司向实际控制人个人转让股权，虽然未依照通常的市场公允价格进行定价，但股权转让的定价依据是基于转让各方的真实意思表示，因此，不存在不公允的情况。并且，上述股权转让各方均履行了相关的内部审议程序，并完成了工商变更登记手续，符合法律、法规和规范性文件的规定，合法有效。

根据公司的确认，关爱民为高志刚的妻弟，除此之外，关爱民和公司其他股东不存在关联关系。经中介机构核查，根据上海朗硕2012年10月20日关于同意转让公司52.5%的股权给高志刚的股东会决议及根据高志刚和关爱民的书面确认，上述股权转让是关爱民的真实意愿,不存在潜在争议或利益安排。

综上,中介机构认为,关爱民除与高志刚存在关联关系外,与公司及其他股东不存在关联关系,上述股权转让是关爱民的真实意愿体现,不存在潜在纠纷或利益安排。

第二十五章　股权质押问题——公司近 50% 股权办理质押

（雪郎生物　830821）

“新三板”企业挂牌前，公司股份可以依法办理质押，但须履行必要内部决议程序，签署书面质押合同，办理工商登记手续。只要不存在股权纠纷和其他争议，原则上不会影响其挂牌。挂牌后，挂牌公司也可依法办理股权质押贷款，但需按照中国证券登记结算有限责任公司的要求，办理股票质押手续。

反馈意见：公司总股本 6200 万股，其中第一大股东、共同实际控制人之一李云政所持有公司的 1930 万股全部质押，第七大股东、共同实际控制人之一张春辉持有公司的 300 万股全部质押，第五大股东蒋新一持有公司的 500 万股全部质押。请公司说明该等股权质押担保债权的情况及其履约情况，公司是否存在由于执行担保权利导致公司股权变动、实际控制人变动等情况，是否对公司持续经营产生重大不利影响，是否符合“股权清晰”、“具有持续经营能力”的挂牌条件。请主办券商及律师补充核查并发表明确意见。

2012 年 6 月 15 日，公司与安徽国元信托有限责任公司（以下简称国元信托）签订了《信托贷款合同》（皖国元信集（贷）第 20120525 - 1 号），约定公司向国元信托贷款人民币 1000 万元，贷款期限为 24 个月，公司应于每季度末月的 20 日支付贷款利息。同日，蚌埠融资担保公司与国元信托签订了《保证合同》，约定由蚌埠融资担保公司为上述贷款提供担保。李云政、张春辉、蒋新一分别以其所持公司股权为蚌埠融资担保公司提供了反担保。

经核查，截至 2014 年 4 月 28 日，公司依约按时支付利息，主债务履行正常，不存在违约情形。基于上述，申报律师认为，相关股东以所持公司股权质押担保的公司信托贷款债务，公司作为主债务人正常履行债务，未发生违约情形，不存在相关股东由于履行股权质押担保义务而导致公司实际控制人发生变化的情形，未对公司持续经营产生重大不利影响，公司符合“股权清晰”、“具有持续经营能力”的挂牌条件。

第二十六章　混合性投资行为（明股实债行为）的效力
（城兴股份　831415）

2009 年 7 月 20 日，城投公司（乙方）按照上级指示，与保定市庄子城建设计有限公司（甲方）签订了《合资合作协议书》，约定甲、乙双方作为发起人，共同筹资成立保定市城兴市政设计院有限责任公司。公司注册资本 300 万元，甲、乙双方各代表己方股东分别出资 180 万元和 120 万元。据河北中鑫会计师事务所有限公司出具的中鑫设验字〔2009〕127 号《验资报告》，截至 2009 年 7 月 31 日，公司已收到城投公司缴纳的注册资本人民币 120 万元，出资方式为货币出资。

但随着国家、省、市政策的调整及市场环境变化，同时由于双方经营理念的不同，城投公司决定撤出公司经营。考虑到公司设立不久，立即撤出投资将对公司日常经营造成严重影响，同时也兼顾到城投公司自身权益，于是经协商一致，约定城投公司虽不再参与公司的经营管理，但每年从公司收取人民币 30 万元作为投资回报。具体情况如下：2010 年 8 月 13 日，城投公司与公司及公司股东保定市坤泰水利水电设计院有限公司（现为坤泰环保）签订了《投资回报协议书》，三方约定城投公司不再参与公司的经营管理，每年从公司收取人民币 30 万元作为投资回报，如公司无法支付，则由股东保定市坤泰水利水电设计院有限公司代为支付，协议期限为 2010 年 1 月 1 日至 2012 年 12 月 31 日。2013 年 7 月，公司与城投公司签署了《投资回报协议（补充协议）》，约定在《投资回报协议书》的基础上，公司再支付一年的投资回报款 30 万元。

随后，公司经过近 3 年的自我发展，逐渐成为一家具有一定实力、规模和品牌效应的设计公司，城投公司认为此时撤出出资已不再影响公司发展，同时也为了彻底脱离公司的股东身份，城投公司于 2013 年 7 月 30 日与保定市庄子建设有限公司签订了《股权转让协议书》，约定将其持有的公司 40% 的股权转让给新股东保定市庄子建设有限公司。为进行此次股权转让，城投公司履行了以下程序：

2012 年 7 月 11 日，城投公司向市公用事业局提交了《关于从保定城兴市政设计院有限公司撤资的请示》（保城投发〔2012〕8 号），申请将城投公司注入公司的 120 万元注册资本金撤出。

依据《保定市公用事业局呈文审批笺》,2012 年 7 月 13 日保定市公用事业局主要领导对申请文件《关于从保定市城兴市政设计院有限公司撤资的请示》做出批示意见:"拟同意。确保资金全部撤回,以免造成损失,同时把原协议分成协商好,不留任何后遗症。"

2012 年 8 月 10 日,城投公司召开了第一届第三次董事会。会议审议了保定市城兴市政设计院有限公司项目股权转让事宜,一致同意城投公司将其持有的保定市城兴市政设计院有限公司 40% 的股权出让给保定市庄子建设有限公司(现为庄子集团),转让价格为出资额 120 万元。

依据国家税务总局于 2013 年 7 月颁布的《关于企业混合性投资业务企业所得税处理问题的公告》(国家税务总局公告 2013 年第 41 号),上述协议约定的投资回报款和股权转让款事项,其性质符合该公告对混合性投资行为(即明股实债行为)的界定。依据《最高人民法院副院长奚晓明在全国商事审判会议上的讲话(2013 年)》中关于对企业间借贷问题在司法审判实践活动的指导精神:"在商事审判中,对于企业间借贷,应当区别认定不同借贷行为的性质与效力。对不具备从事金融业务资质的企业之间,为生产经营需要所进行的临时性资金拆借行为,如提供资金的一方并非以资金融通为常业,不属于违反国家金融管制的强制性规定的情形,不应当认定借款合同无效"、"借贷双方对借款期限内的利率有约定的,从其约定,但约定的利率不得超过借贷行为发生时中国人民银行公布的同期同类贷款基准利率的四倍"。依据中国人民银行发布的《金融机构人民币贷款基准利率》,城投公司借贷行为发生时的贷款基准利率为 2008 年 12 月 23 日确定的贷款年率 5.96% (3 ~5 年期),其四倍的值为 23.84% 。而城投公司与公司约定的年投资回报额为 30 万元,经计算得出年投资回报率为 25% ,略高于中国人民银行公布的同期同类贷款基准利率的 4 倍。

申报律师认为,上述协议约定的投资回报款和股权转让款事项,系双方真实意思的表示,符合《合同法》的意思自治原则,没有非法目的且不损害他方权益,合同双方对约定的事项均无异议,且均已经履行完毕,此外,股权转让行为及转让价格也取得了城投公司主管部门公用事业局的认可,不存在国有资产流失情形,亦不存在潜在纠纷与争议。虽然城投公司与公司约定的投资回报率略高于中国人民银行公布的同期同类贷款基准利率的 4 倍,但不构成公司本次挂牌的实质性法律障碍。

第二十七章 上市公司落子新三板

（胜禹股份 831626）

反馈意见：公司系上市公司胜利精密的子公司，请公司补充披露下属事项，并请主办券商和律师核查：

1. 上市公司有关本次子公司申请挂牌所履行的决策程序（如履行董事会、股东大会决议等）是否符合法律、法规、公司章程等规定的议事规则。

回复：

胜利精密系上市公司，就其子公司申请挂牌事项，胜利精密履行了相应的决策程序，具体如下：2014 年 8 月 28 日，胜利精密召开第三届董事会第三次会议，审议并通过《关于控股子公司苏州胜禹科技股份有限公司拟申请在全国中小企业股份转让系统挂牌的议案》；2014 年 8 月 29 日，胜利精密公告了《关于控股子公司苏州胜禹材料科技股份有限公司拟申请在全国中小企业股份转让系统挂牌的公告》。2014 年 9 月 15 日，胜利精密召开 2014 年第三次临时股东大会，审议并通过了《关于控股子公司苏州胜禹材料科技股份有限公司拟申请在全国中小企业股份转让系统挂牌的议案》；2014 年 9 月 16 日，胜利精密公告了 2014 年第三次临时股东大会决议。申报律师见证了本次股东大会，并出具了法律意见书。

申报律师认为：胜利精密本次股东大会的召集、召开程序，召集人资格与出席会议人员资格，会议表决程序和表决结果等事项均符合《公司法》、《证券法》、《上市公司股东大会规则》（2014 年修订）、《网络投票实施细则》等法律、法规和规范性文件以及《公司章程》的相关规定，本次股东大会通过的决议合法、有效。

综上，胜利精密就本次公司申请挂牌履行了相应的决策程序，且符合法律、法规、公司章程等规定的议事规则。

2. 上市公司公开募集资金是否投向公司业务，投入的金额、比例及对公司财务状况和经营成果的影响。

回复：

胜利精密为拓展业务范围、增强盈利能力，与王韩希合资设立了胜禹有限。公司整体变更前，累计收到股东出资 5333.3333 万元，其中胜利精密出资 3200 万元，谦诚益出资 2133.3333 万元。胜利精密为提高闲置募集资金使用效率,使用超募资金3200万元投入公司,占其首次公开发行股票募集资金净额的 6.04%。胜利精密使用超募资金投资设立胜禹有限经胜利精密第一届董事会第十九次会议决议通过,并于 2010 年 8 月 21 日在巨潮资讯网上刊登了对外投资公告及相关决议。报告期内,公司业务规模增长较快,2014 年 5 月末资产总额为 47,119.14 万元,较 2012 年年末增长 24,518.30万元,增长率达 108.48%;经营业绩稳中有升,2012 年、2013 年、2014 年 1 ~ 5 月的净利润分别为 1411.46 万元、1446.88 万元和 1175.19 万元。截至补充法律意见出具日,胜利精密从公司累计取得分红 3064.77 万元,占其投入公司金额的 95.77%,上市公司已基本收回超募资金投入;胜利精密初始投资资金 3200 万元占公司总资产的比例为 6.79%,对公司的财务状况和生产经营无重大影响。因此,上市公司募集资金的投入对公司早期的业务发展起到积极作用,报告期内公司业务规模持续增长,募集资金投入金额占公司总资金比例较低、对公司目前的财务状况和经营成果无重大影响。申报律师经核查认为,上述事项已在《公开转让说明书》"重大事项提示"中补充披露。

3. 公司业务、资产、机构、人员、财务、技术等资源要素与所属上市公司的关系及分开情况,是否具有独立面向市场能力和持续经营能力。

回复:

(1)业务独立性。公司主要从事金属材料的加工配送业务,拥有独立完善的采购体系、套裁加工体系、销售体系和技术研发体系,具有直接面向市场独立经营的能力,不存在需要依赖股东及其他关联方进行生产经营活动的情况。

(2)资产独立性。公司在变更设立时,原有限公司全部资产和负债均由股份公司承继。公司资产与股东的资产严格分开,并独立运营。公司拥有与生产经营有关的生产系统、辅助生产系统和配套设施,拥有独立完善的生产经营场所,不存在被控股股东、实际控制人占用的情形;拥有与生产经营相关的机器设备以及商标等,具有独立的原料采购和产品销售体系。

(3)机构独立性。公司建立了较为完善的法人治理结构,股东大会、董事会和监事会严格按照《公司章程》规范运作。公司根据自身业务经营发展的需要设立了独立完整的组织机构,各机构和部门之间分工明确、独立运作、协调合作,保证了公司的各项经营管理活动顺利进行。公司的办公场所和经营场所与各法人股东完全分开,不存在合署办公、混合经营的情况。

(4)人员独立性。公司所有员工均按照严格规范的程序招聘录用,并按照国家劳动管理部门的要求签订了劳动合同。公司董事、监事及其他高级管理人员严格按照《公司法》、《公司章程》等相关法律规定的程序选举或聘任产生。公司总经理、副总经理、财务负责人、董事会秘书等高级管理人员均为专职,在公司领薪,未在控股股东、实际控制人及其下属企业中任职。财务人员均不在公司控股股东、实际控制人及其下属企业中兼职。公司的劳动、人事及工资管理完全独立,不存在法律禁止的兼职行为,公司人员与股东保持独立。

(5)财务独立性。公司财务保持独立,已设立了独立的财务会计部门,配备了独立的财务人员,建立了独立的会计核算体系,并制定了严格的财务管理制度。公司独立开设银行账户,未与其他任何单位或个人共用银行账户,公司依法独立纳税。公司根据相关法律、法规和《企业会计准则》,结合公司经营活动和管理的特点,制定了各项财务会计制度,对子公司实施严格统一的财务监督管理,形成了一套完整、独立的财务管理体系。

(6)技术独立性公司作为胜利精密的上游企业,拥有选材技术、套裁优化加工技术等核心技术,与胜利精密使用的冲压技术、注塑技术、Base 装配技术、触控模组生产技术等技术完全不同。

经核查,申报律师认为:公司具有独立面向市场的能力和持续经营能力。

4. 上市公司及其关联方与公司是否存在同业竞争或关联交易,以及解决或规范情况。

回复:

(1)同业竞争情况。公司不存在与控股股东、实际控制人及其控制的其他企业从事相同、相似业务的情况。除控制公司及公司子公司外,公司控股股东胜利精密的 9 家控股子公司及公司实际控制人高玉根控制的苏州仕友股权投资中心(有限合伙)是公司的关联方,上述关联公司与公司主营业务差别较大,未涉及金属材料的物流供应链服务业务,不存在同业竞争情况。为了避免同业竞争,维护公司利益,公司控股股东胜利精密、实际控制人高玉根、持有公司 40% 股份的谦诚益及胜禹股份全体董事、监事、高级管理人员出具了《关于避免同业竞争的承诺函》。经核查,申报律师认为:上市公司及其关联方与公司不存在同业竞争。

(2)关联交易情况。股份公司整体变更前,公司治理尚不完善,苏州胜禹材料科技有限公司章程未就关联交易决策程序做出明确规定,公司与关联方苏州胜利精密制造科技股份有限公司的关联借款经过了董事会的许可,关联采购与销售未经董事会或股东会审议。有限公司阶段,公司关联交易决策程序尚未制度化。2014 年 8 月,股份公司成立后,除《公司章程》、《股东大会议事规则》、《董事会议事规则》对关联交易决策作出规定外,公司还专门制定了《关联交易管理制度》,严格规范关联交易行为。为进一步规范和减少关联交易,公司出具了关于规范和减少关联交易措施的说明:《公司章程》、《股东大会议事规则》、《董事会议事规则》和《关联交易管理制度》等相关制度都完善了关联交易决策权限和程序。对于正常的、有利于公司发展的关联交易,公司将遵循公开、公平、公正的市场原则,严格按制度规范操作,确保交易的公允,并对关联交易予以充分及时披露。经核查,申报律师认为:胜禹股份设立后,公司建立的《公司章程》、《股东大会议事规则》、《董事会议事规则》和《关联交易管理制度》等相关制度完善了关联交易决策权限和程序,采取的规范和减少关联交易的措施可有效规范关联交易行为。

第二十八章　多名股东将表决权等授予实际控制人

（博锐尚格　830766）

反馈意见：2013 年 11 月，股东孟芦等 7 人与实际控制人江江签订了《关于投票权授权行使协议书》，将其表决权等股东权利在不损害公司利益的前提下不可撤销、无偿地授予江江行使。2013 年 12 月召开的公司 2013 年第一次临时股东大会，孟芦等股东出席并对决议事项进行表决。（1）请公司说明该等授权的原因；（2）请公司说明该等授权的合法性及依据；（3）请公司结合公司治理及决策行为具体说明该等授权的具体执行情况及其可行性，是否存在任何纠纷或潜在纠纷；（4）请公司结合公司目前股权结构、表决权分布情况等因素说明公司治理情况，公司是否符合“公司治理机制健全，合法规范经营”的挂牌条件；（5）请公司结合上述内容做风险因素评估及重大事项提示；（6）请主办券商及律师发表明确意见。

一、该等授权的原因

根据《关于投票权授权行使协议书》以及江江、孟芦、张静、王鑫、王巍、冯复汉、常海、戈弋出具的《股东投票权授权行使说明》的约定，江江持有公司 30.0586% 的股份，并担任公司董事长兼总经理，是公司控股股东、实际控制人。为进一步加强、稳定江江对公司控制权，孟芦、张静、王鑫、王巍、冯复汉、常海、戈弋自愿将其持有公司股份所对应的相关股东权利，包括股东大会表决权、董事（含独立董事）及监事提名权、提案权、召集临时股东大会等权利授予江江行使，并于 2013 年 11 月 26 日签订了《关于投票权授权行使协议书》。

二、该等授权的合法性及依据

经申报律师核查认为，《关于投票权授权行使协议书》是各方真实意思表示，《关于投票权授权行使协议书》没有与现行的法律、行政法规、规章以及《公司章程》、《股东大会议事规则》等内部规章制度的规定相冲突。《关于投票权授权行使协议书》的相关内容也已载入《公司章程》(草案),申报律师认为,《公司章程》(草案)是公司全体股东在自愿协商基础上达成的一种契约,公司在全国中小企业股份转让系统挂牌之后适用《公司章程》(草案),将有利于公司在挂牌之后保持主要股东的稳定性及经营管理的持续性,不构成对公司及公司中小股东合法权益的侵害,也没有违反公司内部治理的相关要求。综上,申报律师认为,《关于投票权授权行使协议书》是真实、合法、有效的,对签约各方具有法律约束力,江江依据《关于投票权授权行使协议书》行使的授权投票权也是合法、有效、可行的。

三、该等授权的具体执行情况以及其可行性

公司建立了股东大会、董事会、监事会、董事会秘书、经理层等组织机构,具有健全的法人治理机构,制定了《公司章程》、《股东大会议事规则》、《董事会议事规则》等公司治理制度。根据公司治理机构及治理制度的规定,股东享有表决权、提案权、董事及监事候选人提名权等股东权利,股东可以亲自出席股东大会,也可以委托代理人代为出席并在授权范围内行使表决权,股东(包括股东代理人)以其所代表的有表决权的股份数额行使表决权,每一股份享有一票表决权。申报律师认为,公司建立的法人治理机构及治理制度为《关于投票权授权行使协议书》的执行提供了制度保障,《关于投票权授权行使协议书》与《公司章程》、《股东大会议事规则》等内部规章制度不存在冲突。经全体股东一致同意,《关于投票权授权行使协议书》的相关内容已经载入《公司章程》(草案),公司在挂牌之后将适用《公司章程》(草案)。《关于投票权授权行使协议书》也没有对公司及其他股东,尤其是中小股东合法权益侵害之规定。因此,《关于投票权授权行使协议书》执行是可行的,不存在法律上的障碍。

由于《关于投票权授权行使协议书》将在公司挂牌之后生效,因此,孟芦、张静、王鑫、王巍、冯复汉、常海、戈弋等股东出席2013年12月12日召开的公司2013年第一次临时股东大会,并对决议事项进行表决,该等表决合法、有效。由于《关于投票权授权行使协议书》尚未生效,截至2014年4月11日,孟芦、张静、王鑫、王巍、冯复汉、常海、戈弋尚未就《关于投票权授权行使协议书》授予江江行使股东投票权事宜。经申报律师核查,截至2014年4月11日,不存在因《关于投票权授权行使协议书》引起的任何纠纷或潜在纠纷。

四、公司治理情况符合“公司治理机制健全,合法规范经营”的挂牌条件

截至2014年4月11日,各股东所持股份系股东实际所有,不存在信托、委托持股或其他类似安排,不存在质押、冻结或设定其他第三人权益的情形。公司股权设置和股本结构合法有效,股权清晰,不存在股权纠纷。根据《公司章程》、《股东大会议事规则》等制度的规定,股东(包括股东代理人)以其所代表的有表决权的股份数额行使表

决权,每一股份享有一票表决权,股东可以亲自出席股东大会,也可以委托代理人代为出席并在授权范围内行使表决权,公司不存在限制或侵害其他股东包括表决权在内的权益的情形。截至2014年4月11日,江江持有公司30.0586%的股份,孟芦、张静、王鑫、王巍、冯复汉、常海、戈弋等7人合计持有公司16.5614%的股份,因此,在《关于投票权授权行使协议书》生效之后,按照每一股份享有一票表决权的规定,江江将直接或间接持有公司46.62%股份的表决权。综上,申报律师认为,公司股权结构合法有效,股权清晰,不存在股权纠纷。股东(包括股东代理人)以其所代表的有表决权的股份数额行使表决权,每一股份享有一票表决权,不存在限制或侵害其他股东尤其是中小股东权益的情形。公司已建立了股东大会、董事会、监事会等公司法人治理结构,制定了《公司章程》、《股东大会议事规则》等治理制度,公司历次股东大会、董事会、监事会的召集、召开、表决程序以及决议内容合法、有效。因此,公司符合“公司治理机制健全,合法规范经营”的挂牌条件。

五、风险因素评估及重大事项提示

江江对公司的绝对持股比例较低(30.0586%),且公司挂牌后,其持股比例存在进一步稀释的可能。为维持公司控制权的稳定,2013年11月26日,孟芦、张静、王鑫、王巍、冯复汉、常海、戈弋将其持有的公司股份的股东大会股东表决权、董事(含独立董事)及监事提名权、提案权、召集临时股东大会等股东权利委托给江江行使,委托期限为公司维持挂牌期间;同时,孟芦、张静、王鑫、王巍、冯复汉、常海、戈弋还自愿承诺所持公司股份的转让除遵守《公司法》第142条及《业务规则》第2.8条等相关法律及监管规则的规定外,将分三批进入全国中小企业股份转让系统转让,每批可转让股票的数量均为其挂牌前所持股票的三分之一,可转让时间分别为挂牌之日、挂牌期满一年和两年。上述安排虽有利于保持公司治理机构和管理团队的稳定,但公司仍面临控股股东控制力下降的风险。经申报律师核查确认,上述风险因素已在本次申请挂牌《公开转让说明书》“重大事项提示”中作出披露或提示。

第二十九章　无营业执照从事生产活动

（倚天股份　430301）

解决方案:办理工商办案登记;取得各有关机关证明。

由于有限公司设立初期内部治理不规范,管理人员对相关规章制度不了解,认为霸州工厂只是生产基地而没有销售经营活动,因此在未办理分公司工商登记的情况下进行了生产活动。

2012 年 11 月 25 日,公司因未办理营业执照,擅自从事云母带生产活动,收到霸州市工商行政管理局行政告诫书,要求公司于 2013 年 3 月 1 日前完成工商备案登记。2013 年 2 月 5 日,公司补办登记办案登记,取得由霸州市工商行政管理局颁发的注册号为 131081300006108 的《营业执照》,设立了霸州分公司。根据该营业执照的记载,霸州分公司的成立日期为 2013 年 2 月 5 日;住所为霸州市岔河集乡南夹河村;负责人为胡建伟;经营范围为制造云母制品、技术开发、销售五金交电、货物进出口。(法律、行政法规禁止的项目不得经营;法律、行政法规限制的项目取得许可方可经营)

2013 年 3 月 7 日,霸州分公司取得由河北省发展和改革委员会制定的、霸州市发展改革局出具的编号为霸发改审备字〔2013〕8 号的《河北省固定资产投资项目备案证》,项目名称为年生产 1000 吨云母带、1000 吨阻燃带项目。

2013 年 3 月 15 日,霸州分公司取得霸州市工商行政管理局出具的《证明》,除 2012 年 11 月 25 日收到行政告诫书外,无其他因违反工商行政管理法律、法规受到处罚的记录。2013 年 3 月 21 日,霸州市质量技术监督局开具的《证明》显示,霸州分公司自 2013 年 2 月 5 日成立以来至证明出具之日,未受到质量技术监督局的行政处罚。2013 年 3 月 26 日,霸州分公司取得由霸州市环境保护局出具的编号为霸环管〔2013〕B022 -2 号的《审批意见》,同意霸州分公司生产 1000 吨云母带、1000 吨阻燃带的项目建设。2013 年 4 月 1 日,霸州分公司取得霸州市环境保护局出的《证明》表明,企业未因违反国家和地方有关环境保护方面法律、法规的规定受到行政处罚。

据此,申报律师认为,霸州厂区的立项、环评手续齐备,根据《安全生产法》等相关法律、法规的规定,公司所从事行业无须经安全条件论证和安全评价。根据有关部门出具的合法、合规证明,表明公司在霸州市开展生产以来,不存在违反环保、产品质量、安全生产等方面法律、法规的情况。行政告诫书系行政管理机关对违反行政管理法律、法规、规章的轻微违法行为或不宜直接作出行政处罚的违法行为，督促当事人改正而作出的行政训诫或建议，公司收到行政训诫不属于重大违法违规，并且公司在规定期限内完成工商备案手续。截至2013年6月24日（补充法律意见书出具之日），公司不存在重大违法违规行为，对公司本次挂牌不构成障碍。

第三十章 公司借用股东身份购买车辆并使用

（瑞华天健 830863）

解决方案：如实披露；公司承诺一旦取得购车指标，将尽快办理相关车辆过户手续。

申请人在2012年分别以自然人张媛媛、柳志勇的名义购买了型号为长城牌CC6460KM07、长城牌CC6460RM00的非运营小型普通客车两辆。上述车辆为申请人实际出资购买，但挂靠在个人名下。其主要原因系北京市于2010年起对小型机动车购置指标进行了限制，而申请人在2012年因业务需要急需购置车辆却没有相应购车指标，在不得已的情况下，申请人只能向在当时拥有个人购车指标的自然人张媛媛、柳志勇借用其指标购买车辆并上牌使用。

经核查，上述机动车辆登记所载之权利所有人已同申请人分别签订了《车辆购置协议》，协议约定：公司为购买机动车的实际出资人，机动车的所有权及使用权均为公司所有；张媛媛、柳志勇不得利用其车辆登记人身份对车辆进行抵押、质押；因车辆购置及使用产生的一切费用、引发的一切纠纷都由公司承担；公司将继续申请北京市小型机动车购车指标，如取得指标，将办理相关车辆过户手续。申请人借用柳志勇身份购置车辆是基于其在2012年时拥有机动车购置指标而并非因其股东身份，且申请人同柳志勇、张媛媛签订的《车辆购置协议》内容完全一致，不存在因柳志勇具有股东身份而差别对待的情形。此外，柳志勇同申请人对于车辆的权属及其他方面已进行了详细约定，柳志勇本人并未实际占有或使用相关车辆，不存在股东侵占公司财产的情形。

经核查，上述机动车辆均由申请人正常经营管理使用，申请人与机动车辆登记所载之权利所有人对车辆所有权归属于申请人均无异议，且双方至今不存在机动车辆权属或其他方面的争议及纠纷。而且，申请人承诺，未来一旦取得购车指标，将尽快办理相关车辆过户手续。

综上，申请人借用自然人张媛媛及股东柳志勇身份购买车辆并使用，是由于北京市对小型机动车购置指标进行了限制及自身业务需要等客观因素造成。申请人已同张媛媛、柳志勇签订了相应协议，对车辆所有权、使用权及与车辆有关的责任承担进行了明确约定。上述协议合法有效,对协议双方具有约束力。且截至补充法律意见书出具之日,张媛媛、柳志勇同申请人之间不存在机动车辆权属或其他方面的争议及纠纷。据此,申报律师认为,申请人借用自然人身份购买车辆的情况不存在会对本次挂牌产生实质性影响的法律风险。

第三篇

法律、法规、规范性文件

第一章 法 律

1.1 中华人民共和国公司法(2013 年 12 月 28 日修正)(略)

1.2 中华人民共和国证券法(2013 年 6 月 29 日修正)(略)

第二章　部门规章

2.1　全国中小企业股份转让系统有限责任公司管理暂行办法

全国中小企业股份转让系统有限责任公司管理暂行办法

中国证券监督管理委员会令第 89 号

第一章　总　　则

第一条　为加强对全国中小企业股份转让系统有限责任公司(以下简称全国股份转让系统公司)的管理,明确其职权与责任,维护股票挂牌转让及相关活动的正常秩序,根据《公司法》、《证券法》等法律、行政法规,制定本办法。

第二条　全国中小企业股份转让系统(以下简称全国股份转让系统)是经国务院批准设立的全国性证券交易场所。

第三条　股票在全国股份转让系统挂牌的公司(以下简称挂牌公司)为非上市公众公司,股东人数可以超过200 人,接受中国证券监督管理委员会(以下简称中国证监会)的统一监督管理。

第四条　全国股份转让系统公司负责组织和监督挂牌公司的股票转让及相关活动,实行自律管理。

第五条　全国股份转让系统公司应当坚持公益优先的原则,维护公开、公平、公正的市场环境,保证全国股份转让系统的正常运行,为全国股份转让系统各参与人提供优质、高效、低成本的金融服务。

第六条　全国股份转让系统的股票挂牌转让及相关活动,必须遵守法律、行政法规和各项规章规定,禁止欺诈、内幕交易、操纵市场等违法违规行为。

第七条　中国证监会依法对全国股份转让系统公司、全国股份转让系统的各项业务活动及各参与人实行统一监督管理,维护全国股份转让系统运行秩序,依法查处违法违规行为。

第二章　全国股份转让系统公司的职能

第八条　全国股份转让系统公司的职能包括：

（一）建立、维护和完善股票转让相关技术系统和设施；

（二）制定和修改全国股份转让系统业务规则；

（三）接受并审查股票挂牌及其他相关业务申请，安排符合条件的公司股票挂牌；

（四）组织、监督股票转让及相关活动；

（五）对主办券商等全国股份转让系统参与人进行监管；

（六）对挂牌公司及其他信息披露义务人进行监管；

（七）管理和公布全国股份转让系统相关信息；

（八）中国证监会批准的其他职能。

第九条　全国股份转让系统公司应当就股票挂牌、股票转让、主办券商管理、挂牌公司管理、投资者适当性管理等依法制定基本业务规则。

全国股份转让系统公司制定与修改基本业务规则，应当经中国证监会批准。制定与修改其他业务规则，应当报中国证监会备案。

第十条　全国股份转让系统挂牌新的证券品种或采用新的转让方式，应当报中国证监会批准。

第十一条　全国股份转让系统公司应当为组织公平的股票转让提供保障，公布股票转让即时行情。未经全国股份转让系统公司许可，任何单位和个人不得发布、使用或传播股票转让即时行情。

第十二条　全国股份转让系统公司收取的资金和费用应当符合有关主管部门的规定，并优先用于维护和完善相关技术系统和设施。

全国股份转让系统公司应当制定专项财务管理规则，并报中国证监会备案。

第十三条　全国股份转让系统公司应当从其收取的费用中提取一定比例的金额设立风险基金。风险基金提取和使用的具体办法，由中国证监会另行制定。

第十四条　全国股份转让系统的登记结算业务由中国证券登记结算有限责任公司负责。全国股份转让系统公司应当与其签订业务协议，并报中国证监会备案。

第三章　全国股份转让系统公司的组织结构

第十五条　全国股份转让系统公司应当按照《公司法》等法律、行政法规和中国证监会的规定，制定公司章程，明确股东会、董事会、监事会和经理层之间的职责划分，建立健全内部组织机构，完善公司治理。

全国股份转让系统公司章程的制定和修改，应当经中国证监会批准。

第十六条　全国股份转让系统公司的股东应当具备法律、行政法规和中国证监会规定的资格条件，股东持股比例应当符合中国证监会的有关规定。

全国股份转让系统公司新增股东或原股东转让所持股份的,应当报中国证监会批准。

第十七条 全国股份转让系统公司董事会、监事会的组成及议事规则应当符合有关法律、行政法规和中国证监会的规定,并报中国证监会备案。

第十八条 全国股份转让系统公司董事长、副董事长、监事会主席及高级管理人员由中国证监会提名,任免程序和任期遵守《公司法》和全国股份转让系统公司章程的有关规定。

前款所述高级管理人员的范围,由全国股份转让系统公司章程规定。

第十九条 全国股份转让系统公司应当根据需要设立专门委员会。各专门委员会的组成及议事规则报中国证监会备案。

第四章 全国股份转让系统公司的自律监管

第二十条 全国股份转让系统实行主办券商制度。在全国股份转让系统从事主办券商业务的证券公司称为主办券商。

主办券商业务包括推荐股份公司股票挂牌,对挂牌公司进行持续督导,代理投资者买卖挂牌公司股票,为股票转让提供做市服务及其他全国股份转让系统公司规定的业务。

第二十一条 全国股份转让系统公司依法对股份公司股票挂牌、定向发行等申请及主办券商推荐文件进行审查,出具审查意见。

全国股份转让系统公司应当与符合条件的股份公司签署挂牌协议,确定双方的权利义务关系。

第二十二条 全国股份转让系统公司应当督促申请股票挂牌的股份公司、挂牌公司及其他信息披露义务人,依法履行信息披露义务,真实、准确、完整、及时地披露信息,不得有虚假记载、误导性陈述或者重大遗漏。

第二十三条 挂牌公司应当符合全国股份转让系统持续挂牌条件,不符合持续挂牌条件的,全国股份转让系统公司应当及时作出股票暂停或终止挂牌的决定,及时公告,并报中国证监会备案。

第二十四条 挂牌股票转让可以采取做市方式、协议方式、竞价方式或证监会批准的其他转让方式。

第二十五条 全国股份转让系统实行投资者适当性管理制度。参与股票转让的投资者应当具备一定的证券投资经验和相应的风险识别和承担能力,了解熟悉相关业务规则。

第二十六条 因突发性事件而影响股票转让的正常进行时,全国股份转让系统公司可以采取技术性停牌措施;因不可抗力的突发性事件或者为维护股票转让的正常秩序,可以决定临时停市。

全国股份转让系统公司采取技术性停牌或者决定临时停市，应当及时报告中国证监会。

第二十七条　全国股份转让系统公司应当建立市场监控制度及相应技术系统，配备专门市场监察人员，依法对股票转让实行监控，及时发现、及时制止内幕交易、市场操纵等异常转让行为。

对违反法律、法规及业务规则的，全国股份转让系统公司应当及时采取自律监管措施，并视情节轻重或根据监管要求，及时向中国证监会报告。

第二十八条　全国股份转让系统公司应当督促主办券商、律师事务所、会计师事务所等为挂牌转让等相关业务提供服务的证券服务机构和人员，诚实守信、勤勉尽责，严格履行法定职责，遵守法律法规和行业规范，并对出具文件的真实性、准确性、完整性负责。

第二十九条　全国股份转让系统公司发现相关当事人违反法律法规及业务规则的，可以依法采取自律监管措施，并报中国证监会备案。依法应当由中国证监会进行查处的，全国股份转让系统公司应当向中国证监会提出查处建议。

第五章　监 督 管 理

第三十条　全国股份转让系统公司应当向中国证监会报告股东会、董事会、监事会、总经理办公会议和其他重要会议的会议纪要，全国股份转让系统运行情况，全国股份转让系统公司自律监管职责履行情况、日常工作动态以及中国证监会要求报告的其他信息。

全国股份转让系统公司的其他报告义务，比照执行证券交易所管理有关规定。

第三十一条　中国证监会有权要求全国股份转让系统公司对其章程和业务规则进行修改。

第三十二条　中国证监会依法对全国股份转让系统公司进行监管，开展定期、不定期的现场检查，并对其履职和运营情况进行评估和考核。

全国股份转让系统公司及相关人员违反本办法规定，在监管工作中不履行职责，或者不履行本办法规定的有关义务，中国证监会比照证券交易所管理有关规定进行查处。

附　　则

第三十三条　全国股份转让系统公司为其他证券品种提供挂牌转让服务的，比照本办法执行。

第三十四条　在证券公司代办股份转让系统的原STAQ、NET系统挂牌公司和退市公司及其股份转让相关活动，由全国股份转让系统公司负责监督管理。

第三十五条　本办法自公布之日起施行。

2.2 非上市公众公司监督管理办法

非上市公众公司监督管理办法

(2012 年 9 月 28 日中国证券监督管理委员会第 17 次
主席办公会议审议通过　根据 2013 年 12 月 26 日
中国证券监督管理委员会《关于修改〈非上市
公众公司监督管理办法〉的决定》修订)

第一章　总　　则

第一条　为了规范非上市公众公司股票转让和发行行为,保护投资者合法权益,维护社会公共利益,根据《证券法》、《公司法》及相关法律法规的规定,制定本办法。

第二条　本办法所称非上市公众公司(以下简称公众公司)是指有下列情形之一且其股票未在证券交易所上市交易的股份有限公司:

(一)股票向特定对象发行或者转让导致股东累计超过 200 人;

(二)股票公开转让。

第三条　公众公司应当按照法律、行政法规、本办法和公司章程的规定,做到股权明晰,合法规范经营,公司治理机制健全,履行信息披露义务。

第四条　公众公司公开转让股票应当在全国中小企业股份转让系统进行,公开转让的公众公司股票应当在中国证券登记结算公司集中登记存管。

第五条　公众公司可以依法进行股权融资、债权融资、资产重组等。

公众公司发行优先股等证券品种,应当遵守法律、行政法规和中国证券监督管理委员会(以下简称中国证监会)的相关规定。

第六条　为公司出具专项文件的证券公司、律师事务所、会计师事务所及其他证券服务机构,应当勤勉尽责、诚实守信,认真履行审慎核查义务,按照依法制定的业务规则、行业执业规范和职业道德准则发表专业意见,保证所出具文件的真实性、准确性和完整性,并接受中国证监会的监管。

第二章　公 司 治 理

第七条　公众公司应当依法制定公司章程。

中国证监会依法对公众公司章程必备条款作出具体规定,规范公司章程的制定和修改。

第八条　公众公司应当建立兼顾公司特点和公司治理机制基本要求的股东大会、董事会、监事会制度,明晰职责和议事规则。

第九条　公众公司的治理结构应当确保所有股东,特别是中小股东充分行使法律、行政法规和公司章程规定的合法权利。

股东对法律、行政法规和公司章程规定的公司重大事项，享有知情权和参与权。

公众公司应当建立健全投资者关系管理，保护投资者的合法权益。

第十条　公众公司股东大会、董事会、监事会的召集、提案审议、通知时间、召开程序、授权委托、表决和决议等应当符合法律、行政法规和公司章程的规定；会议记录应当完整并安全保存。

股东大会的提案审议应当符合程序，保障股东的知情权、参与权、质询权和表决权；董事会应当在职权范围和股东大会授权范围内对审议事项作出决议，不得代替股东大会对超出董事会职权范围和授权范围的事项进行决议。

第十一条　公众公司董事会应当对公司的治理机制是否给所有的股东提供合适的保护和平等权利等情况进行充分讨论、评估。

第十二条　公众公司应当强化内部管理，按照相关规定建立会计核算体系、财务管理和风险控制等制度，确保公司财务报告真实可靠及行为合法合规。

第十三条　公众公司进行关联交易应当遵循平等、自愿、等价、有偿的原则，保证交易公平、公允，维护公司的合法权益，根据法律、行政法规、中国证监会的规定和公司章程，履行相应的审议程序。

第十四条　公众公司应当采取有效措施防止股东及其关联方以各种形式占用或者转移公司的资金、资产及其他资源。

第十五条　公众公司实施并购重组行为，应当按照法律、行政法规、中国证监会的规定和公司章程，履行相应的决策程序并聘请证券公司和相关证券服务机构出具专业意见。

任何单位和个人不得利用并购重组损害公众公司及其股东的合法权益。

第十六条　进行公众公司收购，收购人或者其实际控制人应当具有健全的公司治理机制和良好的诚信记录。收购人不得以任何形式从被收购公司获得财务资助，不得利用收购活动损害被收购公司及其股东的合法权益。

在公众公司收购中，收购人持有的被收购公司的股份，在收购完成后 12 个月内不得转让。

第十七条　公众公司实施重大资产重组，重组的相关资产应当权属清晰、定价公允，重组后的公众公司治理机制健全，不得损害公众公司和股东的合法权益。

第十八条　公众公司应当按照法律的规定，同时结合公司的实际情况在章程中约定建立表决权回避制度。

第十九条　公众公司应当在章程中约定纠纷解决机制。股东有权按照法律、行政法规和公司章程的规定，通过仲裁、民事诉讼或者其他法律手段保护其合法权益。

第三章　信 息 披 露

第二十条　公司及其他信息披露义务人应当按照法律、行政法规和中国证监会的规定，真实、准确、完整、及时地披露信息，不得有虚假记载、误导性陈述或者重大遗漏。公司及其他信息披露义务人应当向所有投资者同时公开披露信息。

公司的董事、监事、高级管理人员应当忠实、勤勉地履行职责，保证公司披露信息的真实、准确、完整、及时。

第二十一条 信息披露文件主要包括公开转让说明书、定向转让说明书、定向发行说明书、发行情况报告书、定期报告和临时报告等。具体的内容与格式、编制规则及披露要求，由中国证监会另行制定。

第二十二条 股票公开转让与定向发行的公众公司应当披露半年度报告、年度报告。年度报告中的财务会计报告应当经具有证券期货相关业务资格的会计师事务所审计。

股票向特定对象转让导致股东累计超过200人的公众公司，应当披露年度报告。年度报告中的财务会计报告应当经会计师事务所审计。

第二十三条 公众公司董事、高级管理人员应当对定期报告签署书面确认意见；对报告内容有异议的，应当单独陈述理由，并与定期报告同时披露。公众公司不得以董事、高级管理人员对定期报告内容有异议为由不按时披露定期报告。

公众公司监事会应当对董事会编制的定期报告进行审核并提出书面审核意见，说明董事会对定期报告的编制和审核程序是否符合法律、行政法规、中国证监会的规定和公司章程，报告的内容是否能够真实、准确、完整地反映公司实际情况。

第二十四条 证券公司、律师事务所、会计师事务所及其他证券服务机构出具的文件和其他有关的重要文件应当作为备查文件，予以披露。

第二十五条 发生可能对股票价格产生较大影响的重大事件，投资者尚未得知时，公众公司应当立即将有关该重大事件的情况报送临时报告，并予以公告，说明事件的起因、目前的状态和可能产生的后果。

第二十六条 公众公司实施并购重组的，相关信息披露义务人应当依法严格履行公告义务，并及时准确地向公众公司通报有关信息，配合公众公司及时、准确、完整地进行披露。

参与并购重组的相关单位和人员，在并购重组的信息依法披露前负有保密义务，禁止利用该信息进行内幕交易。

第二十七条 公众公司应当制定信息披露事务管理制度并指定具有相关专业知识的人员负责信息披露事务。

第二十八条 除监事会公告外，公众公司披露的信息应当以董事会公告的形式发布。董事、监事、高级管理人员非经董事会书面授权，不得对外发布未披露的信息。

第二十九条 公司及其他信息披露义务人依法披露的信息，应当在中国证监会指定的信息披露平台公布。公司及其他信息披露义务人可在公司网站或者其他公众媒体上刊登依本办法必须披露的信息，但披露的内容应当完全一致，且不得早于在中国证监会指定的信息披露平台披露的时间。

股票向特定对象转让导致股东累计超过 200 人的公众公司可以在公司章程中约定其他信息披露方式；在中国证监会指定的信息披露平台披露相关信息的，应当符合本条第一款的要求。

第三十条　公司及其他信息披露义务人应当将信息披露公告文稿和相关备查文件置备于公司住所供社会公众查阅。

第三十一条　公司应当配合为其提供服务的证券公司及律师事务所、会计师事务所等证券服务机构的工作，按要求提供所需资料，不得要求证券公司、证券服务机构出具与客观事实不符的文件或者阻碍其工作。

第四章　股 票 转 让

第三十二条　股票向特定对象转让导致股东累计超过 200 人的股份有限公司，应当自上述行为发生之日起 3 个月内，按照中国证监会有关规定制作申请文件，申请文件应当包括但不限于：定向转让说明书、律师事务所出具的法律意见书、会计师事务所出具的审计报告。股份有限公司持申请文件向中国证监会申请核准。在提交申请文件前，股份有限公司应当将相关情况通知所有股东。

在 3 个月内股东人数降至 200 人以内的，可以不提出申请。

股票向特定对象转让应当以非公开方式协议转让。申请股票公开转让的，按照本办法第三十三条、第三十四条的规定办理。

第三十三条　公司申请其股票公开转让的，董事会应当依法就股票公开转让的具体方案作出决议，并提请股东大会批准，股东大会决议必须经出席会议的股东所持表决权的 2/3 以上通过。

董事会和股东大会决议中还应当包括以下内容：

（一）按照中国证监会的相关规定修改公司章程；

（二）按照法律、行政法规和公司章程的规定建立健全公司治理机制；

（三）履行信息披露义务，按照相关规定披露公开转让说明书、年度报告、半年度报告及其他信息披露内容。

第三十四条　股东人数超过 200 人的公司申请其股票公开转让，应当按照中国证监会有关规定制作公开转让的申请文件，申请文件应当包括但不限于：公开转让说明书、律师事务所出具的法律意见书、具有证券期货相关业务资格的会计师事务所出具的审计报告、证券公司出具的推荐文件。公司持申请文件向中国证监会申请核准。

公开转让说明书应当在公开转让前披露。

第三十五条　中国证监会受理申请文件后，依法对公司治理和信息披露进行审核，在 20 个工作日内作出核准、中止审核、终止审核、不予核准的决定。

第三十六条　股东人数未超过 200 人的公司申请其股票公开转让，中国证监会豁免核准,由全国中小企业股份转让系统进行审查。

第三十七条 公司及其董事、监事、高级管理人员,应当对公开转让说明书、定向转让说明书签署书面确认意见,保证所披露的信息真实、准确、完整。

第三十八条 本办法施行前股东人数超过200人的股份有限公司,符合条件的,可以申请在全国中小企业股份转让系统挂牌公开转让股票、首次公开发行并在证券交易所上市。

第五章 定向发行

第三十九条 本办法所称定向发行包括向特定对象发行股票导致股东累计超过200人,以及股东人数超过200人的公众公司向特定对象发行股票两种情形。

前款所称特定对象的范围包括下列机构或者自然人:

(一)公司股东;

(二)公司的董事、监事、高级管理人员、核心员工;

(三)符合投资者适当性管理规定的自然人投资者、法人投资者及其他经济组织。

公司确定发行对象时,符合本条第二款第(二)项、第(三)项规定的投资者合计不得超过35名。

核心员工的认定,应当由公司董事会提名,并向全体员工公示和征求意见,由监事会发表明确意见后,经股东大会审议批准。

投资者适当性管理规定由中国证监会另行制定。

第四十条 公司应当对发行对象的身份进行确认,有充分理由确信发行对象符合本办法和公司的相关规定。

公司应当与发行对象签订包含风险揭示条款的认购协议。

第四十一条 公司董事会应当依法就本次股票发行的具体方案作出决议,并提请股东大会批准,股东大会决议必须经出席会议的股东所持表决权的2/3以上通过。

申请向特定对象发行股票导致股东累计超过200人的股份有限公司,董事会和股东大会决议中还应当包括以下内容:

(一)按照中国证监会的相关规定修改公司章程;

(二)按照法律、行政法规和公司章程的规定建立健全公司治理机制;

(三)履行信息披露义务,按照相关规定披露定向发行说明书、发行情况报告书、年度报告、半年度报告及其他信息披露内容。

第四十二条 公司应当按照中国证监会有关规定制作定向发行的申请文件,申请文件应当包括但不限于:定向发行说明书、律师事务所出具的法律意见书、具有证券期货相关业务资格的会计师事务所出具的审计报告、证券公司出具的推荐文件。公司持申请文件向中国证监会申请核准。

第四十三条 中国证监会受理申请文件后,依法对公司治理和信息披露以及发行对象情况进行审核，在20个工作日内作出核准、中止审核、终止审核、不予核准的决定。

第四十四条　公司申请定向发行股票，可申请一次核准，分期发行。自中国证监会予以核准之日起，公司应当在3个月内首期发行，剩余数量应当在12个月内发行完毕。超过核准文件限定的有效期未发行的，须重新经中国证监会核准后方可发行。首期发行数量应当不少于总发行数量的50%，剩余各期发行的数量由公司自行确定，每期发行后5个工作日内将发行情况报中国证监会备案。

第四十五条　在全国中小企业股份转让系统挂牌公开转让股票的公众公司向特定对象发行股票后股东累计不超过200人的，中国证监会豁免核准，由全国中小企业股份转让系统自律管理，但发行对象应当符合本办法第三十九条的规定。

第四十六条　股票发行结束后，公众公司应当按照中国证监会的有关要求编制并披露发行情况报告书。申请分期发行的公众公司应在每期发行后按照中国证监会的有关要求进行披露，并在全部发行结束或者超过核准文件有效期后按照中国证监会的有关要求编制并披露发行情况报告书。

豁免向中国证监会申请核准定向发行的公众公司，应当在发行结束后按照中国证监会的有关要求编制并披露发行情况报告书。

第四十七条　公司及其董事、监事、高级管理人员，应当对定向发行说明书、发行情况报告书签署书面确认意见，保证所披露的信息真实、准确、完整。

第四十八条　公众公司定向发行股份购买资产的，按照本章有关规定办理。

第六章　监督管理

第四十九条　中国证监会会同国务院有关部门、地方人民政府，依照法律法规和国务院有关规定，各司其职，分工协作，对公众公司进行持续监管，防范风险，维护证券市场秩序。

第五十条　中国证监会依法履行对公司股票转让、定向发行、信息披露的监管职责，有权对公司、证券公司、证券服务机构采取《证券法》第一百八十条规定的措施。

第五十一条　全国中小企业股份转让系统应当发挥自律管理作用，对在全国中小企业股份转让系统公开转让股票的公众公司及相关信息披露义务人披露信息进行监督，督促其依法及时、准确地披露信息。发现公开转让股票的公众公司及相关信息披露义务人有违反法律、行政法规和中国证监会相关规定的行为，应当向中国证监会报告，并采取自律管理措施。

第五十二条　中国证券业协会应当发挥自律管理作用，对从事公司股票转让和定向发行业务的证券公司进行监督，督促其勤勉尽责地履行尽职调查和督导职责。发现证券公司有违反法律、行政法规和中国证监会相关规定的行为，应当向中国证监会报告，并采取自律管理措施。

第五十三条 中国证监会可以要求公司及其他信息披露义务人或者其董事、监事、高级管理人员对有关信息披露问题作出解释、说明或者提供相关资料,并要求公司提供证券公司或者证券服务机构的专业意见。

中国证监会对证券公司和证券服务机构出具文件的真实性、准确性、完整性有疑义的,可以要求相关机构作出解释、补充,并调阅其工作底稿。

第五十四条 证券公司在从事股票转让、定向发行等业务活动中,应当按照中国证监会的有关规定勤勉尽责地进行尽职调查,规范履行内核程序,认真编制相关文件,并持续督导所推荐公司及时履行信息披露义务、完善公司治理。

第五十五条 证券服务机构为公司的股票转让、定向发行等活动出具审计报告、资产评估报告或者法律意见书等文件的,应当严格履行法定职责,遵循勤勉尽责和诚实信用原则,对公司的主体资格、股本情况、规范运作、财务状况、公司治理、信息披露等内容的真实性、准确性、完整性进行充分的核查和验证,并保证其出具的文件不存在虚假记载、误导性陈述或者重大遗漏。

第五十六条 中国证监会依法对公司进行监督检查或者调查,公司有义务提供相关文件资料。对于发现问题的公司,中国证监会可以采取责令改正、监管谈话、责令公开说明、出具警示函等监管措施,并记入诚信档案;涉嫌违法、犯罪的,应当立案调查或者移送司法机关。

第七章 法律责任

第五十七条 公司以欺骗手段骗取核准的,公司报送的报告有虚假记载、误导性陈述或者重大遗漏的,除依照《证券法》有关规定进行处罚外,中国证监会可以采取终止审核并自确认之日起在36个月内不受理公司的股票转让和定向发行申请的监管措施。

第五十八条 公司未按照本办法第三十二条、第三十四条、第四十二条规定,擅自转让或者发行股票的,按照《证券法》第一百八十八条的规定进行处罚。

第五十九条 证券公司、证券服务机构出具的文件有虚假记载、误导性陈述或者重大遗漏的,除依照《证券法》及相关法律法规的规定处罚外,中国证监会可视情节轻重,自确认之日起采取3个月至12个月内不接受该机构出具的相关专项文件,36个月内不接受相关签字人员出具的专项文件的监管措施。

第六十条 公司及其他信息披露义务人未按照规定披露信息,或者所披露的信息有虚假记载、误导性陈述或者重大遗漏的,依照《证券法》第一百九十三条的规定进行处罚。

第六十一条 公司向不符合本办法规定条件的投资者发行股票的,中国证监会可以责令改正,并可以自确认之日起在36个月内不受理其申请。

第六十二条 信息披露义务人及其董事、监事、高级管理人员,公司控股股东、实际控制人,为信息披露义务人出具专项文件的证券公司、证券服务机构及其工作人员,违反《证券法》、行政法规和中国证监会相关规定的,中国证监会可以采取责令改正、监管谈话、出具警示函、认定为不适当人选等监管措施,并记入诚信档案;情节严重的,中国证监会可以对有关责任人员采取证券市场禁入的措施。

第六十三条 公众公司内幕信息知情人或非法获取内幕信息的人,在对公众公司股票价格有重大影响的信息公开前,泄露该信息、买卖或者建议他人买卖该股票的,依照《证券法》第二百零二条的规定进行处罚。

第八章 附 则

第六十四条 公众公司向不特定对象公开发行股票的,应当遵守《证券法》和中国证监会的相关规定。

公众公司申请在证券交易所上市的,应当遵守中国证监会和证券交易所的相关规定。

第六十五条 本办法施行前股东人数超过200人的股份有限公司,不在全国中小企业股份转让系统挂牌公开转让股票或证券交易所上市的,应当按相关要求规范后申请纳入非上市公众公司监管。

第六十六条 本办法所称股份有限公司是指首次申请股票转让或定向发行的股份有限公司;所称公司包括非上市公众公司和首次申请股票转让或定向发行的股份有限公司。

第六十七条 本办法自2013年1月1日起施行。

2.3 非上市公众公司收购管理办法(略)

2.4 非上市公众公司重大资产重组管理办法(略)

2.5 优先股试点管理办法

优先股试点管理办法

(中国证券监督管理委员会令第97号)

第一章 总 则

第一条 为规范优先股发行和交易行为,保护投资者合法权益,根据《公司法》、《证券法》、《国务院关于开展优先股试点的指导意见》及相关法律法规,制定本办法。

第二条 本办法所称优先股是指依照《公司法》,在一般规定的普通种类股份之外,另行规定的其他种类股份,其股份持有人优先于普通股股东分配公司利润和剩余财产,但参与公司决策管理等权利受到限制。

第三条 上市公司可以发行优先股,非上市公众公司可以非公开发行优先股。

第四条 优先股试点应当符合《公司法》、《证券法》、《国务院关于开展优先股试点的指导意见》和本办法的相关规定,并遵循公开、公平、公正的原则,禁止欺诈、内幕交易和操纵市场的行为。

第五条 证券公司及其他证券服务机构参与优先股试点,应当遵守法律法规及中国证券监督管理委员会(以下简称中国证监会)相关规定,遵循行业公认的业务标准和行为规范,诚实守信、勤勉尽责。

第六条 试点期间不允许发行在股息分配和剩余财产分配上具有不同优先顺序的优先股,但允许发行在其他条款上具有不同设置的优先股。

同一公司既发行强制分红优先股,又发行不含强制分红条款优先股的,不属于发行在股息分配上具有不同优先顺序的优先股。

第七条 相同条款的优先股应当具有同等权利。同次发行的相同条款优先股,每股发行的条件、价格和票面股息率应当相同;任何单位或者个人认购的股份,每股应当支付相同价额。

第二章 优先股股东权利的行使

第八条 发行优先股的公司除按《国务院关于开展优先股试点的指导意见》制定章程有关条款外,还应当按本办法在章程中明确优先股股东的有关权利和义务。

第九条 优先股股东按照约定的股息率分配股息后,有权同普通股股东一起参加剩余利润分配的,公司章程应明确优先股股东参与剩余利润分配的比例、条件等事项。

第十条 出现以下情况之一的,公司召开股东大会会议应通知优先股股东,并遵循《公司法》及公司章程通知普通股股东的规定程序。优先股股东有权出席股东大会会议,就以下事项与普通股股东分类表决,其所持每一优先股有一表决权,但公司持有的本公司优先股没有表决权:

(一)修改公司章程中与优先股相关的内容;

(二)一次或累计减少公司注册资本超过百分之十;

(三)公司合并、分立、解散或变更公司形式;

(四)发行优先股;

(五)公司章程规定的其他情形。

上述事项的决议,除须经出席会议的普通股股东(含表决权恢复的优先股股东)所持表决权的三分之二以上通过之外,还须经出席会议的优先股股东(不含表决权恢复的优先股股东)所持表决权的三分之二以上通过。

第十一条 公司股东大会可授权公司董事会按公司章程的约定向优先股支付股息。公司累计三个会计年度或连续两个会计年度未按约定支付优先股股息的,股东大会批准当年不按约定分配利润的方案次日起,优先股股东有权出席股东大会与普通股股东共同表决,每股优先股股份享有公司章程规定的一定比例表决权。

对于股息可累积到下一会计年度的优先股,表决权恢复直至公司全额支付所欠股息。对于股息不可累积的优先股,表决权恢复直至公司全额支付当年股息。公司章程可规定优先股表决权恢复的其他情形。

第十二条　优先股股东有权查阅公司章程、股东名册、公司债券存根、股东大会会议记录、董事会会议决议、监事会会议决议、财务会计报告。

第十三条　发行人回购优先股包括发行人要求赎回优先股和投资者要求回售优先股两种情况,并应在公司章程和招股文件中规定其具体条件。发行人要求赎回优先股的,必须完全支付所欠股息,但商业银行发行优先股补充资本的除外。优先股回购后相应减记发行在外的优先股股份总数。

第十四条　公司董事、监事、高级管理人员应当向公司申报所持有的本公司优先股及其变动情况,在任职期间每年转让的股份不得超过其所持本公司优先股股份总数的百分之二十五。公司章程可以对公司董事、监事、高级管理人员转让其所持有的本公司优先股股份作出其他限制性规定。

第十五条　除《国务院关于开展优先股试点的指导意见》规定的事项外,计算股东人数和持股比例时应分别计算普通股和优先股。

第十六条　公司章程中规定优先股采用固定股息率的,可以在优先股存续期内采取相同的固定股息率,或明确每年的固定股息率,各年度的股息率可以不同;公司章程中规定优先股采用浮动股息率的,应当明确优先股存续期内票面股息率的计算方法。

第三章　上市公司发行优先股

第一节　一般规定

第十七条　上市公司应当与控股股东或实际控制人的人员、资产、财务分开,机构、业务独立。

第十八条　上市公司内部控制制度健全,能够有效保证公司运行效率、合法合规和财务报告的可靠性,内部控制的有效性应当不存在重大缺陷。

第十九条　上市公司发行优先股,最近三个会计年度实现的年均可分配利润应当不少于优先股一年的股息。

第二十条　上市公司最近三年现金分红情况应当符合公司章程及中国证监会的有关监管规定。

第二十一条　上市公司报告期不存在重大会计违规事项。公开发行优先股,最近三年财务报表被注册会计师出具的审计报告应当为标准审计报告或带强调事项段的无保留意见的审计报告;非公开发行优先股,最近一年财务报表被注册会计师出具的审计报告为非标准审计报告的,所涉及事项对公司无重大不利影响或者在发行前重大不利影响已经消除。

第二十二条 上市公司发行优先股募集资金应有明确用途,与公司业务范围、经营规模相匹配,募集资金用途符合国家产业政策和有关环境保护、土地管理等法律和行政法规的规定。

除金融类企业外,本次募集资金使用项目不得为持有交易性金融资产和可供出售的金融资产、借予他人等财务性投资,不得直接或间接投资于以买卖有价证券为主要业务的公司。

第二十三条 上市公司已发行的优先股不得超过公司普通股股份总数的百分之五十,且筹资金额不得超过发行前净资产的百分之五十,已回购、转换的优先股不纳入计算。

第二十四条 上市公司同一次发行的优先股,条款应当相同。每次优先股发行完毕前,不得再次发行优先股。

第二十五条 上市公司存在下列情形之一的,不得发行优先股:

(一)本次发行申请文件有虚假记载、误导性陈述或重大遗漏;

(二)最近十二个月内受到过中国证监会的行政处罚;

(三)因涉嫌犯罪正被司法机关立案侦查或涉嫌违法违规正被中国证监会立案调查;

(四)上市公司的权益被控股股东或实际控制人严重损害且尚未消除;

(五)上市公司及其附属公司违规对外提供担保且尚未解除;

(六)存在可能严重影响公司持续经营的担保、诉讼、仲裁、市场重大质疑或其他重大事项;

(七)其董事和高级管理人员不符合法律、行政法规和规章规定的任职资格;

(八)严重损害投资者合法权益和社会公共利益的其他情形。

第二节 公开发行的特别规定

第二十六条 上市公司公开发行优先股,应当符合以下情形之一:

(一)其普通股为上证50指数成份股;

(二)以公开发行优先股作为支付手段收购或吸收合并其他上市公司;

(三)以减少注册资本为目的回购普通股的,可以公开发行优先股作为支付手段,或者在回购方案实施完毕后,可公开发行不超过回购减资总额的优先股。

中国证监会核准公开发行优先股后不再符合本条第(一)项情形的,上市公司仍可实施本次发行。

第二十七条 上市公司最近三个会计年度应当连续盈利。扣除非经常性损益后的净利润与扣除前的净利润相比,以孰低者作为计算依据。

第二十八条 上市公司公开发行优先股应当在公司章程中规定以下事项:

（一）采取固定股息率；

（二）在有可分配税后利润的情况下必须向优先股股东分配股息；

（三）未向优先股股东足额派发股息的差额部分应当累积到下一会计年度；

（四）优先股股东按照约定的股息率分配股息后，不再同普通股股东一起参加剩余利润分配。

商业银行发行优先股补充资本的，可就第（二）项和第（三）项事项另行约定。

第二十九条　上市公司公开发行优先股的，可以向原股东优先配售。

第三十条　除本办法第二十五条的规定外，上市公司最近三十六个月内因违反工商、税收、土地、环保、海关法律、行政法规或规章，受到行政处罚且情节严重的，不得公开发行优先股。

第三十一条　上市公司公开发行优先股，公司及其控股股东或实际控制人最近十二个月内应当不存在违反向投资者作出的公开承诺的行为。

第三节　其他规定

第三十二条　优先股每股票面金额为一百元。

优先股发行价格和票面股息率应当公允、合理，不得损害股东或其他利益相关方的合法利益，发行价格不得低于优先股票面金额。

公开发行优先股的价格或票面股息率以市场询价或证监会认可的其他公开方式确定。非公开发行优先股的票面股息率不得高于最近两个会计年度的年均加权平均净资产收益率。

第三十三条　上市公司不得发行可转换为普通股的优先股。但商业银行可根据商业银行资本监管规定，非公开发行触发事件发生时强制转换为普通股的优先股，并遵守有关规定。

第三十四条　上市公司非公开发行优先股仅向本办法规定的合格投资者发行，每次发行对象不得超过二百人，且相同条款优先股的发行对象累计不得超过二百人。

发行对象为境外战略投资者的，还应当符合国务院相关部门的规定。

第四节　发行程序

第三十五条　上市公司申请发行优先股，董事会应当按照中国证监会有关信息披露规定，公开披露本次优先股发行预案，并依法就以下事项作出决议，提请股东大会批准。

（一）本次优先股的发行方案；

（二）非公开发行优先股且发行对象确定的，上市公司与相应发行对象签订的附条件生效的优先股认购合同。认购合同应当载明发行对象拟认购优先股的数量、认购价格或定价原则、票面股息率或其确定原则，以及其他必要条款。认购合同应当约定

发行对象不得以竞价方式参与认购,且本次发行一经上市公司董事会、股东大会批准并经中国证监会核准,该合同即应生效;

(三)非公开发行优先股且发行对象尚未确定的,决议应包括发行对象的范围和资格、定价原则、发行数量或数量区间。

上市公司的控股股东、实际控制人或其控制的关联人参与认购本次非公开发行优先股的,按照前款第(二)项执行。

第三十六条 上市公司独立董事应当就上市公司本次发行对公司各类股东权益的影响发表专项意见,并与董事会决议一同披露。

第三十七条 上市公司股东大会就发行优先股进行审议,应当就下列事项逐项进行表决:

(一)本次发行优先股的种类和数量;

(二)发行方式、发行对象及向原股东配售的安排;

(三)票面金额、发行价格或其确定原则;

(四)优先股股东参与分配利润的方式,包括:票面股息率或其确定原则、股息发放的条件、股息支付方式、股息是否累积、是否可以参与剩余利润分配等;

(五)回购条款,包括回购的条件、期间、价格及其确定原则、回购选择权的行使主体等(如有);

(六)募集资金用途;

(七)公司与发行对象签订的附条件生效的优先股认购合同(如有);

(八)决议的有效期;

(九)公司章程关于优先股股东和普通股股东利润分配、剩余财产分配、优先股表决权恢复等相关政策条款的修订方案;

(十)对董事会办理本次发行具体事宜的授权;

(十一)其他事项。

上述决议,须经出席会议的普通股股东(含表决权恢复的优先股股东)所持表决权的三分之二以上通过。已发行优先股的,还须经出席会议的优先股股东(不含表决权恢复的优先股股东)所持表决权的三分之二以上通过。上市公司向公司特定股东及其关联人发行优先股的,股东大会就发行方案进行表决时,关联股东应当回避。

第三十八条 上市公司就发行优先股事项召开股东大会,应当提供网络投票,还可以通过中国证监会认可的其他方式为股东参加股东大会提供便利。

第三十九条 上市公司申请发行优先股应当由保荐人保荐并向中国证监会申报,其申请、审核、核准、发行等相关程序参照《上市公司证券发行管理办法》和《证券发行与承销管理办法》的规定。发审委会议按照《中国证券监督管理委员会发行审核委员会办法》规定的特别程序,审核发行申请。

第四十条 上市公司发行优先股,可以申请一次核准,分次发行,不同次发行的优先股除票面股息率外，其他条款应当相同。自中国证监会核准发行之日起，公司应在六个月内实施首次发行，剩余数量应当在二十四个月内发行完毕。超过核准文件时限的，须申请中国证监会重新核准。首次发行数量应当不少于总发行数量的百分之五十，剩余各次发行的数量由公司自行确定，每次发行完毕后五个工作日内报中国证监会备案。

第四章　非上市公众公司非公开发行优先股

第四十一条　非上市公众公司非公开发行优先股应符合下列条件：

（一）合法规范经营；

（二）公司治理机制健全；

（三）依法履行信息披露义务。

第四十二条　非上市公众公司非公开发行优先股应当遵守本办法第二十三条、第二十四条、第二十五条、第三十二条、第三十三条的规定。

第四十三条　非上市公众公司非公开发行优先股仅向本办法规定的合格投资者发行，每次发行对象不得超过二百人，且相同条款优先股的发行对象累计不得超过二百人。

第四十四条　非上市公众公司拟发行优先股的，董事会应依法就具体方案、本次发行对公司各类股东权益的影响、发行优先股的目的、募集资金的用途及其他必须明确的事项作出决议，并提请股东大会批准。

董事会决议确定具体发行对象的，董事会决议应当确定具体的发行对象名称及其认购价格或定价原则、认购数量或数量区间等；同时应在召开董事会前与相应发行对象签订附条件生效的股份认购合同。董事会决议未确定具体发行对象的，董事会决议应当明确发行对象的范围和资格、定价原则等。

第四十五条　非上市公众公司股东大会就发行优先股进行审议，表决事项参照本办法第三十七条执行。发行优先股决议，须经出席会议的普通股股东（含表决权恢复的优先股股东）所持表决权的三分之二以上通过。已发行优先股的，还须经出席会议的优先股股东（不含表决权恢复的优先股股东）所持表决权的三分之二以上通过。非上市公众公司向公司特定股东及其关联人发行优先股的，股东大会就发行方案进行表决时，关联股东应当回避，公司普通股股东（不含表决权恢复的优先股股东）人数少于二百人的除外。

第四十六条　非上市公众公司发行优先股的申请、审核（豁免）、发行等相关程序应按照《非上市公众公司监督管理办法》等相关规定办理。

第五章　交易转让及登记结算

第四十七条　优先股发行后可以申请上市交易或转让，不设限售期。

公开发行的优先股可以在证券交易所上市交易。上市公司非公开发行的优先股可以在证券交易所转让,非上市公众公司非公开发行的优先股可以在全国中小企业股份转让系统转让,转让范围仅限合格投资者。交易或转让的具体办法由证券交易所或全国中小企业股份转让系统另行制定。

第四十八条 优先股交易或转让环节的投资者适当性标准应当与发行环节保持一致;非公开发行的相同条款优先股经交易或转让后,投资者不得超过二百人。

第四十九条 中国证券登记结算公司为优先股提供登记、存管、清算、交收等服务。

第六章 信息披露

第五十条 公司应当按照中国证监会有关信息披露规则编制募集优先股说明书或其他信息披露文件,依法履行信息披露义务。上市公司相关信息披露程序和要求参照《上市公司证券发行管理办法》和《上市公司非公开发行股票实施细则》及有关监管指引的规定。非上市公众公司非公开发行优先股的信息披露程序和要求参照《非上市公众公司监督管理办法》及有关监管指引的规定。

第五十一条 发行优先股的公司披露定期报告时,应当以专门章节披露已发行优先股情况、持有公司优先股股份最多的前十名股东的名单和持股数额、优先股股东的利润分配情况、优先股的回购情况、优先股股东表决权恢复及行使情况、优先股会计处理情况及其他与优先股有关的情况,具体内容与格式由中国证监会规定。

第五十二条 发行优先股的上市公司,发生表决权恢复、回购普通股等事项,以及其他可能对其普通股或优先股交易或转让价格产生较大影响事项的,上市公司应当按照《证券法》第六十七条以及中国证监会的相关规定,履行临时报告、公告等信息披露义务。

第五十三条 发行优先股的非上市公众公司按照《非上市公众公司监督管理办法》及有关监管指引的规定履行日常信息披露义务。

第七章 回购与并购重组

第五十四条 上市公司可以非公开发行优先股作为支付手段,向公司特定股东回购普通股。上市公司回购普通股的价格应当公允、合理,不得损害股东或其他利益相关方的合法利益。

第五十五条 上市公司以减少注册资本为目的回购普通股公开发行优先股的,以及以非公开发行优先股为支付手段向公司特定股东回购普通股的,除应当符合优先股发行条件和程序,还应符合以下规定:

(一)上市公司回购普通股应当由董事会依法作出决议并提交股东大会批准;

(二)上市公司股东大会就回购普通股作出的决议,应当包括下列事项:回购普通股的价格区间，回购普通股的数量和比例，回购普通股的期限，决议的有效期，对董事会办理本次回购股份事宜的具体授权，其他相关事项。以发行优先股作为支付手段的，应当包括拟用于支付的优先股总金额以及支付比例；回购方案实施完毕之日起一年内公开发行优先股的，应当包括回购的资金总额以及资金来源；

（三）上市公司股东大会就回购普通股作出决议，必须经出席会议的普通股股东（含表决权恢复的优先股股东）所持表决权的三分之二以上通过；

（四）上市公司应当在股东大会作出回购普通股决议后的次日公告该决议；

（五）依法通知债权人；

本办法未做规定的应当符合中国证监会有关上市公司回购的其他规定。

第五十六条 上市公司收购要约适用于被收购公司的所有股东，但可以针对优先股股东和普通股股东提出不同的收购条件。

第五十七条 上市公司可以按照《上市公司重大资产重组管理办法》规定的条件发行优先股购买资产，同时应当遵守本办法第三十三条，以及第三十五条至第三十八条的规定，依法披露有关信息、履行相应程序。

第五十八条 上市公司发行优先股作为支付手段购买资产的，可以同时募集配套资金。

第五十九条 非上市公众公司发行优先股的方案涉及重大资产重组的，应当符合中国证监会有关重大资产重组的规定。

第八章 监管措施和法律责任

第六十条 公司及其控股股东或实际控制人，公司董事、监事、高级管理人员以及其他直接责任人员，相关市场中介机构及责任人员，以及优先股试点的其他市场参与者违反本办法规定的，依照《公司法》、《证券法》和中国证监会的有关规定处理；涉嫌犯罪的，依法移送司法机关，追究其刑事责任。

第六十一条 上市公司、非上市公众公司违反本办法规定，存在未按规定制定有关章程条款、不按照约定召集股东大会恢复优先股股东表决权等损害优先股股东和中小股东权益等行为的，中国证监会应当责令改正，对上市公司、非上市公众公司和其直接负责的主管人员和其他直接责任人员，可以采取相应的行政监管措施以及警告、三万元以下罚款等行政处罚。

第六十二条 上市公司违反本办法第二十二条第二款规定的，中国证监会可以责令改正，并在三十六个月内不受理该公司的公开发行证券申请。

第六十三条 上市公司、非上市公众公司向本办法规定的合格投资者以外的投资者非公开发行优先股，中国证监会应当责令改正，并可以自确认之日起在三十六个月内不受理该公司的发行优先股申请。

第六十四条 承销机构在承销非公开发行的优先股时，将优先股配售给不符合本办法合格投资者规定的对象的,中国证监会可以责令改正,并在三十六个月内不接受其参与证券承销。

第九章 附 则

第六十五条 本办法所称合格投资者包括:

(一)经有关金融监管部门批准设立的金融机构,包括商业银行、证券公司、基金管理公司、信托公司和保险公司等;

(二)上述金融机构面向投资者发行的理财产品,包括但不限于银行理财产品、信托产品、投连险产品、基金产品、证券公司资产管理产品等;

(三)实收资本或实收股本总额不低于人民币五百万元的企业法人;

(四)实缴出资总额不低于人民币五百万元的合伙企业;

(五)合格境外机构投资者(QFII)、人民币合格境外机构投资者(RQFII)、符合国务院相关部门规定的境外战略投资者;

(六)除发行人董事、高级管理人员及其配偶以外的,名下各类证券账户、资金账户、资产管理账户的资产总额不低于人民币五百万元的个人投资者;

(七)经中国证监会认可的其他合格投资者。

第六十六条 非上市公众公司首次公开发行普通股并同时非公开发行优先股的,其优先股的发行与信息披露应符合本办法中关于上市公司非公开发行优先股的有关规定。

第六十七条 注册在境内的境外上市公司在境外发行优先股,应当符合境外募集股份及上市的有关规定。

注册在境内的境外上市公司在境内发行优先股,参照执行本办法关于非上市公众公司发行优先股的规定,以及《非上市公众公司监督管理办法》等相关规定,其优先股可以在全国中小企业股份转让系统进行转让。

第六十八条 本办法下列用语含义如下:

(一)强制分红:公司在有可分配税后利润的情况下必须向优先股股东分配股息;

(二)可分配税后利润:发行人股东依法享有的未分配利润;

(三)加权平均净资产收益率:按照《公开发行证券的公司信息披露编报规则第9号——净资产收益率和每股收益的计算及披露》计算的加权平均净资产收益率;

(四)上证50指数:中证指数有限公司发布的上证50指数。

第六十九条 本办法中计算合格投资者人数时,同一资产管理机构以其管理的两只以上产品认购或受让优先股的,视为一人。

第七十条 本办法自公布之日起施行。

2.6 非上市公众公司股份登记存管业务实施细则(试行)(略)

2.7 非上市公众公司监管指引第1号——信息披露

非上市公众公司监管指引第1号——信息披露

中国证券监督管理委员会公告〔2013〕1号

为了规范非上市公众公司信息披露行为,根据《公司法》、《证券法》和《非上市公众公司监督管理办法》的有关规定,现明确监管要求如下:

一、信息披露的内容。股票公开转让、股票向特定对象发行或者转让导致股东累计超过200人的公司,应当在公开转让说明书、定向发行说明书或者定向转让说明书中披露以下内容:

(一)公司基本信息、股本和股东情况、公司治理情况;

(二)公司主要业务、产品或者服务及公司所属行业;

(三)报告期内的财务报表、审计报告。

定向发行说明书还应当披露发行对象或者范围、发行价格或者区间、发行数量。

非上市公众公司也可以根据自身实际情况以及投资者的需求,更加详细地披露公司的其他情况。

二、信息披露的基本要求。非上市公众公司及其董事、监事、高级管理人员应当保证披露的信息真实、准确、完整,不存在虚假记载、误导性陈述或者重大遗漏,并对其真实性、准确性、完整性承担相应的法律责任。

非上市公众公司应当建立与股东沟通的有效渠道,对股东或者市场质疑的事项应当及时、客观地进行澄清或者说明。

三、信息披露平台。非上市公众公司应当本着股东能及时、便捷获得公司信息的原则,并结合自身实际情况,自主选择一种或者多种信息披露平台,如非上市公众公司信息披露网站(nlpc. csrc. gov. cn)、公共媒体或者公司网站,也可以选择公司章程约定的方式或者股东认可的其他方式。无论采取何种信息披露方式,均应当经股东大会审议通过。

股票在依法设立的证券交易场所公开转让的非上市公众公司,应当通过证券交易场所要求的平台披露信息。

四、依法设立的证券交易场所可以在本指引的基础上,对股票公开转让的非上市公众公司制定更详尽、更严格的信息披露标准;公司应当按照从高从严的标准遵守证券交易场所的相关规定。

五、非上市公众公司年度报告、半年度报告按照本指引进行披露。

2.8 非上市公众公司监管指引第2号——申请文件

非上市公众公司监管指引第2号——申请文件

中国证券监督管理委员会公告〔2013〕2号

为了规范非上市公众公司股票公开转让、定向转让及定向发行申请文件的内容与格式,根据《证券法》和《非上市公众公司监督管理办法》的有关规定,现明确监管要求如下:

一、股票公开转让、股票向特定对象发行或者转让导致股东累计超过200人的公司,在向中国证监会申请核准时,应当按本指引的要求制作和报送下列申请文件:

(一)申请报告;

(二)公开转让说明书/定向转让说明书/定向发行说明书;

(三)公司章程(草案);

(四)企业法人营业执照;

(五)股东大会及董事会相关决议;

(六)财务报表及审计报告;

(七)法律意见书;

(八)证券公司关于公开转让/定向发行的推荐工作报告;

(九)中国证监会规定的其他文件。

二、公司应当保证申请文件内容真实、准确、完整,不存在虚假记载、误导性陈述或者重大遗漏。证券公司、证券服务机构及人员应当做到勤勉尽责、诚实守信,并对其出具的相关文件及申请文件中引用内容的真实性、准确性、完整性承担相应的法律责任。

三、公司编制申请文件时,应当尽量使用事实描述性语言;申请文件所有需要签名处,均应为签名人亲笔签名,不得以名章、签名章等代替;公司初次报送申请文件,应当提交原件1份、复印件2份;每次报送书面申请文件的同时,还应当报送1份相应的标准电子文件(标准.doc或者.rtf格式文件)。申请文件一经受理,未经中国证监会同意,不得增加、撤回或者更换。

四、依法设立的证券交易场所可以要求股票公开转让的非上市公众公司报送除上述文件之外的其他文件;公司应当遵守证券交易场所的相关规定。

2.9　非上市公众公司监管指引第3号——章程必备条款

非上市公众公司监管指引第3号——章程必备条款

中国证券监督管理委员会公告〔2013〕3号

第一条　公司章程应当符合本指引的相关规定。

第二条　章程总则应当载明章程的法律效力，规定章程自生效之日起，即成为规范公司的组织和行为、公司与股东、股东与股东之间权利义务关系的具有约束力的法律文件，对公司、股东、董事、监事、高级管理人员具有法律约束力。

第三条　章程应当载明公司股票采用记名方式，并明确公司股票的登记存管机构以及股东名册的管理规定。

第四条　章程应当载明保障股东享有知情权、参与权、质询权和表决权的具体安排。

第五条　章程应当载明公司为防止股东及其关联方占用或者转移公司资金、资产及其他资源的具体安排。

第六条　章程应当载明公司控股股东和实际控制人的诚信义务。明确规定控股股东及实际控制人不得利用各种方式损害公司和其他股东的合法权益；控股股东及实际控制人违反相关法律、法规及章程规定，给公司及其他股东造成损失的，应承担赔偿责任。

第七条　章程应当载明须提交股东大会审议的重大事项的范围。

章程应当载明须经股东大会特别决议通过的重大事项的范围。

公司还应当在章程中载明重大担保事项的范围。

第八条　章程应当载明董事会须对公司治理机制是否给所有的股东提供合适的保护和平等权利，以及公司治理结构是否合理、有效等情况，进行讨论、评估。

第九条　章程应当载明公司依法披露定期报告和临时报告。

第十条　章程应当载明公司信息披露负责机构及负责人。如公司设置董事会秘书的，则应当由董事会秘书负责信息披露事务。

第十一条　章程应当载明公司的利润分配制度。章程可以就现金分红的具体条件和比例、未分配利润的使用原则等政策作出具体规定。

第十二条　章程应当载明公司关于投资者关系管理工作的内容和方式。

第十三条　股票不在依法设立的证券交易场所公开转让的公司应当在章程中规定，公司股东应当以非公开方式协议转让股份，不得采取公开方式向社会公众转让股份，并明确股东协议转让股份后，应当及时告知公司，同时在登记存管机构办理登记过户。

第十四条　公司章程应当载明公司、股东、董事、监事、高级管理人员之间涉及章程规定的纠纷，应当先行通过协商解决。协商不成的，通过仲裁或诉讼等方式解决。如选择仲裁方式的，应当指定明确具体的仲裁机构进行仲裁。

第十五条 公司股东大会选举董事、监事，如实行累积投票制的，应当在章程中对相关具体安排作出明确规定。

公司如建立独立董事制度的，应当在章程中明确独立董事的权利义务、职责及履职程序。

公司如实施关联股东、董事回避制度，应当在章程中列明需要回避的事项。

2.10 非上市公众公司监管指引第4号——股东人数超过200人的未上市股份有限公司申请行政许可有关问题的审核指引

非上市公众公司监管指引第4号
——股东人数超过200人的未上市股份有限公司申请行政许可有关问题的审核指引

中国证券监督管理委员会公告〔2013〕54号

《证券法》第十条明确规定“向特定对象发行证券累计超过二百人的”属于公开发行，需依法报经中国证监会核准。对于股东人数已经超过200人的未上市股份有限公司（以下简称200人公司），符合本指引规定的，可申请公开发行并在证券交易所上市、在全国中小企业股份转让系统（以下简称全国股份转让系统）挂牌公开转让等行政许可。对200人公司合规性的审核纳入行政许可过程中一并审核，不再单独审核。现将200人公司的审核标准、申请文件、股份代持及间接持股处理等事项的监管要求明确如下：

一、审核标准

200人公司申请行政许可的合规性应当符合本指引规定的下列要求：

（一）公司依法设立且合法存续

200人公司的设立、增资等行为不违反当时法律明确的禁止性规定，目前处于合法存续状态。城市商业银行、农村商业银行等银行业股份公司应当符合《关于规范金融企业内部职工持股的通知》（财金〔2010〕97号）。

200人公司的设立、历次增资依法需要批准的，应当经过有权部门的批准。存在不规范情形的，应当经过规范整改，并经当地省级人民政府确认。

200人公司在股份形成及转让过程中不存在虚假陈述、出资不实、股权管理混乱等情形，不存在重大诉讼、纠纷以及重大风险隐患。

（二）股权清晰

200 人公司的股权清晰，是指股权形成真实、有效，权属清晰及股权结构清晰。具体要求包括：

1. 股权权属明确。200 人公司应当设置股东名册并进行有序管理，股东、公司及相关方对股份归属、股份数量及持股比例无异议。股权结构中存在工会或职工持股会代持、委托持股、信托持股、以及通过“持股平台”间接持股等情形的，应当按照本指引的相关规定进行规范。

本指引所称“持股平台”是指单纯以持股为目的的合伙企业、公司等持股主体。

2. 股东与公司之间、股东之间、股东与第三方之间不存在重大股份权属争议、纠纷或潜在纠纷。

3. 股东出资行为真实，不存在重大法律瑕疵，或者相关行为已经得到有效规范，不存在风险隐患。

申请行政许可的 200 人公司应当对股份进行确权，通过公证、律师见证等方式明确股份的权属。申请公开发行并在证券交易所上市的，经过确权的股份数量应当达到股份总数的 90% 以上（含 90%）；申请在全国股份转让系统挂牌公开转让的，经过确权的股份数量应当达到股份总数的 80% 以上（含 80%）。未确权的部分应当设立股份托管账户，专户管理，并明确披露有关责任的承担主体。

（三）经营规范

200 人公司持续规范经营，不存在资不抵债或者明显缺乏清偿能力等破产风险的情形。

（四）公司治理与信息披露制度健全

200 人公司按照中国证监会的相关规定，已经建立健全了公司治理机制和履行信息披露义务的各项制度。

二、申请文件

（一）200 人公司申请行政许可，应当提交下列文件：

1. 企业法人营业执照；

2. 公司关于股权形成过程的专项说明；

3. 设立、历次增资的批准文件；

4. 证券公司出具的专项核查报告；

5. 律师事务所出具的专项法律意见书，或者在提交行政许可的法律意见书中出具专项法律意见。

以上各项文件如已在申请公开发行并在证券交易所上市或者在全国股份转让系统挂牌公开转让的申请文件中提交，可不重复提交。

（二）存在下列情形之一的，应当报送省级人民政府出具的确认函：

1. 1994 年 7 月 1 日《公司法》实施前，经过体改部门批准设立，但存在内部职工股超范围或超比例发行、法人股向社会个人发行等不规范情形的定向募集公司。

2. 1994年7月1日《公司法》实施前，依法批准向社会公开发行股票的公司。

3. 按照《国务院办公厅转发证监会关于清理整顿场外非法股票交易方案的通知》（国办发〔1998〕10号），清理整顿证券交易场所后"下柜"形成的股东超过200人的公司。

4. 中国证监会认为需要省级人民政府出具确认函的其他情形。

省级人民政府出具的确认函应当说明公司股份形成、规范的过程以及存在的问题，并明确承担相应责任。

（三）股份已经委托股份托管机构进行集中托管的，应当由股份托管机构出具股份托管情况的证明。股份未进行集中托管的，应当按照前款规定提供省级人民政府的确认函。

（四）属于200人公司的城市商业银行、农村商业银行等银行业股份公司应当提供中国银行业监督管理机构出具的监管意见。

三、关于股份代持及间接持股的处理

（一）一般规定

股份公司股权结构中存在工会代持、职工持股会代持、委托持股或信托持股等股份代持关系，或者存在通过"持股平台"间接持股的安排以致实际股东超过200人的，在依据本指引申请行政许可时，应当已经将代持股份还原至实际股东、将间接持股转为直接持股，并依法履行了相应的法律程序。

（二）特别规定

以私募股权基金、资产管理计划以及其他金融计划进行持股的，如果该金融计划是依据相关法律法规设立并规范运作，且已经接受证券监督管理机构监管的，可不进行股份还原或转为直接持股。

四、相关各方的责任

（一）公司及其相关人员的责任

在申请文件制作及申报过程中，公司及其控股股东、实际控制人、董事、监事及高级管理人员应当在申请文件中签名保证内容真实、准确、完整。

公司控股股东、实际控制人、董事、监事及高级管理人员应当积极配合相关证券公司、律师事务所、会计师事务所开展尽职调查。

（二）中介机构的职责

证券公司、律师事务所应当勤勉尽责，对公司股份形成、经营情况、公司治理及信息披露等方面进行充分核查验证，确保所出具的文件无虚假记载、误导性陈述或者重大遗漏。

五、附则

（一）申请行政许可的200人公司的控股股东、实际控制人或者重要控股子公司也属于200人公司的，应当依照本指引的要求进行规范。

（二）2006年1月1日《证券法》修订实施后，未上市股份有限公司股东人数超过200人的，应当符合《证券法》和《非上市公众公司监督管理办法》的有关规定。国家另有规定的，从其规定。

（三）本指引自公布之日起施行。

2.11　非上市公众公司信息披露内容与格式准则第1号——公开转让说明书（略）

2.12　非上市公众公司信息披露内容与格式准则第2号——公开转让股票申请文件（略）

2.13　非上市公众公司信息披露内容与格式准则第3号——定向发行说明书和发行情况报告书（略）

2.14　非上市公众公司信息披露内容与格式准则第4号——定向发行申请文件（略）

2.15　非上市公众公司信息披露内容与格式准则第5号——权益变动报告书、收购报告书、要约收购报告书（略）

2.16　非上市公众公司信息披露内容与格式准则第6号——重大资产重组报告书（略）

2.17　非上市公众公司信息披露内容与格式准则第7号——定向发行优先股说明书和发行情况报告书（略）

2.18　非上市公众公司信息披露内容与格式准则第8号——定向发行优先股申请文件（略）

2.19　中国证券监督管理委员会公告〔2013〕49号

中国证券监督管理委员会公告〔2013〕49号

（2013年12月26日发布）

根据《行政许可法》、《国务院关于全国中小企业股份转让系统有关问题的决定》、

《中国证券监督管理委员会行政许可实施程序规定》和《非上市公众公司监督管理办法》等相关法律法规的规定，现将股东人数超过200人的股份公司申请股票在全国中小企业股份转让系统挂牌公开转让核准、股份公司向特定对象发行证券导致证券持有人累计超过200人或者股东人数超过200人的非上市公众公司向特定对象发行证券核准等非上市公众公司行政许可事项的有关事宜公告如下：

一、按照《国务院关于全国中小企业股份转让系统有关问题的决定》，自本公告公布之日起，境内符合条件的股份公司均可提出股票在全国中小企业股份转让系统挂牌公开转让、定向发行证券的申请。

二、股东人数超过200人的股份公司申请股票在全国中小企业股份转让系统挂牌公开转让、股份公司向特定对象发行证券导致证券持有人累计超过200人或者股东人数超过200人的非上市公众公司向特定对象发行证券，应当向我会提出行政许可申请，由中国证监会行政许可受理服务中心（北京市西城区金融大街19号富凯大厦A座一层）受理相关申请材料。

三、股东人数未超过200人的股份公司申请股票在全国中小企业股份转让系统挂牌公开转让，以及挂牌公司向特定对象发行证券后证券持有人累计不超过200人的，中国证监会豁免核准，由全国中小企业股份转让系统有限责任公司（北京市西城区金融大街丁26号金阳大厦）受理相关申请材料并进行审查，我会不再进行审核，也不出具行政许可文件。公司挂牌后，直接纳入非上市公众公司监管范围。

四、向我会报送的申请材料，应当符合《非上市公众公司监督管理办法》、非上市公众公司监管指引以及相关信息披露内容与格式准则等要求。

五、本公告自公布之日起施行，证监会公告〔2013〕20号同时废止。

2.20 非上市公众公司行政许可事项审核工作流程（略）

2.21 股份公司向特定对象发行证券导致证券持有人累计超过200人或股东人数超过200人的非上市公众公司向特定对象发行证券核准（略）

2.22 股东人数超过200人的股份公司申请股票在全国中小企业股份转让系统挂牌公开转让核准（略）

第三章　业务规则

3.1　综合类

3.1.1　全国中小企业股份转让系统业务规则(试行)

全国中小企业股份转让系统业务规则(试行)

(2013 年 2 月 8 日发布　2013 年 12 月 30 日修改)

第一章　总　　则

1.1　为规范全国中小企业股份转让系统(以下简称“全国股份转让系统”)运行,维护市场正常秩序,保护投资者合法权益,根据《中华人民共和国公司法》(以下简称《公司法》)、《中华人民共和国证券法》、《国务院关于全国中小企业股份转让系统有关问题的决定》以及《非上市公众公司监督管理办法》(以下简称《管理办法》)、《全国中小企业股份转让系统有限责任公司管理暂行办法》等法律、行政法规、部门规章,制定本业务规则。

1.2　在全国股份转让系统挂牌的股票、可转换公司债券及其他证券品种,适用本业务规则。本业务规则未作规定的,适用全国中小企业股份转让系统有限责任公司(以下简称“全国股份转让系统公司”)的其他有关规定。

1.3　全国股份转让系统的证券公开转让及相关活动,实行公开、公平、公正的原则,禁止证券欺诈、内幕交易、操纵市场等违法违规行为。市场参与人应当遵循自愿、有偿、诚实信用的原则。

1.4　申请挂牌公司、挂牌公司及其董事、监事、高级管理人员、股东、实际控制人,主办券商、会计师事务所、律师事务所、其他证券服务机构及其相关人员,投资者应当遵守法律、行政法规、部门规章、本业务规则及全国股份转让系统公司其他业务规定。

1.5　申请挂牌公司、挂牌公司及其他信息披露义务人、主办券商应当真实、准确、完整、及时地披露信息,不得有虚假记载、误导性陈述或者重大遗漏。申请挂牌公司、挂牌公司的董事、监事、高级管理人员应当忠实、勤勉地履行职责,保证公司披露信息的真实、准确、完整、及时、公平。申请挂牌公司、挂牌公司及其他信息披露义务人、主办券商依法披露的信息,应当第一时间在全国股份转让系统指定信息披露平台(www.neeq.com.cn 或 www.neeq.cc)公布。

1.6 全国股份转让系统实行主办券商制度。主办券商应当对所推荐的挂牌公司履行持续督导义务。

1.7 主办券商、会计师事务所、律师事务所、其他证券服务机构及其相关人员在全国股份转让系统从事相关业务,应严格履行法定职责,遵守行业规范,勤勉尽责,诚实守信,并对出具文件的真实性、准确性、完整性负责。

1.8 全国股份转让系统实行投资者适当性管理制度。投资者应当具备一定的证券投资经验和相应的风险识别和承担能力,知悉相关业务规则,自行承担投资风险。

1.9 挂牌公司、主办券商、投资者等市场参与人,应当按照规定交纳相关税费。

1.10 挂牌公司是纳入中国证监会监管的非上市公众公司,股东人数可以超过二百人。

股东人数未超过二百人的股份有限公司,直接向全国股份转让系统公司申请挂牌。

股东人数超过二百人的股份有限公司,公开转让申请经中国证监会核准后,可以按照本业务规则的规定向全国股份转让系统公司申请挂牌。

1.11 全国股份转让系统公司依法对申请挂牌公司、挂牌公司及其他信息披露义务人、主办券商等市场参与人进行自律监管。

第二章 股 票 挂 牌

2.1 股份有限公司申请股票在全国股份转让系统挂牌,不受股东所有制性质的限制,不限于高新技术企业,应当符合下列条件:

(一)依法设立且存续满两年。有限责任公司按原账面净资产值折股整体变更为股份有限公司的,存续时间可以从有限责任公司成立之日起计算;

(二)业务明确,具有持续经营能力;

(三)公司治理机制健全,合法规范经营;

(四)股权明晰,股票发行和转让行为合法合规;

(五)主办券商推荐并持续督导;

(六)全国股份转让系统公司要求的其他条件。

2.2 申请挂牌公司应当与主办券商签订推荐挂牌并持续督导协议,按照全国股份转让系统公司的有关规定编制申请文件,并向全国股份转让系统公司申报。

2.3 全国股份转让系统公司对挂牌申请文件审查后,出具是否同意挂牌的审查意见。

2.4　申请挂牌公司取得全国股份转让系统公司同意挂牌的审查意见后,按照全国股份转让系统公司规定的有关程序办理挂牌手续。

申请挂牌公司应当在其股票挂牌前与全国股份转让系统公司签署挂牌协议,明确双方的权利、义务和有关事项。

2.5　申请挂牌公司应当在其股票挂牌前依照全国股份转让系统公司的规定披露公开转让说明书等文件。

2.6　申请挂牌公司在其股票挂牌前实施限制性股票或股票期权等股权激励计划且尚未行权完毕的,应当在公开转让说明书中披露股权激励计划等情况。

2.7　申请挂牌公司在其股票挂牌前,应当与中国证券登记结算有限责任公司(以下简称"中国结算")签订证券登记及服务协议,办理全部股票的集中登记。

2.8　挂牌公司控股股东及实际控制人在挂牌前直接或间接持有的股票分三批解除转让限制,每批解除转让限制的数量均为其挂牌前所持股票的三分之一,解除转让限制的时间分别为挂牌之日、挂牌期满一年和两年。

挂牌前十二个月以内控股股东及实际控制人直接或间接持有的股票进行过转让的,该股票的管理按照前款规定执行,主办券商为开展做市业务取得的做市初始库存股票除外。

因司法裁决、继承等原因导致有限售期的股票持有人发生变更的,后续持有人应继续执行股票限售规定。

2.9　股票解除转让限制,应由挂牌公司向主办券商提出,由主办券商报全国股份转让系统公司备案。全国股份转让系统公司备案确认后,通知中国结算办理解除限售登记。

第三章　股票转让

第一节　一般规定

3.1.1　股票转让采用无纸化的公开转让形式,或经中国证监会批准的其他转让形式。

3.1.2　股票转让可以采取协议方式、做市方式、竞价方式或其他中国证监会批准的转让方式。经全国股份转让系统公司同意,挂牌股票可以转换转让方式。

3.1.3　挂牌股票采取协议转让方式的,全国股份转让系统公司同时提供集合竞价转让安排。

3.1.4　挂牌股票采取做市转让方式的,须有2家以上从事做市业务的主办券商(以下简称"做市商")为其提供做市报价服务。

做市商应当在全国股份转让系统持续发布买卖双向报价,并在报价价位和数量范围内履行与投资者的成交义务。做市转让方式下,投资者之间不能成交。全国股份转让系统公司另有规定的除外。

3.1.5 全国股份转让系统为证券转让提供相关设施,包括交易主机、交易单元、报盘系统及相关通信系统等。

3.1.6 主办券商进入全国股份转让系统进行证券转让,应当先向全国股份转让系统公司申请取得转让权限,成为转让参与人。

3.1.7 股票转让时间为每周一至周五上午9:15至11:30,下午13:00至15:00。转让时间内因故停市,转让时间不作顺延。遇法定节假日和全国股份转让系统公司公告的休市日,全国股份转让系统休市。

3.1.8 全国股份转让系统对股票转让不设涨跌幅限制。全国股份转让系统公司另有规定的除外。

3.1.9 投资者买卖挂牌公司股票,应当开立证券账户和资金账户,并与主办券商签订证券买卖委托代理协议。投资者开立证券账户,应当按照中国结算的相关规定办理。

3.1.10 主办券商接受投资者的买卖委托后,应当确认投资者具备相应股票或资金,并按照投资者委托的时间先后顺序向全国股份转让系统申报。

3.1.11 买卖挂牌公司股票,申报数量应当为1000股或其整数倍。

卖出挂牌公司股票时,余额不足1000股部分,应当一次性申报卖出。

3.1.12 股票转让的计价单位为"每股价格"。股票转让的申报价格最小变动单位为0.01元人民币。

3.1.13 全国股份转让系统公司可以根据市场需要,调整股票单笔买卖申报数量和申报价格的最小变动单位。

3.1.14 申报当日有效。投资者可以撤销委托申报的未成交部分。

3.1.15 买卖申报经交易主机成交确认后,转让即告成立,买卖双方必须承认转让结果,履行清算交收义务,本规则另有规定的除外。

3.1.16 中国结算作为共同对手方,为股票转让提供清算和多边净额担保交收服务;或不作为共同对手方,提供其他清算、交收等服务。

3.1.17 投资者卖出股票,须委托代理其买入该股票的主办券商办理。如需委托另一家主办券商卖出该股票,须办理股票转托管手续。

3.1.18 投资者因司法裁决、继承等特殊原因需要办理股票过户的,依照中国结算的规定办理。

第二节 转让信息

3.2.1 全国股份转让系统公司每个转让日发布股票转让即时行情、股票转让公开信息等转让信息,及时编制反映市场转让情况的各类报表,并通过全国股份转让系统指定信息披露平台或其他媒体予以公布。

3.2.2 全国股份转让系统公司负责全国股份转让系统信息的统一管理和发布。未经全国股份转让系统公司许可,任何机构和个人不得发布、使用和传播转让信息。经全国股份转让系统公司许可使用转让信息的机构和个人,未经同意不得将转让信息提供给其他机构和个人使用或予以传播。

3.2.3 全国股份转让系统公司可以根据市场发展需要,编制综合指数、成份指数、分类指数等证券指数,随即时行情发布。证券指数的设置和编制方法,由全国股份转让系统公司另行规定。

第三节 监控与异常情况处理

3.3.1 全国股份转让系统公司对股票转让中出现的异常转让行为进行重点监控,并可以视情况采取盘中临时停止股票转让等措施。

3.3.2 发生下列转让异常情况之一,导致部分或全部转让不能正常进行的,全国股份转让系统公司可以决定单独或同时采取暂缓进入清算交收程序、技术性停牌或临时停市等措施:

(一)不可抗力;

(二)意外事件;

(三)技术故障;

(四)全国股份转让系统公司认定的其他异常情况。

3.3.3 全国股份转让系统公司对暂缓进入清算交收程序、技术性停牌或临时停市决定予以公告。技术性停牌或临时停市原因消除后,全国股份转让系统公司可以决定恢复转让,并予以公告。因转让异常情况及全国股份转让系统公司采取的相应措施造成损失的,全国股份转让系统公司不承担赔偿责任。

3.3.4 转让异常情况处理的具体规定,由全国股份转让系统公司另行制定并报中国证监会批准。

第四章 挂牌公司

第一节 公司治理

4.1.1 挂牌公司应当按照法律、行政法规、部门规章、全国股份转让系统公司相关业务规定完善公司治理,确保所有股东,特别是中小股东享有平等地位,充分行使合法权利。

4.1.2 挂牌公司应当依据《公司法》及有关非上市公众公司章程必备条款的规定制定公司章程并披露。挂牌公司应当依照公司章程的规定,规范重大事项的内部决策程序。

4.1.3 挂牌公司与控股股东、实际控制人及其控制的其他企业应实行人员、资产、财务分开,各自独立核算、独立承担责任和风险。

4.1.4 控股股东、实际控制人及其控制的其他企业应切实保证挂牌公司的独立性,不得利用其股东权利或者实际控制能力,通过关联交易、垫付费用、提供担保及其他方式直接或者间接侵占挂牌公司资金、资产,损害挂牌公司及其他股东的利益。

4.1.5 挂牌公司董事会做出的对公司治理机制的讨论评估应当在年度报告中披露。

4.1.6 挂牌公司可以实施股权激励,具体办法另行规定。

第二节 信 息 披 露

4.2.1 挂牌公司应当按照全国股份转让系统公司相关规定编制并披露定期报告和临时报告;上述文件披露前,挂牌公司应当依据公司章程履行内部程序。

挂牌公司应当按照《企业会计准则》的要求编制财务报告,全国股份转让系统公司另有规定的除外。

挂牌公司发生的或者与之有关的事件没有达到全国股份转让系统公司规定的披露标准,或者全国股份转让系统公司没有具体规定,但公司董事会认为该事件对公司股票转让价格可能产生较大影响的,公司应当及时披露。

4.2.2 若挂牌公司有充分依据证明其拟披露的信息属于国家机密、商业秘密,可能导致其违反国家有关保密法律、行政法规规定或者严重损害挂牌公司利益的,可以向全国股份转让系统公司申请豁免披露或履行相关义务。

4.2.3 挂牌公司应当制定并执行信息披露事务管理制度。

挂牌公司设有董事会秘书的,由董事会秘书负责信息披露管理事务,未设董事会秘书的,挂牌公司应指定一名具有相关专业知识的人员负责信息披露管理事务,并向全国股份转让系统公司报备。负责信息披露管理事务的人员应列席公司的董事会和股东大会。

4.2.4 挂牌公司及其他信息披露义务人应当对其披露信息内容的真实性、准确性、完整性承担责任。

4.2.5 挂牌公司、相关信息披露义务人和其他知情人不得泄露内幕信息。

4.2.6 主办券商应对挂牌公司拟披露的信息披露文件进行审查,履行持续督导职责。

4.2.7 全国股份转让系统公司对挂牌公司及其他信息披露义务人已披露的信息进行审查。

4.2.8 挂牌公司出现下列情形之一的,全国股份转让系统公司对股票转让实行风险警示,在公司股票简称前加注标识并公告:

(一)最近一个会计年度的财务会计报告被出具否定意见或者无法表示意见的审计报告;

(二)最近一个会计年度经审计的期末净资产为负值;

(三)全国股份转让系统公司规定的其他情形。

第三节 股票发行

4.3.1 本业务规则规定的股票发行,是指申请挂牌公司、挂牌公司向符合全国股份转让系统投资者适当性管理要求的对象发行股票的行为。

股票发行可以采取路演、询价等方式选定投资者。

4.3.2 申请挂牌公司、挂牌公司股票发行应当符合全国股份转让系统公司有关投资者适当性管理、信息披露等规定。

4.3.3 按照《管理办法》应申请核准的股票发行,挂牌公司在取得中国证监会核准文件后,按照全国股份转让系统公司的规定办理股票发行新增股份的挂牌手续。

4.3.4 按照《管理办法》豁免申请核准的股票发行,主办券商应履行持续督导职责并发表意见,挂牌公司在发行验资完毕后填报备案登记表,办理新增股份的登记及挂牌手续。

4.3.5 申请挂牌公司申请股票在全国股份转让系统挂牌的同时股票发行的,应在公开转让说明书中披露。

第四节 暂停与恢复转让

4.4.1 挂牌公司发生下列事项,应当向全国股份转让系统公司申请暂停转让,直至按规定披露或相关情形消除后恢复转让:

(一)预计应披露的重大信息在披露前已难以保密或已经泄露,或公共媒体出现与公司有关传闻,可能或已经对股票转让价格产生较大影响的;

(二)涉及需要向有关部门进行政策咨询、方案论证的无先例或存在重大不确定性的重大事项,或挂牌公司有合理理由需要申请暂停股票转让的其他事项;

(三)向中国证监会申请公开发行股票并在证券交易所上市,或向证券交易所申请股票上市;

(四)向全国股份转让系统公司主动申请终止挂牌;

(五)未在规定期限内披露年度报告或者半年度报告;

(六)主办券商与挂牌公司解除持续督导协议;

(七)出现依《公司法》第一百八十一条规定解散的情形,或法院依法受理公司重整、和解或者破产清算申请。

挂牌公司未按规定向全国股份转让系统公司申请暂停股票转让的,主办券商应当及时向全国股份转让系统公司报告并提出处理建议。

4.4.2 全国股份转让系统公司可以根据中国证监会的要求或者基于维护市场秩序的需要,决定挂牌公司股票的暂停与恢复转让事宜。

第五节 终止与重新挂牌

4.5.1 挂牌公司出现下列情形之一的,全国股份转让系统公司终止其股票挂牌:

(一)中国证监会核准其公开发行股票并在证券交易所上市,或证券交易所同意其股票上市;

(二)终止挂牌申请获得全国股份转让系统公司同意;

(三)未在规定期限内披露年度报告或者半年度报告的,自期满之日起两个月内仍未披露年度报告或半年度报告;

(四)主办券商与挂牌公司解除持续督导协议,挂牌公司未能在股票暂停转让之日起三个月内与其他主办券商签署持续督导协议的;

(五)挂牌公司经清算组或管理人清算并注销公司登记的;

(六)全国股份转让系统公司规定的其他情形。

4.5.2 全国股份转让系统公司在作出股票终止挂牌决定后发布公告,并报中国证监会备案。

挂牌公司应当在收到全国股份转让系统公司的股票终止挂牌决定后及时披露股票终止挂牌公告。

4.5.3 对因本业务规则4.5.1条第(三)、(四)项情形终止挂牌的公司,全国股份转让系统公司可以为其提供股票非公开转让服务。

4.5.4 导致公司终止挂牌的情形消除后,经公司申请、主办券商推荐及全国股份转让系统公司同意,公司股票可以重新挂牌。

第五章 主办券商

5.1 主办券商是指在全国股份转让系统从事下列部分或全部业务的证券公司:

(一)推荐业务:推荐申请挂牌公司股票挂牌,持续督导挂牌公司,为挂牌公司股票发行、并购重组等提供相关服务;

(二)经纪业务:代理开立证券账户、代理买卖股票等业务;

(三)做市业务;

(四)全国股份转让系统公司规定的其他业务。

从事前款第一项业务的,应当具有证券承销与保荐业务资格;从事前款第二项业务的,应当具有证券经纪业务资格;从事前款第三项业务的,应当具有证券自营业务资格。

5.2 证券公司在全国股份转让系统开展相关业务前,应向全国股份转让系统公司申请备案。

全国股份转让系统公司同意备案的,与其签订协议,出具备案函并公告。

5.3 主办券商应在取得全国股份转让系统公司备案函后五个转让日内,在全国股份转让系统指定信息披露平台披露公司基本情况、主要业务人员情况及全国股份转让系统公司要求披露的其他信息。

主办券商在全国股份转让系统开展业务期间,应按全国股份15转让系统公司要求报送并披露相关执业情况等信息。

主办券商所披露信息内容发生变更的，应按规定及时报告全国股份转让系统公司并进行更新。

5.4　主办券商在全国股份转让系统开展业务，应当建立健全各项业务管理制度和业务操作流程，建立健全风险管理制度和合规管理制度，保障业务依法合规进行，严格防范和控制业务风险。

5.5　主办券商应当实现推荐业务、经纪业务、做市业务以及其他业务之间的有效隔离，防范内幕交易，避免利益冲突。

5.6　主办券商开展推荐业务，应勤勉尽责地进行尽职调查和内核，并承担相应责任。

5.7　主办券商应持续督导所推荐挂牌公司诚实守信、规范履行信息披露义务、完善公司治理机制。

主办券商与挂牌公司解除持续督导协议前，应当报告全国股份转让系统公司并说明理由。

5.8　主办券商应当建立健全投资者适当性管理工作制度和业务流程，严格执行全国股份转让系统投资者适当性管理各项要求。

5.9　主办券商发现投资者存在异常交易行为，应提醒投资者；对可能严重影响正常交易秩序的异常交易行为，应及时报告全国股份转让系统公司。

5.10　主办券商开展做市业务不得利用信息优势和资金优势，通过单独或者合谋，以串通报价或相互买卖操纵股票转让价格，损害投资者利益。

5.11　全国股份转让系统公司对主办券商及其从业人员的执业行为进行持续管理，开展现场检查和非现场检查，记录其执业情况、违规行为等信息。

第六章　监管措施与违规处分

6.1　全国股份转让系统公司可以对本业务规则1.4条规定的监管对象采取下列自律监管措施：

（一）要求申请挂牌公司、挂牌公司及其他信息披露义务人或者其董事（会）、监事（会）和高级管理人员、主办券商、证券服务机构及其相关人员对有关问题作出解释、说明和披露；

（二）要求申请挂牌公司、挂牌公司聘请中介机构对公司存在的问题进行核查并发表意见；

（三）约见谈话；

（四）要求提交书面承诺；

（五）出具警示函；

（六）责令改正；

（七）暂不受理相关主办券商、证券服务机构或其相关人员出具的文件；

(八)暂停解除挂牌公司控股股东、实际控制人的股票限售;

(九)限制证券账户交易;

(十)向中国证监会报告有关违法违规行为;

(十一)其他自律监管措施。

监管对象应当积极配合全国股份转让系统公司的日常监管,在规定期限内回答问询,按照全国股份转让系统公司的要求提交说明,或者披露相应的更正或补充公告。

6.2 申请挂牌公司、挂牌公司、相关信息披露义务人违反本业务规则、全国股份转让系统公司其他相关业务规定的,全国股份转让系统公司视情节轻重给予以下处分,并记入证券期货市场诚信档案数据库(以下简称"诚信档案"):

(一)通报批评;

(二)公开谴责。

6.3 申请挂牌公司、挂牌公司的董事、监事、高级管理人员违反本业务规则、全国股份转让系统公司其他相关业务规定的,全国股份转让系统公司视情节轻重给予以下处分,并记入诚信档案:

(一)通报批评;

(二)公开谴责;

(三)认定其不适合担任公司董事、监事、高级管理人员。

6.4 主办券商违反本业务规则、全国股份转让系统公司其他相关业务规定的,全国股份转让系统公司视情节轻重给予以下处分,并记入诚信档案:

(一)通报批评;

(二)公开谴责;

(三)限制、暂停直至终止其从事相关业务。

6.5 主办券商的相关业务人员违反本业务规则、全国股份转让系统公司其他相关业务规定的,全国股份转让系统公司视情节轻重给予以下处分,并记入诚信档案:

(一)通报批评;

(二)公开谴责。

6.6 会计师事务所、律师事务所、其他证券服务机构及其工作人员违反本业务规则、全国股份转让系统公司其他相关业务规定的,全国股份转让系统公司视情节轻重给予以下处分,记入诚信档案并向相关行业自律组织通报:

(一)通报批评;

(二)公开谴责。

6.7 全国股份转让系统公司设立纪律处分委员会对本业务规则规定的纪律处分事项进行审核,作出独立的专业判断并形成审核意见。全国股份转让系统公司根据纪律处分委员会的审核意见,作出是否给予纪律处分的决定。

监管对象不服全国股份转让系统公司作出的纪律处分决定的,可自收到处分通知之日起15个工作日内向全国股份转让系统公司申请复核，复核期间该处分决定不停止执行。

第七章　附　　则

7.1　原证券公司代办股份转让系统挂牌的STAQ、NET系统公司和退市公司的股票转让、信息披露等事项另行规定。

7.2　本业务规则所称"以上"、"以内"含本数，"超过"不含本数。

7.3　本业务规则由全国股份转让系统公司负责解释。

7.4　本业务规则经中国证监会批准后生效，自发布之日起实施。

3.1.2　关于境内企业挂牌全国中小企业股份转让系统有关事项的公告

关于境内企业挂牌全国中小企业股份转让系统有关事项的公告

（股转系统公告〔2013〕54号）

为贯彻落实《国务院关于全国中小企业股份转让系统有关问题的决定》（国发〔2013〕49号）和《非上市公众公司监督管理办法》，做好全国中小企业股份转让系统（以下简称全国股份转让系统）市场覆盖范围扩大至全国的工作，现就有关事项公告如下：

一、自本公告发布之日起，境内符合条件的各种所有制、各种行业的企业均可申请股票在全国股份转让系统挂牌。

申请时股东人数未超过200人（含200人）的股份公司，直接向全国中小企业股份转让系统有限责任公司（以下简称"全国股份转让系统公司"）申请挂牌；申请时股东人数超过200人的股份公司，取得中国证监会核准文件后，向全国股份转让系统公司申请办理挂牌手续。

二、自本公告发布之日起，市场参与人应遵循修订后的《全国中小企业股份转让系统投资者适当性管理细则（试行）》（以下简称《适当性管理细则》）。不符合投资者适当性管理要求的投资者，可通过证券公司、基金公司等金融机构设计推出的定向投资产品，间接参与全国股份转让系统挂牌证券的投资。

本公告发布前，满足300万元人民币以上（含300万元）资产要求且已参与全国股份转让系统的自然人投资者，合格投资人资格继续有效，可以买卖所有挂牌公司的股票。

本公告发布前，股票发行方案已经挂牌公司董事会决议通过的，发行对象可按原投资者适当性管理制度的要求执行；股票发行方案尚未经挂牌公司董事会决议通过的，发行对象应当满足修订后的《适当性管理细则》的要求。挂牌公司的股东、董事、监事、高级管理人员及核心员工参与本公司的股票发行，如不符合参与挂牌公司股票公开转让条件的，只能买卖本公司的股票。

三、在全国股份转让系统交易结算相关技术系统正式上线前,挂牌股票交易结算相关事项仍按《全国中小企业股份转让系统过渡期股票转让暂行办法》和《全国中小企业股份转让系统过渡期登记结算暂行办法》等规定执行。

全国股份转让系统公司和中国证券登记结算有限责任公司将抓紧推进交易结算相关技术系统的开发和测试工作,计划明年二季度起分步上线。

四、各市场参与主体应当严格守法、归位尽责。主办券商等中介机构应按照法律、法规、部门规章,以及全国股份转让系统业务规则等要求,勤勉尽责、诚实守信,依法合规地开展各项业务,推动全国股份转让系统稳定、健康发展。

五、全国股份转让系统公司设服务窗口接收申请挂牌材料,地址为北京市西城区金融大街丁26号金阳大厦;并设热线电话,接受市场咨询和监督。

具体咨询电话如下:

接收服务:010-63889512

市场发展:010-63889551

挂牌业务:010-63889583

公司业务:010-63889549

机构业务:010-63889557

交易监察:010-63889700

信息服务:010-63889548

监督电话:010-63889775

特此公告。

全国中小企业股份转让系统有限责任公司
2013年12月30日

中国证券登记结算有限责任公司
2013年12月30日

3.1.3 关于全国中小企业股份转让系统有限责任公司有关收费事宜的通知(略)

3.2 挂牌类业务

3.2.1 全国中小企业股份转让系统主办券商推荐业务规定(试行)(略)

3.2.2 全国中小企业股份转让系统股票挂牌条件适用基本标准指引(试行)

全国中小企业股份转让系统股票挂牌条件适用基本标准指引(试行)

全国中小企业股份转让系统有限责任公司按照"可把控、可举证、可识别"的原则，对《全国中小企业股份转让系统业务规则（试行）》规定的六项挂牌条件进行细化，形成基本标准如下：

一、依法设立且存续满两年

（一）依法设立，是指公司依据《公司法》等法律、法规及规章的规定向公司登记机关申请登记，并已取得《企业法人营业执照》。

1. 公司设立的主体、程序合法、合规。

（1）国有企业需提供相应的国有资产监督管理机构或国务院、地方政府授权的其他部门、机构关于国有股权设置的批复文件。

（2）外商投资企业须提供商务主管部门出具的设立批复文件。

（3）《公司法》修改（2006 年 1 月 1 日）前设立的股份公司，须取得国务院授权部门或者省级人民政府的批准文件。

2. 公司股东的出资合法、合规，出资方式及比例应符合《公司法》相关规定。

（1）以实物、知识产权、土地使用权等非货币财产出资的，应当评估作价，核实财产，明确权属，财产权转移手续办理完毕。

（2）以国有资产出资的，应遵守有关国有资产评估的规定。

（3）公司注册资本缴足，不存在出资不实情形。

（二）存续两年是指存续两个完整的会计年度。

（三）有限责任公司按原账面净资产值折股整体变更为股份有限公司的，存续时间可以从有限责任公司成立之日起计算。整体变更不应改变历史成本计价原则，不应根据资产评估结果进行账务调整，应以改制基准日经审计的净资产额为依据折合为股份有限公司股本。申报财务报表最近一期截止日不得早于改制基准日。

二、业务明确，具有持续经营能力

（一）业务明确，是指公司能够明确、具体地阐述其经营的业务、产品或服务、用途及其商业模式等信息。

（二）公司可同时经营一种或多种业务，每种业务应具有相应的关键资源要素，该要素组成应具有投入、处理和产出能力，能够与商业合同、收入或成本费用等相匹配。

1. 公司业务如需主管部门审批，应取得相应的资质、许可或特许经营权等。

2. 公司业务须遵守法律、行政法规和规章的规定，符合国家产业政策以及环保、质量、安全等要求。

（三）持续经营能力，是指公司基于报告期内的生产经营状况，在可预见的将来，有能力按照既定目标持续经营下去。

1. 公司业务在报告期内应有持续的营运记录，不应仅存在偶发性交易或事项。营运记录包括现金流量、营业收入、交易客户、研发费用支出等。

2. 公司应按照《企业会计准则》的规定编制并披露报告期内的财务报表，公司不存在《中国注册会计师审计准则第1324号——持续经营》中列举的影响其持续经营能力的相关事项,并由具有证券期货相关业务资格的会计师事务所出具标准无保留意见的审计报告。

财务报表被出具带强调事项段的无保留审计意见的,应全文披露审计报告正文以及董事会、监事会和注册会计师对强调事项的详细说明,并披露董事会和监事会对审计报告涉及事项的处理情况,说明该事项对公司的影响是否重大、影响是否已经消除、违反公允性的事项是否已予纠正。

3. 公司不存在依据《公司法》第一百八十一条规定解散的情形,或法院依法受理重整、和解或者破产申请。

三、公司治理机制健全,合法规范经营

(一)公司治理机制健全,是指公司按规定建立股东大会、董事会、监事会和高级管理层(以下简称"三会一层")组成的公司治理架构,制定相应的公司治理制度,并能证明有效运行,保护股东权益。

1. 公司依法建立"三会一层",并按照《公司法》、《非上市公众公司监督管理办法》及《非上市公众公司监管指引第3号——章程必备条款》等规定建立公司治理制度。

2. 公司"三会一层"应按照公司治理制度进行规范运作。在报告期内的有限公司阶段应遵守《公司法》的相关规定。

3. 公司董事会应对报告期内公司治理机制执行情况进行讨论、评估。

(二)合法合规经营,是指公司及其控股股东、实际控制人、董事、监事、高级管理人员须依法开展经营活动,经营行为合法、合规,不存在重大违法违规行为。

1. 公司的重大违法违规行为是指公司最近24个月内因违犯国家法律、行政法规、规章的行为,受到刑事处罚或适用重大违法违规情形的行政处罚。

(1)行政处罚是指经济管理部门对涉及公司经营活动的违法违规行为给予的行政处罚。

(2)重大违法违规情形,是指凡被行政处罚的实施机关给予没收违法所得、没收非法财物以上行政处罚的行为,属于重大违法违规情形,但处罚机关依法认定不属于的除外;被行政处罚的实施机关给予罚款的行为,除主办券商和律师能依法合理说明或处罚机关认定该行为不属于重大违法违规行为的外,都视为重大违法违规情形。

(3)公司最近24个月内不存在涉嫌犯罪被司法机关立案侦查,尚未有明确结论意见的情形。

2. 控股股东、实际控制人合法合规,最近24个月内不存在涉及以下情形的重大违法违规行为:

(1)控股股东、实际控制人受刑事处罚;

(2)受到与公司规范经营相关的行政处罚,且情节严重;情节严重的界定参照前述规定；

（3）涉嫌犯罪被司法机关立案侦查，尚未有明确结论意见。

3. 现任董事、监事和高级管理人员应具备和遵守《公司法》规定的任职资格和义务，不应存在最近24个月内受到中国证监会行政处罚或者被采取证券市场禁入措施的情形。

（三）公司报告期内不应存在股东包括控股股东、实际控制人及其关联方占用公司资金、资产或其他资源的情形。如有，应在申请挂牌前予以归还或规范。

（四）公司应设有独立财务部门进行独立的财务会计核算，相关会计政策能如实反映企业财务状况、经营成果和现金流量。

四、股权明晰，股票发行和转让行为合法合规

（一）股权明晰，是指公司的股权结构清晰，权属分明，真实确定，合法合规，股东特别是控股股东、实际控制人及其关联股东或实际支配的股东持有公司的股份不存在权属争议或潜在纠纷。

1. 公司的股东不存在国家法律、法规、规章及规范性文件规定不适宜担任股东的情形。

2. 申请挂牌前存在国有股权转让的情形，应遵守国资管理规定。

3. 申请挂牌前外商投资企业的股权转让应遵守商务部门的规定。

（二）股票发行和转让合法合规，是指公司的股票发行和转让依法履行必要内部决议、外部审批（如有）程序，股票转让须符合限售的规定。

1. 公司股票发行和转让行为合法合规，不存在下列情形：

（1）最近36个月内未经法定机关核准，擅自公开或者变相公开发行过证券；

（2）违法行为虽然发生在36个月前，目前仍处于持续状态，但《非上市公众公司监督管理办法》实施前形成的股东超200人的股份有限公司经中国证监会确认的除外。

2. 公司股票限售安排应符合《公司法》和《全国中小企业股份转让系统业务规则（试行）》的有关规定。

（三）在区域股权市场及其他交易市场进行权益转让的公司，申请股票在全国股份转让系统挂牌前的发行和转让等行为应合法合规。

（四）公司的控股子公司或纳入合并报表的其他企业的发行和转让行为需符合本指引的规定。

五、主办券商推荐并持续督导

（一）公司须经主办券商推荐，双方签署了《推荐挂牌并持续督导协议》。

（二）主办券商应完成尽职调查和内核程序，对公司是否符合挂牌条件发表独立意见，并出具推荐报告。

六、全国股份转让系统公司要求的其他条件（略）

3.2.3 全国中小企业股份转让系统公开转让说明书内容与格式指引(试行)

全国中小企业股份转让系统公开转让说明书内容与格式指引(试行)

(2013 年 2 月 8 日发布 2013 年 12 月 30 日修改)

第一章 总 则

第一条 为规范公开转让股票的信息披露行为,保护投资者合法权益,根据《非上市公众公司监督管理办法》(证监会令第 85 号)、《非上市公众公司监管指引第 1 号》(证监会公告〔2013〕1 号)、《全国中小企业股份转让系统业务规则(试行)》等规定,制定本指引。

第二条 股东人数未超过 200 人的股份公司(以下简称申请挂牌公司)申请股票在全国中小企业股份转让系统(以下简称全国股份转让系统)挂牌,应按本指引编制公开转让说明书并披露。

第三条 本指引的规定是对公开转让说明书信息披露的最低要求。不论本指引是否有明确规定,凡对投资者投资决策有重大影响的信息,均应披露。

申请挂牌公司可根据自身及所属行业或业态特征,在本指引基础上增加有利于投资者判断和决策的相关内容。

本指引部分条款具体要求不适用的,申请挂牌公司可根据实际情况,在不影响内容完整性的前提下作适当调整,但应在申报时作书面说明;由于涉及特殊原因申请豁免披露的,应有充分依据,主办券商及律师应出具意见。

第四条 申请挂牌公司在公开转让说明书中披露的所有信息应真实、准确、完整,不得有虚假记载、误导性陈述或重大遗漏。

第五条 公开转让说明书的编制和披露应便于投资者理解和判断,符合下列一般要求:

(一)通俗易懂、言简意赅。要切合公司具体情况,用词要符合社会公众的认知习惯,对有特定含义的专业术语应作出释义。为避免重复,可采用相互引证的方法,对相关部分进行合理的技术处理。

(二)表述客观、逻辑清晰。不得有夸大性、广告性、诋毁性的词句。可采用图形、表格、图片等较为直观的方式进行披露。

(三)业务、产品(服务)、行业等方面的统计口径应前后一致。

(四)引用的数字采用阿拉伯数字,货币金额除特别说明外,指人民币金额,并以元、万元、亿元为单位。

第六条 申请挂牌公司编制公开转让说明书应准确引用有关中介机构的专业意见、报告和财务会计资料,并有充分的依据。

所引用的财务报表应由具有证券期货相关业务资格的会计师事务所审计，财务报表在其最近一期截止日后6个月内有效。特殊情况下申请挂牌公司可申请延长，但延长期至多不超过1个月。

第七条　申请挂牌公司应在全国股份转让系统指定信息披露平台披露公开转让说明书及其附件，并作提示性公告："本公司股票挂牌公开转让申请已经全国中小企业股份转让系统有限责任公司（以下简称全国股份转让系统公司）同意，中国证监会豁免核准，本公司的股票将在全国股份转让系统挂牌公开转让，公开转让说明书及附件披露于全国股份转让系统指定信息披露平台 www. neeq. com. cn 或 www. neeq. cc，供投资者查阅"。

第八条　公开转让说明书封面应标有"×××公司公开转让说明书"字样，扉页应载有如下声明：

"本公司及全体董事、监事、高级管理人员承诺公开转让说明书不存在虚假记载、误导性陈述或重大遗漏，并对其真实性、准确性、完整性承担个别和连带的法律责任。"

"本公司负责人和主管会计工作的负责人、会计机构负责人保证公开转让说明书中财务会计资料真实、完整。"

"全国股份转让系统公司对本公司股票公开转让所作的任何决定或意见，均不表明其对本公司股票的价值或投资者的收益作出实质性判断或者保证。任何与之相反的声明均属虚假不实陈述。"

"根据《证券法》的规定，本公司经营与收益的变化，由本公司自行负责，由此变化引致的投资风险，由投资者自行承担。"

申请挂牌公司应针对实际情况在公开转让说明书首页作"重大事项提示"，提醒投资者给予特别关注。

第二章　公开转让说明书

第一节　基 本 情 况

第九条　申请挂牌公司应简要披露下列情况：公司名称、法定代表人、设立日期、注册资本、住所、邮编、董事会秘书或信息披露事务负责人、所属行业、主要业务、组织机构代码等。

第十条　申请挂牌公司应披露股票代码、股票简称、股票种类、每股面值、股票总量、挂牌日期，股东所持股份的限售安排及股东对所持股份自愿锁定的承诺。

第十一条　申请挂牌公司应披露公司股权结构图，并披露控股股东、实际控制人、前十名股东及持有5%以上股份股东的名称、持股数量及比例、股东性质、直接或间接持有的股份是否存在质押或其他争议事项的具体情况及股东之间关联关系。

申请挂牌公司应披露控股股东和实际控制人基本情况以及实际控制人最近两年

内是否发生变化。

申请挂牌公司应简要披露设立以来股本的形成及其变化和重大资产重组情况。如果股权变化情况较复杂,可采用流程图、表格或其他形式梳理归并,并作为附件披露。

第十二条 申请挂牌公司应扼要披露董事、监事、高级管理人员的情况,主要包括:姓名、国籍及境外居留权、性别、年龄、学历、职称、现任职务及任期、职业经历。

第十三条 最近两年及一期的主要会计数据和财务指标简表,主要包括:营业收入、净利润、归属于申请挂牌公司股东的净利润、扣除非经常性损益后的净利润、归属于申请挂牌公司股东的扣除非经常性损益后的净利润、毛利率、净资产收益率、扣除非经常性损益后净资产收益率、应收账款周转率、存货周转率、基本每股收益、稀释每股收益、经营活动产生的现金流量净额、每股经营活动产生的现金流量净额、总资产、股东权益合计、归属于申请挂牌公司股东权益合计、每股净资产、归属于申请挂牌公司股东的每股净资产、资产负债率(以母公司报表为基础)、流动比率、速动比率。

除特别指出外,上述财务指标应以合并财务报表的数据为基础进行计算。相关指标的计算应执行中国证监会的有关规定。

第十四条 申请挂牌公司挂牌同时进行股票发行的,应披露拟发行股数、发行对象或范围、发行价格或区间、预计募集资金金额。同时,按照全国股份转让系统公司有关股票发行信息披露要求,在公开转让说明书“公司财务”后增加“股票发行”章节,披露相关信息。

第十五条 申请挂牌公司应披露下列机构的名称、法定代表人、住所、联系电话、传真,同时应披露有关经办人员(包括项目小组负责人、项目小组成员)的姓名:

(一)主办券商

(二)律师事务所

(三)会计师事务所

(四)资产评估机构

(五)证券登记结算机构

(六)做市商(如有)

(七)其他与公开转让有关的机构

第二节 公司业务

第十六条 申请挂牌公司应披露主要业务、主要产品或服务及其用途。

第十七条 申请挂牌公司应结合内部组织结构(包括部门、生产车间、子公司、分公司等),披露主要生产或服务流程及方式(包括服务外包、外协生产等)。

第十八条 申请挂牌公司应遵循重要性原则披露与其业务相关的关键资源要素,包括:

（一）产品或服务所使用的主要技术。

（二）主要无形资产的取得方式和时间、实际使用情况、使用期限或保护期、最近一期末账面价值。

（三）取得的业务许可资格或资质情况。

（四）特许经营权（如有）的取得、期限、费用标准。

（五）主要生产设备等重要固定资产使用情况、成新率或尚可使用年限。

（六）员工情况，包括人数、结构等。其中核心技术（业务）人员应披露姓名、年龄、主要业务经历及职务、现任职务与任期及持有申请挂牌公司的股份情况。核心技术（业务）团队在近两年内发生重大变动的，应披露变动情况和原因。

（七）其他体现所属行业或业态特征的资源要素。

第十九条　申请挂牌公司应扼要披露与业务相关的情况，包括：

（一）报告期业务收入的主要构成及各期主要产品或服务的规模、销售收入。

（二）产品或服务的主要消费群体，报告期内各期向前五名7客户的销售额及占当期销售总额的百分比。

（三）报告期内主要产品或服务的原材料、能源及供应情况，占成本的比重，报告期内各期向前五名供应商的采购额及占当期采购总额的百分比。

（四）报告期内对持续经营有重大影响的业务合同及履行情况。

第二十条　申请挂牌公司应归纳总结其商业模式，说明如何使用产品或服务、关键资源要素获取收入、利润及现金流。

第二十一条　申请挂牌公司应扼要披露其所处行业概况、市场规模及基本风险特征（如行业风险、市场风险、政策风险），并可分析公司在行业中的竞争地位。

第三节　公司治理

第二十二条　申请挂牌公司应披露最近两年内股东大会、董事会、监事会的建立健全及运行情况，说明上述机构和人员履行职责的情况。

申请挂牌公司可结合股东结构、董事会及监事会构成等方面，说明投资者（如专业投资机构）参与公司治理以及职工代表监事履行责任的实际情况。

第二十三条　申请挂牌公司董事会应充分讨论现有公司治理机制能否给所有股东提供合适的保护以及能否保证股东充分行使知情权、参与权、质询权和表决权等权利，说明投资者关系管理、纠纷解决机制、累积投票制（如有）、独立董事制度（如有）、关联股东和董事回避制度（如有）以及与财务管理、风险控制相关的内部管理制度建设情况，并披露董事会对公司治理机制执行情况的评估结果。

第二十四条　申请挂牌公司应披露公司及其控股股东、实际控制人最近两年内是否存在违法违规及受处罚的情况。

第二十五条　申请挂牌公司应披露与控股股东、实际控制人及其控制的其他企业在业务、资产、人员、财务、机构方面的分开情况。

第二十六条 申请挂牌公司应披露是否存在与控股股东、实际控制人及其控制的其他企业从事相同、相似业务的情况。对存在相同、相似业务的,应对是否存在同业竞争做出合理解释。

申请挂牌公司应披露控股股东、实际控制人为避免同业竞争采取的措施及做出的承诺。

第二十七条 申请挂牌公司应披露最近两年内是否存在资金被控股股东、实际控制人及其控制的其他企业占用,或者为控股股东、实际控制人及其控制的其他企业提供担保,以及为防止股东及其关联方占用或者转移公司资金、资产及其他资源的行为发生所采取的具体安排。

第二十八条 申请挂牌公司董事、监事、高级管理人员存在下列情形的,应披露具体情况:

(一)本人及其直系亲属以任何方式直接或间接持有申请挂牌公司股份的。

(二)相互之间存在亲属关系的。

(三)与申请挂牌公司签订重要协议或做出重要承诺的。

(四)在其他单位兼职的。

(五)对外投资与申请挂牌公司存在利益冲突的。

(六)最近两年受到中国证监会行政处罚或者被采取证券市场禁入措施、受到全国股份转让系统公司公开谴责的。

(七)其它对申请挂牌公司持续经营有不利影响的情形。

第二十九条 申请挂牌公司董事、监事、高级管理人员在近两年内发生变动的,应披露变动情况和原因。

第四节 公 司 财 务

第三十条 申请挂牌公司应按照《企业会计准则》的规定编制并披露最近两年及一期的财务报表,在所有重大方面公允反映公司财务状况、经营成果和现金流量,并由注册会计师出具无保留意见的审计报告。编制合并财务报表的,应同时披露合并财务报表和母公司财务报表。

申请挂牌公司应披露财务报表的编制基础、合并财务报表范围及变化情况。

第三十一条 申请挂牌公司应披露会计师事务所的审计意见类型。财务报表被出具带强调事项段的无保留审计意见的,应全文披露审计报告正文以及董事会、监事会和注册会计师对强调事项的详细说明。

第三十二条 申请挂牌公司应结合业务特点充分披露报告期内采用的主要会计政策、会计估计及其变更情况和对公司利润的影响。

申请挂牌公司的重大会计政策或会计估计与可比公司(如有)存在较大差异,或者按规定将要进行变更的,应分析重大会计政策或会计估计的差异或变更对公司利润产生的影响。

第三十三条　申请挂牌公司应对最近两年及一期的主要会计数据和财务指标进行比较,发生重大变化的应说明原因。

(一)根据业务特点披露各类收入的具体确认方法,以表格形式披露报告期内各期营业收入、利润、毛利率的主要构成及比例,按照产品(服务)类别及业务、地区分部列示,报告期内发生重大变化的应予以说明。

(二)披露报告期内各期主要费用(含研发)、占营业收入的比重和变化情况。

(三)披露报告期内各期重大投资收益情况、非经常性损益情况、适用的各项税收政策及缴纳的主要税种。

(四)披露报告期内各期末主要资产情况及重大变动分析,包括但不限于:

主要应收款项的账面余额、坏账准备、账面价值、账龄、各期末前五名情况;主要存货类别、账面余额、跌价准备、账面价值;主要固定资产类别、折旧年限、原价、累计折旧、净值;主要对外投资的投资期限、初始投资额、期末投资额及会计核算方法;主要无形资产的取得方式、初始金额、摊销方法、摊销年限、最近一期末的摊余价值及剩余摊销年限;主要资产减值准备的计提依据及计提情况。

(五)披露报告期内各期末主要负债情况。有逾期未偿还债项的,应说明其金额、未按期偿还的原因、预计还款期等。

(六)披露报告期内各期末股东权益情况,主要包括股本、资本公积、盈余公积、未分配利润及少数股东权益的情况。

如果在挂牌前实施限制性股票或股票期权等股权激励计划且尚未行权完毕的,应披露股权激励计划内容及实施情况、对资本公积和各期利润的影响。

第三十四条　申请挂牌公司应根据《公司法》和《企业会计准则》的相关规定披露关联方、关联关系、关联交易,并说明相应的决策权限、决策程序、定价机制、交易的合规性和公允性、减少和规范关联交易的具体安排等。

申请挂牌公司应根据交易的性质和频率,按照经常性和偶发性分类披露关联交易及其对财务状况和经营成果的影响。

如果董事、监事、高级管理人员、核心技术(业务)人员、主要关联方或持有公司5%以上股份股东在主要客户或供应商中占有权益的,应予以说明。

第三十五条　申请挂牌公司应扼要披露会计报表附注中的资产负债表日后事项、或有事项及其他重要事项,包括对持续经营可能产生较大影响的诉讼或仲裁、担保等事项。

第三十六条　申请挂牌公司在报告期内进行资产评估的,应简要披露资产评估情况。

第三十七条　申请挂牌公司应披露最近两年股利分配政策、实际股利分配情况以及公开转让后的股利分配政策。

第三十八条 申请挂牌公司应简要披露其控股子公司或纳入合并报表的其他企业的情况，主要包括注册资本、主要业务、股东构成及持股比例、最近一年及一期末的总资产、净资产、最近一年及一期的营业收入、净利润。

第三十九条 申请挂牌公司应遵循重要性原则，结合自身及所处行业实际情况，对可能影响公司持续经营的风险因素进行自我评估，重点披露特有风险，其中对持续经营有严重不利影响的风险应作“重大事项提示”。

鼓励申请挂牌公司建立以风险为导向的内部管理机制，提高识别和承受风险的能力，形成符合自身及所处行业特征的风险评估和管理体系。

第四十条 申请挂牌公司可披露公司经营目标和计划。如披露，应遵循诚信原则，并说明合理依据。

对可能导致经营目标和计划不能实现的重大不确定性因素，申请挂牌公司应做出有针对性和实质性的“重大事项提示”，提醒投资者审慎判断和决策。

第五节 有关声明

第四十一条 申请挂牌公司全体董事、监事、高级管理人员应在公开转让说明书正文的尾页签名，并由申请挂牌公司加盖公章。

第四十二条 主办券商应对公开转让说明书的真实性、准确性、完整性进行核查，并在公开转让说明书正文后声明：

“本公司已对公开转让说明书进行了核查，确认不存在虚假记载、误导性陈述或重大遗漏，并对其真实性、准确性和完整性承担相应的法律责任。”

声明应由法定代表人、项目负责人及项目小组成员签名，并由主办券商加盖公章。

第四十三条 为申请挂牌公司股票公开转让提供服务的机构应在公开转让说明书正文后声明：

“本机构及经办人员（经办律师、签字注册会计师、签字注册资产评估师）已阅读公开转让说明书，确认公开转让说明书与本机构出具的专业报告（法律意见书、审计报告、资产评估报告）无矛盾之处。本机构及经办人员对申请挂牌公司在公开转让说明书中引用的专业报告的内容无异议，确认公开转让说明书不致因上述内容而出现虚假记载、误导性陈述或重大遗漏，并对其真实性、准确性和完整性承担相应的法律责任。”

声明应由经办人员及所在机构负责人签名，并由机构加盖公章。

第六节 附件

第四十四条 公开转让说明书结尾应列明附件，并在全国股份转让系统指定信息披露平台披露。附件应包括下列文件：

（一）主办券商推荐报告；
（二）财务报表及审计报告；
（三）法律意见书；
（四）公司章程；
（五）全国股份转让系统公司同意挂牌的审查意见；
（六）其他与公开转让有关的重要文件。

第三章　附　　则

第四十五条　本指引由全国股份转让系统公司负责解释。

第四十六条　本指引自公布之日起施行。

3.2.4　全国中小企业股份转让系统挂牌申请文件内容与格式指引（试行）

全国中小企业股份转让系统挂牌申请文件内容与格式指引（试行）

（2013 年 2 月 8 日发布　2013 年 12 月 30 日修改）

第一条　为规范挂牌申请文件内容与格式，根据《非上市公众公司监督管理办法》（证监会令第 85 号）、《非上市公众公司监管指引第 2 号》（证监会公告〔2013〕2 号）、《全国中小企业股份转让系统业务规则（试行）》等规定，制定本指引。

第二条　股份公司（以下简称“申请挂牌公司”）申请股票在全国中小企业股份转让系统（以下简称“全国股份转让系统”）挂牌，应按照本指引的要求制作和报送申请文件。

第三条　本指引规定的申请文件目录是对挂牌申请文件的最低要求。根据审查需要，全国中小企业股份转让系统有限责任公司（以下简称“全国股份转让系统公司”）可以要求申请挂牌公司和相关中介机构补充文件。如部分文件对申请挂牌公司不适用，可不提供，但应书面说明。

申请挂牌同时股票发行的，应按照全国股份转让系统公司规定在挂牌申请文件中增加有关内容。

第四条　申请文件一经接收，非经全国股份转让系统公司同意，不得增加、撤回或更换。

第五条　申请时股东人数未超过 200 人的股份公司报送申请文件应提交原件一份，复印件两份；申请时股东人数超过 200 人的股份公司报送申请文件应提交原件一份（单行本）。每次报送书面文件的同时，应报送一份与书面文件一致的电子文件（WORD、EXCEL、PDF 及全国股份转让系统公司要求的其他文件格式）。

申请挂牌公司不能提供有关文件原件的，应由申请挂牌公司律师提供鉴证意见，或由出文单位盖章,以保证与原件一致。

第六条 申请文件所有需要签名处,均应为签名人亲笔签名,不得以名章、签名章等代替。

申请文件中需要由申请挂牌公司律师鉴证的文件,申请挂牌公司律师应在该文件首页注明“以下第××页至第××页与原件一致”,并签名和签署鉴证日期,律师事务所应在该文件首页加盖公章,并在第××页至第××页侧面以公章加盖骑缝章。

第七条 申请挂牌公司应根据全国股份转让系统公司对申请文件的反馈意见提供补充材料。相关中介机构应对反馈意见相关问题进行尽职调查或补充出具专业意见。对公开转让说明书修改或补充的,应进行标示。

第八条 申请文件的封面和侧面应标有“××公司股票挂牌申请文件”字样,扉页应标明申请挂牌公司法定代表人、信息披露事务负责人,主办券商主管领导、项目负责人,以及相关中介机构项目负责人姓名、电话、传真等联系方式。

第九条 申请文件章与章之间、章与节之间应有明显的分隔标识,文件中的页码应与目录中的页码相符。

第十条 申请文件应采用标准 A4 纸张双面印刷(需提供原件的历史文件除外)。

第十一条 未按本指引要求制作和报送申请文件的,全国股份转让系统公司不予接收。

第十二条 本指引由全国股份转让系统公司负责解释。

第十三条 本指引自发布之日起施行。

附录:1. 全国中小企业股份转让系统挂牌申请文件目录(适用于申请时股东人数未超过 200 人)

2. 全国中小企业股份转让系统挂牌申请文件目录(适用于申请时股东人数超过 200 人)(略)

附录1 全国中小企业股份转让系统挂牌申请文件目录(适用于申请时股东人数未超过 200 人)

第一部分 要求披露的文件

第一章 公开转让说明书及推荐报告

1-1 公开转让说明书(申报稿)

1-2 财务报表及审计报告

1-3 法律意见书

1-4 公司章程

1-5 主办券商推荐报告

1-6 股票发行情况报告书(如有)

第二部分　不要求披露的文件

第二章　申请挂牌公司相关文件

2－1　向全国股份转让系统公司提交的申请股票在全国股份转让系统挂牌及股票发行(如有)的报告

2－2　有关股票在全国股份转让系统挂牌及股票发行(如有)的董事会决议

2－3　有关股票在全国股份转让系统挂牌及股票发行(如有)的股东大会决议

2－4　企业法人营业执照

2－5　股东名册及股东身份证明文件

2－6　董事、监事、高级管理人员名单及持股情况

2－7　申请挂牌公司设立时和最近两年及一期的资产评估报告

2－8　申请挂牌公司最近两年原始财务报表与申报财务报表存在差异时,需要提供差异比较表

2－9　申请挂牌公司全体董事、监事和高级管理人员签署的《董事(监事、高级管理人员)声明及承诺书》

第三章　主办券商相关文件

3－1　主办券商与申请挂牌公司签订的推荐挂牌并持续督导协议

3－2　尽职调查报告

3－3　尽职调查工作文件

3－3－1　尽职调查工作底稿目录、相关工作记录和经归纳整理后的尽职调查工作表

3－3－2　有关税收优惠、财政补贴的依据性文件

3－3－3　历次验资报告

3－3－4　对持续经营有重大影响的业务合同

3－4　内核意见

3－4－1　内核机构成员审核工作底稿

3－4－2　内核会议记录

3－4－3　对内核会议反馈意见的回复

3－4－4　内核专员对内核会议落实情况的补充审核意见

3－5　主办券商推荐挂牌内部核查表及主办券商对申请挂牌公司风险评估表

3－6　主办券商自律说明书

3－7　主办券商业务备案函复印件(加盖机构公章并说明用途)及项目小组成员任职资格说明文件

第四章 其他相关文件

4-1 申请挂牌公司全体董事、主办券商及相关中介机构对申请文件真实性、准确性和完整性的承诺书

4-2 相关中介机构对纳入公开转让说明书等文件中由其出具的专业报告或意见无异议的函

4-3 申请挂牌公司、主办券商对电子文件与书面文件保持一致的声明

4-4 律师、注册会计师及所在机构的相关执业证书复印件(加盖机构公章并说明用途)

4-5 国有资产管理部门出具的国有股权设置批复文件及商务主管部门出具的外资股确认文件

4-6 证券简称及证券代码申请书

3.2.5 全国中小企业股份转让系统主办券商尽职调查工作指引(试行)(略)

3.3 公司类业务

3.3.1 全国中小企业股份转让系统股票发行业务细则(试行)

全国中小企业股份转让系统股票发行业务细则(试行)

第一章 总 则

第一条 为了规范挂牌公司的股票发行行为,保护投资者合法权益,根据《非上市公众公司监督管理办法》(以下简称《管理办法》)、《全国中小企业股份转让系统有限责任公司管理暂行办法》、《全国中小企业股份转让系统业务规则(试行)》(以下简称《业务规则》)等有关规定,制定本细则。

第二条 本细则规定的股票发行,是指挂牌公司向符合规定的投资者发行股票,发行后股东人数累计不超过200人的行为。

实施本细则规定的股票发行,应当按照规定向全国中小企业股份转让系统有限责任公司(以下简称"全国股份转让系统公司")履行备案程序。

第三条 挂牌公司股票发行,必须真实、准确、完整、及时、公平地披露信息,不得有虚假记载、误导性陈述或者重大遗漏。

挂牌公司的控股股东、实际控制人、股票发行对象及其他信息披露义务人,应当按

照有关规定及时向公司提供信息,配合公司履行信息披露义务。

第四条 挂牌公司的董事、监事、高级管理人员、控股股东及实际控制人,主办券商、会计师事务所、律师事务所等证券服务机构及其相关人员,应当遵守有关法律法规、规章、规范性文件及业务规定,勤勉尽责,不得利用挂牌公司股票发行谋取不正当利益,禁止泄露内幕信息和利用内幕信息进行股票转让或者操纵股票转让价格。

第五条 挂牌公司、主办券商选择发行对象、确定发行价格或者发行价格区间,应当遵循公平、公正原则,维护公司及其股东的合法权益。

第六条 发行股票导致挂牌公司的控股股东或者实际控制人发生变化的,相关规定另行制定。

发行股票购买资产导致重大资产重组,且发行后股东人数累计不超过200人的,相关规定另行制定。

第二章 发行要求与认购规定

第七条 挂牌公司股票发行应当满足《管理办法》规定的公司治理、信息披露及发行对象的要求。

第八条 挂牌公司股票发行以现金认购的,公司现有股东在同等条件下对发行的股票有权优先认购。每一股东可优先认购的股份数量上限为股权登记日其在公司的持股比例与本次发行股份数量上限的乘积。

公司章程对优先认购另有规定的,从其规定。

第九条 发行对象承诺对其认购股票进行转让限制的,应当遵守其承诺,并予以披露。

第十条 发行对象可用现金或者非现金资产认购发行股票。

第三章 董事会与股东大会决议

第十一条 挂牌公司董事会应当就股票发行有关事项作出决议。

第十二条 挂牌公司董事会作出股票发行决议,应当符合下列规定:

(一)董事会决议确定具体发行对象的,董事会决议应当明确具体发行对象(是否为关联方)及其认购价格、认购数量或数量上限、现有股东优先认购办法等事项。认购办法中应当明确现有股东放弃优先认购股票份额的认购安排。

已确定的发行对象(现有股东除外)与公司签署的附生效条件的股票认购合同应当经董事会批准。

(二)董事会决议未确定具体发行对象的,董事会决议应当明确发行对象的范围、发行价格区间、发行价格确定办法、发行数量上限、现有股东优先认购办法等事项。

(三)发行对象用非现金资产认购发行股票的,董事会决议应当明确交易对手(应当说明是否为关联方)、标的资产、作价原则及审计、评估等事项。

(四)董事会应当说明本次发行募集资金的用途。

第十三条 董事会决议确定具体发行对象的,挂牌公司应当与相关发行对象签订附生效条件的股票认购合同。前款所述认购合同应当载明该发行对象拟认购股票的数量或数量区间、认购价格、限售期,同时约定本次发行经公司董事会、股东大会批准后,该合同即生效。

第十四条 挂牌公司股东大会应当就股票发行等事项作出决议。

第十五条 挂牌公司股东大会审议通过股票发行方案后,董事会决议作出重大调整的,公司应当重新召开股东大会并按照第十四条的规定进行审议。

第四章 发行与备案

第十六条 董事会决议确定具体发行对象的,挂牌公司应当按照本细则及有关要求,依据股票认购合同的约定发行股票;有优先认购安排的,应当办理现有股东优先认购手续。

第十七条 董事会决议未确定具体发行对象的,挂牌公司及主办券商可以向包括挂牌公司股东、主办券商经纪业务客户、机构投资者、集合信托计划、证券投资基金、证券公司资产管理计划以及其他个人投资者在内的询价对象进行询价,询价对象应当符合投资者适当性的规定。

第十八条 挂牌公司及主办券商应当在确定的询价对象范围内接收询价对象的申购报价;主办券商应根据询价对象的申购报价情况,按照价格优先的原则,并考虑认购数量或其他因素,与挂牌公司协商确定发行对象、发行价格和发行股数。

现有股东优先认购的,在相同认购价格下应优先满足现有股东的认购需求。

第十九条 依据第十八条规定确定发行价格后,挂牌公司应当与发行对象签订正式认购合同,发行对象应当按照合同约定缴款。

第二十条 挂牌公司应当在股票发行认购结束后及时办理验资手续,验资报告应当由具有证券、期货相关业务资格的会计师事务所出具。

第二十一条 主办券商和律师事务所应当在尽职调查基础上,分别对本次股票发行出具书面意见。

第二十二条 挂牌公司在验资完成后十个转让日内,按照规定向全国股份转让系统公司报送材料,履行备案程序。

第二十三条 全国股份转让系统公司对材料进行审查,并根据审查结果出具股份登记函,送达挂牌公司并送交中国证券登记结算有限责任公司(以下简称"中国结算")和主办券商。

以非现金资产认购股票的情形,尚未完成相关资产权属过户或相关资产存在重大法律瑕疵的,全国股份转让系统公司不予出具股份登记函。

第二十四条 挂牌公司按照中国结算相关规定,向中国结算申请办理股份登记,并取得股份登记证明文件。

主办券商应当协助挂牌公司持股份登记函向中国结算办理股份登记手续。

挂牌公司完成股份登记的办理后，新增股票按照挂牌转让公告中安排的时间在全国中小企业股份转让系统挂牌转让。

第五章　信 息 披 露

第二十五条　挂牌公司应当分别在董事会和股东大会通过股票发行决议之日起两个转让日内披露董事会、股东大会决议公告。

第二十六条　以非现金资产认购股票涉及资产审计、评估的，资产审计结果、评估结果应当最晚和召开股东大会的通知同时公告。

第二十七条　挂牌公司应当在披露董事会决议的同时，披露经董事会批准的股票发行方案。

第二十八条　挂牌公司应当在缴款期前披露股票发行认购公告，其中应当披露缴款的股权登记日、投资者参与询价、定价情况，股票配售的原则和方式及现有股东优先认购安排(如有)，并明确现有股东及新增投资者的缴款安排。

第二十九条　挂牌公司应当按照要求披露股票发行情况报告书、股票发行法律意见书、主办券商关于股票发行合法合规性意见和股票挂牌转让公告。

第六章　监管措施和违规处分

第三十条　挂牌公司及其董事、监事、高级管理人员、股东、实际控制人及其他相关信息披露义务人，主办券商、会计师事务所、律师事务所及其他证券服务机构，违反本细则及有关规定的，全国股份转让系统公司依据《业务规则》等有关规定采取相应监管措施及纪律处分。

第七章　附　　则

第三十一条　申请挂牌同时股票发行，应当在《公开转让说明书》中披露董事会、股东大会决议等内容，并遵守全国股份转让系统公司相关业务规则。

第三十二条　经中国证监会核准的股票发行，公司应当在取得中国证监会的核准文件后，按照全国股份转让系统公司的规定办理股票挂牌手续。

第三十三条　挂牌公司发行优先股的具体业务规则由全国股份转让系统公司另行制定。

第三十四条　本细则由全国股份转让系统公司负责解释。

第三十五条　本细则自发布之日起施行。

3.3.2 全国中小企业股份转让系统股票发行业务指引第1号——备案文件的内容与格式(试行)

全国中小企业股份转让系统股票发行业务指引第1号
——备案文件的内容与格式(试行)

第一条 为了规范股票发行备案文件的内容与格式,根据《全国中小企业股份转让系统业务规则(试行)》、《全国中小企业股份转让系统股票发行业务细则(试行)》等有关规定,制定本指引。

第二条 向全国股份转让系统公司履行股票发行备案程序的挂牌公司,应按照本指引要求制作和报送备案文件。

第三条 公司报送备案文件应提交原件一份,复印件二份。每次报送书面备案文件的同时,应报送一份与书面文件一致的电子文件(WORD、EXCEL、PDF及全国股份转让系统公司要求的其他文件格式)。

第四条 涉及非现金资产认购的,非现金资产若为股权资产,应当提供具有证券、期货相关业务资格的会计师事务所出具的标的资产最近一年及一期(如有)的审计报告,审计截止日距审议该交易事项的股东大会召开日不得超过6个月;非现金资产若为股权以外的其他非现金资产,应当提供资产评估事务所出具的评估报告,评估基准日距审议该交易事项的股东大会召开日不得超过1年。

第五条 本指引附录规定的备案文件目录是对股票发行备案文件的最低要求。根据备案审查需要,全国股份转让系统公司可以要求公司、主办券商、律师事务所及其他证券服务机构补充材料。

第六条 备案文件所有需要签名处,均应为签名人亲笔签名,不得以名章、签名章等代替。

第七条 备案文件的封面和侧面应标明“××公司股票发行备案文件”字样,扉页应标明挂牌公司法定代表人、董事会秘书或信息披露事务负责人,主办券商主管领导、项目负责人,以及相关中介机构项目负责人姓名、电话、传真等联系方式。

第八条 备案文件章与章之间、节与节之间应有明显的分隔标识,文件中的页码应与目录中的页码相符。

第九条 备案文件应采用标准A4纸张双面印刷(需提供原件的历史文件除外)。

第十条 本指引由全国股份转让系统公司负责解释。

第十一条 本指引自发布之日起施行。

附录 全国中小企业股份转让系统股票发行备案文件目录

附录　全国中小企业股份转让系统股票发行备案文件目录

第一部分　要求披露的文件

1－1　股票发行方案

1－2　股票发行情况报告书

1－3　公司关于股票发行的董事会决议

1－4　公司关于股票发行的股东大会决议

1－5　股票发行认购公告

1－6　主办券商关于股票发行合法合规性意见

1－7　股票发行法律意见书

1－8　具有证券、期货相关业务资格的会计师事务所或资产评估机构出具的资产审计或评估报告（如有）

第二部分　不要求披露的文件

一、挂牌公司相关文件

2－1　备案登记表

2－2　股票发行备案报告

2－3　认购合同或认购缴款凭证

二、其他文件

2－4　挂牌公司全体董事对备案文件真实性、准确性和完整性的承诺书

2－5　本次股票发行的验资报告

2－6　资产权属证明文件（如有）

2－7　资产生产经营所需行业资质的资质证明或批准文件（如有）

2－8　签字注册会计师、律师或者资产评估师的执业证书复印件及其所在机构的执业证书复印件

2－9　要求报送的其他文件

3.3.3 全国中小企业股份转让系统股票发行业务指引第 2 号——股票发行方案及发行情况报告书的内容与格式(试行)

全国中小企业股份转让系统股票发行业务指引第 2 号
——股票发行方案及发行情况报告书的内容与格式(试行)

第一章 总 则

第一条 为了规范挂牌公司股票发行的信息披露行为,根据《全国中小企业股份转让系统业务规则(试行)》、《全国中小企业股份转让系统股票发行业务细则(试行)》等有关规定,制定本指引。

第二条 向全国股份转让系统公司履行股票发行备案程序的挂牌公司,编制并披露的股票发行方案和发行情况报告书应当符合本指引的要求。

第三条 在不影响信息披露完整性并保证阅读方便的前提下,对定期报告、临时公告或者其他信息披露文件中曾经披露过的信息,如未发生变化,公司可以采取索引的方法进行披露。

第四条 本指引有关要求对本次发行不适用或者需要豁免适用的,公司应当向全国股份转让系统公司提出申请,经同意后,公司可根据实际情况进行调整,并在提交发行申请文件时作出书面说明。

第二章 股票发行方案

第五条 股票发行方案文本封面应标有"×××公司股票发行方案"字样,并载明公司、主办券商的名称和住所。

第六条 股票发行方案扉页应载有如下声明:

"本公司全体董事、监事、高级管理人员承诺股票发行方案不存在虚假记载、误导性陈述或重大遗漏,并对其真实性、准确性和完整性承担个别和连带的法律责任。"

"根据《证券法》的规定,本公司经营与收益的变化,由本公司自行负责,由此变化引致的投资风险,由投资者自行负责。"

第七条 公司应在股票发行方案的目录标明各章、节的标题及相应的页码,内容编排也应符合通行惯例。对可能造成投资者理解障碍及有特定含义的术语,公司应作出释义,并在目录次页排印。

第八条 股票发行方案应当至少包括以下内容:

(一)公司基本信息;

(二)发行计划;

(三)非现金资产的基本信息,包括资产名称、权属关系,及其审计或资产评估情况等;

（四）董事会关于资产定价合理性的讨论与分析（如有）；

（五）董事会关于本次发行对公司影响的讨论与分析；

（六）其他需要披露的重大事项；

（七）有关声明。

第九条　公司应当披露以下基本信息：

（一）公司名称、证券简称、证券代码；

（二）公司的注册地址、联系方式；

（三）公司的法定代表人、董事会秘书或信息披露负责人。

第十条　公司应在发行计划中披露以下内容：

（一）发行目的；

（二）发行对象或发行对象的范围，以及现有股东的优先认购安排；

（三）发行价格或价格区间，以及定价方法；

（四）发行股份数量或数量上限，预计募集资金总额；

（五）在董事会决议日至股份认购股权登记日期间预计将发生除权、除息的，应说明发行数量和发行价格是否相应调整；此外，还应说明公司挂牌以来的分红派息、转增股本及其对公司价格的影响；

（六）本次发行股票的限售安排或发行对象自愿锁定的承诺，如无限售安排或自愿锁定承诺，也应予以说明；

（七）募集资金用途；

（八）本次发行前滚存未分配利润的处置方案；

（九）本次发行拟提交股东大会批准和授权的相关事项；

（十）本次发行涉及主管部门审批、核准或备案事项情况。

第十一条　发行对象以非现金资产认购发行股票的，还应按照第十二条、第十三条、第十四条的有关规定以及第十七条中关于“资产转让合同的内容摘要”的规定披露相关内容。

第十二条　以非股权资产认购发行股票的，应披露相关资产的下列基本情况：

（一）相关资产的名称、类别以及所有者和经营管理者的基本情况；

（二）资产权属是否清晰，是否存在权利受限、权属争议或者妨碍权属转移的其他情况；

相关资产涉及许可他人使用，或者作为被许可方使用他人资产的，应当简要披露许可合同的主要内容；资产交易涉及债权债务转移的，应当披露相关债权债务的基本情况、债权人同意转移的证明及与此相关的解决方案；所从事业务需要取得许可资格或资质的，还应当披露当前许可资格或资质的状况；涉及需呈报有关主管部门批准的，应说明是否已获得有效批准；

（三）相关资产独立运营和核算的，披露最近一年及一期（如有）经具有证券、期货

相关业务资格的会计师事务所审计的财务报表及审计意见,被出具非标准审计意见的应当披露涉及事项及其影响;

(四)资产的交易价格、定价依据,资产评估方法及资产评估价值。

第十三条 以股权资产认购发行股票的,应披露相关股权的下列基本情况:

(一)股权所在公司的名称、企业性质、注册地、主要办公地点、法定代表人、注册资本、实收资本;股权及控制关系,包括公司的主要股东及其持股比例、最近两年控股股东或实际控制人的变化情况、股东出资协议及公司章程中可能对本次交易产生影响的主要内容、原高管人员的安排;

(二)股权权属是否清晰、是否存在权利受限、权属争议或者妨碍权属转移的其他情况;

股权资产为有限责任公司股权的,股权转让是否已取得其他股东同意,或有证据表明其他股东已放弃优先购买权;股权对应公司所从事业务需要取得许可资格或资质的,还应当披露当前许可资格或资质的状况;涉及需呈报有关主管部门批准的,应说明是否已获得有效批准;

(三)股权对应公司主要资产的权属状况及对外担保和主要负债情况;

(四)披露最近一年及一期(如有)经具有证券、期货相关业务资格的会计师事务所审计的财务报表及审计意见,被出具非标准审计意见的应当披露涉及事项及其影响;

(五)股权的交易价格、定价依据,资产评估方法及资产评估价值(如有)。

第十四条 资产交易价格以经审计的账面值为依据的,公司董事会应当对定价合理性予以说明。

资产交易根据资产评估结果定价的,在评估机构出具资产评估报告后,公司董事会应当对评估机构的独立性、评估假设前提和评估结论的合理性、评估方法的适用性、主要参数的合理性、未来收益预测的谨慎性等问题发表意见,并说明定价的合理性,资产定价是否存在损害公司和股东合法权益的情形。

第十五条 董事会应当就股票发行对公司的影响,披露以下内容:

(一)公司与控股股东及其关联人之间的业务关系、管理关系、关联交易及同业竞争等变化情况;

(二)发行对象以非现金资产认购发行股票的,说明相关资产占公司最近一年期末总资产、净资产的比重;相关资产注入是否导致公司债务或者或有负债的增加,是否导致新增关联交易或同业竞争;

(三)本次发行对其他股东权益或其他类别股东权益的影响;

(四)与本次发行相关特有风险的说明。

第十六条 为增加公司信息披露透明度,公司还应披露以下重大事项:

(一)是否存在公司的权益被股东及其关联方严重损害且尚未消除的情形;

（二）是否存在公司及其附属公司违规对外提供担保且尚未解除的情形；

（三）是否存在现任董事、监事、高级管理人员最近二十四个月内受到过中国证监会行政处罚（指被处以罚款以上行政处罚的行为；被处以罚款的行为，除主办券商和律师能依法合理说明或处罚机关认定该行为不属于重大违法违规行为的外，都应当披露）或者最近十二个月内受到过全国股份转让系统公司公开谴责的情形；

（四）是否存在其他严重损害股东合法权益或者社会公共利益的情形；

（五）附生效条件的股票认购合同的内容摘要（如有）。

第十七条　董事会决议确定具体发行对象的，应当披露股票认购合同的内容摘要，至少应包括以下内容：

（一）合同主体、签订时间；

（二）认购方式、支付方式；

（三）合同的生效条件和生效时间；

（四）合同附带的任何保留条款、前置条件；

（五）自愿限售安排；

（六）估值调整条款（例如以达到约定业绩为条件的股权质押、股权回购或现金支付等）；

（七）违约责任条款。

资产转让合同的内容摘要除满足前款规定外，至少还应包括：

（一）目标资产及其价格或定价依据；

（二）资产交付或过户时间安排；

（三）资产自评估截止日至资产交付日或过户日所产生收益的归属；

（四）与资产相关的负债及人员安排。

第十八条　公司应披露下列机构的名称、法定代表人、住所、联系电话、传真，同时应披露有关经办人员的姓名：

（一）主办券商；

（二）律师事务所；

（三）会计师事务所；

（四）资产评估机构（如有）；

（五）其他与股票发行有关的机构。

第十九条　公司全体董事、监事、高级管理人员应在股票发行方案的尾页签名，并加盖公司公章。

第三章　股票发行情况报告书

第二十条　股票发行情况报告书应至少包括以下内容：

（一）本次发行的基本情况；

（二）发行前后相关情况对比；

（三）新增股份限售安排（如有）；

（四）主办券商关于本次股票发行合法合规性的结论性意见；

（五）律师事务所关于本次股票发行的结论性意见；

（六）公司全体董事、监事、高级管理人员的公开声明；

（七）备查文件。

第二十一条 发行基本情况应包括本次发行股票的数量、发行价格、现有股东优先认购的情况、其他发行对象情况及认购股份数量等。

第二十二条 发行前后相关情况对比应至少包括以下内容：

（一）本次发行前后前10名股东持股数量、持股比例及股票限售等比较情况；

（二）本次发行前后股本结构、股东人数、资产结构、业务结构、公司控制权以及董事、监事、高级管理人员及核心员工持股的变动情况；

（三）发行后主要财务指标变化。最近两年主要财务指标、按股票发行完成后总股本计算的每股收益等指标的变化情况。

第二十三条 本次股票发行股份如有限售安排的，应当予以说明；如无限售安排的，也应说明。

第二十四条 发行情况报告书应披露主办券商关于本次发行合法合规性的结论性意见，至少包括以下内容：

（一）关于本次股票发行是否符合豁免申请核准条件的意见；

（二）关于公司治理规范性的意见；

（三）关于公司是否规范履行了信息披露义务的意见；

（四）关于本次股票发行对象是否符合投资者适当性要求的意见；

（五）关于发行过程及结果是否合法合规的意见；

（六）关于发行定价方式、定价过程是否公正、公平，定价结果是否合法有效的意见；

（七）关于公司本次股票发行现有股东优先认购安排规范性的意见；

（八）主办券商认为应当发表的其他意见。

第二十五条 发行情况报告书应披露律师事务所关于本次股票发行法律意见书的结论性意见，至少包括以下内容：

（一）公司是否符合豁免向中国证监会申请核准股票发行的条件；

（二）发行对象是否符合中国证监会及全国股份转让系统公司关于投资者适当性制度的有关规定；

（三）发行过程及结果合法合规性的说明，包括但不限于：董事会、股东大会议事程序是否合规，是否执行了公司章程规定的表决权回避制度，发行结果是否合法有效等；

（四）与本次股票发行相关的合同等法律文件是否合法合规；

（五）安排现有股东优先认购的，应当对优先认购的相关程序及认购结果进行说明；依据公司章程排除适用的，也应当对相关情况进行说明；

（六）以非现金资产认购发行股份的，应当说明资产评估程序是否合法合规，是否存在资产权属不清或者其他妨碍权属转移的法律风险；标的资产尚未取得完备权属证书的，应说明取得权属证书是否存在法律障碍；

以非现金资产认购发行股份涉及需呈报有关主管部门批准的，应说明是否已获得有效批准；资产相关业务需要取得许可资格或资质的，应说明是否具备相关许可资格或资质；

（七）律师认为需要说明的其他问题。

律师已勤勉尽责仍不能发表肯定性意见的，应发表保留意见，并说明相应的理由及其对本次股票发行的影响。

第二十六条　股票发行方案首次披露后，公司就本次发行的有关事项作出调整的，董事会应在发行情况报告书中做出专门说明，说明调整的内容及履行的审议程序。

第二十七条　公司全体董事、监事、高级管理人员应在发行情况报告书正文后声明：

"公司全体董事、监事、高级管理人员承诺本发行情况报告书不存在虚假记载、误导性陈述或重大遗漏，并对其真实性、准确性和完整性承担个别和连带的法律责任"。

公司全体董事、监事、高级管理人员应在股票发行方案的尾页签名，并加盖公司公章。

第四章　附　　则

第二十八条　本指引由全国股份转让系统公司负责解释。

第二十九条　本指引自发布之日起施行。

3.3.4　全国中小企业股份转让系统股票发行业务指引第3号——主办券商关于股票发行合法合规性意见的内容与格式（试行）（略）

3.3.5　全国中小企业股份转让系统股票发行业务指引第4号——法律意见书的内容与格式（试行）（略）

3.3.6　全国中小企业股份转让系统证券代码、证券简称编制管理暂行办法（略）

3.3.7　全国中小企业股份转让系统挂牌公司年度报告内容与格式指引（试行）（略）

3.3.8 全国中小企业股份转让系统挂牌公司半年度报告内容与格式指引(试行)(略)

3.3.9 全国中小企业股份转让系统非上市公众公司重大资产重组业务指引(试行)(略)

3.4 交易监察类

3.4.1 全国中小企业股份转让系统转让异常情况处理办法(试行)(略)

3.4.2 全国中小企业股份转让系统股票转让方式确定及变更指引(试行)

全国中小企业股份转让系统股票转让方式确定及变更指引(试行)

第一章 总 则

第一条 为明确全国中小企业股份转让系统(以下简称全国股份转让系统)申请挂牌公司、挂牌公司股票(以下简称股票)转让方式的确定、变更以及做市商加入、退出等相关事宜,根据《全国中小企业股份转让系统业务规则(试行)》、《全国中小企业股份转让系统股票转让细则(试行)》(以下简称《转让细则》)等有关规定,制定本指引。

第二条 股票可以采取做市转让方式、协议转让方式或竞价转让方式之一进行转让。挂牌公司提出申请并经全国中小企业股份转让系统有限责任公司(以下简称全国股份转让系统公司)同意,可以变更股票转让方式。

股票采取竞价转让方式的,竞价转让的实施条件、竞价转让方式的确定及有关变更要求,由全国股份转让系统公司另行制定。

第三条 申请挂牌公司股东大会应当就股票采取何种转让方式作出决议。

挂牌公司拟申请变更股票转让方式的,其股东大会应当就股票转让方式变更事宜作出决议。挂牌公司应当在股东大会会议结束后2个转让日内在全国股份转让系统公司指定信息披露平台(以下简称指定网站)公告决议内容。

第二章 申请挂牌公司股票转让方式的确定

第四条 股票挂牌时拟采取协议转让方式的,申请挂牌公司应当在提交挂牌申请材料的同时,向全国股份转让系统公司提交以下材料:

(一)关于股票采取协议转让方式的申请(附件1);

(二)关于同意公司股票采取协议转让方式的决议;

（三）全国股份转让系统公司要求提交的其他材料。

第五条　股票挂牌时拟采取做市转让方式的，应当具备以下条件：

（一）2 家以上做市商同意为申请挂牌公司股票提供做市报价服务，且其中一家做市商为推荐该股票挂牌的主办券商或该主办券商的母（子）公司；

（二）做市商合计取得不低于申请挂牌公司总股本 5% 或 100 万股（以孰低为准），且每家做市商不低于 10 万股的做市库存股票；

（三）全国股份转让系统公司规定的其他条件。

第六条　股票挂牌时拟采取做市转让方式的，申请挂牌公司应当在提交挂牌申请材料的同时，向全国股份转让系统公司提交以下材料：

（一）关于股票采取做市转让方式的申请（附件 2）；

（二）关于同意公司股票采取做市转让方式的决议；

（三）做市商为申请挂牌公司股票提供做市报价服务申请（附件 3）；

（四）全国股份转让系统公司要求的其他材料。

第七条　全国股份转让系统公司在出具同意挂牌审查意见时，确认申请挂牌公司股票的转让方式。

第八条　股票采取做市转让方式的，申请挂牌公司应当在股票挂牌前确认做市商做市库存股票已经按照中国证券登记结算有限责任公司（以下简称中国结算）要求登记于做市商做市专用证券账户，并将做市商做市库存股票登记结果向全国股份转让系统公司报告。

第九条　申请挂牌公司应当按照全国股份转让系统公司的要求在公开转让说明书和挂牌提示性公告（附件 4、附件 5）中披露其股票转让方式。

第三章　协议转让方式变更为做市转让方式

第十条　采取协议转让方式的股票，挂牌公司申请变更为做市转让方式的，应当符合以下条件：

（一）2 家以上做市商同意为该股票提供做市报价服务，并且每家做市商已取得不低于 10 万股的做市库存股票；

（二）全国股份转让系统公司规定的其他条件。

第十一条　挂牌公司应当在作出有关变更转让方式的决议后 3 个月内，向全国股份转让系统公司提交以下申请材料：

（一）变更股票转让方式为做市转让方式申请（附件 6）；

（二）挂牌公司关于变更股票转让方式的决议；

（三）做市商为挂牌公司股票提供做市报价服务申请（附件 7）；

（四）全国股份转让系统公司要求的其他材料。

第十二条　全国股份转让系统公司收到申请材料后，在 3 个转让日内出具意见，并于出具意见当日(T 日)收市后通知挂牌公司和相关做市商。挂牌公司应当于 T 日在指定网站公告。

第十三条 全国股份转让系统公司同意挂牌公司股票转让方式变更为做市转让方式的,自 T+2 转让日起该股票转让方式变更为做市转让方式,相关做市商应当履行对该股票的做市报价义务。

第四章 做市转让方式变更为协议转让方式

第十四条 采取做市转让方式的股票,挂牌公司申请变更为协议转让方式的,应当符合以下条件:

(一)该股票所有做市商均已满足《转让细则》关于最低做市期限的要求,且均同意退出做市;

(二)全国股份转让系统公司规定的其他条件。

第十五条 挂牌公司应当在作出有关变更转让方式的决议后 5 个转让日内,向全国股份转让系统公司提交以下申请材料:

(一)变更股票转让方式为协议转让方式申请(附件 8);

(二)挂牌公司关于变更股票转让方式的决议;

(三)做市商同意退出做市声明(附件 9);

(四)全国股份转让系统公司要求的其他材料。

第十六条 全国股份转让系统公司收到申请材料后,在 3 个转让日内出具意见,并于出具意见当日(T 日)收市后通知挂牌公司和相关做市商。挂牌公司应当于 T 日在指定网站公告。

第十七条 全国股份转让系统公司同意挂牌公司股票转让方式变更为协议转让方式的,自 T+2 转让日起该股票转让方式变更为协议转让方式,相关做市商停止为该股票提供做市报价服务,并应当按照《转让细则》有关规定将该挂牌公司股票转出做市专用证券账户。

第五章 申请后续加入为股票做市

第十八条 挂牌时采取做市转让方式的股票,拟后续加入的做市商须在该股票挂牌满 3 个月后方可经申请同意后为该股票提供做市报价服务。

做市商退出做市后,1 个月内不得申请再次为该股票做市。

第十九条 采取做市转让方式的股票,做市商拟后续加入为该股票做市的,应事先向全国股份转让系统公司提交后续加入做市申请(附件 10)。全国股份转让系统公司接受申请的时间为每个转让日的 15:00 至 17:00。

第二十条 全国股份转让系统公司收到申请后,在 3 个转让日内出具意见,并于出具意见当日(T 日)收市后通知提出申请的做市商。

全国股份转让系统公司同意申请的,该做市商应当于 T 日在指定网站公告,并于 T+1 转让日开始履行对该股票的做市报价义务。

第二十一条　挂牌公司提交将股票由做市转让方式变更为协议转让方式申请后,全国股份转让系统公司停止接受做市商后续加入为该股票做市的申请,已经接受申请的,中止审查。

第六章　申请退出为股票做市

第二十二条　挂牌时采取做市转让方式的股票和由协议转让方式变更为做市转让方式的股票,其初始做市商为股票做市不满 6 个月的,不得申请退出为该股票做市。后续加入的做市商为相关股票做市不满 3 个月的,不得申请退出为该股票做市。

第二十三条　做市商拟退出为股票做市的,应事先向全国股份转让系统公司提交退出做市申请(附件 11)。全国股份转让系统公司接受申请的时间为每个转让日的 15:00 至 17:00。

第二十四条　全国股份转让系统公司收到申请后,在 3 个转让日内出具意见,并于出具意见当日(T 日)收市后通知申请退出的做市商。

全国股份转让系统公司同意申请的,该做市商应当于 T 日在指定网站公告,自 T+1 转让日起停止履行为相关股票提供做市报价服务,并应当按照《转让细则》有关规定将该挂牌公司股票转出做市专用证券账户。

第七章　特殊情形处理

第二十五条　采取做市转让方式的股票发生下列情形之一,将导致该股票做市商不足 2 家时,全国股份转让系统公司于有关情形发生当日(T 日)收市后在公司网站公告相关情况:

(一)该股票做市商提出申请并经全国股份转让系统公司同意,退出为该股票做市;

(二)该股票做市商被暂停、终止从事做市业务,或被禁止为该股票做市。

自 T+1 转让日起,该股票暂停转让。暂停转让期间,挂牌公司应当每 5 个转让日在指定网站发布一次提示性公告。

第二十六条　发生第二十五条所述情形导致股票暂停转让的,相关股票在以下情形发生后恢复转让:

(一)该股票做市商在 T+30 个转让日内恢复为 2 家以上;

(二)挂牌公司在 T+30 个转让日内提出申请并经全国股份转让系统公司同意,股票转让方式变更为协议转让方式;

(三)依据《转让细则》第十八条规定,全国股份转让系统公司强制将股票转让方式变更为协议转让方式。

因发生上述(一)、(三)情形,股票恢复转让的,全国股份转让系统公司于恢复转让前一转让日在公司网站公告相关情况。

第八章　附　　则

第二十七条　本指引所称“以上”包含本数,“不足”不包含本数。

第二十八条　本指引由全国股份转让系统公司负责解释。

第二十九条　本指引自发布之日起施行。

附件:1. 关于股票采取协议转让方式的申请

2. 关于股票采取做市转让方式的申请

3. 做市商为申请挂牌公司股票提供做市报价服务申请（略）

4. ××股份有限公司关于股票挂牌并采用协议转让方式的提示性公告

5. ××股份有限公司关于股票挂牌并采用做市转让方式的提示性公告

6. 变更股票转让方式为做市转让方式申请

7. 做市商为挂牌公司股票提供做市报价服务申请(略)

8. 变更股票转让方式为协议转让方式申请

9. 做市商同意退出做市声明（略）

10. 后续加入做市申请（略）

11. 退出做市申请（略）

附件1

关于股票采取协议转让方式的申请

全国中小企业股份转让系统有限责任公司：

本公司股东大会已于××××年××月××日依法作出决议，决定本公司股票挂牌时采取协议转让方式。现本公司申请挂牌时股票采取协议转让方式。

本公司承诺所提供的申请材料真实、准确、完整，决议程序合法合规，因提供的申请材料不符合上述承诺及决议程序违法违规等问题所引起的一切法律责任由本公司自行承担。

××××股份有限公司
（加盖公章）
联系人：
联系电话：
××××年××月××日

附件 2

关于股票采取做市转让方式的申请

全国中小企业股份转让系统有限责任公司:

本公司股东大会已于××××年××月××日依法作出决议,决定本公司股票挂牌时采取做市转让方式。现本公司申请挂牌时股票采取做市转让方式。

目前,已有 2 家以上做市商(××、××……)同意为本公司股票提供做市报价服务,且其中 1 家为推荐本公司挂牌的主办券商××/该主办券商的母(子)公司。上述做市商(拟)取得的库存股票合计××股,合计占本公司总股本×%,其中做市商××(拟)取得的库存股票××股,做市商××(拟)取得的库存股票××股。

本公司承诺所提供的申请材料真实、准确、完整,决议程序合法合规,因提供的申请材料不符合上述承诺及决议程序违法违规等问题所引起的一切法律责任由本公司自行承担。

××××股份有限公司
(加盖公章)
联系人:
联系电话:
××××年××月××日

附件 4

××股份有限公司关于股票挂牌并采用协议转让方式的提示性公告

本公司股票挂牌公开转让申请已经全国股份转让系统公司同意。本公司股票将于××××年××月××日起在全国股份转让系统挂牌公开转让。

证券简称:××××,证券代码:××××××。

转让方式:协议转让。

公开转让说明书及附件已于××××年××月××日披露于全国股份转让系统指定信息披露平台 www. neeq. com. cn 或 www. neeq. cc,供投资者查阅。

××××股份有限公司

××××年××月××日

附件5

××股份有限公司关于股票挂牌并采用做市转让方式的提示性公告

本公司股票挂牌公开转让申请已经全国股份转让系统公司同意。本公司股票将于××××年××月××日起在全国股份转让系统挂牌公开转让。

证券简称:××××,证券代码:××××××。

转让方式:做市转让。

做市商1:××证券公司(全称),推荐本公司股票挂牌的主办券商/推荐本公司股票挂牌的主办券商××证券公司的母(子)公司。

做市商2:××证券公司(全称)。

……

公开转让说明书及附件已于××××年××月××日披露于全国股份转让系统指定信息披露平台 www. neeq. com. cn 或 www. neeq. cc,供投资者查阅。

××××股份有限公司

××××年××月××日

附件 6

变更股票转让方式为做市转让方式申请

全国中小企业股份转让系统有限责任公司：

本公司股东大会已于××××年××月××日依法作出决议，决定本公司股票（证券简称：××××，证券代码：××××××）由协议转让方式变更为做市转让方式。现本公司申请变更股票转让方式为做市转让方式。

目前，已有 2 家（以上）做市商（××、××……）同意为本公司股票提供做市报价服务，且各做市商均已取得不低于 10 万股的本公司股票。其中，做市商××取得的拟作为做市库存股票的本公司股票××股，做市商××取得的拟作为做市库存股的本公司股票××股。

本公司承诺所提供的申请材料真实、准确、完整，决议程序合法合规，因提供的申请材料不符合上述承诺及决议程序违法违规等问题所引起的一切法律责任由本公司自行承担。

××××股份有限公司
（加盖公章）
联系人：
联系电话：
××××年××月××日

附件 8

变更股票转让方式为协议转让方式申请

全国中小企业股份转让系统有限责任公司:

本公司股东大会已于××××年×月×日依法作出决议,决定本公司股票(证券简称:××××,证券代码:××××××)由做市转让方式变更为协议转让方式。现本公司申请变更股票转让方式为协议转让方式。

经与做市商协商一致,本公司股票所有做市商××、××……均同意退出为本公司股票做市。其中,做市商××为本公司股票的初始做市商/后续加入做市商,从最近一次为该股票做市首日起至今已超过6个月/3个月;做市商××为本公司股票的初始做市商/后续加入做市商,从最近一次为该股票做市首日起至今已超过6个月/3个月;……均符合《全国中小企业股份转让系统股票转让细则(试行)》有关做市商最低做市期限的要求。

本公司承诺所提供的申请材料真实、准确、完整,决议程序合法合规,因提供的申请材料不符合上述承诺及决议程序违法违规等问题所引起的一切法律责任由本公司自行承担。

××××股份有限公司

(加盖公章)

联系人:

联系电话:

××××年××月××日

3.4.3　全国中小企业股份转让系统股票异常转让实时监控指引(略)

3.4.4　全国中小企业股份转让系统交易单元管理办法(试行)(略)

3.4.5　全国中小企业股份转让系统股票转让细则(试行)

全国中小企业股份转让系统股票转让细则(试行)

第一章　总　　则

第一条　为规范全国中小企业股份转让系统(以下简称全国股份转让系统)股票转让行为,维护证券市场运行秩序,保护投资者合法权益,根据《中华人民共和国证券法》、《全国中小企业股份转让系统有限责任公司管理暂行办法》等法律、行政法规、部门规章、其他规范性文件及《全国中小企业股份转让系统业务规则(试行)》(以下简称《业务规则》)等相关规定,制定本细则。

第二条　在全国股份转让系统挂牌股票的转让,适用本细则。本细则未作规定的,适用全国股份转让系统其他有关规定。

第三条　股票转让及相关活动实行公开、公平、公正的原则,禁止证券欺诈、内幕交易、操纵市场等违法违规行为。

第四条　主办券商、投资者等市场参与人应当遵守法律、行政法规、部门规章、其他规范性文件及全国股份转让系统有关业务规则,遵循自愿、有偿、诚实信用原则。

第五条　全国中小企业股份转让系统有限责任公司(以下简称全国股份转让系统公司)为股票转让活动提供服务,并依法对相关股票转让活动进行自律管理。

第六条　股票转让采用无纸化的公开转让形式,或经中国证券监督管理委员会(以下简称中国证监会)批准的其他转让形式。

第二章　转 让 市 场

第一节　转让设施与转让参与人

第七条　全国股份转让系统为股票转让提供相关设施,包括交易主机、交易单元、报盘系统及相关通信系统等。

第八条　主办券商进入全国股份转让系统进行股票转让,应当向全国股份转让系统公司申请取得转让权限,成为转让参与人。

第九条　转让参与人应当通过在全国股份转让系统申请开设的交易单元进行股票转让。

第十条　交易单元是转让参与人向全国股份转让系统公司申请设立的、参与全国股份转让系统证券转让,并接受全国股份转让系统公司服务及监管的基本业务单位。

第十一条　主办券商在全国股份转让系统开展证券经纪、证券自营和做市业务,应当分别开立交易单元。

第十二条 交易单元和转让权限的具体规定,由全国股份转让系统公司另行制定。

第二节 转让方式

第十三条 股票可以采取做市转让方式、协议转让方式、竞价转让方式之一进行转让。

第十四条 股票采取做市转让方式的,应当有2家以上做市商为其提供做市报价服务。

申请挂牌公司股票拟采取做市转让方式的,其中一家做市商应为推荐其股票挂牌的主办券商或该主办券商的母(子)公司。

第十五条 股票采取竞价转让方式的,应当符合全国股份转让系统公司规定的条件。具体条件由全国股份转让系统公司另行制定。

第十六条 挂牌公司提出申请并经全国股份转让系统公司同意,可以变更股票转让方式。

第十七条 采取做市转让方式的股票,拟变更为协议或竞价转让方式的,挂牌公司应事前征得该股票所有做市商同意。

第十八条 采取做市转让方式的股票,为其做市的做市商不足2家,且未在30个转让日内恢复为2家以上做市商的,如挂牌公司未按规定提出股票转让方式变更申请,其转让方式将强制变更为协议转让方式。

第三节 转让时间

第十九条 股票转让时间为每周一至周五9:15至11:30,13:00至15:00。转让时间内因故停市,转让时间不作顺延。遇法定节假日和全国股份转让系统公司公告的休市日,全国股份转让系统休市。

第二十条 经中国证监会批准,全国股份转让系统公司可以调整转让时间。

第三章 股票转让一般规定

第二十一条 投资者买卖股票,应当以实名方式开立证券账户和资金账户,与主办券商签订证券买卖委托代理协议,并签署相关风险揭示书。

投资者开立证券账户,应当按照中国证券登记结算有限责任公司(以下简称中国结算)的规定办理。

第二十二条 投资者可以通过书面委托方式或电话、自助终端、互联网等自助委托方式委托主办券商买卖股票。

投资者进行自助委托的,应按相关规定操作,主办券商应当记录投资者委托的电话号码、网卡地址、IP地址等信息。

第二十三条　主办券商接受投资者的买卖委托后，应当确认投资者具备相应股票或资金，并按照委托的内容向全国股份转让系统申报，承担相应的交易、交收责任。

主办券商接受投资者买卖委托达成交易的，投资者应当向主办券商交付其委托主办券商卖出的股票或其委托主办券商买入股票的款项，主办券商应当向投资者交付卖出股票所得款项或买入的股票。

第二十四条　投资者可以撤销委托的未成交部分。

被撤销或失效的委托，主办券商应当在确认后及时向投资者返还相应的资金或股票。

第二十五条　主办券商应按照接受投资者委托的时间先后顺序及时向全国股份转让系统申报。

第二十六条　申报指令应当按全国股份转让系统公司规定的格式传送。全国股份转让系统公司可以根据市场需要，调整申报的内容及方式。

第二十七条　主办券商应当按有关规定妥善保管委托和申报记录。

第二十八条　买卖股票的申报数量应当为1000股或其整数倍。卖出股票时，余额不足1000股部分，应当一次性申报卖出。

第二十九条　股票转让的计价单位为"每股价格"。股票转让的申报价格最小变动单位为0.01元人民币。

按成交原则达成的价格不在最小价格变动单位范围内的，按照四舍五入原则取至相应的最小价格变动单位。

第三十条　股票转让单笔申报最大数量不得超过100万股。

第三十一条　全国股份转让系统公司可以根据市场需要，调整股票单笔申报数量、申报价格的最小变动单位和单笔申报最大数量。

第三十二条　申报当日有效。

买卖申报和撤销申报经全国股份转让系统交易主机确认后方为有效。

第三十三条　主办券商通过报盘系统向全国股份转让系统交易主机发送买卖申报指令。买卖申报经交易主机撮合成交后，转让即告成立。按本细则各项规定达成的交易于成立时生效，交易记录由全国股份转让系统公司发送至主办券商。

因不可抗力、意外事件、交易系统被非法侵入等原因造成严重后果的转让，全国股份转让系统公司可以采取适当措施或认定无效。

对显失公平的转让，经全国股份转让系统公司认定，可以采取适当措施。

第三十四条　违反本细则，严重破坏证券市场正常运行的转让，全国股份转让系统公司有权宣布取消转让。由此造成的损失由违规转让者承担。

第三十五条　依照本细则达成的交易，其成交结果以交易主机记录的成交数据为准。

第三十六条　全国股份转让系统对股票转让不设涨跌幅限制。全国股份转让系统公司另有规定的除外。

第三十七条 投资者买入的股票,买入当日不得卖出;做市商买入的股票,买入当日可以卖出。全国股份转让系统公司另有规定的除外。

第三十八条 按照本细则达成的交易,买卖双方必须承认交易结果,履行清算交收义务。

股票买卖的清算交收业务,应当按照中国结算的规定办理。

第三十九条 全国股份转让系统公司每个转让日发布股票转让即时行情、股票转让公开信息等转让信息,及时编制反映市场转让情况的各类报表,并通过全国股份转让系统指定信息披露平台或其他媒体予以公布。

第四十条 全国股份转让系统对采取做市、协议和竞价转让方式的股票即时行情实行分类揭示。

第四十一条 全国股份转让系统公司负责全国股份转让系统信息的统一管理和发布。未经全国股份转让系统公司许可,任何机构和个人不得发布、使用和传播转让信息。经全国股份转让系统公司许可使用转让信息的机构和个人,未经同意不得将转让信息提供给其他机构和个人使用或予以传播。

第四十二条 全国股份转让系统公司可以根据市场需要,调整即时行情和股票转让公开信息发布的内容和方式。

第四十三条 全国股份转让系统公司可以根据市场发展需要,编制综合指数、成份指数、分类指数等股票指数,随即时行情发布。

股票指数的设置和编制方法,由全国股份转让系统公司另行规定。

第四章 做市转让方式

第一节 委托与申报

第四十四条 做市商应在全国股份转让系统持续发布买卖双向报价,并在其报价数量范围内按其报价履行与投资者的成交义务。做市转让方式下,投资者之间不能成交。全国股份转让系统公司另有规定的除外。

第四十五条 投资者可以采用限价委托方式委托主办券商买卖股票。

限价委托是指投资者委托主办券商按其限定的价格买卖股票的指令,主办券商必须按限定的价格或低于限定的价格申报买入股票;按限定的价格或高于限定的价格申报卖出股票。

限价委托应包括证券账户号码、证券代码、买卖方向、委托数量、委托价格等内容。

第四十六条 全国股份转让系统接受主办券商的限价申报、做市商的做市申报。全国股份转让系统公司另有规定的除外。

限价申报应包括证券账户号码、证券代码、交易单元代码、证券营业部识别码、买卖方向、申报数量、申报价格等内容。

做市申报是指做市商为履行做市义务,向全国股份转让系统发送的,按其指定价格买卖不超过其指定数量股票的指令。做市申报应包括证券账户号码、证券代码、交易单元代码、买卖申报数量和价格等内容。

第四十七条　全国股份转让系统接受限价申报、做市申报的时间为每个转让日的9:15至11:30、13:00至15:00。全国股份转让系统公司可以调整接受申报的时间。

第四十八条　做市商应最迟于每个转让日的9:30开始发布买卖双向报价,履行做市报价义务。

第四十九条　做市商每次提交做市申报应当同时包含买入价格与卖出价格,且相对买卖价差不得超过5%。相对买卖价差计算公式为:

相对买卖价差=(卖出价格-买入价格)÷卖出价格×100%

卖出价格与买入价格之差等于最小价格变动单位的,不受前款限制。

第五十条　做市商提交新的做市申报后,前次做市申报的未成交部分自动撤销。

第五十一条　做市商前次做市申报撤销或其申报数量经成交后不足1000股的,做市商应于5分钟内重新报价。

第五十二条　做市商持有库存股票不足1000股时,可以免于履行卖出报价义务。

出现前款所述情形,做市商应及时向全国股份转让系统公司报告并调节库存股票数量,并最迟于该情形发生后第3个转让日恢复正常双向报价。

第五十三条　单个做市商持有库存股票达到挂牌公司总股本20%时,可以免于履行买入报价义务。

出现前款所述情形,做市商应及时向全国股份转让系统公司报告,并最迟于该情形发生后第3个转让日恢复正常双向报价。

第二节　成　　交

第五十四条　每个转让日的9:30至11:30、13:00至15:00为做市转让撮合时间。

做市商每个转让日提供双向报价的时间应不少于做市转让撮合时间的75%。

第五十五条　全国股份转让系统对到价的限价申报即时与做市申报进行成交;如有2笔以上做市申报到价的,按照价格优先、时间优先原则成交。成交价以做市申报价格为准。

做市商更改报价使限价申报到价的,全国股份转让系统按照价格优先、时间优先原则将到价限价申报依次与该做市申报进行成交。成交价以做市申报价格为准。

到价是指限价申报买入价格等于或高于做市申报卖出价格,或限价申报卖出价格等于或低于做市申报买入价格。

限价申报之间、做市申报之间不能成交。

第三节　做市商管理

第五十六条　证券公司在全国股份转让系统开展做市业务前,应向全国股份转让系统公司申请备案。

第五十七条　做市商开展做市业务,应通过专用证券账户进行。做市专用证券账户应向中国结算和全国股份转让系统公司报备。

做市商不再为挂牌公司股票提供做市报价服务的,应将库存股票转出做市专用证券账户。

第五十八条　做市商证券自营账户不得持有其做市股票或参与做市股票的买卖。

第五十九条　挂牌时采取做市转让方式的股票,初始做市商应当取得合计不低于挂牌公司总股本5%或100万股(以孰低为准),且每家做市商不低于10万股的做市库存股票。

除前款所述情形外,做市商在做市前应当取得不低于10万股的做市库存股票。

第六十条　做市商的做市库存股票可通过以下方式取得:

(一)股东在挂牌前转让;

(二)股票发行;

(三)在全国股份转让系统买入;

(四)其他合法方式。

第六十一条　挂牌时采取做市转让方式的股票,后续加入的做市商须在该股票挂牌满3个月后方可为其提供做市报价服务。

采取做市转让方式的股票,后续加入的做市商应当向全国股份转让系统公司提出申请。

第六十二条　挂牌时采取做市转让方式的股票和由其他转让方式变更为做市转让方式的股票,其初始做市商为股票做市不满6个月的,不得退出为该股票做市。后续加入的做市商为股票做市不满3个月的,不得退出为该股票做市。

做市商退出做市的,应当事前提出申请并经全国股份转让系统公司同意。做市商退出做市后,1个月内不得申请再次为该股票做市。

第六十三条　出现下列情形时,做市商自动终止为相关股票做市:

(一)该股票摘牌;

(二)该股票因其他做市商退出导致做市商不足2家而变更转让方式;

(三)做市商被暂停、终止从事做市业务或被禁止为该股票做市;

(四)全国股份转让系统公司认定的其他情形。

第四节　做市商间转让

第六十四条　做市商间为调节库存股等进行股票转让的,可以通过互报成交确认申报方式进行。

第六十五条　做市商的成交确认申报是指做市商之间按指定价格和数量与指定对手方确认成交的指令。

做市商的成交确认申报应包括证券账户号码、证券代码、交易单元代码、买卖方向、申报数量、申报价格、对手方交易单元、对手方证券账户号码以及成交约定号等内容。

第六十六条　全国股份转让系统接受做市商成交确认申报和对做市商成交确认申报进行成交确认的时间为每个转让日的15:00至15:30。

第六十七条　全国股份转让系统对证券代码、申报价格和申报数量相同，买卖方向相反，指定对手方交易单元、证券账户号码相符及成交约定号一致的做市商成交确认申报进行确认成交。

做市商间转让股票，其成交价格应在该股票当日最高、最低成交价之间；当日无成交的，其成交价格不得高于前收盘价的110%且不低于前收盘价的90%。

第六十八条　做市商当日从其他做市商处买入的股票，买入当日不得卖出。

第六十九条　做市商间转让不纳入即时行情和指数的计算，成交量在每个转让日做市商间转让结束后计入该股票成交总量。

第七十条　每个转让日做市商间转让结束后，全国股份转让系统公司逐笔公布做市商间转让信息，包括证券名称、成交量、成交价以及买卖双方做市商名称等。

第五节　其他规定

第七十一条　采取做市转让方式的股票，开盘价为该股票当日第一笔成交价。

第七十二条　采取做市转让方式的股票，收盘价为该股票当日最后一笔成交价。

当日无成交的，以前收盘价为当日收盘价。

第七十三条　全国股份转让系统为做市商提供其做市股票实时最高10个价位的买入限价申报价格和数量、最低10个价位的卖出限价申报价格和数量等信息，以及为该股票提供做市报价服务做市商的实时最优10笔买入和卖出做市申报价格和数量等信息。

第七十四条　采取做市转让方式的股票，全国股份转让系统每个转让日9:30开始发布即时行情，其内容主要包括证券代码、证券简称、前收盘价、最近成交价、当日最高价、当日最低价、当日累计成交数量、当日累计成交金额、做市商实时最高3个价位买入申报价格和数量、做市商实时最低3个价位卖出申报价格和数量等。

第五章　协议转让方式

第一节　委托与申报

第七十五条　投资者委托分为意向委托、定价委托和成交确认委托。

意向委托是指投资者委托主办券商按其确定价格和数量买卖股票的意向指令,意向委托不具有成交功能。意向委托应包括证券账户号码、证券代码、买卖方向、委托数量、委托价格、联系人、联系方式等内容。

定价委托是指投资者委托主办券商按其指定的价格买卖不超过其指定数量股票的指令。定价委托应包括证券账户号码、证券代码、买卖方向、委托数量、委托价格等内容。

成交确认委托是指投资者买卖双方达成成交协议,或投资者拟与定价委托成交,委托主办券商以指定价格和数量与指定对手方确认成交的指令。成交确认委托应包括:证券账户号码、证券代码、买卖方向、委托数量、委托价格、成交约定号等内容;拟与对手方通过互报成交确认委托方式成交的,还应注明对手方交易单元代码和对手方证券账户号码。

第七十六条 全国股份转让系统接受主办券商的意向申报、定价申报和成交确认申报。

意向申报应包括证券账户号码、证券代码、交易单元代码、证券营业部识别码、买卖方向、申报数量、申报价格、联系人、联系方式等内容。

定价申报应包括证券账户号码、证券代码、交易单元代码、证券营业部识别码、买卖方向、申报数量、申报价格等内容。

成交确认申报应包括:证券账户号码、证券代码、交易单元代码、证券营业部识别码、买卖方向、申报数量、申报价格、成交约定号等内容;若投资者成交确认委托中包括对手方交易单元代码和对手方证券账户号码,其对应成交确认申报指令也应包括相关内容。

第七十七条 交易主机接受申报的时间为每个转让日的9:15至11:30、13:00至15:00。

全国股份转让系统公司可以调整接受申报的时间。

第七十八条 全国股份转让系统收到拟与定价申报成交的成交确认申报后,如系统中无对应的定价申报,该成交确认申报以撤单处理。

第二节 成　　交

第七十九条 每个转让日的9:30至11:30、13:00至15:00为协议转让的成交确认时间。

第八十条 全国股份转让系统按照时间优先原则,将成交确认申报和与该成交确认申报证券代码、申报价格相同,买卖方向相反及成交约定号一致的定价申报进行确认成交。

成交确认申报与定价申报可以部分成交。成交确认申报股票数量小于定价申报的,以成交确认申报的股票数量为成交股票数量;成交确认申报股票数量大于定价申报的,以定价申报的股票数量为成交股票数量。成交确认申报未成交部分以撤单处理。

第八十一条　全国股份转让系统对证券代码、申报价格和申报数量相同,买卖方向相反,指定对手方交易单元、证券账户号码相符及成交约定号一致的成交确认申报进行确认成交。

第八十二条　每个转让日15:00,全国股份转让系统按照时间优先原则,将证券代码和申报价格相同、买卖方向相反的未成交定价申报进行匹配成交。

第三节　其他规定

第八十三条　采取协议转让方式的股票,开盘价为当日该股票的第一笔成交价。

第八十四条　采取协议转让方式的股票,以当日最后30分钟转让时间的成交量加权平均价为当日收盘价。最后30分钟转让时间无成交的,以当日成交量加权平均价为当日收盘价。当日无成交的,以前收盘价为当日收盘价。

第八十五条　采取协议转让方式的股票,每个转让日的即时行情内容主要包括前收盘价、最近成交价、当日最高成交价、当日最低成交价、当日累计成交数量以及定价申报的价格、数量、成交约定号等。

第八十六条　采取协议转让方式的股票,全国股份转让系统公司公布当日每笔成交信息,内容包括证券代码、证券简称、成交价格、成交数量、买卖双方主办券商证券营业部或交易单元的名称等。

股票转让公开信息涉及机构专用交易单元的,公布名称为"机构专用"。

第六章　竞价转让方式

第一节　委托与申报

第八十七条　股票竞价转让采用集合竞价和连续竞价两种方式。集合竞价,是指对一段时间内接受的买卖申报一次性集中撮合的竞价方式。连续竞价,是指对买卖申报逐笔连续撮合的竞价方式。

第八十八条　股票采取竞价转让方式的,每个转让日的9:15至9:25为开盘集合竞价时间,9:30至11:30、13:00至14:55为连续竞价时间,14:55至15:00为收盘集合竞价时间。

第八十九条　投资者可以采用限价委托方式委托主办券商买卖股票。

限价委托是指投资者委托主办券商按其限定的价格买卖股票的指令,主办券商必须按限定的价格或低于限定的价格申报买入股票;按限定的价格或高于限定的价格申报卖出股票。

限价委托应包括证券账户号码、证券代码、买卖方向、委托数量、委托价格等内容。

第九十条　全国股份转让系统接受主办券商的限价申报。限价申报应包括证券账户号码、证券代码、交易单元代码、证券营业部识别码、买卖方向、申报数量、申报价格等内容。

第九十一条 全国股份转让系统接受主办券商限价申报的时间为每个转让日9:15至11:30、13:00至15:00。

每个转让日9:20至9:25、14:55至15:00,交易主机不接受撤销申报;在其他接受申报的时间内,未成交申报可以撤销。

每个转让日9:25至9:30,交易主机只接受申报,但不对买卖申报或撤销申报作处理。

全国股份转让系统公司可以调整接受申报的时间。

第九十二条 全国股份转让系统对申报设置有效价格区间。开盘集合竞价的申报有效价格区间为前收盘价的上下20%以内。连续竞价、收盘集合竞价的申报有效价格区间为最近成交价的上下20%以内;当日无成交的,申报有效价格区间为前收盘价的上下20%以内。

不在有效价格区间范围内的申报不参与竞价,暂存于交易主机;当成交价波动使其进入有效价格区间时,交易主机自动取出申报,参加竞价。

挂牌后无成交的股票,对申报不设置有效价格区间。

第二节 成 交

第九十三条 股票竞价转让按价格优先、时间优先的原则撮合成交。

第九十四条 集合竞价时,成交价的确定原则为:

(一)可实现最大成交量;

(二)高于该价格的买入申报与低于该价格的卖出申报全部成交;

(三)与该价格相同的买方或卖方至少有一方全部成交。

两个以上价格符合上述条件的,取在该价格以上的买入申报累计数量与在该价格以下的卖出申报累计数量之差最小的价格为成交价;若买卖申报累计数量之差仍存在相等情况的,按如下方式确定成交价:

(一)开盘集合竞价时取最接近前收盘价的价格为成交价;无前收盘价的,取其平均价为成交价;

(二)收盘集合竞价时取最接近最近成交价的价格为成交价;当日无成交的,收盘集合竞价时取最接近前收盘价的价格为成交价;无前收盘价的,取其平均价为成交价。

集合竞价的所有转让以同一价格成交。

第九十五条 连续竞价时,成交价的确定原则为:

(一)最高买入申报与最低卖出申报价格相同,以该价格为成交价;

(二)买入申报价格高于集中申报簿当时最低卖出申报价格时,以集中申报簿当时的最低卖出申报价格为成交价;

（三）卖出申报价格低于集中申报簿当时最高买入申报价格时，以集中申报簿当时的最高买入申报价格为成交价。

第三节 其他规定

第九十六条 采取竞价转让方式的股票，开盘价为当日该股票的第一笔成交价。

开盘价通过集合竞价方式产生，不能通过集合竞价产生的，以连续竞价方式产生。

第九十七条 采取竞价转让方式的股票，收盘价通过集合竞价的方式产生。收盘集合竞价不能产生收盘价或未进行收盘集合竞价的，以该转让日最后一笔成交价为收盘价。当日无成交的，以前收盘价为当日收盘价。

第九十八条 集合竞价期间，即时行情内容包括证券代码、证券简称、前收盘价、集合竞价参考价、匹配量和未匹配量等。

连续竞价期间，即时行情内容包括证券代码、证券简称、前收盘价、最近成交价、当日最高成交价、当日最低成交价、当日累计成交数量、当日累计成交金额、实时最高5个价位买入申报价格和数量、实时最低5个价位卖出申报价格和数量等。

第九十九条 采取竞价转让方式的股票出现下列情形之一的，全国股份转让系统公司分别公布相关股票当日买入、卖出金额最大5家主办券商证券营业部或交易单元的名称及其各自的买入、卖出金额：

（一）当日价格振幅达到30%的前5只股票；价格振幅的计算公式为：价格振幅=（当日最高价-当日最低价）/当日最低价×100%

（二）当日换手率达到10%的前5只股票；

换手率的计算公式为：换手率=成交股数/无限售条件股份总数×100%

价格振幅或换手率相同的，依次按成交金额和成交量选取。

股票转让公开信息涉及机构专用交易单元的，公布名称为“机构专用”。

第七章 其他转让事项

第一节 转托管

第一百条 投资者可以以同一证券账户在单个或多个主办券商的不同证券营业部买入股票。

第一百〇一条 投资者买入的股票可以通过原买入股票的交易单元委托卖出，也可以向原买入股票的交易单元发出转托管指令，转托管完成后，在转入的交易单元委托卖出。

转托管的具体规定，由中国结算制定。

第二节 挂牌、摘牌、暂停与恢复转让

第一百〇二条 全国股份转让系统对股票实行挂牌转让。

第一百〇三条 股票依法不再具备挂牌条件的,全国股份转让系统公司终止其挂牌转让,予以摘牌。

第一百〇四条 全国股份转让系统公司可以对出现异常转让情况的股票采取盘中临时停止转让措施并予以公告。

具体暂停与恢复转让时间,以相关公告为准。

第一百〇五条 挂牌公司股票暂停转让时,全国股份转让系统公司发布的行情中包括该股票的信息;股票摘牌后,行情中无该股票的信息。

第一百〇六条 股票的挂牌、摘牌、暂停与恢复转让,由全国股份转让系统公司予以公告。相关信息披露义务人应当按照全国股份转让系统公司的要求及时公告。

第一百〇七条 股票挂牌、摘牌、暂停与恢复转让的其他规定,按照全国股份转让系统公司其他有关规定执行。

第三节　除权与除息

第一百〇八条 股票发生权益分派、公积金转增股本等情况,全国股份转让系统在权益登记日的次一转让日对该股票作除权除息处理。全国股份转让系统公司另有规定的除外。

第一百〇九条 除权(息)参考价计算公式为:除权(息)参考价 =(前收盘价 - 现金红利)÷(1 + 股份变动比例)

挂牌公司认为有必要调整上述计算公式时,可以向全国股份转让系统公司提出调整申请并说明理由。经全国股份转让系统公司同意的,挂牌公司应当向市场公布该次除权(息)适用的除权(息)参考价计算公式。

第一百一十条 除权(息)日股票买卖,按除权(息)参考价作为计算涨跌幅度和有效申报价格区间的基准,全国股份转让系统公司另有规定的除外。

第一百一十一条 在除权(息)日,挂牌公司应变更股票简称,在简称前冠以“XR”、“XD”、“DR”等字样。

“XR”代表除权;“XD”代表除息;“DR”代表除权并除息。

第八章　转让行为自律监管

第一百一十二条 全国股份转让系统公司对股票转让过程中出现的下列事项,予以重点监控:

(一)涉嫌内幕交易、操纵市场等违法违规行为;

(二)可能影响股票转让价格或者股票成交量的异常转让行为;

(三)股票转让价格或者股票成交量明显异常的情形;

(四)买卖股票的范围、时间、数量、方式等受到法律、行政法规、部门规章、其他规范性文件、《业务规则》及全国股份转让系统其他规定限制的行为;

（五）全国股份转让系统公司认为需要重点监控的其他事项。

第一百一十三条　可能影响股票转让价格或者股票成交量的异常转让行为包括：

（一）可能对股票转让价格产生重大影响的信息披露前，大量或持续买入或卖出相关股票；

（二）单个证券账户，或两个以上固定的或涉嫌关联的证券账户之间，大量或频繁进行反向交易；

（三）单个证券账户，或两个以上固定的或涉嫌关联的证券账户，大笔申报、连续申报、密集申报或申报价格明显偏离该证券行情揭示的最近成交价；

（四）频繁申报或撤销申报，或大额申报后撤销申报，以影响股票转让价格或误导其他投资者；

（五）集合竞价期间以明显高于前收盘价的价格申报买入后又撤销申报，随后申报卖出该证券，或以明显低于前收盘价的价格申报卖出后又撤销申报，随后申报买入该证券；

（六）对单一股票在一段时期内进行大量且连续交易；

（七）大量或者频繁进行高买低卖交易；

（八）单独或者合谋，在公开发布投资分析、预测或建议前买入或卖出相关股票，或进行与自身公开发布的投资分析、预测或建议相背离的股票转让；

（九）申报或成交行为造成市场价格异常或秩序混乱；

（十）涉嫌编造并传播交易虚假信息，诱骗其他投资者买卖股票；

（十一）全国股份转让系统公司认为需要重点监控的其他异常转让。

主办券商发现客户存在上述异常转让行为，应提醒客户；对可能严重影响交易秩序的异常转让行为，应及时报告全国股份转让系统公司。

第一百一十四条　股票转让价格或者股票成交量明显异常的情形包括：

（一）同一证券营业部或同一地区的证券营业部集中买入或卖出同一股票且数量较大；

（二）股票转让价格连续大幅上涨或下跌，且挂牌公司无重大事项公告；

（三）全国股份转让系统公司认为需要重点监控的其他异常转让情形。

第一百一十五条　全国股份转让系统公司对做市商的以下行为进行重点监控：

（一）不履行或不规范履行报价义务；

（二）频繁触发豁免报价条件；

（三）涉嫌以不正当方式影响其他做市商做市；

（四）库存股数量异常变动；

（五）报价异常变动，或通过频繁更改报价涉嫌扰乱市场秩序；

（六）做市商之间涉嫌串通报价或私下交换交易策略、做市库存股票数量等信息以谋取不正当利益；

(七)做市商与特定投资者在一段时间内对特定股票进行大量且连续交易;

(八)其他涉嫌违法违规行为。

第一百一十六条 全国股份转让系统公司可根据监管需要,对主办券商相关业务活动中的风险管理、技术系统运行、做市义务履行等情况进行监督检查。

第一百一十七条 全国股份转让系统公司可以单独或联合其他有关单位,对异常转让行为等情形进行现场或非现场调查。相关主办券商和投资者应当予以配合。

第一百一十八条 全国股份转让系统公司在现场或非现场调查中,可以根据需要要求主办券商及其证券营业部、投资者及时、准确、完整地提供下列文件和资料:

(一)投资者的开户资料、授权委托书、资金账户情况和相关账户的转让情况等;

(二)相关证券账户或资金账户的实际控制人、操作人和受益人情况、资金来源以及相关账户间是否存在关联的说明等;

(三)对股票转让中重点监控事项的解释;

(四)其他与全国股份转让系统公司重点监控事项有关的资料。

第一百一十九条 对第一百一十二条、第一百一十三条、第一百一十四条、第一百一十五条所述重点监控事项中情节严重的行为,全国股份转让系统公司可以视情况采取以下措施:

(一)约见谈话;

(二)要求提交书面承诺;

(三)出具警示函;

(四)限制证券账户转让;

(五)向中国证监会报告有关违法违规行为;

(六)其他自律监管措施。

第一百二十条 转让参与人及相关业务人员违反本细则的,全国股份转让系统公司可根据《业务规则》及全国股份转让系统其他相关业务规定,对其进行纪律处分,并记入诚信档案。

第九章 转让异常情况处理

第一百二十一条 发生下列转让异常情况之一,导致部分或全部转让不能正常进行的,全国股份转让系统公司可以决定单独或同时采取暂缓进入清算交收程序、技术性停牌或临时停市等措施:

(一)不可抗力;

(二)意外事件;

(三)技术故障;

(四)全国股份转让系统公司认定的其他异常情况。

第一百二十二条 出现无法申报或行情传输中断情况的,主办券商应及时向全国股份转让系统公司报告。无法申报或行情传输中断的证券营业部数量超过全部主办券商所属证券营业部总数10%以上的,属于转让异常情况,全国股份转让系统公司可以实行临时停市。

第一百二十三条 全国股份转让系统公司认为可能发生第一百二十一条、第一百二十二条规定的转让异常情况,并严重影响转让正常进行的,可以决定技术性停牌或临时停市。

第一百二十四条 全国股份转让系统公司对暂缓进入清算交收程序、技术性停牌或临时停市决定予以公告。技术性停牌或临时停市原因消除后,全国股份转让系统公司可以决定恢复转让,并予以公告。

因转让异常情况及全国股份转让系统公司采取的必要措施造成损失的,全国股份转让系统公司不承担责任。

第一百二十五条 转让异常情况处理的具体规定,由全国股份转让系统公司另行制定,并报中国证监会批准。

第十章 转 让 纠 纷

第一百二十六条 主办券商之间、主办券商和客户之间发生转让纠纷,相关主办券商应当记录有关情况,以备全国股份转让系统公司查阅。转让纠纷影响正常转让的,主办券商应当及时向全国股份转让系统公司报告。

第一百二十七条 主办券商之间、主办券商和客户之间发生转让纠纷,全国股份转让系统公司可以按有关规定,提供必要的交易数据。

第一百二十八条 客户对转让有疑义的,主办券商有义务协调处理。

第十一章 转 让 费 用

第一百二十九条 投资者买卖股票成交的,应当按规定向代理股票买卖的主办券商交纳佣金。

第一百三十条 主办券商应当按规定向全国股份转让系统交纳转让经手费及其他费用。

第一百三十一条 股票转让的收费项目、收费标准和收费方式等按有关规定执行。

第十二章 附 则

第一百三十二条 原STAQ、NET系统公司和退市公司挂牌股票转让相关事项另行规定。

第一百三十三条 本细则所述时间,以全国股份转让系统交易主机的时间为准。

第一百三十四条 本细则下列用语具有如下含义:

(一)“做市商”是指经全国股份转让系统公司同意,在全国股份转让系统持续发布买卖双向报价,并在其报价数量范围内按其报价履行与投资者成交义务的证券公司。

(二)“委托”是指投资者向主办券商进行具体授权买卖股票的行为。

(三)“申报”是指转让参与人向全国股份转让系统交易主机发送股票买卖指令的行为。

(四)“集中申报簿”是指交易主机某一时点按买卖方向以及价格优先、时间优先顺序排列的所有未成交申报队列。

(五)“集合竞价参考价”是指截至揭示时集中申报簿中所有申报按照集合竞价规则形成的虚拟集合竞价成交价。

(六)“匹配量”是指截至揭示时集中申报簿中所有申报按照集合竞价规则形成的虚拟成交数量。

(七)“未匹配量”是指截至揭示时集中申报簿中在集合竞价参考价位上的不能按照集合竞价参考价虚拟成交的买方或卖方申报剩余量。

第一百三十五条 本细则所述价格优先的原则是指较高价格买入申报优先于较低价格买入申报,较低价格卖出申报优先于较高价格卖出申报;时间优先的原则是指买卖方向、价格相同的,先申报者优先于后申报者,先后顺序按交易主机接受申报的时间确定。

第一百三十六条 本细则所称“超过”、“低于”、“高于”、“不足”、“大于”不含本数,“以内”、“达到”、“以上”、“以下”含本数。

第一百三十七条 本细则由全国股份转让系统公司负责解释。

3.5 机构业务类

3.5.1 全国中小企业股份转让系统主办券商持续督导工作指引(试行)(略)

3.5.2 全国中小企业股份转让系统做市商做市业务管理规定(试行)(略)

3.5.3 全国中小企业股份转让系统主办券商管理细则(试行)(略)

3.6　投资者服务类

3.6.1　全国中小企业股份转让系统投资者适当性管理细则(试行)

全国中小企业股份转让系统投资者适当性管理细则(试行)

(2013 年 2 月 8 日发布　2013 年 12 月 30 日修改)

第一条　为促进全国中小企业股份转让系统(以下简称全国股份转让系统)平稳、有序发展,提示市场风险,引导投资者理性参与挂牌公司股票公开转让等相关业务,保护投资者合法权益,根据中国证券监督管理委员会(以下简称中国证监会)有关规定及《全国中小企业股份转让系统业务规则(试行)》(以下简称《业务规则》),制定本细则。

第二条　投资者参与挂牌公司股票公开转让等相关业务,应当熟悉全国股份转让系统相关规定,了解挂牌公司股票风险特征,结合自身风险偏好确定投资目标,客观评估自身的心理和生理承受能力、风险识别能力及风险控制能力,审慎决定是否参与挂牌公司股票公开转让等业务。

第三条　下列机构投资者可以申请参与挂牌公司股票公开转让:

(一)注册资本 500 万元人民币以上的法人机构;

(二)实缴出资总额 500 万元人民币以上的合伙企业。

第四条　集合信托计划、证券投资基金、银行理财产品、证券公司资产管理计划,以及由金融机构或者相关监管部门认可的其他机构管理的金融产品或资产,可以申请参与挂牌公司股票公开转让。

第五条　同时符合下列条件的自然人投资者可以申请参与挂牌公司股票公开转让:

(一)投资者本人名下前一交易日日终证券类资产市值 500 万元人民币以上。证券类资产包括客户交易结算资金、在沪深交易所和全国股份转让系统挂牌的股票、基金、债券、券商集合理财产品等,信用证券账户资产除外。

(二)具有两年以上证券投资经验,或具有会计、金融、投资、财经等相关专业背景或培训经历。投资经验的起算时间点为投资者本人名下账户在全国股份转让系统、上海证券交易所或深圳证券交易所发生首笔股票交易之日。

第六条　下列投资者可以参与挂牌公司股票定向发行:

(一)《非上市公众公司监督管理办法》第三十九条规定的投资者;

(二)符合参与挂牌公司股票公开转让条件的投资者。

第七条　公司挂牌前的股东、通过定向发行持有公司股份的股东等,如不符合参与挂牌公司股票公开转让条件,只能买卖其持有或曾持有的挂牌公司股票。已经参与挂牌公司股票买卖的投资者保持原有交易权限不变。

第八条 主办券商应当根据中国证监会有关规定及本细则要求,制定投资者适当性管理实施方案,建立健全工作制度,完善内部分工和业务流程,并报全国中小企业股份转让系统有限责任公司(以下简称全国股份转让系统公司)备案。

第九条 主办券商应当切实履行投资者适当性管理职责,了解投资者的身份、财务状况、证券投资经验等相关信息,评估投资者的风险承受能力和风险识别能力,有针对性地开展风险揭示、投资者知识普及、投资者服务等工作,引导投资者审慎参与挂牌公司股票公开转让等相关业务。

第十条 主办券商应当认真审核投资者提交的相关材料,并与投资者书面签署《买卖挂牌公司股票委托代理协议》和《挂牌公司股票公开转让特别风险揭示书》。投资者应抄录《挂牌公司股票公开转让特别风险揭示书》中的特别声明。

第十一条 投资者应当配合主办券商投资者适当性管理工作,如实提供申报材料。投资者不予配合或提供虚假信息的,主办券商可以拒绝为其办理挂牌公司股票公开转让相关业务。

第十二条 主办券商应当妥善保管投资者的档案资料,除依法配合调查和检查外,应当为投资者保密。

第十三条 主办券商应当结合所了解的投资者信息和投资者参与挂牌公司股票转让的情况,定期开展对投资者风险承受能力的持续评估工作,并留存评估结果备查。

第十四条 主办券商应当针对不同类别的投资者制订服务方案和管理流程,根据客户的不同特点,讲解全国股份转让系统业务规则和风险特点,提示参与挂牌公司股票公开转让可能面临的风险。

第十五条 主办券商应当妥善保存业务办理、投资者服务过程中风险揭示的语音或影像留痕。

第十六条 主办券商发现客户存在异常交易行为或者违法违规行为时,应当根据全国股份转让系统公司相关规定及时提醒客户,并向全国股份转让系统公司报告。

第十七条 全国股份转让系统公司对存在异常交易行为的投资者采取口头或书面警示等监管措施的,主办券商应当及时与投资者取得联系,告知其有关监管要求和采取的监管措施。对出现异常交易行为的投资者,全国股份转让系统公司可以限制其交易,主办券商应当予以配合。

第十八条 主办券商应当为投资者提供合理的投诉渠道,指定专门部门受理投诉,妥善处理与投资者的矛盾和纠纷,并认真做好记录工作。

第十九条 主办券商应当配合全国股份转让系统公司对其投资者适当性管理执行情况进行检查,如实提供投资者开户资料、资金账户情况等信息,不得隐瞒、阻碍和拒绝。

第二十条 主办券商及其相关业务人员违反本细则规定,全国股份转让系统公司可依据《业务规则》等有关规定采取相应的监管措施或纪律处分。

第二十一条　本细则所称“以上”含本数。

第二十二条　本细则由全国股份转让系统公司负责解释。

第二十三条　本细则自发布之日起施行。

3.7　两网公司及退市公司

3.7.1　关于原代办股份转让系统挂牌的两网公司及交易所市场退市公司相关制度过渡安排有关事项的通知

关于原代办股份转让系统挂牌的两网公司及交易所市场退市公司相关制度过渡安排有关事项的通知

（股转系统公告〔2013〕5号）

各市场参与人：

根据中国证监会相关安排，全国中小企业股份转让系统（以下简称“全国股份转让系统”）正式运行后，将设置单独交易板块，整体承接原证券公司代办股份转让系统挂牌的STAQ、NET系统公司（以下简称“两网公司”）、沪深证券交易所退市公司及今后新增退市公司（以下简称“退市公司”）的股份转让业务。为保证市场平台切换工作的顺利衔接，经中国证监会批准，现就有关事项通知如下：

一、根据中国证监会发布实施的《非上市公众公司监督管理办法》（证监会令第85号，以下简称《管理办法》）、《全国中小企业股份转让系统有限责任公司管理暂行办法》（证监会令第89号，以下简称《暂行办法》）、《全国中小企业股份转让系统业务规则（试行）》（以下简称“《业务规则》”），两网公司和退市公司将纳入中国证监会非上市公众公司监管范围和全国中小企业股份转让系统有限责任公司（以下简称“全国股份转让系统公司”）自律监管范围。

二、鉴于《管理办法》、《暂行办法》、《业务规则》等规章、规则及中国证监会上市公司退市政策实施后，两网公司和退市公司监管依据发生了变化，全国股份转让系统公司将根据相关规章、政策的调整情况和公司实际情况，统筹研究两网公司和退市公司市场相关规则调整方案，并做好相应的技术系统准备。

三、在相关准备工作完成前，两网公司和退市公司的股票转让及信息披露制度原则上维持不变。为此，全国股份转让系统公司比照原代办股份转让系统相关制度，拟定了《全国中小企业股份转让系统两网公司及退市公司股票转让暂行办法》、《全国中小企业股份转让系统两网公司及退市公司信息披露暂行办法》，请相关市场主体按照上述办法办理相关事宜。

特此通知。

全国中小企业股份转让系统有限责任公司

2013 年 2 月 8 日

附件 1.《全国中小企业股份转让系统两网公司及退市公司股票转让暂行办法》（略）

附件 2.《全国中小企业股份转让系统两网公司及退市公司信息披露暂行办法》（略）

3.7.2 全国中小企业股份转让系统两网公司及退市公司股票转让暂行办法(略)

3.7.3 全国中小企业股份转让系统两网公司及退市公司信息披露暂行办法(略)

第四章　服务指南

4.1　综合类

4.1.1　股份公司申请在全国中小企业股份转让系统公开转让、定向发行股票的审查工作流程

股份公司申请在全国中小企业股份转让系统
公开转让、定向发行股票的审查工作流程

（2013 年 3 月 19 日发布　2013 年 12 月 30 日修改）

根据《非上市公众公司监督管理办法》、《全国中小企业股份转让系统有限责任公司管理暂行办法》等规章，股东人数未超过 200 人股份公司申请到全国中小企业股份转让系统（以下简称全国股份转让系统）挂牌公开转让须经全国中小企业股份转让系统有限责任公司（以下简称全国股份转让系统公司）审查同意，中国证监会豁免核准，纳入非上市公众公司统一监管。

按照标准公开、程序透明、行为规范、高效便民的原则，股东人数未超过 200 人股份公司申请股票在全国股份转让系统挂牌公开转让、股票发行（包括股份公司申请挂牌同时发行、挂牌公司申请股票发行）的审查工作流程如下：

一、全国股份转让系统公司接收材料

全国股份转让系统公司设接收申请材料的服务窗口。申请挂牌公开转让、股票发行的股份公司（以下简称申请人）通过窗口向全国股份转让系统公司提交挂牌（或股票发行）申请材料。申请材料应符合《全国中小企业股份转让系统业务规则（试行）》、《全国中小企业股份转让系统挂牌申请文件内容与格式指引（试行）》等有关规定的要求。

全国股份转让系统公司对申请材料的齐备性、完整性进行检查：需要申请人补正申请材料的，按规定提出补正要求；申请材料形式要件齐备，符合条件的，全国股份转让系统公司出具接收确认单。

二、全国股份转让系统公司审查反馈

(一)反馈

对于审查中需要申请人补充披露、解释说明或中介机构进一步核查落实的主要问题,审查人员撰写书面反馈意见,由窗口告知、送达申请人及主办券商。

(二)落实反馈意见

申请人应当在反馈意见要求的时间内向窗口提交反馈回复意见;如需延期回复,应提交申请,但最长不得超过三十个工作日。

三、全国股份转让系统公司出具审查意见申请材料和回复意见审查完毕后,全国股份转让系统公司出具同意或不同意挂牌或股票发行(包括股份公司申请挂牌同时发行、挂牌公司申请股票发行)的审查意见,窗口将审查意见送达申请人及相关单位。

附件:股份公司申请在全国中小企业股份转让系统公开转让、股票发行的审查工作流程

附件

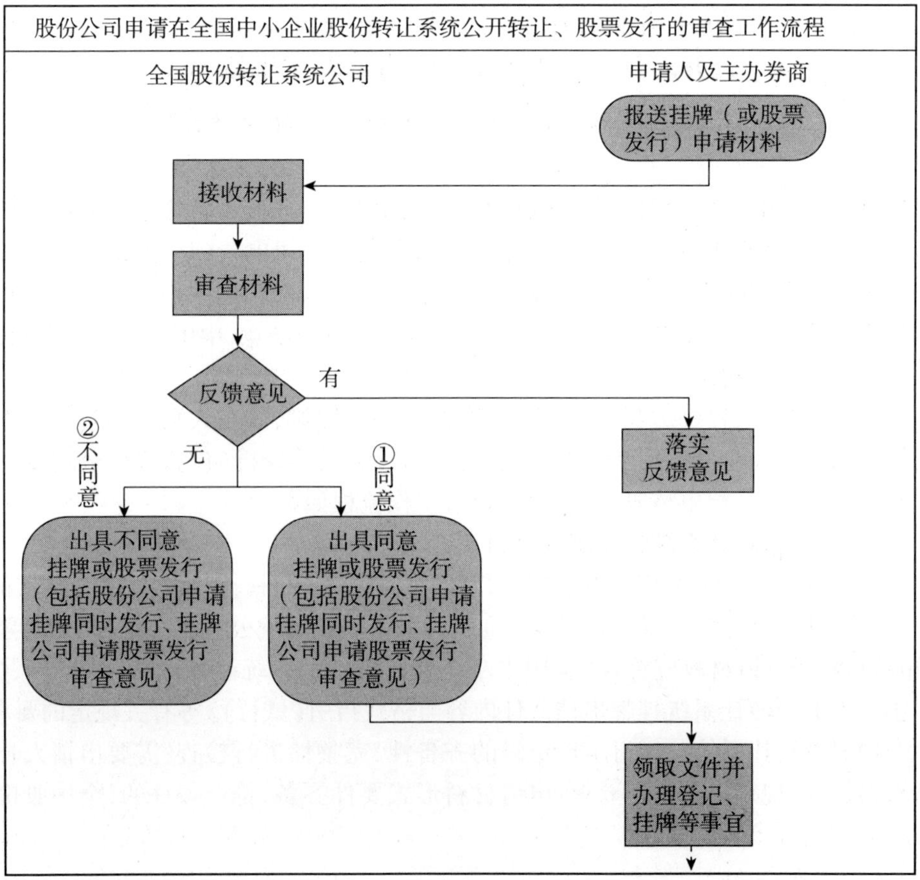

4.1.2 全国中小企业股份转让系统申请材料接收须知

全国中小企业股份转让系统申请材料接收须知

各申请人：

为方便各申请人办理业务申请事项，我司在公司南门一层设立接收服务窗口，设专职人员负责材料接收工作。请各位申请人按照以下须知要求到接收服务大厅办理业务：

一、提出申请前，请及时了解、熟悉《非上市公众公司监督管理办法》、《全国中小企业股份转让有限责任公司管理暂行办法》等中国证监会部门规章及我司公布的各项业务规则中关于业务申请项目的有关规定，具体情况可登录我司网站进行查阅。

二、如对我司公示内容有疑问，可向相关业务部门或接收服务窗口进行咨询。

三、接收服务大厅是我司对外接收材料的窗口，统一负责材料接收、法定文件发送等工作。目前我司仅接收现场报送材料，不接收以邮寄、传真等非现场方式提交的材料。

四、报送申请材料和领取公文时，请出具单位介绍信、身份证（附身份证复印件）等身份证明文件。如受他人委托报送申请材料和领取公文时，应提交相关授权委托书及受托人身份证明文件。

五、报送申请材料时，首先应对照各项业务申请材料目录核查材料的齐备性。

六、申请材料接收后，我司接收服务窗口将为申请人开具《申请材料接收确认单》，并于当日将所接收申请材料移交相关部门。

七、根据要求应当提供申报材料原件而不能提供的，应提供复印件，并由申请人律师提供鉴证意见，或由出文单位盖章，以保证与原件一致。申请人在每次报送书面原件的同时，应按我司要求报送相应份数的复印件和标准电子文件。电子文件应以光盘形式提交。

八、申请材料应统一编制目录，按目录标明页码，并以A4纸打印、硬壳文件夹装订。申请文件章节之间应有明显的分隔标识。报送材料首页应列明公司经办人员和有关中介机构的姓名（或名称）和联系电话。文件夹立面应注明公司名称和所办事项。

九、申请书应当以公司红头文件印制，由公司法定代表人签发。

十、中介机构出具的专项报告，应附有签字律师、会计师、评估师及其所在机构的证券从业资格证书复印件，该复印件须由该机构盖章确认并说明用途。法律意见书应由律师事务所负责人和两名经办律师签字。

十一、我司接收服务窗口工作时间为每个交易日的上午8:30－11:30，下午1:30－5:00。

十二、接收服务窗口咨询电话:010－63889513。

接收服务窗口地址:北京市西城区金融大街丁26号金阳大厦南门一层

全国中小企业股份转让系统

2013年3月19日

4.1.3 关于做好申请材料接收工作有关注意事项的通知

关于做好申请材料接收工作有关注意事项的通知

各申请人:

为进一步明确各申请人到我司接收服务窗口(以下简称“窗口”)办理业务的相关要求,现将有关事项通知如下:

一、有关申请文件的制作

(一)申请人应严格按照《全国中小企业股份转让系统业务规则(试行)》和相关实施细则、工作指引、工作指南,以及《全国中小企业股份转让系统申请材料接收须知》的要求制作和报送申请文件。

(二)申请文件的编排应严格按照相关业务规则要求的文件目录顺序编排。

电子文档包含“书面文件扫描版”和“书面文件WORD版”,其中“书面文件扫描版”包括通过扫描所有书面文件形成的电子文档,通常为PDF格式(即*.pdf格式)。

二、关于签名和盖章

(一)申请材料的主申请报告原则上应当以红头文件印制,标明文号,且必须由法定代表人签发并加盖公章。

具体签发形式,可以在红头中印制签发人,也可以在申请报告落款处加盖法定代表人印章或由本人签字。

(二)申请材料包含多份文件的,应当以隔页纸区分,每份文件应由出文单位加盖骑缝章,并在落款处加盖公章。

公司章程、制度等无落款的文件,应当在章程或制度首页标题上加盖公章。

(三)申请文件中的签名均应为签名人亲笔签名,不得以名章、签名章等代替。

董监高的声明和承诺文件,还应当附见证律师的从业资格证明文件。

三、关于身份证明文件

办事人员代表申请主体到窗口办理业务应当提交身份证明文件。

如申请主体在授权书或介绍信中明确指明**自然人代表办理相应业务的,身份证明文件包括该授权书或介绍信,以及办事人员的身份证复印件。

如申请主体在授权书中指明**单位代表办理业务,被指明的单位应当出具介绍信明确具体办事人员，身份证明文件包括授权书、被授权的单位出具的介绍信和办事人员的身份证复印件。

四、关于书面反馈回复

（一）书面反馈回复必须加盖出文单位公章。

（二）书面反馈回复应当按照书面反馈要求提交相应份数的书面材料和电子版材料。如书面材料较多可以装订成硬壳夹。

（三）提交书面反馈回复，应当同时附《审查反馈意见通知书》复印件，便于窗口工作人员对照检查。

（四）书面反馈回复应当以问答形式对书面反馈要求逐一作出回应。根据书面反馈要求不同，回复意见应当区别说明：

1. 回复意见属于补充、完善、说明类型，应当具体说明补充、完善的内容；

2. 回复意见属于修改类型，应当对比说明原内容和修改后的内容，如回复修改内容比较复杂，可以直接说明修改内容；

3. 回复意见属于删除类型，可以在回复中直接说明“此内容已删除，在＊＊＊（文件）中体现”；

4. 回复意见属于格式修改，如编号、页码、文件位置等格式问题，可以在回复中说明“已修改，在＊＊＊（文件）中体现”。

（五）关于申请挂牌业务的其他要求

在窗口办理挂牌业务的申请人，除需符合以上工作要求以外，还应当注意以下事项：

1. 对需要申请挂牌公司补充披露的，公司应在反馈回复中说明补充披露的内容、中介机构结论性意见（如有），并说明需披露的内容在公开转让说明书中相应章节的修改情况，同时在公开转让说明书中以楷体加粗的格式进行修改。

2. 对需要中介机构补充提供、调查或发表意见的，中介机构应在各自需提交反馈文件的相应部分补充提供尽职调查过程中的基础性资料、进一步尽职调查的内容以及结论性意见。

3. 反馈回复材料应当在主办券商盖章页同时附内核专员、项目负责人、项目小组成员的签字。

4. 整套申请材料目录前，应单独制作《挂牌公司基本信息和联系方式表》（含电子版，具体格式详见附件）。其中联系方式的座机栏，应当填写直拨座机号码（如是分机，需提供分机号码）。

本通知自下发之日起实施。如有问题，请与我司相关工作人员联系。

接收服务电话：010－63889512

全国中小企业股份转让系统有限责任公司

2013年6月13日

4.1.4 关于收取挂牌公司挂牌年费的通知

关于收取挂牌公司挂牌年费的通知

各挂牌公司:

依据《关于全国中小企业股份转让系统有限责任公司有关收费事宜的通知》(股转系统公告〔2013〕7号,以下简称《收费通知》)的规定及《全国中小企业股份转让系统挂牌协议》的约定,挂牌公司应当向我司缴纳挂牌年费。现将挂牌公司缴纳2013年挂牌年费的相关事宜通知如下:

一、缴费对象

挂牌公司。2013年挂牌的公司,挂牌年费已与挂牌初费一并缴纳的除外。

二、缴费期限

2013年7月15日之前一次性缴纳。

缴费日期以银行收款回单载明的日期为准。

三、缴费标准

2013年度的挂牌年费按照挂牌公司2012年末的总股本,自我司《收费通知》发布之日的次月(即:2013年3月)起计算收取,共计10个月费用,挂牌公司2012年末的总股本以2012年年报披露的数据为准。根据我司《收费通知》公布的收费标准进行按月折算,2013年度挂牌公司须缴纳挂牌年费的具体金额如下:

总股本2000万股(含)以下:16,666.67元;

总股本2000-5000万股(含):25,000.00元;

总股本5000万股-1亿股(含):33,333.33元;

总股本1亿股以上:41,666.67元。

四、缴费方式

银行汇款方式缴至下列账户:

账户名称:全国中小企业股份转让系统有限责任公司

开户行:中国建设银行复兴支行

账号:11001046500053013355

挂牌公司汇款完成,我司取得银行收款回单后,将出具发票,并邮寄至挂牌公司。

请各挂牌公司按本通知的要求,按期足额缴纳挂牌年费。逾期缴纳的,我司将按照《全国中小企业股份转让系统挂牌协议》的约定,每日按应缴纳金额的3‰收取滞纳金。经催告后,在10个工作日内仍未缴纳的,我司有权采取相应的监管措施,并保留追究违约责任的权利。

全国中小企业股份转让系统有限责任公司

2013年6月14日

4.2　挂牌业务类

4.2.1　全国中小企业股份转让系统股票挂牌业务操作指南(试行)

全国中小企业股份转让系统股票挂牌业务操作指南(试行)

为规范申请挂牌公司、主办券商在全国中小企业股份转让系统(以下简称“全国股转系统”)办理股票挂牌业务,根据相关法律法规、《全国中小企业股份转让系统业务规则(试行)》等有关规定,制定本指南。

一、股东开户

除股东存在外资、个人独资企业等特殊情形外,其他境内股东均应于申请挂牌公司向全国中小企业股份转让系统有限责任公司(以下简称“全国股转公司”)报送申请挂牌文件前,完成开立证券账户的工作。

二、申请证券简称和代码

申请挂牌公司应于向全国股转公司报送申请挂牌文件时一并提交《证券简称及证券代码申请书》,证券简称应避免与已挂牌公司和上市公司重复。

三、领取同意挂牌函、转让方式的函和缴费通知单

申请挂牌公司或主办券商接到领取通知后,于第二个转让日派人持申请挂牌公司出具的介绍信和经办人身份证复印件前往全国股转公司受理窗口领取《同意挂牌函》、《关于同意股票挂牌时采取协议转让方式的函》(或《关于同意股票挂牌时采取做市转让方式的函》)和《缴费通知单》。

四、缴费

根据《缴费通知单》的要求,申请挂牌公司缴纳挂牌初费和当年年费。

五、办理信息披露

(一)挂牌前首次信息披露

取得证券简称和代码的当日或第二个转让日,主办券商应协助申请挂牌公司通过全国股转系统业务支持平台进行首次信息披露操作。

挂牌前首次信息披露文件包括:

(1)公开转让说明书;

(2)财务报表及审计报告;

(3)补充审计期间的财务报表及审计报告(如有);

(4)法律意见书;

(5)补充法律意见书(如有);

(6)公司章程;

(7)主办券商推荐报告;

(8)股票发行情况报告书(如有);

(9)全国股转公司同意挂牌的函;

(10)中国证监会核准文件(如有);

(11)其他公告文件。

上述(1)-(7)文件系统将自动提取反馈回复的最后一稿,无须主办券商再次上传。

(二)首次信息披露操作流程

主办券商登录业务支持平台,在确认申请挂牌文件在已归档的前提下,进入首次信息披露模块,找到待批露的项目,打开并点击"处理"即可进入传送公告页面。

在该页面,系统将自动抓取"5.1(1)-(7)"列示的文件,券商需要上传同意挂牌函等其他披露文件;确认无误后,选择披露日期,点击"披露",系统将在转让日的15:30后在 www.neeq.com.cn 或 www.neeq.cc 上进行披露。

(三)更正公告

文件披露后,不得随意更改、替换或撤销。如确需修改,申请挂牌公司和主办券商通过全国股转系统业务支持平台提交申请挂牌公司出具的更正公告、更正后的信息披露文件、主办券商出具的情况说明(如涉及法律意见书更正的,由律师事务所出具说明;涉及审计报告及财务报表更正的,由会计师事务所出具说明),上述文件均需加盖公章;经挂牌业务部确认后,发布更正公告及更正后的信息披露文件。

(四)在线填写挂牌进度计划

主办券商应在获知申请挂牌公司代码和简称的当日或第二个转让日,在全国股转系统业务支持平台上在线填写《主办券商办理股份公司股票挂牌进度计划表》,合理安排申请挂牌公司办理挂牌手续的时间,并严格执行。

(五)领取《代码和简称通知书》和缴费发票

申请挂牌公司在准备办理股份初始登记前在全国股转公司挂牌业务部领取《关于证券简称及证券代码的通知》和缴费发票。

(六)提交股票初始登记申请表

公司股份办理初始登记前,无论是否存在首批解除转让限制情形,均需在取得同意挂牌函的当日或第二个转让日向全国股转公司公司业务部提交股票初始登记申请表(加盖主办券商公章),并说明是否存在申请挂牌同时股票发行情形。

除法定限售股份外,申请挂牌公司股东存在自愿限售股份情形的,应根据《关于向全国中小企业股份转让系统申请协助出具自愿限售登记函有关事项的公告》(股转系统公告〔2014〕65 号)的要求,向全国股转公司公司业务部提交申请挂牌公司和自愿限售股东共同签字盖章的申请书,并提交主办券商出具的审查意见。

(七)股份初始登记

申请挂牌公司及主办券商应不迟于取得证券简称和代码的第二个转让日向中国

证券登记结算有限责任公司北京分公司（以下简称“中国结算北京分公司”）报送股份初始登记预审文件，根据中国结算北京分公司的安排现场办理登记手续，领取《股份登记确认书》。

（八）办理股票挂牌

申请挂牌公司取得中国结算北京分公司出具的《股份登记确认书》的当日 11 时前，将《股份登记确认书》《公开转让记录表》（加盖公章）扫描件提交给全国股转公司挂牌业务部，确定公司挂牌日期（挂牌日为取得《股份登记确认书》后的第二个转让日）以便办理股份进入交易系统的操作。

（九）挂牌前的第二次信息披露

1. 披露时间

T－1 日（T 日为挂牌日，下同），申请挂牌公司及主办券商通过全国股转系统业务支持平台报送第二次信息披露文件。

系统将在转让日的 15:30 后在 www. neeq. com. cn 或 www. neeq. cc 上进行披露。

2. 披露文件

（1）关于公司股票将在全国股转系统挂牌公开转让的提示性公告；

（2）关于公司挂牌同时发行的股票将在全国股转系统挂牌公开转让的公告（如有）；

（3）其他公告文件。

（十）申请挂牌同时发行股票融资的流程

全国股转系统是公开市场，为提高投融资对接的效率，满足申请挂牌公司的融资需求，申请挂牌公司可在申请挂牌时或挂牌审查期间提出股票发行申请，履行董事会、股东大会审议程序，自主决定发行方式、发行价格和发行的比例。申请挂牌同时股票发行后股东不超过 200 人的，中国证监会豁免核准。

1. 披露发行意向

申请挂牌同时发行股票且尚未确定认购对象的，可在报送申请挂牌材料后向全国股转公司挂牌业务部申请在 www. neeq. com. cn 或 www. neeq. cc 披露股票发行意向。

2. 披露公开转让说明书等文件

取得证券简称和代码后，申请挂牌公司按照“5.1　挂牌前首次信息披露”流程办理《公开转让说明书》等文件的信息披露事宜。

3. 报送备案材料

在完成股票认购、验资后，参照《全国中小企业股份转让系统股票发行业务细则（试行）》及其指引的有关规定，申请挂牌公司通过业务支持平台向全国股转公司受理窗口报送备案材料；取得全国股转公司出具的股份登记函。

4. 办理股份登记

取得股份登记函后，申请挂牌公司、主办券商持股份登记函及其他材料前往中国结算北京分公司办理股份初始登记,初始登记的股份为发行完成后的全部股份。

5. 披露发行的股份等文件

取得《股份登记确认书》后,申请挂牌公司披露《关于公司挂牌同时股票发行的股票将在全国股转系统挂牌公开转让的公告》等文件。

6. 披露工商变更登记公告

申请挂牌公司完成工商变更登记后,发布《关于完成工商变更登记的公告》。

7. 通过股票发行持有公司股份的股东

根据《全国中小企业股份转让系统投资者适当性管理细则(试行)》的规定,通过申请挂牌同时股票发行持有公司股份的股东,如不符合参与挂牌公司公开转让条件,只能买卖其持有或曾持有的挂牌公司股票。

8. 挂牌日后完成股票发行的

申请挂牌公司拟于挂牌日后完成股票发行的,其发行程序及投资者适当性要求按照已挂牌公司股票发行的规定办理。

(十一)挂牌仪式

申请挂牌公司拟举办挂牌仪式的,请填写《全国股转公司挂牌仪式申请》,发邮件至 guapaiyishi @ neeq. org. cn,与全国股转公司信息服务研究部沟通具体事宜。

(十二)临时公告

申请挂牌公司在首次信息披露至股票挂牌期间应遵守《关于申请挂牌期间公司信息披露相关问题的通知》(股转系统公告〔2014〕26 号)的规定,履行信息披露义务。

在此期间需进行信息披露的,应通过电子邮件方式向全国股转系统挂牌业务部财务和非财务审查员提交公告文件(加盖申请挂牌公司公章或其他信息披露主体公章)、主办券商情况说明(加盖主办券商公章)、信息披露业务流转表(加盖主办券商公章)等文件的扫描件,同时将抄送 xxpl@ neeq. org. cn。经同意后,相关公告文件在转让日的 15:30 后在 www. neeq. com. cn 或 www. neeq. cc 上进行披露。

(十三)部分文件参考格式(略)

(十四)联系方式

项　　目	经办部门、联系电话
股票挂牌事务	全国股转公司挂牌业务部 联系电话:010 - 63889621、63889646、63889758 传真:010 - 63889694
受理窗口	全国股转公司综合事务部 联系电话:010 - 63889512 E - mail:shouli@ neeq. org. cn
缴费咨询	全国股转公司财务管理部 联系电话:010 - 63889680、63889809 传真:010 - 63889604

续表

项　　目	经办部门、联系电话
股票初始登记申请表业务	全国股转公司公司业务部 联系电话:010－63889549、63889754 传真:010－63889674
信息披露	全国股转公司信息研究部 联系电话:010－63889730 传真:010－63889714 E－mail:xxpl@ neeq. org. cn
挂牌仪式	全国股转公司信息研究部 联系电话:010－63889731 E－mail:guapaiyishi@ neeq. org. cn

4.3　公司业务类

4.3.1　全国中小企业股份转让系统股票发行业务指南

全国中小企业股份转让系统股票发行业务指南

（2013 年 4 月 25 日发布　2013 年 12 月 30 日修改）

为规范挂牌公司、主办券商等相关主体在全国中小企业股份转让系统（以下简称“全国股份转让系统”）办理股票发行业务，根据《全国中小企业股份转让系统股票发行业务细则（试行）》（以下简称《业务细则》）等有关规定，制定本指南。

一、原则性规定

（一）适用范围

挂牌公司向符合规定的投资者发行股票，发行后股东人数累计不超过 200 人的，向全国中小企业股份转让系统有限责任公司（以下简称“全国股份转让系统公司”）履行事后备案程序，以及按规定股票发行经中国证监会核准的公司，申请办理股票挂牌手续，适用本指南的规定。

前款所称的“发行后股东人数累计不超过 200 人”，是指股票发行方案确定或预计的新增股东人数（或新增股东人数上限）与审议本次股票发行的股东大会规定的股权登记日（以下简称“股权登记日”）在册股东人数之和不超过 200 人。

（二）现有股东的认定标准

本次股票发行安排现有股东优先认购，或者本次股票发行方案的发行对象或发行对象范围包括现有股东的，现有股东是指股权登记日的在册股东。

（三）路演与询价

采用询价发行的，挂牌公司和主办券商可以进行路演，并按照股票发行方案确定的发行对象范围，向符合投资者适当性规定的特定投资者发送认购邀请书。

挂牌公司及主办券商应当在认购邀请书约定的时间内接收询价对象的申购报价。

在申购报价结束后，挂牌公司与主办券商按照《业务细则》的规定，协商确定发行对象、发行价格和发行股数。

（四）募集资金使用

挂牌公司在取得股份登记函之前，不得使用本次股票发行募集的资金。

二、业务流程

（一）决议

1. 董事会与股东大会决议

挂牌公司董事会、股东大会应当对股票发行等事项作出决议。董事会、股东大会表决应当执行公司章程规定的表决权回避制度。

2. 股票发行方案重大调整的认定标准《业务细则》规定的对股票发行方案作出重大调整，是指以下两种情形：

（1）发行对象名称（现有股东除外）、认购价格、认购数量或数量上限、现有股东优先认购办法的调整；

（2）发行对象范围、发行价格区间、发行价格确定办法、发行数量或数量上限的调整。

（二）发行与认购

1. 发行方式

董事会决议确定具体发行对象的，挂牌公司应当按照股票发行方案和认购合同的约定发行股票。

董事会决议未确定具体发行对象的，可以通过询价确定发行对象、发行价格和发行股数。

2. 披露认购公告

挂牌公司最迟应当在缴款起始日前的两个转让日披露股票发行认购公告。本次股票发行如有优先认购安排的，认购公告中还应披露现有股东的优先认购安排。公司章程已约定不安排优先认购或全体现有股东在发行前放弃优先认购的，也应予以专门说明。

优先认购安排包括但不限于以下内容：

（1）现有股东在本次发行前放弃优先认购的情况（如有）；

（2）现有股东优先认购的缴款期限和缴款方式；

（3）现有股东放弃优先认购股份的处理方式。

3. 认购与缴款

发行对象可用现金、非现金资产，以及同时以非现金资产和现金认购发行股票。

参与认购的投资者和现有股东应按照认购公告和认购合同的约定，在缴款期内进行缴款认购。

（三）验资

认购完成后，挂牌公司应当按照相关规定，办理验资手续。

（四）提交文件

挂牌公司应当在股票发行验资完成后的10个转让日内，向全国股份转让系统公司接收申请材料的服务窗口（北京市西城区金融大街丁26号金阳大厦南门）报送以下文件。

办理豁免申请核准的股票发行备案，公司应当提交附件1规定的文件。

股票发行经中国证监会核准的，公司申请办理股票挂牌手续，应当提交附件2规定的文件。

经接收服务窗口人员核对，确认提交的文件齐备后，向公司出具《材料接收确认单》。文件一经接收，未经全国股份转让系统公司同意，不得变更或撤回。

（五）材料审查

全国股份转让系统公司对提交的文件进行审查。如发现问题将通过电子邮件（feedback@ neeq. org. cn）向主办券商发送问题清单。

主办券商应协助公司落实问题清单中的问题，并在收到问题清单后的10个转让日内将对问题清单的回复发送至 feedback@ neeq. org. cn。

全国股份转让系统公司在备案审查过程中，发现公司、主办券商、律师事务所及其他证券服务机构有需要补充披露或说明的情形，可以要求其提供补充材料或进行补充披露。

（六）出具股份登记函

全国股份转让系统公司对文件审查后出具股份登记函，送达公司并送交中国证券登记结算有限责任公司（以下简称“中国结算”）和主办券商。

（七）披露相关公告并办理股份登记

公司按照中国结算发布的《全国中小企业股份转让系统股份登记结算业务指南》的要求向中国结算申请办理股份登记。公司办理股份登记前，应与中国结算协商确定股票发行情况报告书和本次登记股份的挂牌转让公告的披露日；豁免申请核准的挂牌公司还应当同时披露股票发行法律意见书和主办券商关于股票发行合法合规性意见。挂牌转让公告应当明确本次登记股份的转让日，并符合中国结算的有关规定。

挂牌转让公告披露后，中国结算进行股份登记并出具股份登记证明文件。

（八）公开转让

完成股份登记后，本次股票发行中无限售条件和无锁定承诺的股份按照挂牌转让公告中安排的时间在全国股份转让系统公开转让。

三、以非现金资产认购股份的特别规定

（一）以非现金资产认购股票，董事会应当在发行方案中对资产定价合理性进行讨论与分析。

(二)以股权资产认购的,股权资产应当经过具有证券、期货等相关业务资格的会计师事务所审计;以非股权资产认购的,非股权资产应当经过具有证券、期货等相关业务资格的资产评估机构评估。

(三)以资产评估结果作为定价依据的,应当由具有证券、期货等相关业务资格的资产评估机构出具评估报告。

(四)以非现金资产认购股票涉及资产审计、评估或者盈利预测的,资产审计结果、评估结果和经具有证券、期货相关业务资格的会计师事务所审核的盈利预测报告应当最晚和召开股东大会的通知同时公告。

本指南的附件包括《挂牌公司股票发行备案登记表(豁免申请核准的股票发行适用)》、《挂牌公司股票发行登记表(经中国证监会核准的股票发行适用)》、《挂牌公司股票发行备案报告模板(豁免申请核准的股票发行适用)》、《挂牌公司申请出具股份登记函的报告模板(经中国证监会核准的股票发行适用)》和《全国股份转让系统股票发行业务流程图》。

附件:股票发行业务流程图

附件

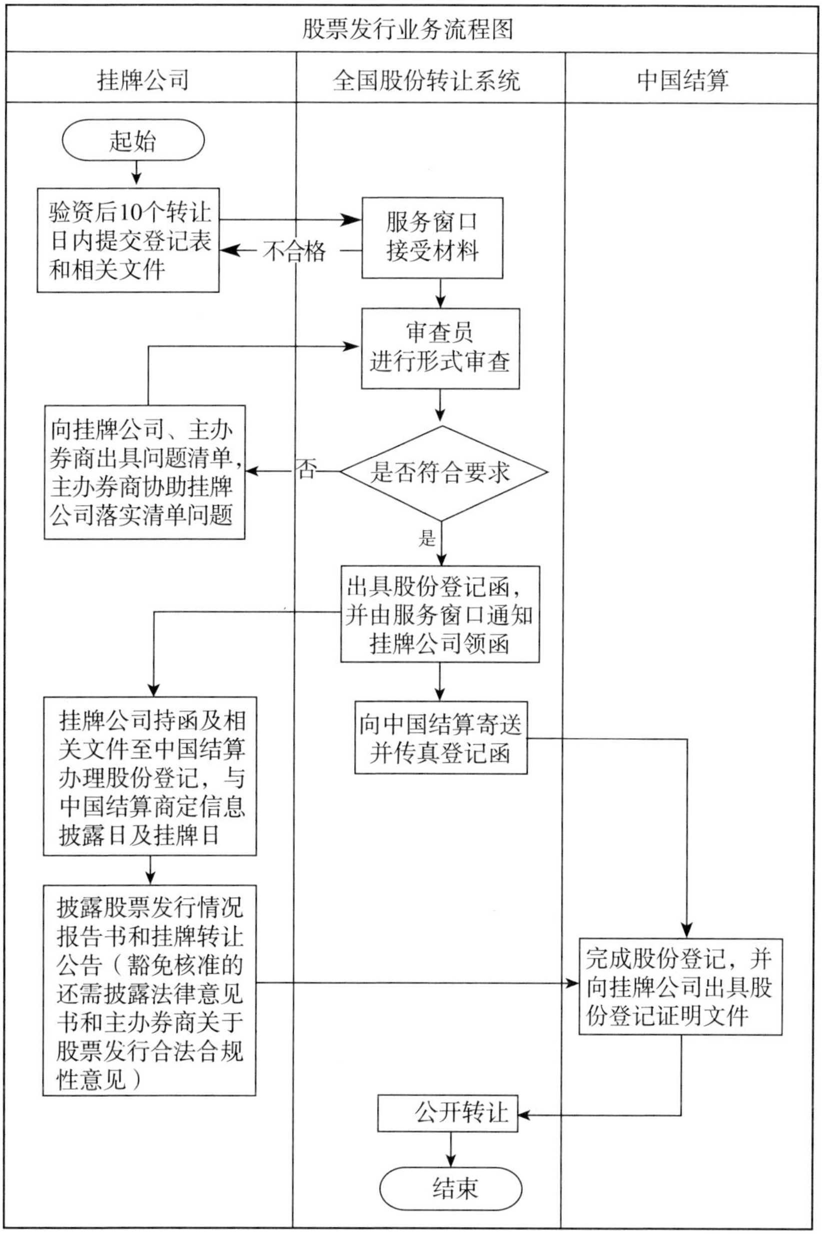
股票发行业务流程图
挂牌公司
全国股份转让系统
中国结算
起始
验资后10个转让日内提交登记表和相关文件
服务窗口接受材料
不合格
审查员进行形式审查
向挂牌公司、主办券商出具问题清单，主办券商协助挂牌公司落实清单问题
否
是否符合要求
是
出具股份登记函，并由服务窗口通知挂牌公司领函
挂牌公司持函及相关文件至中国结算办理股份登记，与中国结算商定信息披露日及挂牌日
向中国结算寄送并传真登记函
披露股票发行情况报告书和挂牌转让公告（豁免核准的还需披露法律意见书和主办券商关于股票发行合法合规性意见）
完成股份登记，并向挂牌公司出具股份登记证明文件
公开转让
结束

4.3.2 全国中小企业股份转让系统挂牌公司持续信息披露业务指南(试行)

全国中小企业股份转让系统挂牌公司持续信息披露业务指南(试行)

为规范挂牌公司、主办券商及其他信息披露义务人的信息披露业务办理,根据相关法律法规、《全国中小企业股份转让系统业务规则(试行)》(以下简称《业务规则》)及《全国中小企业股份转让系统挂牌公司信息披露细则(试行)》(以下简称《信息披露细则》)等有关规定,制定本指南。

持续信息披露业务通过全国中小企业股份转让系统业务支持平台信息披露系统(以下简称"信息披露系统")实现披露文件的电子化填写与报送,信息披露系统由信息披露文件编制端(以下简称"编制端")和信息披露文件报送端(以下简称"报送端")组成。

挂牌公司应当通过编制端编制披露文件;主办券商使用"全国中小企业股份转让系统数字证书"(以下简称"数字证书")通过报送端报送披露文件。数字证书是主办券商登陆报送端的身份证明,使用数字证书在报送端进行的操作行为均代表主办券的行为,主办券商承担相应法律责任;信息披露系统在规定的时间段中将披露文件自动发送至全国中小企业股份转让系统指定信息披露平台(以下简称"信息披露平台")。

一、挂牌公司编制披露文件并报主办券商审查

(一)挂牌公司董事会秘书或者信息披露事务负责人应按照《业务规则》、《信息披露细则》、《全国中小企业股份转让系统挂牌公司年度报告内容与格式指引(试行)》、《全国中小企业股份转让系统挂牌公司半年度报告内容与格式指引(试行)》和《全国中小企业股份转让系统临时公告格式模板》等规定,在编制端使用信息披露文件编制工具填写披露内容,生成信息披露文件。编制工具里没有明确给出模板的临时报告,由挂牌公司根据有关规定自行编制。

挂牌公司在使用编制工具完成信息披露文件编制工作后,应当对编制工具生成的信息披露文件内容的真实性、准确性、完整性进行核查,确保不存在虚假记载、误导性陈述或者重大遗漏,并对其真实性、准确性、完整性承担相应的法律责任。

(二)挂牌公司将编制好的信息披露文件及备查文件送达主办券商。一般情况下,上述材料包括加盖董事会章的信息披露纸质文件及相应电子文件,其中电子文件包括定期报告或临时报告正文及相应 XBRL 文件(自行编制的除外)。

(三)进行定期报告披露的,挂牌公司应与主办券商商定披露日期。主办券商通过报送端的电子化预约功能协助挂牌公司完成披露时间的预约。特殊原因需变更披露预约时间的,主办券商应协助挂牌公司在原预约披露日 5 个转让日前通过报送端进行修改;在 5 个转让日内需要变更预约披露时间的,挂牌公司还应发布《关于变更 × ×年度(半年度)报告披露日期的提示性公告》。

信息披露系统根据均衡披露原则,限制每日预约量以及修改次数。预计披露日期、变更情况及最终披露日期将在信息披露平台上公布。

(四)挂牌公司申请豁免披露涉及国家机密或商业秘密的信息,应通过主办券商向全国中小企业股份转让系统有限责任公司(以下简称"全国股转公司")申请并提出豁免披露的充分依据。豁免定期报告相关信息披露的,主办券商应协助挂牌公司在申报预约披露日期的同时通过报送端申请;豁免临时报告披露的,应及时在线下向全国股转公司提出申请。

二、主办券商事前审查并上传至信息披露系统

(一)主办券商对拟披露的信息披露文件进行事前审查,发现拟披露的信息披露文件与全国股转系统相关规定不符的,主办券商应与挂牌公司沟通,了解相关情况,督导挂牌公司进行更正或补充,直至符合全国股转系统有关规定的要求。拟披露的信息披露文件存在虚假记载、误导性陈述或重大遗漏的,主办券商应要求挂牌公司及时改正,挂牌公司拒不改正的,主办券商应通过报送端向全国股转公司报告,并在挂牌公司信息披露文件披露当日同时发布风险揭示公告。

主办券商对年度报告进行事前审查中,如发现挂牌公司的财务报告被出具了否定意见或者无法表达意见的审计报告,或期末净资产为负值,或全国股转系统规定的其他情形的,主办券商应通过报送端向全国股转公司报告。

(二)主办券商事前审查后,无论是否有异议,均应通过报送端将信息披露文件正文(PDF 格式)及 XBRL 文件(自行编制的除外)上传至信息披露系统;主办券商如有异议的应按本条第(一)项的规定执行。

主办券商最迟应在披露日 20:00 前完成事前审查并上传。信息披露文件一经上传将不可撤回。

三、信息披露系统将信息披露文件发送至信息披露平台

(一)主办券商在转让日 15:30 前提交信息披露文件,且拟披露日期为当日的,信息披露系统于当日 15:30 后自动将信息披露文件发送至信息披露平台披露。

(二)主办券商在转让日 15:30 后提交信息披露文件,且拟披露日期为当日的,信息披露系统自动将信息披露文件发送至信息披露平台披露。

四、信息披露文件披露后的审查和处理

(一)更正或补充公告的处理

全国股转公司监管人员在信息披露系统上对信息披露文件进行审查,若发现信息披露文件不符合全国股转系统信息披露有关规定,或信息披露文件存在重大错误或遗漏的,将通过信息披露系统向主办券商发送反馈意见。主办券商对有关问题核实后应及时通过信息披露系统向全国股转公司进行回复。

信息披露文件在信息披露平台披露后,如因错误或遗漏需要更正或补充的,挂牌公司需发布更正或补充公告,并重新披露相关信息披露文件,原已披露的信息披露文件不做撤销。

(二)撤销或替换公告的处理

已披露的信息披露文件不得撤销或替换。

(三)补发公告的处理

挂牌公司不能按照规定的时间披露信息披露文件,或发现存在应当披露但尚未披露的信息披露文件的,挂牌公司应发布补发公告并补发信息披露文件。

全国股转公司若发现挂牌公司存在应披露但未披露信息披露文件的,通知主办券商督促挂牌公司发布补发公告并补发信息披露文件。

五、信息披露文件无法正常披露的处理

主办券商通过报送端完成信息披露文件的提交后,应及时查看信息披露文件是否在本指南第三条规定的时间段中成功披露至信息披露平台。如发现信息披露文件无法在规定的时间段中成功披露的,主办券商应立即向全国股转公司报告,经全国股转公司确认后进行处理。

4.3.3 企业股份转让系统挂牌公司年度报告内容与格式模板(略)

4.3.4 全国中小企业股份转让系统重大资产重组业务指南第1号——非上市公众公司重大资产重组内幕信息知情人报备指南(略)

4.3.5 全国中小企业股份转让系统重大资产重组业务指南第2号——非上市公众公司发行股份购买资产构成重组文件报送指南(略)

4.3.6 全国中小企业股份转让系统挂牌公司证券简称或公司全称变更业务指南(试行)(略)

4.3.7 全国中小企业股份转让系统挂牌公司暂停与恢复转让业务指南(试行)(略)

4.3.8 全国中小企业股份转让系统挂牌公司权益分派业务指南(试行)(略)

4.4 两网及退市公司类

4.4.1 全国中小企业股份转让系统两网公司及退市公司股票分类转让变更业务指南(试行)(略)

图书在版编目(CIP)数据

新三板:挂牌操作指引与实务解析/申林平主编.
—2版.—北京:法律出版社,2015.5(2015.11重印)
ISBN 978-7-5118-7791-8

Ⅰ.①新… Ⅱ.①申… Ⅲ.①中小企业—股权转让—研究—中国 Ⅳ.①F279.243②F832.51

中国版本图书馆CIP数据核字(2015)第072396号

新三板:挂牌操作指引与实务解析(第二版)
主　编　申林平
副主编　李　祎　盛麟婷

编辑统筹　法律应用出版分社
策划编辑　薛　晗
责任编辑　薛　晗　慕雪丹
装帧设计　马　帅

出版 法律出版社
总发行 中国法律图书有限公司
经销 新华书店
印刷 固安华明印业有限公司
责任印制 翟国磊

开本 710毫米×1000毫米　1/16
印张 21.5
字数 401千
版本 2015年5月第2版
印次 2015年11月第3次印刷

法律出版社/北京市丰台区莲花池西里7号(100073)
电子邮件/info@lawpress.com.cn
网址/www.lawpress.com.cn
销售热线/010-63939792/9779
咨询电话/010-63939796

中国法律图书有限公司/北京市丰台区莲花池西里7号(100073)
全国各地中法图分、子公司电话:
第一法律书店/010-63939781/9782
重庆公司/023-65382816/2908
北京分公司/010-62534456
西安分公司/029-85388843
上海公司/021-62071010/1636
深圳公司/0755-83072995

书号:ISBN 978-7-5118-7791-8
定价:52.00元
(如有缺页或倒装,中国法律图书有限公司负责退换)